Clean ABAP®

SAP PRESS

SAP PRESS ist eine gemeinschaftliche Initiative von SAP SE und der Rheinwerk Verlag GmbH. Unser Ziel ist es, Ihnen qualifiziertes SAP-Wissen zur Verfügung zu stellen. SAP PRESS vereint das Know-how von SAP und die verlegerische Kompetenz des Rheinwerk Verlags. Die Bücher bieten Ihnen Expertenwissen zu sowohl technischen als auch betriebswirtschaftlichen SAP-Themen.

Damit Sie nach weiteren Büchern Ihres Interessengebiets nicht lange suchen müssen, haben wir im Folgenden eine kleine Auswahl zusammengestellt:

Baumbusch, Jäger, Lensch
Das ABAP-RESTful-Programmiermodell
ca. 560 Seiten, 1. Auflage 2022, gebunden
ISBN 978-3-8362-8685-5
www.sap-press.de/5412

Freilinger-Huber et al.
ABAP-Entwicklung für SAP S/4HANA
576 Seiten, 2., aktualisierte und erweiterte Auflage 2021, gebunden
ISBN 978-3-8362-7878-2
www.sap-press.de/5183

Felix Roth
ABAP Objects
1130 Seiten, 2., aktualisierte und erweiterte Auflage 2021, gebunden
ISBN 978-3-8362-7692-4
www.sap-press.de/5125

Tiebing, Kunold, Jungk
ABAP-Entwicklung auf der SAP Cloud Platform
534 Seiten, 1. Auflage 2021, gebunden
ISBN 978-3-8362-7830-0
www.sap-press.de/5171

Aktuelle Angaben zum gesamten SAP-PRESS-Programm finden Sie unter *www.sap-press.de*.

Klaus Häuptle, Florian Hoffmann, Rodrigo Jordão,
Michel Martin, Anagha Ravinarayan, Kai Westerholz

Clean ABAP®

Lesbarer und wartbarer ABAP-Code

Rheinwerk
Publishing

Liebe Leserin, lieber Leser,

vielen Dank, dass Sie sich für ein Buch von SAP PRESS entschieden haben.

Das Lektorieren von Manuskripten und das Schreiben von *Clean Code*, also »sauberem« Programmcode, sind erstaunlich ähnliche Aufgaben: Lesbarkeit und Verständlichkeit sind immer das höchste Ziel. Während der Arbeit am vorliegenden Buch war ich erstaunt, wie viele der Best Practices, die das Autorenteam für den Umgang mit ABAP-Code vorschlägt, leicht abgewandelt auch auf meine eigene Arbeit anwendbar sind. Denn auch ich straffe und strukturiere Text im Sinne der Verständlichkeit, formuliere um, streiche oder ergänze. Am Ende steht im Idealfall ein Text, dessen Inhalt für Sie problemlos nachvollziehbar und so angenehm zu lesen ist, dass Sie gar nicht merken, wie viel Arbeit sowohl das Autorenteam als auch ich hineingesteckt haben.

Egal, ob Sie bereits seit Jahrzehnten mit ABAP arbeiten oder gerade erst in die Programmierung einsteigen, dieses Buch wird Ihr treuer Begleiter werden, wenn es um die Frage geht, gut lesbaren Code zu schreiben, oder bereits bestehenden Code zu verbessern. Dabei werden alle Bereiche der Sprache abgedeckt, von Variablen über Klassen, Methoden und Interfaces bis hin zu Kommentaren, Paketen und der Fehlerbehandlung. Auch Tipps für die Zusammenarbeit im Team erhalten Sie, denn Clean ABAP lebt von den Menschen, die es ein- und umsetzen.

Wir freuen uns stets über Lob, aber auch über kritische Anmerkungen, die uns helfen, unsere Bücher zu verbessern. Scheuen Sie sich nicht, sich bei mir zu melden; Ihr Feedback ist jederzeit willkommen.

Ihre Simone Bechtold
Lektorat SAP PRESS

simone.bechtold@rheinwerk-verlag.de
www.rheinwerk-verlag.de
Rheinwerk Verlag · Rheinwerkallee 4 · 53227 Bonn

Auf einen Blick

Wir hoffen, dass Sie Freude an diesem Buch haben und sich Ihre Erwartungen erfüllen. Ihre Anregungen und Kommentare sind uns jederzeit willkommen. Bitte bewerten Sie doch das Buch auf unserer Website unter **www.rheinwerk-verlag.de/feedback**.

An diesem Buch haben viele mitgewirkt, insbesondere:

Lektorat Janina Schweitzer, Simone Bechtold
Korrektorat Anna Krepper, Rommerskirchen
Herstellung Janne Brönner
Typografie und Layout Vera Brauner
Einbandgestaltung Bastian Illerhaus
Titelbild iStock: 1175010976 © peterschreiber.media
Satz III-Satz, Husby
Druck und Bindung Beltz Grafische Betriebe, Bad Langensalza

Dieses Buch wurde gesetzt aus der TheAntiquaB (9,35/13,7 pt) in FrameMaker. Gedruckt wurde es auf chlorfrei gebleichtem Offsetpapier (90 g/m²). Hergestellt in Deutschland.

Bibliografische Information der Deutschen Nationalbibliothek:
Die Deutsche Nationalbibliothek verzeichnet diese Publikation in der Deutschen Nationalbibliografie; detaillierte bibliografische Daten sind im Internet über *http://dnb.dnb.de* abrufbar.

ISBN 978-3-8362-8659-6

1. Auflage 2022

Informationen zu unserem Verlag und Kontaktmöglichkeiten finden Sie auf unserer Verlagswebsite **www.rheinwerk-verlag.de**. Dort können Sie sich auch umfassend über unser aktuelles Programm informieren und unsere Bücher und E-Books bestellen.

Inhalt

Einleitung

Clean Code ist seit vielen Jahren fester Bestandteil der agilen Softwareentwicklung. Code wird häufiger gelesen als geschrieben, daher ist es essenziell, dass Code leicht verständlich ist und seine Ziele klar erkennbar sind. Mit seinem Fokus auf Lesbarkeit und Verständlichkeit trägt Clean Code wesentlich zur Wartbarkeit und Testbarkeit von Programm-Code bei.

Dieses Buch ist eine Sammlung von Regeln, Richtlinien und Empfehlungen, die Ihren ABAP-Code »sauber« machen: lesbar, verständlich, wartbar und testbar. Es bespricht Entwurfsmuster und Sprachmuster ebenso wie generelle Abwägungen beim Softwaredesign. Auch Prozesse und organisatorische Feinheiten bei der Umsetzung von Clean Code in einem Unternehmen werden wir im Laufe des Buches besprechen.

An wen sich dieses Buch richtet

Dieses Buch haben wir vorrangig für ABAP-Entwicklerinnen und -Entwickler sowie Testerinnen und Tester mit einem Hang zur Entwicklung geschrieben. Sie finden hier viele verschiedene Code-Beispiele mit technischen Details.

Clean ABAP ist für Neulinge und erfahrene Programmiererinnen und Programmierer gleichermaßen geeignet. Je nach Kenntnisstand werden Sie möglicherweise von unterschiedlichen Themen profitieren oder sich mit bestimmten Bereichen näher auseinandersetzen wollen. Die meisten Ideen und Empfehlungen setzen jedoch keine großen Vorkenntnisse voraus, und Sie werden sie von der ersten Zeile Code an einsetzen können.

Wir ermutigen insbesondere auch Softwarearchitektinnen und -architekten, sich mit diesem Buch und Clean ABAP generell auseinanderzusetzen. Einige Themen in diesem Buch beschäftigen sich direkt mit Fragen, die typischerweise in den Aufgabenbereich der Architektinnen und Architekten fallen, z. B. Pakete und Objektorientierung. Selbst wenn Sie selbst nicht (mehr) programmieren, sollten Sie auch über die anderen Bereiche zumindest grundlegend Bescheid wissen, um sich mit Ihrem Team darüber austauschen zu können.

Wir haben in dieses Buch gezielt Kapitel aufgenommen, die Ihnen helfen sollen, mit Clean ABAP anzufangen, egal wann, egal in was für einer Art von Projekt und egal in welcher Art von Team Sie mit ABAP zu tun haben.

Wie dieses Buch aufgebaut ist

Dieses Buch beginnt mit einer Einführung in Clean ABAP und einer generellen Betrachtung der ABAP-Programmiersprache in Kapitel 1, »Einführung«, und Kapitel 2,

»Die Programmiersprache ABAP«. In Kapitel 3, »Klassen und Interfaces«, und Kapitel 4, »Methoden«, besprechen wir Methoden, mit denen Sie größere Entwicklungsteile wie Klassen, Interfaces und Methoden sauber strukturieren können. Kapitel 5, »Namen«, beschäftigt sich mit dem zentralen Thema der Namensgebung. Kapitel 6 bis Kapitel 11 gehen auf Detailbereiche ein, von Variablen über Literale bis zur Fehlerbehandlung. Unit Tests in ABAP werden im gleichnamigen Kapitel 12 genauer untersucht, gefolgt von Kapitel 13, »Pakete«. Kapitel 14, »Wie Sie Clean ABAP umsetzen«, beschäftigt sich schließlich eingehender damit, wie Sie Clean ABAP auf individueller, Team- oder Organisationsebene einführen können.

Die Kapitel 1 und 2 legen die Grundlage für die weiteren Erklärungen in diesem Buch, und Sie sollten sie daher nicht überspringen. Die Kapitel 3 und 4 gehören eng zueinander, da Klassen, Interfaces und Methoden natürlich ineinander übergehen. Die übrigen Kapitel sind unabhängiger, und Sie können sie problemlos in beliebiger Reihenfolge lesen oder auch als Referenz für später nutzen. Abschnitt 1.2, »Wie kann ich mit Clean ABAP anfangen?«, macht einen genaueren Vorschlag, welche Kapitel sich besonders für Anfängerinnen, Skeptiker oder Alleingelassene eignen. Das letzte Kapitel können Sie jederzeit heranziehen, wenn Sie Probleme mit der Umsetzung von Clean ABAP in Ihrem Arbeitskreis haben.

Hier eine genauere Inhaltsangabe der Kapitel:

- **Kapitel 1, »Einführung«**

  Dieses Kapitel führt in die Konzepte von Clean ABAP ein. Warum ist es wichtig, sauberen Code zu schreiben? Wie fange ich damit an? Sie erfahren auch, wie sich Clean ABAP zu anderen Leitfäden verhält und mit welchen Ressourcen Sie Ihr Verständnis von Clean ABAP vertiefen können.

- **Kapitel 2, »Die Programmiersprache ABAP«**

  Dieses Kapitel betrachtet die Programmiersprache ABAP an sich und ihre grundlegenden Besonderheiten. Sie erfahren mehr darüber, wie Sie mit Legacy-Code und Performance umgehen können. Allgemeine Fragen zu den Themen Objektorientierung, Sprachelementen und Entwurfsmustern werden geklärt.

- **Kapitel 3, »Klassen und Interfaces«**

  Dieses Kapitel beschreibt, wie sich Clean ABAP auf Klassen und Interfaces auswirkt. Wir erforschen, welche Teile der Objektorientierung Ihnen dabei helfen, ein sauberes Design zu erhalten, und welche Sie besser vermeiden sollten.

- **Kapitel 4, »Methoden«**

  Dieses Kapitel untersucht Methoden. Wie können Sie sie übersichtlich definieren? Wie kurz müssen sie sein, um verständlich zu bleiben? Wie können Sie Komplexität durch sorgsamen Umgang mit Parametern reduzieren?

- **Kapitel 5, »Namen«**

  Dieses Kapitel zeigt Ihnen, wie extrem sich gute Namen auf Lesbarkeit auswirken. Wir vergleichen gute mit schlechten Namen und geben Ihnen Ratschläge im Umgang mit Kürzeln und Abkürzungen.

- **Kapitel 6, »Variablen und Literale«**

  Dieses Kapitel bespricht, wie Variablen und Konstanten mit minimalem Aufwand für Übersichtlichkeit sorgen. Wir zeigen Ihnen auch, wie Code leichter verständlich wird, wenn Sie komplexe Literale und Ausdrücke in einfachere Bestandteile zerlegen.

- **Kapitel 7, »Interne Tabellen«**

  Dieses Kapitel wiederholt die Tabellenarten in ABAP und erklärt, welche wann geeignet sind. Anschließend vergleichen wir typische Muster, um mit Tabellen zu interagieren, und arbeiten heraus, welche Varianten davon besonders lesbar sind.

- **Kapitel 8, »Kontrollfluss«**

  Dieses Kapitel betrachtet, wie Zweige und alternative Ausführungspfade die Komplexität von Code verschlechtern können und wie Sie dem durch sorgsamen Umgang mit Bedingungen und Fallunterscheidungen entgegenwirken können.

- **Kapitel 9, »Kommentare«**

  Dieses Kapitel erforscht, wann sich Kommentare lohnen und wann nicht. Wir gehen darauf ein, wo Kommentare am besten stehen, wie ausführlich sie sein sollten und warum ihr Weglassen überraschend oft die beste Wahl ist.

- **Kapitel 10, »Formatierung«**

  Dieses Kapitel zeigt auf, wie Formatierung die Lesbarkeit von Code verbessert. Neben generellen Erwägungen zu Konsistenz und Lesen-vor-Schreiben schlagen wir Ihnen einige einfache Regeln vor, wie Sie zu gut lesbarem Code kommen können.

- **Kapitel 11, »Fehlerbehandlung«**

  Dieses Kapitel untersucht das Thema Fehlerbehandlung im Detail. Wir vergleichen Meldungen, Rückgabewerte und Ausnahmen, und vertiefen bei letzteren, wie Sie sie am besten aufbauen, auslösen und abfangen.

- **Kapitel 12, »Unit Tests«**

  Dieses Kapitel geht detailliert auf die Prinzipien und Techniken automatischer Tests ein. Wir beschreiben das ABAP Unit Test Framework und weitere Werkzeuge, die bei der Implementierung helfen. Dazu kommen grundlegende Empfehlungen, wie Sie Tests übersichtlich gestalten und langfristig am Leben halten können.

- **Kapitel 13, »Pakete«**

  Dieses Kapitel zeigt Ihnen, wie Sie ABAP-Code übersichtlich in Paketen organisieren können. Wir beschreiben die Grundlagen der Paketverwaltung und gehen näher auf Paketschnittstellen und -hierarchien ein.

- **Kapitel 14, »Wie Sie Clean ABAP umsetzen«**

  Dieses Kapitel beschreibt typische Herausforderungen wie Unverständnis, Skepsis und Ablehnung bei der Einführung von Clean ABAP und wie Sie damit umgehen können. Auch erfahrenere Teams und Clean-Code-Fans bekommen Tipps, die den Arbeitsalltag erleichtern können.

In hervorgehobenen Informationskästen finden Sie in diesem Buch Inhalte, die wissenswert und hilfreich sind, aber etwas außerhalb der eigentlichen Erläuterung stehen. Damit Sie diese Informationen sofort einordnen können, haben wir die Kästen mit entsprechenden Symbolen gekennzeichnet:

[»] In Kästen, die mit diesem Symbol gekennzeichnet sind, finden Sie Informationen zu *weiterführenden Themen*.

[!] Dieses Symbol weist Sie auf *Besonderheiten* hin, die Sie beachten sollten. Es *warnt Sie* außerdem vor häufig gemachten Fehlern oder Problemen, die auftreten können.

[+] Die mit diesem Symbol gekennzeichneten *Tipps* geben Ihnen spezielle Empfehlungen aus unserer Projektpraxis, die Ihnen die Arbeit erleichtern können.

Wir wünschen Ihnen viel Vergnügen beim Lesen dieses Buches. Wir hoffen, dass wir Ihnen den Einstieg in das komplexe Thema Clean Code erleichtern können und dass Sie nach der Lektüre in der Lage sein werden, mit Clean Code zu arbeiten und sich selbstständig in diesem Gebiet weiterzubilden.

Dieses Buch werden Ihnen wichtige Konzepte und Design- und Sprachmuster vermitteln, die Ihren ABAP-Code sauberer machen. Sie werden erfahren, was »Sauberkeit« in diesem Kontext bedeutet, warum sie Ihnen wichtig sein sollte und wie Sie sie in Ihrer täglichen Arbeit einsetzen können.

Clean ABAP entwickelt sich beständig weiter, wie sich auch die Programmiersprache selbst und unser Verständnis davon weiterentwickelt. Wir werden Ihnen deswegen auch zeigen, wie das Hinterfragen von alten Gewohnheiten zu besserem Code führen kann und dass es manchmal besser ist, die Regeln zu ignorieren.

Clean ABAP ist auch für Teams gedacht. Deshalb möchten wir Ihnen auch zeigen, wie Sie die Konzepte in Ihrem Team und Ihren Projekten einführen, nämlich mit Respekt und greifbaren Beweisen.

Danksagungen

Lesbaren, testbaren und wartbaren Code zu schreiben, ist etwas, das allen professionellen Entwicklerinnen und Entwicklern am Herzen liegt. Danke an alle, die sich für dieses Thema stark machen, ihr Wissen mit anderen teilen und helfen, angehende Generationen von Entwicklerinnen und Entwicklern zu Profis auszubilden.

Dieses Buch wäre nicht möglich gewesen ohne die Unterstützung einer riesigen Gemeinschaft von Entwicklern und Entwicklerinnen. Mein Dank geht deshalb an alle, die zum Open-Source-Projekt Clean ABAP beitragen. Besonderer Dank geht an Thomas Hammer und Jakub Filak und die anderen direkt Mitwirkenden, sowie an Knut Stargardt dafür, dass er sich für das Thema eingesetzt hat, an die Basis für ihr kritisches Feedback, an die Rechtsabteilung für die schnelle Lizenzentscheidung und an Brian Bernard, der geholfen hat, das öffentliche Repository aufzubauen.

Auch ohne den Einsatz und die Unterstützung meiner früheren Teams der Abteilung Governance, Risk, and Compliance bei SAP wäre dieses Buch nicht möglich gewesen. Besonderen Dank möchte ich meinem ehemaligen Kollegen Florian Hoffmann für sein besonderes Engagement beim Clean-ABAP-Projekt aussprechen. Auch meinem früheren Manager Eckhardt Mentz gebührt Dank dafür, dass er mir die zeitliche Mitarbeit ermöglicht hat, und der zu jeder Zeit hinter unseren Ideen und unserer Arbeit stand.

Ein dickes Dankeschön geht auch an meine Mitautoren Florian Hoffmann, Rodrigo Jordão, Michel Martin, Anagha Ravinarayan und Kai Westerholz, die so viel Zeit und Arbeit in dieses Buch gesteckt haben. Ich schätze die vertrauensvolle und inspirierende Zusammenarbeit sehr.

Dank schließlich an Megan Fuerst aus dem Bostoner Lektorat von SAP PRESS, die uns bei unserem ersten Buchprojekt überhaupt unterstützt hat und uns mit allen Fragen geholfen hat, und auch an Simone Bechtold und Janina Schweitzer, die diese deutsche Übersetzung ermöglicht haben.

Klaus Häuptle

Clean ABAP ist eine Gemeinschaftsleistung. Viele haben dazu beigetragen, es auf den Weg zu bringen und wachsen zu lassen. Danke an alle, die geholfen haben, dieses Projekt bekannt zu machen, zu seinem Inhalt beigetragen und sich jeden Tag auf Neue für guten Code einsetzen.

Florian Hoffmann

Ich möchte Florian Hoffmann und Klaus Häuptle dafür danken, dass sie das Thema Clean ABAP bei SAP aufgebracht und weiterentwickelt haben und die lebhafte Open-Source-Gemeinschaft moderieren, die sich um Florians erste Texte gebildet hat. Clean ABAP und Clean Code allgemein haben mir als Themen immer am Herzen gelegen, und ihr Beispiel und ihre Führung haben mich dazu inspiriert, ebenfalls etwas zu diesem wichtigen Projekt beizutragen. Dieses Buch wäre ohne die Unterstützung von SAP selbst nicht möglich, mit einer Kultur, die uns zu ständigem Lernen ermutigt und uns herausfordert, jeden Tag ein bisschen besser zu werden. Ich wäre heute nicht da, wo ich bin, ohne die überwältigende Hilfe der Leute, die ich in meinem Leben am meisten liebe: meine Eltern, meine Söhne und meine geliebte Frau Nara. Ihr inspiriert mich jeden Tag, die beste Version meiner selbst zu sein!

Rodrigo Jordão

Ich bin dankbar für die tollen Karrieremöglichkeiten, die ich in den vergangenen 17 Jahren bei SAP hatte. SAP macht sich für seine Mitarbeiter stark, spornt zum Lernen an und erlaubt uns, verschiedene Rollen auszuprobieren – Dinge, die uns allen helfen zu wachsen. Als Mitarbeitende bei SAP haben wir die Freiheit, eigene Interessengemeinschaften zu gründen, Wissen zu teilen und uns zu Veränderungen zu ermutigen. Ohne die Unternehmenskultur bei SAP hätten wir es nur schwer geschafft, ein Autorenteam zusammenzustellen.

Michel Martin

Ich bin meiner Familie (sowohl den Blutsverwandten als auch den Nichtblutsverwandten) dankbar, dass sie mich bei all meinen Unternehmungen unterstützen und mich ermutigen, Hindernisse zu überwinden. Ein dickes Dankeschön auch an meine Kolleginnen und Kollegen bei SAP, von denen ich jeden Tag Neues lerne. Ihre hilfsbereite und auf Zusammenarbeit ausgelegte Einstellung schätze ich sehr.

Vielen Dank an Florian Hoffmann und Klaus Häuptle für die Gelegenheit, zu diesem Buch beizutragen. Und danke an all meine Koautoren für ihren Einsatz und ihre Gesprächsbereitschaft. Ich habe eine Menge von euch allen gelernt und habe diese gemeinsame Reise genossen.

Anagha Ravinarayan

Nur dieses Buch zu lesen, wird nicht genügen, um Clean ABAP in Ihr Team einzuführen, aber es ist auf jeden Fall ein guter Startpunkt. Sie werden mit Ihrem Team über die Aspekte in diesem Buch diskutieren müssen, und Sie werden Zeit und mehrere Iterationen brauchen, um besser zu werden. An dieser Stelle möchte ich meinem Team danken, dass es gemeinsam mit mir diese Reise gemacht hat, und Tag für Tag ein bisschen besser wird, Erfahrungen teilt und offen ist für neue Ideen.

Kai Westerholz

Kapitel 1
Einführung

Clean ABAP ist eine einfache Methode, um die Qualität und Wartbarkeit Ihres Codes zu verbessern. Sie können jederzeit damit beginnen, egal mit wie viel Code oder an welcher Art von Projekt Sie gerade arbeiten. Der Preis? Übung, Disziplin und Geduld.

In diesem Kapitel führen wir Sie in das Thema »Clean ABAP« ein. Wir beginnen in Abschnitt 1.1, »Was ist Clean ABAP?«, mit einer Definition, was unter Lesbarkeit zu verstehen ist, und erläutern, warum sie wichtig ist. Anschließend zeigen wir Ihnen in Abschnitt 1.2, »Wie kann ich mit Clean ABAP anfangen?«, wie Sie mit der Umsetzung von Clean ABAP beginnen können. Da Sie vermutlich – wie die meisten von uns – bereits Legacy-Code haben, zeigen wir Ihnen in Abschnitt 1.3, »Wie gehe ich mit Legacy-Code um?«, Prinzipien wie die Pfadfinderregel und saubere Inseln, mit denen Sie Ihren Code mit der Zeit verbessern können. Abschnitt 1.4, »Wie kann ich Code automatisch prüfen?«, zeigt einige Werkzeuge, mit denen Sie Code automatisch auf Lesbarkeit überprüfen können. Unsere Einführung schließt mit einem Vergleich von Clean ABAP mit anderen Programmierrichtlinien in Abschnitt 1.5, »Wie steht Clean ABAP im Verhältnis zu anderen Programmierleitfäden?«, ab. In Abschnitt 1.6, »Wie kann ich mich in der Clean-ABAP-Community engagieren?«, finden Sie schließlich noch einige Hinweise, wie Sie Teil der Clean-ABAP-Community werden können.

1.1 Was ist Clean ABAP?

Clean ABAP wendet die Prinzipien aus dem Buch *Clean Code* von Robert C. Martin auf die Programmiersprache ABAP an. In einigen Bereichen entwickeln wir diese Prinzipien konsequent fort. Während Martins Buch grundsätzlich für alle Programmiersprachen gilt, sind seine Beispiele vorrangig in Java geschrieben. Die Konzepte in anderen Programmiersprachen mit anderen Eigenschaften – wie etwa ABAP – zu übernehmen, kann eine Herausforderung sein. Ziel von Clean ABAP ist es daher, Beispiele bereitzustellen, die ABAP-Programmiererinnen und -Programmierer direkt übernehmen können. Außerdem möchten wir auf Stellen hinweisen, an denen uns von Martins Methode abweichende Herangehensweisen sinnvoller erscheinen, und Unterschiede zu anderen Programmierrichtlinien für ABAP herausstellen.

In den folgenden Abschnitten werden wir zunächst eine Grundeigenschaft von Clean ABAP ausloten: die Lesbarkeit. Zudem werfen wir einen kurzen Blick auf die Geschichte hinter Clean ABAP.

1.1.1 Was ist Lesbarkeit?

Zum Glück gab es schon immer Programmiererinnen und Programmierer, die »sauberen« Code geschrieben haben, aber es war tatsächlich Martin, der 2008 in seinem Buch unmissverständlich klarstellte, dass Code nicht nur korrekt und effizient sein sollte, sondern eben auch lesbar.

Die Definition von Lesbarkeit ist daher denkbar einfach: Code ist lesbar, wenn man ihn leicht und schnell verstehen kann.

Eine »schmutzige« Anweisung wie `t = 42.` ist z. B. weder das eine noch das andere. Um die Anweisung mit Bedeutung zu füllen, muss der Leser oder die Leserin zunächst herausfinden, dass »t« für »Timeout« steht, dass die Zahl eine Dauer in Sekunden ist und dass 42 den Standard-Timeout für alle Prozessschritte in diesem Kontext darstellt. Eine gleichwertige, »saubere« Anweisung wie `timeout_in_seconds = DEFAULT_TIMEOUT.` gibt all diese Details bereitwillig auf einen Blick preis und ist dadurch sehr viel lesbarer.

Warum sollten wir uns mit dem Thema Lesbarkeit beschäftigen? Die Computerliteratur der Vergangenheit hat sich hauptsächlich mit der theoretischen Korrektheit und Ressourceneffizienz der Programmierung auseinandergesetzt. So vergleicht z. B. Donald E. Knuths *The Art of Computer Programming* auf Tausenden von Seiten die Berechnungszeit und den Speicherverbrauch verschiedener Algorithmen, um den Leserinnen und Lesern zu helfen, den für ihre Zwecke optimalen Algorithmus auszuwählen. Martin stellte dazu fest: Wäre diese Ressourceneffizienz das einzige Kriterium für gute Programmierung, müssten wir eigentlich alle in Programmiersprachen der ersten Generation wie *Assembler* arbeiten, da diese von Natur aus die größtmögliche Kontrolle über alle Ressourcen und damit das größte Potenzial zur Optimierung bieten. Tatsächlich arbeiten heute aber vergleichsweise wenige Personen mit Programmiersprachen dieser Stufe. Der Grund dafür ist, dass diese Sprachen extrem schwer zu verstehen sind: Sie beschäftigen sich mit winzigen Details wie Registern, Addierern und Interrupts. Bei einem so hohen Detailgrad noch das Gesamtbild wahrzunehmen, ist eine große Herausforderung, denn wir Menschen denken in der Regel in höheren Abstraktionsstufen wie Funktionen, Objekten und Interfaces. Das ist einer der Gründe, weshalb Programmiersprachen der zweiten, dritten und sogar vierten Generation – wie ABAP – entwickelt wurden.

Wenn es also gerade eine bessere Verständlichkeit ist, die diese Programmiersprachen ermöglicht, so fragte Martin, wie kommt es dann, dass der Code, den wir darin schreiben, immer so schwer zu verstehen ist? Der Punkt ist, dass diese Programmiersprachen uns zwar prinzipiell in die Lage versetzen, verständlicher zu programmieren, dass dies aber nicht auf magische Weise von selbst passiert. Wir müssen daher aktiv lernen, lesbaren Code zu schreiben, genauso wie Buchautorinnen und -autoren lernen müssen, verständliches und stilistisch gutes Deutsch zu schreiben.

Dies führt uns zurück zu der Frage, welchen Zweck Lesbarkeit überhaupt erfüllt. Bedenken Sie: Sie lesen Code sehr viel öfter als Sie ihn schreiben. In der Regel schreiben Sie Code nur einmal, lesen ihn aber Dutzende oder gar Hunderte Male: beim Debuggen, beim Umbauen, in Reviews, in Supportanfragen und wenn Sie neue Komponenten miteinander verbinden. Die Folge: Jede zusätzliche Minute, die Sie beim Schreiben investieren, um Ihren Code lesbarer zu machen, zahlt sich später beim Lesen um ein Vielfaches aus.

Die Vorteile gehen aber über eine reine Zeitersparnis hinaus: Sie können lesbaren Code auch einfacher gedanklich durchgehen und machen dadurch weniger Fehler. Sie können lesbaren Code also nicht nur einfacher debuggen, sondern er wird von vornherein weniger Bugs enthalten.

Auch Ihr Softwaredesign wird klarer, denn die Komponenten darin werden kleiner und die Aufgabenteilung präziser, sodass das Design insgesamt übersichtlicher wird. Dadurch können Sie auch leichter neue Features hinzufügen, denn es gibt einfach mehr Stellen, an denen man neue Dinge auf selbstverständliche Art und Weise einfügen oder austauschen kann.

1.1.2 Was ist die Geschichte hinter Clean ABAP?

Im Jahr 2010 begannen drei Scrum-Teams in der Abteilung *Governance, Risk, and Compliance* bei SAP, darunter auch Florian Hoffmann, mit der Arbeit an einer neuen ABAP-Lösung namens *SAP Fraud Management*. Um im agilen Scrum-Modus arbeiten und quartalsweise Releases herausbringen zu können, absolvierten wir eine Schulung bei Klaus Häuptle, die maßgeblich von Clean Code geprägt war.

Obwohl wir in den folgenden Jahren viele der Ziele erreichten, die wir uns gesetzt hatten, stellten wir immer wieder fest, dass die drei Teams oft grundlegend verschiedene Ideen davon hatten, wie guter ABAP-Code aussehen sollte. Code-Reviews arteten mehr als einmal in unsachlichen Streits über eigentlich harmlose Details wie Leerzeilen aus.

Im Februar 2018 begannen wir, unter dem Begriff Clean ABAP unsere Best Practices zusammenzutragen, um voneinander zu lernen, um eine objektive Grundlage für Code-Reviews zu erarbeiten und um neue Teammitglieder leichter abholen zu können. Wir arbeiteten zunächst mit einer Wiki-Seite, verschoben den Inhalt aber später auf eine interne GitHub-Seite, als der Inhalt immer stärker wuchs.

Im Laufe des Jahres 2018 startete Klaus Häuptle ein *Engineering Ecosystem*, eine lose Community mit Hunderten von Entwicklerinnen und Entwicklern, die ihre Erfahrungen mit agilen Techniken aller Art untereinander austauschen wollten.

Im November 2018 präsentierten wir unsere Clean-ABAP-Sammlung auf einer der regelmäßigen Veranstaltungen dieses Netzwerks. Die Resonanz war überwältigend: Mehrere hundert Entwicklerinnen und Entwickler aus allen Bereichen der Firma nahmen teil. Im Januar 2019 wiederholten wir die Präsentation auf der SAP-internen jährlichen Entwicklerkonferenz DKOM. Sie wurde zur bis dato größten Session auf einer Nebenbühne überhaupt.

Bevor wir mit unserer Arbeit begannen, wurden Programmierrichtlinien bei SAP in der Regel hierarchisch von oben nach unten, d. h. vom Management an die Softwarearchitektinnen und -architekten, oder von innen nach außen, d. h. von den Entwicklerinnen und Entwicklern der Sprache an die Entwicklungsteams der Applikation, kommuniziert. Wir legten daher großen Wert darauf, dass unsere Empfehlungen auf Augenhöhe von Programmiererin zu Programmierer entstanden. Sie sollten nicht von Management-Zielen getrieben werden, sondern von Freiwilligkeit. Clean ABAP sollte sich in einer interaktiven Community selbständig weiterentwickeln können.

Die positiven Rückmeldungen zu diesen Veranstaltungen ermutigten Klaus und Florian im Mai 2019, den nächsten Schritt zu gehen und Clean ABAP open source anzubieten. Es gab einfach keinen Grund, warum wir etwas derart Nützliches für uns behalten sollten: Wir wollten unsere Erfahrungen mit Partnern und Kunden teilen. Das Clean-ABAP-Repository wurde das erste Open-Source-Projekt von SAP, dass nicht vorrangig aus Programm-Code bestand.

Die Idee, ein Buch über Clean ABAP zu schreiben, begleitete uns von Anfang an. Aber zunächst wollten wir den Grundstein für eine interaktive Community legen, die nicht nur konsumiert, sondern aktiv mitdiskutiert und -entwickelt. Nun, da dies geschafft ist, ist es an der Zeit, ein Buch nachzulegen, das dort ins Detail geht, wo das Open-Source-Repository wegen der Fülle an Material absichtlich knapp bleibt.

1.2 Wie kann ich mit Clean ABAP anfangen?

Wenn Sie in Ihrem Team neu mit Clean ABAP anfangen, empfehlen wir Ihnen, mit Themen zu beginnen, die einfach zu verstehen und umzusetzen sind, z. B. mit *Booleschen Ausdrücken* (siehe Abschnitt 6.4, »Boolesche Ausdrücke«), *Bedingungen* (siehe Abschnitt 8.2, »Schachtelungstiefe«) und *If-Anweisungen* (siehe Abschnitt 8.1, »Das Schlüsselwort IF«). Meist verstehen Entwicklerinnen und Entwickler die Vorteile dieser Empfehlungen intuitiv, können sie ohne Probleme umsetzen, und es kommt so gut wie nie zu Streitigkeiten über Details. Testen Sie diese Prinzipien in Ihrer täglichen Arbeit und in Code-Reviews. Sie werden sehen, dass schon diese Kleinigkeiten ohne große Mühe zu einer lesbareren Code-Basis führen.

Den größten Gewinn an Lesbarkeit liefern die Clean-ABAP-Praktiken für Methoden (siehe Kapitel 4), insbesondere die Ratschläge »Tun Sie nur eine Sache« und »Halten Sie Methoden klein«. Diese Themen sind zwar intuitiv verständlich, aber im Arbeitsalltag überraschend schwer umzusetzen. Rechnen Sie dabei mit Diskussionen der Form »Wie kurz ist kurz genug?« und »Was ist denn nun diese eine Sache, die ich tun soll?«. Diese Diskussionen sind wichtig und notwendig, und wir hoffen, unsere Ratschläge helfen Ihnen und Ihrem Team, ohne größere Schwierigkeiten zu einem gemeinsamen Verständnis zu kommen.

Eine gute Grundlage in Sachen Clean ABAP erreichen Sie, wenn Sie die Empfehlungen »Nutzen Sie verständliche Namen, Tun Sie nur eine Sache, Halten Sie Methoden klein, Versuchen Sie, Bedingungen positiv zu formulieren und Drücken Sie sich in Code aus« – die Sie alle in diesem Buch kennenlernen werden – umsetzen. Bereits die Umsetzung dieser fünf Regeln alleine wird die Lesbarkeit Ihres Codes um ein Vielfaches verbessern.

Danach können Sie beginnen, sich mit den kontroverseren Themen von Clean ABAP auseinanderzusetzen, z. B. den Empfehlungen in Kapitel 9, »Kommentare«, Kapitel 5, »Namen«, und Kapitel 10, »Formatierung«. Diese Themen sind nützlich und sinnvoll, Neueinsteigern sind sie aber schwieriger zu vermitteln, und sie können leicht in erhitzte Diskussionen über persönliche Programmierstile ausarten. Unsere Empfehlung ist daher, sich mit diesen Themen erst dann zu beschäftigen, wenn Sie andere Dinge erfolgreich umsetzen konnten und Ihr Team bereits von den positiven Effekten von Clean ABAP überzeugt ist.

Unser Open-Source-Repository zu Clean ABAP war in vielen Punkten so knapp gefasst, dass wir Interessierten stets empfohlen haben, es erst zu nutzen, nachdem sie sich mit dem Buch *Clean Code* von Robert C. Martin einen Überblick über das Thema an sich verschafft haben. Mit diesem Buch hier hoffen wir hingegen, eine allgemeinverständliche und umfassende Quelle vorzulegen, sodass Sie daneben keine weiteren Informationen benötigen. Selbstverständlich ist es jedoch immer eine gute Idee, sich eigenständig mit verschiedenen Quellen fortzubilden.

Falls Sie nach weiteren Möglichkeiten suchen, mit Clean Code zu starten, schauen Sie sich bei Gelegenheit gerne auch einmal die *Clean Code Developer Initiative* unter *https://clean-code-developer.com* an. Diese Initiative verfolgt einen spielerischen Ansatz mit farbigen Gürteln, wie man sie aus dem Kampfsport kennt, und kann als Inspiration dienen, wie Sie Clean ABAP in Ihren Arbeitsalltag integrieren können.

1.3 Wie gehe ich mit Legacy-Code um?

Wenn Java-Entwicklerinnen und -Entwickler über *Legacy-Code* reden – wörtlich etwa »(veraltete) Code-Hinterlassenschaften« –, meinen sie damit in der Regel schlicht »Code, der nicht durch Unit Tests abgedeckt ist«. Solcher Code ist unsicher: Strukturieren Sie ihn um, haben Sie nie die Sicherheit, dass er anschließend noch genau dasselbe tut wie vorher. Legacy-Code sieht auch oft veraltet aus, mischt zu viele unterschiedliche Absichten und ist wegen seines unübersichtlichen Programmierstils schwer zu verstehen.

Legacy-Code ist in ABAP-Projekten besonders häufig anzutreffen und einer der Hauptgründe, warum es herausfordernder sein kann, Clean Code auf ein ABAP-Projekt anzuwenden, als z. B. auf ein Java-Projekt. ABAP ist ziemlich alt, sodass Sie oft Code aus verschiedenen Jahrzehnten finden werden, der wild in alle möglichen Richtungen vor sich hin gewuchert ist. Die Sprache hat sich ursprünglich an einen anderen Nutzerkreis gewandt und seitdem einen Paradigmenwechsel von prozeduraler zu objektorientierter Programmierung durchlaufen. Da SAP die Kompatibilität über lange Zeiträume zusagt, werden Sie »in freier Wildbahn« eine Vielzahl unterschiedlicher Versionsstände antreffen. Zentrale Komponenten wie das ABAP Dictionary und unterschiedliche Erweiterungskonzepte können es erschweren, bestehenden Code zu ändern.

Glücklicherweise ist es trotzdem möglich und sinnvoll, Clean ABAP in Legacy-Projekten einzuführen. Die Kernkompetenz dabei ist das sogenannte *Refactoring*. Hierbei wird der Code umgeformt, zerlegt und neu zusammengesetzt, ohne dass sich seine Funktion ändert. Intuitiv lässt sich das gut am Beispiel von Methoden erfassen: Refactoring bedeutet, den Inhalt einer Methode umzustrukturieren, sodass sie hinterher trotzdem noch die gleichen Ergebnisse für die gleichen Eingabeparameter liefert. Besonders deutlich wird das Prinzip, wenn Sie umfangreiche Unit Tests verwenden. Hier bedeutet Refactoring, dass der getestete Code umgestellt wird und alle Unit Tests weiterhin erfolgreich laufen.

Wir haben gute Ergebnisse mit den folgenden vier Schritten erzielt. Abschnitt 2.1, »Legacy-Code«, legt noch einige Details dazu nach.

1. **Gewinnen Sie Ihr Team für die Sache**

   Zunächst sollten Sie Ihr Team abholen. Erklären Sie den neuen Stil, regen Sie Diskussionen an, und führen Sie Ihr Team so, dass sich alle gemeinsam auf eine sinnvolle und realistische Auswahl an Richtlinien einigen können.

   Diese Auswahl kann am Anfang sehr klein sein und vielleicht nur eine Handvoll Regeln umfassen. Sie könnten z. B. wie oben empfohlen mit Booleschen Ausdrücken, Bedingungen, If-Anweisungen und Methoden beginnen. Diese Regeln sind sehr dankbar: Ihre Umsetzung führt zu schnellen Erfolgen, und Sie können sie z. B.

selektiv nur auf neuen Code anwenden, ohne sich in altem Code zu verlieren. Die Auswahl können Sie später jederzeit erweitern.

2. **Folgen Sie der Pfadfinderregel**

   Wenden Sie im Arbeitsalltag die alte Pfadfinderregel an: Hinterlassen Sie den Code immer ein bisschen sauberer, als Sie ihn vorgefunden haben. Wenn Sie etwas ändern, nehmen Sie sich anschließend eine Minute Zeit und verbessern Sie eine weitere Kleinigkeit an dieser Stelle.

   Falls Sie Scrum oder ähnliche agile Projektmethoden verwenden: Trennen Sie das Refactoring nicht vom ursprünglichen Codieren. Wenn Sie solche Dinge als eigenständige Aufgaben verwalten, laufen Sie Gefahr, dass sie vom Product Owner als unwichtig abgetan werden und in der Prioritätenliste immer weiter nach unten rutschen, sodass sie letztlich niemals jemand angehen wird. Unit Tests und Refactoring sollten gemeinsam mit dem Codieren erledigt werden, und bilden optimalerweise sogar Kriterien, die erfüllt sein müssen, damit eine Aufgabe als erledigt gilt.

   Falls Sie mit Backlog arbeiten: Betrachten Sie diese Aufgaben als Tasks in einem Backlog Item, ziehen Sie sie aber niemals als ein eigenes Backlog Item heraus. Refactoring sollte es – wenn überhaupt – nur für großangelegte Themen als Backlog Items geben, z. B. während einer Umstellung der Architektur. Und auch dann sollte es vor allem dazu dienen, die technischen Schulden (*technical debt*) im Blick zu behalten.

   Halten Sie sich aber gleichzeitig zurück und nehmen Sie wirklich nur eine oder zwei kleine Verbesserungen vor. Ansonsten kann es passieren, dass Sie zu viel Zeit investieren und kein Ende finden. Dann heben Sie einen Krümel auf, und noch einen, und dann noch einen, und ehe Sie sich versehen, ist der Tag um und Sie sind nicht voran gekommen. Diese Brotkrümelspuren haben kein Ende: Code kann *immer* noch ein bisschen besser werden, aber den perfekten Code gibt es nicht.

   Wenn Sie etwas ändern, vermeiden Sie verwirrende Stilmischungen innerhalb eines Elements. Wenn Sie z. B. an einer großen Methode arbeiten, die ihre Variablen zu Methodenbeginn deklariert, fangen Sie nicht an, in der Mitte des Codes plötzlich weitere Variablen zu deklarieren. Wandeln Sie entweder alle Variablen in eine Inline-Deklaration, oder deklarieren Sie Ihre Variablen weiter konsequent zu Methodenbeginn.

   Refactoring-Schritte wie diesen sollten Sie sich lieber für später aufheben, denn sie fallen leichter, wenn Sie vorher erst andere Refactoring-Schritte durchgeführt haben: In einer Methode mit Dutzenden Variablen kostet das Umstellen aller Deklarationen viel Zeit. Zerlegen Sie eine Methode vorher in kleinere Methoden, können Sie diese nach und nach mit sehr viel weniger Aufwand umstellen.

   Stellen Sie auf jeden Fall sicher, dass Sie und Ihr Team eine Vorstellung von Ihrem gemeinsamen Ziel haben. Vermeiden Sie Endlosschleifen, bei denen zwei Teammitglieder ihren Code gegenseitig immer wieder hin und her ändern, einfach weil sie verschiedene Vorstellungen davon haben, was besser aussieht.

3. **Bauen Sie saubere Inseln**

   Wählen Sie von Zeit zu Zeit ein kleines Objekt aus und wenden Sie konsequent alle Clean-ABAP-Regeln darauf an, auf die Sie sich mit Ihrem Team geeinigt haben.

   Als Resultat erhalten Sie kleine Objekte, die das Zielbild mit allen Vorteilen widerspiegeln. Wenn Ihr Team neue Mitglieder aufnimmt, können Sie auf diese Objekte verweisen und sagen: »So soll es hinterher aussehen.« Aber auch für bestehende Teammitglieder sind diese Objekte hilfreich, da sie in schwierigen Fällen als Idealbeispiel dienen, an dem sie sich orientieren können.

   Zudem können Sie mithilfe dieser Objekte z. B. den Qualitätsverantwortlichen Ihre Resultate darlegen: »An dieser Stelle haben wir es konsequent umgesetzt, und die Fehlerrate ging um 70 % zurück.« Oder Sie können dem Management demonstrieren: »Ja, es kostet ein paar Minuten extra. Aber schauen Sie hier, da haben wir beim Umstellen auf Clean ABAP acht Bugs gefunden und beseitigt.« Wenn Sie solche sauberen Inseln etabliert haben, lassen Sie sie mithilfe der Pfadfinderregel Stück für Stück nach außen wachsen.

4. **Reden Sie über Code**

   Sprechen Sie über Ihren Code, oft und ausführlich. Es nicht so wichtig, ob Sie Code-Reviews nach althergebrachter Fagan-Art machen, Dinge in Info-Sessions vorführen, Foren oder Chats zu gutem Code-Stil gründen, oder Expertenrunden organisieren – wichtig ist, *dass* Sie sich in irgendeiner Form über Code austauschen. Sie werden über Ihre Erfahrungen mit Clean ABAP sprechen wollen, über Probleme, die dabei auftreten, und Sie werden im Team immer wieder entscheiden müssen, auf welche Aspekte Sie mehr oder weniger achten wollen.

1.4 Wie kann ich Code automatisch prüfen?

Es gibt eine Reihe von Werkzeugen, die statische Code-Prüfungen erlauben, mit denen Sie die Anti-Patterns, die wir in diesem Buch beschreiben, erkennen und vermeiden können. Als *Anti-Pattern* bezeichnen wir eine weit verbreitete, aber leider ineffiziente Lösung für ein wiederkehrendes Problem. Probieren Sie am besten verschiedene Hilfsmittel aus, und nutzen Sie diejenigen, die am besten zu Ihrer Systemlandschaft, Ihrer ABAP-Version und Ihrer Arbeitsweise passen:

- **Code Pal**

  Code Pal, der »Code-Kumpel«, bietet Prüfungen, die sich speziell um das Thema Clean ABAP drehen, und wird über Standardwerkzeuge wie den Code Inspector in ABAP ausgeführt.

- **ABAP Test Cockpit**

  Nutzen Sie das *ABAP Test Cockpit*, um Unit Tests und statische Code-Prüfungen in einem Schritt zu erledigen. Das ABAP Test Cockpit umfasst ältere Prüfungen aus dem Code Inspector und der erweiterten Programmprüfung ebenso wie neuere, Clean-Code-bezogene Metriken.

- **Code Inspector**

  Der *Code Inspector* bietet eine Vielzahl an Prüfungen für verschiedene Zwecke, von Performance bis Clean ABAP. Sie können seine Metriken z. B. nutzen, um eine Maximalgröße für Methoden festzulegen. Auch komplexere Kriterien werden angeboten, wie etwa die *zyklomatische Komplexität*, mit der Sie die Anzahl der möglichen Ausführungspfade von Methoden ermitteln und beschränken können. Mit Metriken wie der *Fanout-Kalkulation* können Sie z. B. Komponenten identifizieren, die viele andere Komponenten aufrufen, was ein Hinweis auf zu viele Abhängigkeiten und zu enge Vernetzung ist. Sie können seine Metriken z. B. nutzen, um eine Maximalgröße für Methoden festzulegen, mithilfe der zyklomatischen Komplexität ausufernde Bedingungen zu vermeiden, und Komponenten mit zu vielen Abhängigkeiten über die Fanout-Kalkulation zu identifizieren.

- **erweiterte Programmprüfung**

  Einige Funktionen der *erweiterten Programmprüfung* lassen sich einsetzen, um die hier beschriebenen Anti-Patterns zu erkennen. Sie können damit z. B. obsolete Anweisungen oder Anweisungen wie `CHECK` und `EXIT` finden, die oft fehl am Platz sind. Die Prüfungen dieses schon etwas älteren Werkzeugs sind besonders gut geeignet, um älteren Code, der noch vorrangig mit Funktionsbausteinen und Formroutinen arbeitet, zu modernisieren.

- **Transaktion CHECKMAN**

  Die Transaktion CHECKMAN ist eine Alternative zum Code Inspector und zum ABAP Test Cockpit, die typischerweise nur in SAP-internen Systemen verfügbar ist. Sie bietet gegenüber den oben genannten Werkzeugen keine neueren oder anderen Prüfungen, sondern sorgt lediglich dafür, dass alle Systeme der SAP-internen Landschaft mit einem einheitlichen Regelsatz geprüft werden, sodass sich die Teams auf die Vergleichbarkeit der Metriken verlassen können.

- **abapOpenChecks**

  Die Open-Source-Sammlung *abapOpenChecks*, die Prüfungen für den Code Inspector umfasst, deckt auch einige der Anti-Pattern in diesem Buch ab. Sie können diese Prüfungen in Ihre ABAP-Systeme importieren und dort ganz regular über Ihre Code-Inspector-Profile ausführen.

- **abaplint**

  Die Open-Source-Reimplementierung des ABAP-Parsers *abaplint* erlaubt es, ABAP-Code außerhalb eines ABAP-Systems zu überprüfen, insbesondere solchen Code, der über *abapGit* extrahiert wurde. abaplint ermöglicht es Ihnen, einige der Anti-Pattern zu erkennen, besonders bei Fragen der Formatierung und zur Überprüfung der Code-Konventionen. Sie können dieses Werkzeug auf vielfältige Weise in Ihre Arbeitsabläufe einbauen, z. B. durch GitHub Actions, einen Jenkins-Build-Server oder als Prüfwerkzeug in Texteditoren.

Halten Sie auch immer Ausschau nach weiteren oder neueren Werkzeugen. Seit Entstehung der Clean-ABAP-Community beschäftigen sich mehr und mehr Entwicklerinnen und Entwickler mit diesem Thema, und es werden laufend neue Versionen und Prüfungen veröffentlicht.

Noch ein Wort zur Automatisierung: Einige Vorschläge der Clean-ABAP-Richtlinien sind schwierig zu automatisieren, da sie ein tiefes Verständnis des Codes erfordern, was künstliche Intelligenz (KI) zum jetzigen Zeitpunkt noch nicht leisten kann. Das Benennen von Variablen und Klassen z. B. wird auf absehbare Zeit eine Aufgabe für menschliche Entwicklerinnen und Entwickler bleiben. Nutzen Sie also die automatischen Prüfungen, aber verlassen Sie sich nicht allein darauf. Setzen Sie auch weiterhin auf ergänzende Techniken wie Code-Reviews.

1.5 Wie steht Clean ABAP im Verhältnis zu anderen Programmierleitfäden?

Unser Leitfaden folgt dem Geist der Clean-Code-Regeln. Das bedeutet, dass wir die ursprünglichen Vorschläge nicht unreflektiert übernommen haben, sondern sie an die Feinheiten der ABAP-Programmiersprache angepasst haben.

So schlägt Martin in seinem Buch z. B. vor, nur noch ungeprüfte Ausnahmen (*unchecked exceptions*) zu nutzen. In Java ist dieses Vorgehen sinnvoll, da Sie die Ausnahmen dann nicht mehr an den Definitionen der Methoden wiederholen müssen. Wir haben jedoch festgestellt, dass ungeprüfte Ausnahmen in ABAP anders funktionieren. In diesem Fall haben wir die Vorgehensweisen angepasst, auch wenn sie damit vom Original abweichen. Mehr zum Thema Ausnahmen erfahren Sie in Abschnitt 11.3, »Ausnahmen«.

Einige Empfehlungen in diesem Buch spiegeln die ABAP-Programmierrichtlinien wider (siehe *http://s-prs.co/v519000* für die *Offiziellen ABAP-Programmierrichtlinien* von Horst Keller). Wir wiederholen sie hier, um ihren Beitrag zum Thema Lesbarkeit hervorzuheben. Clean ABAP ist zum Großteil kompatibel zu diesen Richtlinien. An Stellen, an denen es Abweichungen gibt, weisen wir Sie gezielt darauf hin und legen dar, warum wir als Schritt zu »saubererem« Code an diesen Stellen eine andere Vorgehensweise empfehlen.

Unser Leitfaden passt auch gut zu den »Empfehlungen für die ABAP-Programmierung« (siehe *http://s-prs.de/v865900*), die von der Deutschen SAP-Anwendergruppe

DSAG bereits geraume Zeit vor Clean ABAP veröffentlicht wurde. Wir schätzen diese Empfehlungen sehr, haben die Vorschläge darin weiter erforscht und mit konkreten Code-Beispielen unterlegt.

Es gibt viele weitere Richtlinien für ABAP, besonders auch für spezielle Themen wie objektorientierte Programmierung oder Sicherheit. Wir versuchen, in diesem Buch auf viele Aspekte einzugehen und sie mit den oben genannten Leitfäden abzugleichen, aber es wird unvermeidlich Stellen geben, an denen sich die verschiedenen Empfehlungen widersprechen. Ein bekannter Fall ist z. B. unsere Empfehlung, Methoden möglichst klein zu halten, während Performanceratgeber meistens empfehlen, Methoden nicht *zu* klein zu machen.

Scheinbare Widersprüche wie dieser bedeuten nicht, dass ein Ratgeber »falsch« liegt oder Sie ihn komplett ignorieren sollten. Sie bedeuten vor allem, dass es immer verschiedene Sichtweisen auf dieselbe Sache gibt und Sie Alternativen stets gegeneinander abwägen sollten. Wir weisen in diesem Buch auf die uns bekannten Widersprüche hin und versuchen, Ihnen Kriterien an die Hand zu geben, damit Sie in solchen Situationen selbst abwägen können.

1.6 Wie kann ich mich in der Clean-ABAP-Community engagieren?

Die Clean-ABAP-Community lebt online und steht Ihnen jederzeit offen. Sie können auf verschiedenen Wegen mit uns in Verbindung treten:

- **Chat**

  Viele von uns diskutieren gerne in Chats über ein Problem. Treten Sie unserem Slack-Workspace unter *https://sapcodestyleguides.slack.com* bei, wenn Sie ein Thema besprechen oder Feedback zu Änderungsvorschlägen sammeln möchten.

  Mit einer *@sap.com*-E-Mail-Adresse können Sie diesem Slack-Workspace direkt beitreten. Ansonsten können Sie eine E-Mail an *fl.hoffmann@sap.com* senden, und wir lassen Ihnen per E-Mail eine Einladung zukommen.

  Was auch immer Sie in diesem Workspace besprechen – wir fragen stets um Ihre Erlaubnis, bevor wir etwas davon in das Open-Source-Repository oder zukünftige Editionen dieses Buches übernehmen. Falls Sie Ihre Beiträge nicht unter Ihrem Namen in diesen Quellen wiederfinden wollen, arbeiten wir auch gerne Variationen davon aus, die die Ideen dahinter vermitteln, ohne im Wortlaut auf Ihre Beiträge zurückzugreifen.

- **Fragen und Antworten**

  Falls Sie Fragen zu einer Richtlinie haben oder spezielle eigene Fälle durchsprechen möchten, können Sie Ihre Beispiele auf einer der Frage-und-Antwort-Plattformen posten, die sich mit ABAP beschäftigen.

Dafür kommt vor allem das SAP-eigene Forum unter *https://answers.sap.com/index.html* in Frage, über das Sie viele Personen erreichen können, die sich mit ganz unterschiedlichen Aspekten von ABAP beschäftigen.

Etwas weniger stark frequentiert, aber trotzdem immer einen Versuch wert, ist auch die Seite *https://stackoverflow.com*, wo Sie mit dem Tag **abap** ABAP-Entwicklerinnen und -Entwickler auf Ihre Frage aufmerksam machen können.

- **Repository**

  Das Clean-ABAP-Repository ist der Haupteinstiegspunkt für alles, was direkt mit Clean ABAP zu tun hat. Sie finden es unter *http://s-prs.co/v519002*.

  Sie können das Repository direkt benutzen oder eine eigene Variante (eine sogenannte *Fork*) davon anlegen, in der Sie Regeln für Ihr Team erweitern oder umformulieren. Der Styleguide im Repository beschreibt auch, wie sie mit *Pull Requests* oder *Issues* Änderungsvorschläge aller Art einbringen können, vom Korrigieren kleiner Rechtschreibfehler bis zum Ergänzen ganzer Kapitel oder kompletter Übersetzungen. Sie finden den Styleguide unter *http://s-prs.co/v519003*.

1.7 Zusammenfassung

Wir hoffen, wir konnten Ihnen in dieser Einführung näher bringen, was Clean ABAP ist, wo es herkommt und wie es in die ABAP-Welt passt. Wir hoffen, dass wir Ihnen zeigen konnten, wie einfach es ist, mit Clean ABAP loszulegen, und dass es sowohl für neue als auch für bestehende Projekte geeignet ist. Vielleicht konnten wir Sie sogar inspirieren, Teil der Clean-ABAP-Gemeinschaft zu werden und aktiv an der Weiterentwicklung dieses Gebiets mitzuarbeiten.

Die folgenden Kapitel gehen im Detail auf die verschiedenen Empfehlungen ein. Wir beginnen in Kapitel 2, »Die Programmiersprache ABAP«, zunächst mit allgemeinen Empfehlungen für ABAP an sich. Das letzte Kapitel 14, »Wie Sie Clean ABAP umsetzen«, wird noch einmal etwas genauer darauf eingehen, wie Sie in einem Team mit Clean ABAP arbeiten können.

Kapitel 2
Die Programmiersprache ABAP

Jede Programmiersprache hat ihre eigenen Stärken und lebt in einem Ökosystem aus Programmierern und Programmiererinnen, Projekten und Arbeitstechniken. Nutzen Sie Clean Code, um mit diesen individuellen Gegebenheiten zu arbeiten, statt gegen sie anzukämpfen.

Dieses Kapitel gibt Ihnen einige allgemeine Empfehlungen, die aus der Programmiersprache selbst und dem Umfeld, in dem sie typischerweise verwendet wird, hervorgehen. Das Kapitel bezieht sich also auf ABAP als Ganzes und sollte auf allen Detailstufen berücksichtigt werden, von kleinen Variablen bis hin zu großen Entwicklungspaketen. Wir werden in den folgenden Abschnitten verschiedene Themen betrachten, vom Umgang mit Legacy-Code in Abschnitt 2.1, »Legacy-Code«, bis zur Verbesserung der Leistungsfähigkeit von Programmen in Abschnitt 2.2, »Performance«. In Abschnitt 2.3, »Objektorientierte vs. prozedurale Programmierung«, folgt eine Erläuterung, warum Sie objektorientierte Programmierung der prozeduralen Programmierung vorziehen sollten, gefolgt von einer Erklärung in Abschnitt 2.4, »Funktionale vs. prozedurale Sprachkonstrukte«, welche Vorteile funktionale Sprachkonstrukte gegenüber prozeduralen haben. Die letzten beiden Abschnitte in diesem Kapitel führen aus, warum Sie obsolete Sprachelemente vermeiden sollten (siehe Abschnitt 2.5, »Obsolete Sprachelemente«) und warum Sie Entwurfsmuster weise anwenden sollten (siehe Abschnitt 2.6, »Entwurfsmuster«).

2.1 Legacy-Code

In Abschnitt 1.3, »Wie gehe ich mit Legacy-Code um?«, haben wir Ihnen bereits gezeigt, wie Sie Clean ABAP aus Sicht des Teams und unter Berücksichtigung der Arbeitsabläufe in Legacy-Projekte einführen können. Dieser Abschnitt zeigt Ihnen nun, wie Sie neue Inhalte und Empfehlungen in Ihren Code einarbeiten können, ohne dass ein Stilbruch und damit ein Verständnisbruch entsteht.

Über die Zeit gewachsene SAP-Landschaften weisen oft eine breite Vielfalt an ABAP-Releases auf, von sehr alt bis sehr neu. Obwohl SAP-Verträge üblicherweise für sehr lange Zeiträume Upgrades zusichern, nutzen Kunden diese Möglichkeit häufig nicht aus und aktualisieren ihre Systeme nur selten.

Ein Grund für dieses zögerliche Upgrade-Verhalten ist, dass das Upgrade eines ABAP-Systems nur teilautomatisiert erfolgen kann und oft teure manuelle Zusatzarbeiten erfordert. Ein anderer Grund ist, dass SAP-Systeme in vitalen Bereichen des Unternehmens zum Einsatz kommen, was es schwierig macht, die (wenn auch geplante) Nichtverfügbarkeit während des Upgrades mit den keineswegs ruhenden Unternehmensprozessen in Einklang zu bringen. In der Folge werden Sie sich häufig in einer Landschaft wiederfinden, in der Sie Code aus verschiedenen ABAP-Versionen bereinigen müssen.

Im Folgenden finden Sie daher einige generelle Empfehlungen für den Umgang mit Clean ABAP in Legacy-Landschaften:

- **Den größten Teil von Clean ABAP können Sie in jeder ABAP-Version verwenden.**

  Die Rahmenbedingungen für Formatierung und Kommentare im Code haben sich in den letzten Jahrzehnten nicht verändert, und Sie werden alle Empfehlungen hierzu in jedem System Ihrer Landschaft gleichermaßen befolgen können.

- **Ignorieren Sie unnötige Details.**

  In einigen Fällen werden Sie Anweisungen finden, die in älteren ABAP-Systemen nicht verfügbar sind. Wenn Sie genauer hinschauen, werden Sie allerdings feststellen, dass es sich oft um irrelevante Details handelt. Den Kern der Empfehlungen werden Sie in den meisten Fällen auch mit älteren Anweisungen umsetzen können.

  In Abschnitt 2.3, »Objektorientierte vs. prozedurale Programmierung«, finden Sie Beispiele für objektorientierte Programmierung, die die Definition und Wertzuweisung von Variablen mithilfe der Anweisung `DATA(...)` in einem Schritt kombinieren:

  ```
  DATA(total) = money_utils=>calculate_total( items ).
  ```

  Die Form der Variablendeklaration trägt aber gar nichts zur Sache bei. Sie können die beschriebenen objektorientierten Muster auch dann problemlos anwenden, wenn Sie die Definition und die Zuweisung in älteren ABAP-Systemen auf zwei Anweisungen verteilen müssen.

- **Lassen Sie zu neue Sprachkonstrukte weg.**

  Einige Abschnitte in diesem Buch empfehlen, die jeweils neuesten Sprachkonstrukte zu verwenden. Diese stehen Ihnen aber eventuell in älteren Systemen nicht zur Verfügung. In diesen Fällen sollten Sie Ihr ältestes System bestimmen und sich auf die Anweisungen beschränken, die dort funktionieren.

  Viele neuere Sprachkonstrukte statten ABAP nicht mit neuen Funktionen aus, sondern reduzieren die benötigte Menge an Code und sorgen so für mehr Transparenz. Wenn Sie ältere Anweisungsformen benutzen, ist Ihr Code möglicherweise etwas umständlicher zu lesen, aber normalerweise in einem unbedenklichen Ausmaß.

Wir empfehlen z. B., die neuen abgekürzten Wertzuweisungen der Form `sum += 42` zu nutzen, da sie den Code kürzer und präziser machen. Der Vorteil gegenüber älteren Wertzuweisungen der Form `sum = sum + 42` ist aber geringfügig, und Sie werden auch mit der älteren Schreibweise einen gut lesbaren Code erzielen.

- **Kompensieren Sie nicht verfügbare Konstrukte mit Methoden.**

  In vielen Fällen können Sie fehlende Sprachkonstrukte unkompliziert und sogar elegant durch zusätzliche Methoden ersetzen. Im folgenden Code-Beispiel können Sie den VALUE-Operator nicht nutzen:

```
DATA(employee) = VALUE #( first_name = 'John'
                          last_name  = 'Doe' ).
```

  Sie können ihn jedoch nahezu verlustlos durch eine Methode ersetzen:

```
DATA employee TYPE employee_structure.
employee = create_employee( first_name = 'John'
                            last_name  = 'Doe' ).
```

  Das Resultat ist etwas länger als der ursprüngliche Code, jedoch weiterhin sehr sauber.

- **Halten Sie die Code-Basis einheitlich.**

  Unsere Erfahrungen mit Legacy-Code zeigen, dass es immer eine gute Idee ist, Code, der in mehreren Systemen vorliegt, synchron zu halten. Das gilt z. B., wenn Ihr Entwicklungssystem einen anderen ABAP-Kernel-Stand hat als Ihr Qualitäts-, Konsolidierungs- oder Produktivsystem – eine Situation, die wir in SAP-internen Landschaften oft vorfinden. Obwohl Sie im Entwicklungssystem die neuesten Sprachkonstrukte zur Verfügung hätten, würde der Transport in die Folgesysteme zu zahlreichen Kompilierungsfehlern führen. Wenn Sie sich in solchen Landschaften jedoch auf ältere Sprachkonstrukte beschränken, sind problemlose Transporte zwischen beliebigen Systemen möglich.

  Den Programmierstil einheitlich zu gestalten, kann sogar dann hilfreich sein, wenn die betroffenen Systeme nicht direkt miteinander verbunden sind. Entwicklerinnen und Entwickler wechseln in solchen Landschaften nämlich nicht nur häufig zwischen den Systemen hin und her, sondern überwachen oft sogar mehrere Systeme gleichzeitig, die in verschiedenen Fenstern auf ihren Rechnern dargestellt werden. Ein einheitlicher Programmierstil spart bei jedem Wechsel ein paar Sekunden, in denen sie sich sonst orientieren müssten, an welcher Version sie gerade arbeiten.

- **Teilen Sie die Code-Basis, wo sinnvoll.**

  In manchen Fällen kann es von Vorteil sein, die Code-Basis so zu unterteilen, dass Sie in einem Teil von neueren Sprachkonstrukten profitieren können, während Sie sich in einem anderen Teil auf ältere Anweisungsformen beschränken. Dies ist vor allem dann sinnvoll, wenn die neueren Sprachkonstrukte neue Funktionen mit sich bringen.

Die relativ neuen *ABAP-Managed Database Procedures* (AMDPs) vereinfachen beispielsweise die Interaktion mit Datenobjekten erheblich, sodass Sie vermutlich selbst dann nicht auf sie verzichten wollen, wenn Sie ältere Systeme in der Landschaft haben, die diese Entwicklungsobjekte noch nicht unterstützen. In diesen Fällen sollten Sie die Trennung sehr deutlich und sauber gestalten, z. B., indem Sie den Code in verschiedenen Entwicklungspaketen unterbringen oder verschiedenen Transportschichten zuweisen. Sie (und alle, die den Code nach Ihnen betreuen) sollten auf einen Blick sehen können, in welchem »Releasezweig« sie gerade unterwegs sind, um Flüchtigkeitsfehler zu vermeiden.

- **Aktualisieren Sie Ihre Entscheidungen nach einem Upgrade.**

  Wenn Sie sich auf ältere Anweisungsformen beschränken, sollten Sie diese Entscheidung jedes Mal hinterfragen, wenn Sie Ihr ältestes System upgraden: Sobald dieses eine Version erreicht, in der die Einschränkungen nicht mehr oder nur noch teilweise nötig sind, sollten Sie auch Ihre Einschränkung anpassen oder sogar aufheben.

2.2 Performance

Eine Hauptsorge vieler Entwicklerinnen und Entwickler, die sich zum ersten Mal mit Clean ABAP auseinandersetzen, ist, dass sich die Performance – also die Geschwindigkeit und Ressourceneffizienz – vorhandener Systeme verschlechtern könnte. Immerhin scheinen einige der Empfehlungen, die wir Ihnen in diesem Buch geben, den Empfehlungen zu widersprechen, die sich anderswo in Literatur zum Thema Performance finden. Werfen wir deshalb einen Blick auf die Fakten.

2.2.1 Clean Code vs. Performance

Ein sehr großer Teil von Clean ABAP beschäftigt sich mit Themen, die absolut keine Auswirkung auf die Leistungsfähigkeit Ihres Programm-Codes haben. Denken Sie z. B. an die Formatierung Ihres Codes oder an Kommentare: Der kompilierte Code ändert sich nicht, egal, wie Sie ihn formatieren oder wie viele Kommentare Sie einfügen. Auch Namen sind ein anschauliches Beispiel: Gute Namen sind nicht unbedingt länger als schlechte Namen, belegen also nicht mehr Speicherplatz. Und Prozessoren arbeiten auf Speicherregistern, die mit den Variablennamen im Code nichts zu tun haben, sodass Sie hier keine Geschwindigkeitseinbußen sehen werden.

Weitere Teile von Clean ABAP haben eher untergeordnete Auswirkungen auf die Performance, wie z. B. Unit Tests: Natürlich will niemand länger als notwendig auf die

Ausführung der Unit Tests warten. Insbesondere nicht, wenn Sie hochgradig testbasierte Entwicklungsmethodiken wie *Test-Driven Development* (TDD) anwenden wollen und die Unit Tests vor dem eigentlichen Programm-Code schreiben. Allerdings wird Ihnen innerhalb der agilen Softwareentwicklung fast jeder zustimmen, dass es sehr viel wichtiger ist, die Tests zu *verstehen*, als das letzte Quäntchen Geschwindigkeit aus ihnen herauszupressen. Und auch die Fehlerbehandlung gehört dazu: Dort geht es um das Verarbeiten von Ausnahmen, d. h. um Fälle, in denen das Programm bereits in einen fehlerhaften Zustand geraten ist, und den meisten wird es völlig egal sein, ob nun 0,8 oder 0,9 Sekunden vergehen, bis der aufgetretene Fehler in der Benutzeroberfläche dargestellt wird.

Zusammenfassend können Sie die Mehrheit der Clean-ABAP-Prinzipien in jeder Art von Projekt anwenden, ohne sich um Geschwindigkeit und Ressourcenverbrauch sorgen zu müssen. Selbst wenn Sie in einem hochgradig performancekritischen Zweig arbeiten und sich ausschließlich auf die absolut performanceneutralen Teile von Clean ABAP beschränken wollen, werden Sie und Ihr Code erheblich davon profitieren.

2.2.2 Sauber starten und nur in zwingenden Fällen abweichen

Eine große Sorge vieler ist unsere Empfehlung, Klassen und Methoden klein zu halten. Diesem Rat zu folgen, kann den Programm-Code langsamer und speicherintensiver machen. Kleinere Klassen resultieren in mehr Objekten, die zur Laufzeit instanziiert werden müssen, was wiederum mehr Speicher in Anspruch nimmt und länger dauert. Kleinere Methoden bedeuten mehr Methodenaufrufe und tiefere Aufrufhierarchien. Viele Programmiersprachen setzen Kompilieroptimierungen wie das *Inlining* ein, die Methodenaufrufe auf Prozessorlevel tatsächlich komplett verschwinden lassen. ABAP hingegen nimmt sich im Gegenzug bei jedem Methodenaufruf etwas Zeit, um die Datentypen der übergebenen Parameter zu überprüfen. Im Einzelfall sind diese Unterschiede winzig, sie können sich in großen Programmen aber bis zu einem Punkt aufsummieren, wo es sinnvoll sein kann, mit einigen Empfehlungen von Clean ABAP zu brechen.

Bevor Sie nun aber sofort die Schlussfolgerung ziehen, dass Ihr Projekt sicherlich dieses eine unter Tausenden ist, das derart strikte Performancevorgaben hat, dass Sie Clean ABAP sicherlich auf gar keinen Fall anwenden können, sollten Sie bedenken, dass Clean ABAP in einer High-Performance-Applikation das Licht der Welt erblickt hat: *SAP Assurance and Compliance Software* war eine der ersten ABAP-Lösungen auf SAP HANA. Sie sollte die Geschwindigkeit der SAP-HANA-Datenbank demonstrieren, indem sie sich an ambitionierte Performancevorgaben hielt, z. B. Antwortzeiten unter einer Sekunde für fast alle Interaktionen mit den Benutzerinnen und Benutzern. Wenn wir es damals geschafft haben, mit Clean ABAP diese Antwortzeiten zu erreichen, warum sollten Sie das nicht?

Tatsächlich haben wir in dieser Anwendung nur einmal einen Fall gesehen, in dem Clean ABAP im Weg stand: Wir wollten den Benutzerinnen und Benutzern die Möglichkeit bieten, eine große Liste mit 1.000.000 Belegen als Excel-Datei herunterzuladen. Der objektorientierte Code dahinter, der die dafür notwendigen XML-Dateien erstellte, erzeugte dabei allerdings so viele Objekte, dass der Prozess aufgrund von Speichermangel abbrach. Dieser Fall war in mehreren Jahren Entwicklung der einzige, in dem wir uns bewusst gegen einige Empfehlungen von Clean ABAP entschieden haben.

Überdenken Sie auch die theoretische Seite: Stellen Sie sich eine Software A vor, deren Code wirr und unverständlich ist, die aber hervorragende Antwortzeiten hat. Ihr gegenüber steht eine Software B, die das genaue Gegenteil ist: Sie hat sehr sauberen Code, aber völlig inakzeptable Antwortzeiten. Keines dieser Extreme ist wünschenswert, aber die Positionen unterscheiden sich erheblich. Software A steckt in einer Sackgasse fest, der Sie vermutlich nur mit einem kompletten Neubau entkommen können, was wiederum so teuer wäre, dass es vermutlich nie passieren würde. Die schlechte Performance von Software B hingegen lässt sich dank des sauberen Codes durch Refactoring oder den Austausch kritischer Teile verbessern. Das sind Schritte, deren Aufwand dank eines klaren Designs und hoher automatischer Testabdeckung deutlich weniger Kosten verursacht.

Wir verdichten diese Beobachtungen in der folgenden Empfehlung: Beginnen Sie grundsätzlich mit einem sauberen Design und sauberem Code. Wenn Performanceanforderungen Sie zwingen, von Clean ABAP abzuweichen, tun Sie das nur in kleinen Schritten und an so wenigen Stellen wie möglich. So erhalten Sie einen guten Kompromiss, der sauber bleibt und trotzdem eine hohe Performance bietet.

2.2.3 Messen, statt nur vermuten

Vor langer Zeit hat jemand festgestellt, dass es deutlich länger dauert, große Tabellen per `RETURNING`-Parameter aus Methoden zurückzugeben als per `EXPORTING`-Parameter. Diese Feststellung ging berechtigterweise in die Dokumentation, in Bücher und in Trainings ein. Der Code Inspector umfasst seitdem sogar Prüfungen, die vorschlagen, Tabellen per `EXPORTING` statt per `RETURNING` zu übergeben. Wann immer diese Regel erwähnt wurde, nickten die Zuhörerinnen und Zuhörer weise und nahmen sie unhinterfragt hin.

Als wir uns mit Clean ABAP beschäftigten, stellten wir aber fest, dass das Übergeben von Tabellen per `RETURNING` uns erlauben würde, kürzeren und verständlicheren Code zu schreiben. Wir wollten es genau wissen und forderten die Regel heraus, indem wir eine Reihe von Messungen anstellten. Zu unserer Überraschung (und auch Freude) stellten sich beide Übergabeformen in allen ABAP-Versionen, die wir zur Verfügung hatten, als gleich schnell heraus. Wir diskutierten darüber und stellten entsprechende Anfragen an den Support. Letztendlich bestätigten uns die Entwicklerinnen und Entwickler der Sprache, dass vor geraumer Zeit eine Reihe von Optimierungen eingebaut wurde, die dazu führen, dass beide Formen den exakt gleichen Speichermechanismus verwenden. Es gibt also gar keinen Performanceunterschied mehr, nicht in der Praxis und auch nicht in der Theorie.

Wenn Sie sich mit dem Thema Performance beschäftigen, lassen Sie sich nicht von diffusen Ängsten oder Gerüchten leiten. Stellen Sie Ihre Entscheidungen und Programmiermuster auf ein stabiles Fundament aus echten Messungen.

2.3 Objektorientierte vs. prozedurale Programmierung

Objektorientierung ist eine der Hauptzutaten von Clean ABAP. Wir sind allerdings keine Missionare der Objektorientierung und raten Ihnen auch ausdrücklich davon ab, blindlings all Ihren Code in objektorientierte Entwurfsmuster umzuwandeln. Objektorientierung ist für uns einfach ein pragmatisches Hilfsmittel, das die Entkopplung vereinfacht und deshalb ein Muss für sauberen ABAP-Code ist. In diesem Abschnitt vergleichen wir die prozedurale mit der objektorientierten Programmierung und beschreiben, wie Sie die beiden Paradigmen in Ihrem Code vernünftig ausbalancieren können.

2.3.1 Das Programmierparadigma von ABAP

Lassen Sie uns zur besseren Orientierung kurz die vorherrschenden Programmierparadigmen auflisten und ABAP darin verorten:

- **»Unstrukturierte« Programme**

  Unstrukturierte Programme springen nach Belieben von einer Programmzeile zu irgendeiner anderen, mit klassischen Anweisungen wie `GOTO <line number>`. ABAP hat diese Art der Programmierung nie unterstützt – und das ist eine gute Sache, denn dieses Paradigma verführt wie kein anderes zu unsauberer Programmierung.

- **Prozedurale Programme**

  Prozedurale Programme ersetzen `GOTO` mit Funktionen und schränken den Gültigkeitsbereich von Variablen auf lokale Bereiche ein. ABAP hat sein Dasein als rein prozedurale Programmiersprache begonnen. Prozedurale Programmierung verhindert versehentliche falsche Aufrufe und unerlaubte Referenzen und ist deshalb ein wichtiger Schritt in Richtung sauberer Code.

- **Objektorientierte Programme**

  Objektorientierte Programme erlauben es, dieselbe Funktion mehrere Male in verschiedenen Kontexten zu instanziieren, und ergänzen mächtige Mechanismen wie Interfaces und Vererbung. ABAP hat das objektorientierte Paradigma in den frühen 2000er Jahren übernommen. Interfaces und Mehrfachinstanziierung sind grundlegende Hilfsmittel für Unit Tests, die in der breiten Masse beliebte Vererbung erweist sich hingegen leider immer wieder als unvorteilhaft.

- **Funktionale Programme**

  Funktionale Programme sind zustandslos und befreien Funktionen von Seiteneffekten. Einige funktionale Muster lassen sich in ABAP umsetzen, grundlegende Mechanismen wie Lambda-Funktionen und Streams fehlen jedoch, sodass Sie keine komplett funktionalen Programme schreiben können. Möglichst zustandslos zu programmieren, hat uns in der Vergangenheit vielfach geholfen, unsaubere Programme aufzuräumen.

- **Deklarative Programme**

  Deklarative Programme listen nicht einen Schritt nach dem anderen auf, sondern beschreiben das Zielbild, das erreicht werden soll. ABAP als Ganzes ist nicht deklarativ, aber einige Teile wie *ABAP SQL* (auch bekannt als Open SQL) oder *Core Data Services* (CDS) sind es. Deklaratives Denken kann helfen, sich auf das wesentliche »Was will ich haben« statt eines oft verwirrenden »Wie komme ich da hin« zu fokussieren; besonders bei komplexen Algorithmen kann es aber auch zu einem »Was zum Geier treibt die Maschine da eigentlich?« werden und ist daher nicht für alle Problemstellungen geeignet.

2.3.2 Der Unterschied zwischen Funktionsgruppen und Klassen

Wenn Sie die prozeduralen Teile von ABAP mit den objektorientierten Teilen vergleichen, ähneln objektorientierte Klassen am ehesten den prozeduralen Funktionsgruppen.

Vereinfacht können Sie sich eine Funktionsgruppe als `CLASS` vorstellen, die `GLOBAL`, `ABSTRACT` und `FINAL` ist. Funktionen, Formroutinen und globale Variablen stellen ihre Komponenten dar, sie sind alle `STATIC` und `PUBLIC`.

Erfahrene objektorientierte Entwicklerinnen und Entwickler können aus dieser Beschreibung unmittelbar die Nachteile ableiten, die in Programmen entstehen, die sich auf diese Modifikatoren beschränken. Unerfahrene Clean Coder fragen aber regelmäßig, worin das Problem besteht, weshalb wir uns hier die Unterschiede einmal genauer anschauen wollen.

Keine Instanziierung

Von jeder Funktionsgruppe existiert zu jeder Zeit exakt eine Instanz. Für die Anweisungen in einer Funktion oder Formroutine spielt das natürlich keine Rolle – die Liste der Programmzeilen ändert sich ja nicht –, aber für die Variablen ist der Unterschied immens. Stellen Sie sich vor, Sie wollten eine Funktionsgruppe PRODUCT erstellen, die ein einzelnes Produkt repräsentiert. Die Variablen sollen die ID des Produkts und dessen Eigenschaften speichern. Eine Funktion READ_PRODUCT würde diese Variablen aus der Datenbank füllen.

Konsumenten der Funktionsgruppe müssten jedes Mal READ_PRODUCT aufrufen, bevor sie mit dem Rest der Funktionsgruppe interagieren. Sie können sich nicht darauf verlassen, dass die Funktionsgruppe von der letzten Interaktion noch das von ihnen benötigte Produkt enthält, denn andere Konsumenten könnten sie in der Zwischenzeit verwendet haben und ein anderes Produkt geladen haben. Der betriebswirtschaftliche Programm-Code wird durch die vielen Wiederholungen dieser Initialisierungsaufrufe verunreinigt – »verunreinigt« deshalb, weil diese Aufrufe keinerlei betriebswirtschaftliche Bedeutung haben.

Die ständige Wiederholung der READ_PRODUCT-Aufrufe wirkt sich zudem negativ auf die Performance aus. Natürlich können Sie clevere Puffer einbauen, die die letzten *n* »heißen« Produkte vorhalten, um allzu häufige Datenbankzugriffe zu vermeiden. Aber selbst dann wird die Funktion dieselben Variablen immer und immer wieder überschreiben und jedes Mal ein wenig Zeit dafür verbrauchen, ohne dass Sie etwas davon haben.

Nun überlegen Sie, wie einfach und natürlich sich dieselbe Funktionalität mit Klassen und Objekten abbilden lässt: Die Klasse PRODUCT repräsentiert ein einzelnes individuelles Produkt. Wenn Sie die Klasse instanziieren, ganz egal, ob per NEW oder über einen statischen Konstruktor, werden die Variablen des entstehenden Objekts mit der ID und den Eigenschaften des Produkts gefüllt. Dieses Objekt können nun beliebig viele andere Programmteile auf zuverlässige Weise, ohne zusätzliche Puffer oder wiederholte Initialisierungen, verwenden.

Keine Vererbung

Eine Funktionsgruppe kann keine Komponenten von anderen Funktionsgruppen übernehmen. Wir argumentieren zwar im Sinne von Clean ABAP, dass Vererbung eher spärlich verwendet werden sollte, aber nichtsdestotrotz gibt es einige gute Anwendungszwecke für eine wohlüberlegte Vererbung.

Stellen Sie sich z. B. vor, Sie wollten eine Funktionsgruppe PERSONS und eine zweite Funktionsgruppe EMPLOYEES als Spezialisierung davon erstellen. Sowohl PERSONS als auch EMPLOYEES sollen eine gemeinsame Menge von Eigenschaften, z. B. Namen und Adressen, sowie Funktionen wie WRITE_EMAIL und GET_PICTURE haben.

Mit Funktionsgruppen alleine lässt sich dieses Muster nicht umsetzen. Sie können die Namen und Adressen sowie WRITE_EMAIL und GET_PICTURE in PERSONS anlegen und EMPLOYEES einfach darauf zugreifen lassen. Diese Zugriffe sind im Code aber in keiner Weise abgesichert.

Diese Situation mag unproblematisch erscheinen. Natürlich können Sie ein Designdokument oder eine andere Art der Dokumentation schreiben, die darauf hinweist, dass diese Zugriffe existieren und erlaubt sind. Solche nur durch Kommentare gegen Fehler abgesicherten Beziehungen sind aber gefährlich, denn es gibt nichts im Code oder in der Entwicklungsumgebung, was ihre korrekte Verwendungsweise sicherstellt. Solche Querzugriffe tendieren dazu, Probleme zu bereiten, wenn jemand Monate oder Jahre später versucht, den Code an einer Stelle zu ändern und sich nicht mehr daran erinnert oder gar nicht wusste, dass es eine zweite Verwendungsstelle gibt.

Klassen erlauben es hingegen, solche Schemata auf natürliche Art und Weise abzubilden. Eine Klasse wie `EMPLOYEE` kann einfach als `INHERITING FROM PERSON` deklariert werden und sieht sofort alle Komponenten, die als `PUBLIC` oder `PROTECTED` durch die Hierarchie weitergereicht werden. Diese Beziehungen sind sofort aus dem Code ablesbar. Der Compiler stellt sicher, dass sie nicht versehentlich zerstört werden, und die Entwicklungsumgebung unterstützt Sie sogar dabei, die Komponenten innerhalb der Hierarchie zu verschieben und zu ändern.

Kein Namensraum für Methoden

Funktionen mögen in Funktionsgruppen liegen, aber sie liegen gleichzeitig auch im globalen Namensraum. Dies führt dazu, dass Sie in einem System niemals zwei Funktionen mit dem Namen `DO_SOMETHING` haben können.

Bei Klassen hingegen werden Sie viele mit gleichnamigen Methoden finden. Natürlich können Sie auf Präfixe, Suffixe usw. zurückgreifen, um die Funktionsnamen innerhalb des ABAP Dictionary eindeutig zu halten, aber dies tut der Lesbarkeit des Codes in der Regel nicht gut.

Keine Interfaces

Ein *Interface* ist ein Vertrag, der festlegt, welche Funktionen mit welchen Parametern eine Komponente bereitstellen muss. Anbieter und Konsument müssen sich strikt an diese Vereinbarung halten, und der Compiler wird jeden Code zurückweisen, der diesen Anforderungen nicht genügt.

Stellen Sie sich vor, Sie wollen eine Serie von Funktionsgruppen bauen, die alle dieselben Funktionen mit denselben Parametern bereitstellen sollen. Der letzte Abschnitt hat bereits gezeigt, dass es zu Namenskonflikten kommen wird. Dies lösen Sie aber einfach, indem Sie den Funktionen passende Präfixe geben. Abgesehen davon möchten Sie aber auch, dass die Funktionen exakt dieselben Parameter erhalten und zurückgeben.

Natürlich könnten Sie eine weitere Funktionsgruppe erstellen, die diesen Vertrag definiert und die Sie als Copy-and-Paste-Schablone nutzen, um die gleichartigen Funktionsgruppen anzulegen. Dieser Lösungsweg ist aber fehleranfällig. Es wäre ein

Leichtes, einfach eine der Funktionsgruppen zu ändern, sodass sie nicht mehr dem Vertrag entspricht, ohne dass es jemand mitbekommt – es gibt keinen Compiler und keine statischen Code-Prüfungen, die untersuchen, ob die Signaturen noch passen. Ähnlich sieht es aus, wenn Sie mehrere gleichartige Funktionen innerhalb einer Funktionsgruppe unterbringen möchten. Auch hier gibt es nichts, was sicherstellt, dass die Funktionen über die Zeit hinweg dieselbe Signatur bedienen.

Mit Klassen und Interfaces lässt sich dieses Problem einfach lösen: Die Interfaces definieren die Signaturen, und die Klassen müssen sich an diese Signaturen halten. Der Compiler lehnt jede Klasse ab, die ein Interface fehlerhaft oder lückenhaft bedient. Sie können sogar noch weiter gehen: Eine Klasse könnte beispielsweise mehrere Interfaces auf einmal bedienen, und Sie könnten Interfaces in Hierarchien voneinander erben lassen.

Schwache Ersetzung

Ohne Interfaces können Sie Ersetzung nur unzuverlässig implementieren. *Ersetzung* bedeutet, dass Ihr Programm zur Laufzeit entscheidet, ob es Funktion A, B, C oder X aufruft. Dieses Ersetzen der aufgerufenen Komponente funktioniert nur dann zuverlässig, wenn alle alternativen Komponenten garantiert dieselbe Signatur bedienen. Im Produktiv-Code kann das zu Problemen führen, denn es macht es Ihnen deutlich schwerer, eine Komponente durch eine andere zu ersetzen. Trotzdem werden Sie vermutlich noch Wege finden, neue Komponenten einzufügen.

Richtig unangenehm ist diese Lücke aber in Unit Tests, denn hier wollen Sie ja Aufrufe produktiver Komponenten zu Test-Doubles umleiten. Hier werden Sie gezwungen, auf aufwendige Umleitungsmuster oder fragile Methoden wie Test-Seams (siehe Abschnitt 12.7, »Test-Seams«) zurückzugreifen. Natürlich können Sie Funktionsaufrufe dynamisch und damit umleitbar gestalten, aber sehen Sie sich an, wie anfällig diese schwache Ersetzung ohne Interfaces ist:

```
DATA function_name TYPE char30.
CALL FUNCTION function_name [...]
```

Erstens funktioniert dieses Muster nur, wenn Sie es an jeder einzelnen Stelle einsetzen, an der irgendeine Funktion aufgerufen wird. Das ist nicht nur jede Menge Arbeit, sondern verschmutzt den Code auch mit einer Menge nutzloser Details.

Zweitens gibt es keinerlei Garantie, dass die andere Funktion, die aufgerufen wird, auch die passende Signatur hat. Der Compiler kann nicht vorhersehen, was zur Laufzeit in `function_name` stehen wird, und akzeptiert blindlings alles. Fehler werden dadurch erst viel zu spät zur Laufzeit sichtbar.

Drittens bemerken Sie Änderungen nicht direkt. Fügen Sie z. B. einer der aufgerufenen Funktionen einen Pflichtparameter hinzu, brechen Sie den Vertrag und werden zur Laufzeit Fehler bei den Aufrufern verursachen – allerdings weist zum Zeitpunkt der Änderung nichts auf diesen Umstand hin.

Schwache Variablenkapselung

Auf den ersten Blick könnte man meinen, dass die in einer Funktionsgruppe definierten globalen Variablen nur innerhalb dieser Funktionsgruppe sichtbar, lesbar und änderbar, d. h. »privat«, sind. Genaueres Nachforschen in der Sprachreferenz fördert jedoch zutage, dass es hier keinen echten Schutz des Speicherbereichs gibt. Variablen in Funktionsgruppen können nämlich aus jedem anderen Programm mit Anweisungen der folgenden Form gelesen und verändert werden:

```
ASSIGN ('(my_report)gv_global_variable') TO <a_field_symbol>.
```

Diese Zugriffe sind natürlich sehr fragil und auch wenig bekannt, sodass Sie sie kaum in realen Programmen vorfinden werden. Aber warum ein Risiko eingehen, wenn die objektorientierte Variante Ihre Variablen sicher vor Zugriffen und Manipulation schützt?

Keine Methodenkapselung

Genauso wenig wie Variablen schützen Funktionsgruppen ihre Methoden. Funktionen sind ohnehin öffentlich über das Dictionary sichtbar. Weniger bekannt ist, dass auch Formroutinen keineswegs privat sind, sondern jederzeit von außen aufgerufen werden können:

```
PERFORM set_buffer_true IN PROGRAM my_program.
```

2.3.3 Besonderheiten der ABAP-Objektorientierung

Es gibt zwei Fälle, in denen die Objektorientierung in ABAP von dem abweicht, was Sie vermutlich von anderen objektorientierten Programmiersprachen wie C++, Java oder C# kennen: Manche sprechen dabei sogar von *Limitierungen*, tatsächlich schränken diese Unterschiede die Mächtigkeit der Sprache aber nicht ein, sondern machen nur die Syntax ein wenig umständlicher. Dieser Abschnitt geht kurz auf diese Unterschiede ein.

Kein Überladen

Beim *Überladen* stellt eine Klasse mehrere Methoden mit dem exakt gleichen Namen bereit, die Parameter der Methoden unterscheiden sich jedoch.

Sie könnten z. B. in einer Klasse mehrere Varianten einer Methode `log` haben: Eine bekommt einen String als Eingabeparameter, eine andere ein Integer usw. Der Compiler analysiert die Parameterliste und leitet den Aufruf an die passende Methode weiter.

In Java ist Überladen ein gängiges Vorgehen. ABAP unterstützt dies jedoch nicht und fordert, dass jede Methode innerhalb ihrer Klasse einen eindeutigen Namen hat. Diese scheinbare Limitierung ist aber rein syntaktischer Natur: Sie können trotzdem alle benötigten Methoden in der Klasse unterbringen, nur eben mit eindeutigen Namen wie `LOG_STRING` und `LOG_INTEGER`. Natürlich muss der Aufrufer dann den passenden Methodennamen aussuchen, das tut der Lesbarkeit aber keinen Abbruch.

Manche argumentieren, dass optionale Eingabeparameter wie `OPTIONAL` die fehlende Überladung ausgleichen können. Dem stimmen wir aber nur teilweise zu. Überladen erlaubt es, die gültigen Kombinationen von Eingabeparametern anzugeben. Optionale Eingabeparameter hingegen können beliebig kombiniert werden, insbesondere auch auf unsinnige Art. Was soll z. B. passieren, wenn Sie die `LOG`-Methode gleichzeitig mit beiden optionalen `STRING` und `INTEGER` aufrufen oder mit keinem von beiden? Die Wahrscheinlichkeit, dass die Entwicklerin oder der Entwickler nicht alle möglichen und unmöglichen Kombinationen durchgespielt und getestet hat, ist sehr groß, und unerwartete Ergebnisse sind vorprogrammiert.

Interface-Namen werden Teil des Methodennamens

Wenn eine Klasse ein Interface implementiert, »übernimmt« die Klasse für gewöhnlich die Methoden des Interface mit ihrem Originalnamen, sodass der Code anschließend aussieht, als wären die Methoden ein ursprünglicher Bestandteil der Klasse selbst. Wenn z. B. in Java die Klasse `Person` das Interface `BusinessPartner` implementiert, das eine Methode `getEmail` beinhaltet, so schreibt man anschließend:

```
Person alice = new Person();
alice.getEmail();
```

In ABAP hingegen bekommen die übernommenen Methoden den Namen des Interface als Präfix. Dasselbe Beispiel in ABAP würde also so aussehen:

```
DATA(bob) = NEW person( ).
bob->business_partner~get_email( ).
```

Dieses Vorgehen verhindert Namenskonflikte, wenn eine Klasse mehrere Interfaces auf einmal implementiert. Wenn der Typ der Variable hingegen den Typ des Objekts klar ausweist, ist dieses Präfix nicht nötig:

```
DATA charles TYPE REF TO business_partner.
charles = NEW person( ).
charles->get_email( ).
```

Auch dieser Unterschied ist nur auf den ersten Blick eine Einschränkung. Sie können in ABAP genauso viele Interfaces implementieren wie in anderen Sprachen auch. Lediglich die Methodennamen werden etwas länger.

2.3.4 Wenn Sie keine Wahl haben

Einige Fälle lassen sich in ABAP nicht objektorientiert lösen. Klassen können z. B. keine *Remote Function Calls* (RFCs) bereitstellen. Dafür müssen Sie auf Funktionen ausweichen. In diesen Fällen empfehlen wir, die prozeduralen Elemente der Sprache zu verwenden, sie aber so zu entwerfen, dass sie nichts weiter tun, als sofort an ein objektorientiertes Stück Code weiterzuleiten, wie in Listing 2.1 dargestellt.

```
FUNCTION check_business_partner [...].
  DATA(validator) = NEW biz_partner_validator( ).
  result = validator->validate( business_partners ).
ENDFUNCTION.
```

Listing 2.1 Eine Funktion, die eine Methode einer Klasse einhüllt

Dieses »Einhüllen« von Klassen in Funktionen erlaubt es Ihnen, RFCs bereitzustellen und trotzdem von allen Vorteilen der objektorientierten Programmierung zu profitieren.

Umgekehrt gibt es auch Situationen, in denen Ihr objektorientierter Code gezwungen ist, prozedurale Komponenten zu konsumieren. Falls diese Komponenten Ihnen selbst gehören, können Sie natürlich einen Umbau in Betracht ziehen. Falls es sich aber um schwierig zu handhabenden Legacy-Code oder Code anderer Teams handelt, den Sie gar nicht ändern dürfen, haben Sie diese Möglichkeit nicht. In diesen Fällen können Sie umgekehrt die Funktion in eine Klasse einhüllen. Damit bleiben Sie so lange wie möglich in der objektorientierten Welt, mit all ihren Vorteilen.

Für das Beispiel oben könnten Sie ein Interface `business_partner_functions` anlegen, das eine Methode `check_business_partner` mit der exakt gleichen Signatur wie der Funktionsbaustein `check_business_partner` bereitstellt. Dann fügen Sie eine Klasse hinzu, die diese Methode implementiert, indem Sie den Aufruf direkt an den Funktionsbaustein weitergibt:

```
METHOD check_business_partner.
  CALL FUNCTION 'CHECK_BUSINESS_PARTNER' [...].
ENDMETHOD.
```

Statt des Funktionsbausteins können Sie nun einfach die Klasse aufrufen, die den Funktionsbaustein aufruft. Der Vorteil hiervon ist: Da die Klasse hinter einem Interface steckt, können Sie Ihrem Code in Unit Tests einfach Test-Doubles »unterjubeln«, und im produktiven Code können Sie einfach alternative Implementierungen des Interface bereitstellen, die die gewünschte Aufgabe anders erledigen.

2.4 Funktionale vs. prozedurale Sprachkonstrukte

Prozedurale Sprachkonstrukte sind Anweisungen, die eigene Schlüsselwörter benötigen, wie z. B. folgendes:

```
DESCRIBE FIELD input LENGTH DATA(length) IN CHARACTER MODE.
```

Funktionale Sprachkonstrukte hingegen sehen aus wie ganz normale Methodenaufrufe. Sie übergeben in Klammern einige Eingabeparameter und erhalten einen einzelnen RETURNING-Parameter zurück. Ein Beispiel:

```
DATA(length) = strlen( input ).
```

In den meisten Fällen werden beide Varianten zum selben Ziel führen. Wir empfehlen Ihnen trotzdem, die funktionalen Sprachelemente, wann immer möglich, zu bevorzugen. Dafür gibt es verschiedene Gründe:

- **Moderner Stil**

  Viele, vor allem jüngere Entwicklerinnen und Entwickler sind mit dem funktionalen Stil besser vertraut, hauptsächlich da die meisten anderen modernen Programmiersprachen wie Java und C# ausschließlich auf diesen Stil setzen. Wer von solchen Sprachen zu ABAP wechselt, empfindet den prozeduralen Code, der versucht, die englische Sprache zu imitieren, eher irritierend.

- **Kompakter Code**

  Funktionale Sprachkonstrukte sind in der Regel kürzer. Bereits die Methodennamen sind in der Regel kürzer als Kombinationen von Schlüsselwörtern. Zum Beispiel ist `strlen` deutlich kürzer als `DESCRIBE FIELD`. Man kann natürlich darüber diskutieren, ob »string length« wirklich abgekürzt werden musste, und ob diese Abkürzung leichter verständlich ist; andererseits ist »describe field« auch nicht sprechender. Neben den Methodennamen sind auch die Parameternamen in der Regel kürzer, z. B. bei prozeduralen Nachsätzen wie `IN CHARACTER MODE`.

- **Keine Seiteneffekte**

  Funktionale Sprachkonstrukte haben keine Seiteneffekte. Sie manipulieren also insbesondere nicht ihre Eingabeparameter. Dadurch können Sie eine ganze Reihe von Übertragungsfehlern vermeiden, ohne aktiv etwas dafür tun müssen. Die Anweisung `TRANSLATE my_variable TO UPPER CASE` verändert beispielsweise den Inhalt der Variable `my_variable`, während das gleichwertige `DATA(uppercase) = to_upper( my_variable )` den Originalwert intakt lässt.

- **Inline-Datendeklaration**

  Funktionale Sprachkonstrukte unterstützen für gewöhnlich die Deklaration von Variablen »inline«, d. h. in derselben Zeile, was den Code auf das Wesentliche reduziert. Sehen Sie sich die folgende Objektinstanziierung an:

```
DATA some_object TYPE REF TO some_class.
CREATE OBJECT some_object TYPE some_class.
```

In der funktionalen Variante genügt hierfür ein Einzeiler:

```
DATA(some_object) = NEW some_class( ).
```

- **Weniger zu merken**

  In beiden Varianten müssen Sie sich Schlüsselwörter und Methoden merken, um die Anweisung auszulösen. Die hochgradig individuellen Zusätze bei den prozeduralen Anweisungen führen allerdings dazu, dass Sie sich viele, tendenziell wertlose syntaktische Details zusätzlich merken müssen. Wenn Sie z. B. auf dem prozeduralen Weg eine Referenz auf ein Objekt wie `GET REFERENCE OF accounts INTO accounts_reference` anlegen möchten, müssen Sie sich Füllwörter wie `OF` und `INTO` merken, die in keiner Weise die Funktionalität beeinflussen, während das gleichwertige funktionale Konstrukt `accounts_reference = REF #( accounts )` mit einem einzigen Merkwort `REF` auskommt.

- **Methoden verschachteln**

  Der Rückgabewert eines funktionalen Sprachkonstrukts kann direkt als Eingabe für eine andere Methode weiterverwendet werden, sodass sich mehrere einfache Anweisungen in eine kombinieren lassen:

  ```
  DATA(harmonized) = condense( to_upper( dirty_input ) ).
  ```

  Sicher, übertriebenes Verschachteln ist alles andere als sauber und erschwert das Lesen des Codes. Vernünftig dosiert kann es jedoch eine gute Strategie sein, kleine Arbeitsschritte so kurz und unkompliziert zu halten wie die Funktionalität, die sie bereitstellen.

Die folgenden Beispiele zeigen einige typische funktionale Sprachelemente, die einfacher zu verstehen sind als ihre prozeduralen Gegenstücke:

- **Variablenzuweisung**

  ABAP hat ein eigenes Schlüsselwort `MOVE ... TO`, um Variablen Werte zuzuweisen:

  ```
  MOVE 'A' TO variable.
  ```

  Die Variante mit `=` ist allerdings kürzer, einfacher zu lesen und intuitiver:

  ```
  DATA(variable) = 'A'.
  ```

- **Konvertierung, z. B. in Großbuchstaben**

  ABAP hat eine ganze Reihe von Anweisungen, die Werte auf die ein oder andere Weise umwandeln, z. B.:

  ```
  TRANSLATE lowercase TO UPPER CASE.
  ```

Die normalisierte Form der in die Sprache eingebauten Funktionen ist allerdings leichter zu merken und macht genau dasselbe:

```
DATA(uppercase) = to_upper( lowercase ).
```

- **Berechnungen, insbesondere Inkremente**

  ABAP hat eigene Anweisungen für numerische Berechnungen, z. B. SUBTRACT, MULTIPLY und DIVIDE, insbesondere diese häufig fürs Hochzählen von Variablen benötigte Variante:

  ```
  ADD 1 TO index.
  ```

  Die meisten Programmiererinnen und Programmierer fühlen sich allerdings mit einer gewöhnlichen mathematischen Formel wohler:

  ```
  index = index + 1.  " < NW 7.54
  ```

  Viele Programmierer und Programmierinnen bevorzugen sogar die Kurzschreibweise:

  ```
  index += 1.         " >= NW 7.54
  ```

- **Objektinstanziierung**

  ABAP hat auch ein eigenes Schlüsselwort CREATE OBJECT, um Klassen zu instanziieren:

  ```
  CREATE OBJECT object TYPE /dirty/my_class.
  ```

  Die funktionale Kurzform = NEW macht das gleiche, aber mit weniger Buchstaben, und platziert die Variable weiter vorne, wo sie leichter zu sehen ist:

  ```
  DATA(object) = NEW /clean/my_class( ).
  ```

- **Interne Tabellen füllen**

  Die meisten Programme arbeiten mit Tabellen. ABAP hat viele komfortable Anweisungen für die Arbeit mit Tabellen, z. B.:

  ```
  LOOP AT input INTO DATA(row).
    INSERT row-text INTO TABLE result.
  ENDLOOP.
  ```

  Die neueren funktionalen Kurzformen können solche Blöcke jedoch weiter auf das Wesentliche reduzieren und so den Blick auf den Inhalt lenken, statt auf die Form:

  ```
  result = VALUE #( FOR row IN input ( row-text ) ).
  ```

- **Eine Zeile in einer Tabelle finden**

  Eines der meistgenutzten ABAP-Schlüsselworte ist READ TABLE:

  ```
  READ TABLE value_pairs INTO DATA(line) WITH KEY name = 'A'.
  ```

Die funktionale Form mit den eckigen Klammern schrumpft solche Zugriffe auf eine Form zusammen, wie man sie in anderen Sprachen beim Zugriff auf Arrays antrifft, wie in Listing 2.2 zu sehen.

```
" if entry must exist
DATA(line) = value_pairs[ name = 'A' ].
" if entry can be missing:
DATA(line) = VALUE #( value_pairs[ name = 'A' ] OPTIONAL ).
```

Listing 2.2 Tabellenzugriffe mit eckigen Klammern

- **Prüfen, ob eine Tabelle eine Zeile enthält**

  Eine gängige Aufgabe in ABAP ist es zu prüfen, ob eine Tabelle eine bestimmte Zeile enthält oder nicht. Die prozedurale Schreibweise zwingt Sie dabei zu einer eher obskuren Überprüfung der Systemvariablen `sy-subrc`:

  ```
  READ TABLE values TRANSPORTING NO FIELDS WITH KEY name = 'A'.
  DATA(exists) = xsdbool( sy-subrc = 0 ).
  ```

  Die funktionale Form `line_exists` bringt die Intention klarer zum Ausdruck:

  ```
  DATA(exists) = xsdbool( line_exists( values[ name = 'A' ] ) ).
  IF line_exists( values[ name = 'A' ] ).
  ```

2.5 Obsolete Sprachelemente

Wenn Sie Ihre ABAP-Systeme upgraden, sollten Sie sich anschließend jedes Mal etwas Zeit nehmen, um die Liste der obsolet gewordenen Sprachelemente zu prüfen. Alle Versionen der ABAP-Schlüsselwort-Dokumentation enthalten einen entsprechenden Artikel »Obsolete Sprachelemente«, der diese Anweisungen auflistet, z. B. *http://s-prs.co/v519004* für SAP NetWeaver 7.54. Sie sollten diese Anweisungen dann auch tatsächlich nicht mehr nutzen, aus gleich mehreren Gründen:

- **Bessere Lesbarkeit**

  Neuere Anweisungsformen verbessern oft die Lesbarkeit Ihres Codes, ohne dass Sie sonst etwas dazu tun müssten. Im vorherigen Abschnitt 2.4, »Funktionale vs. prozedurale Sprachkonstrukte«, haben wir einige davon aufgelistet, aber es gibt noch viele mehr, oft auch mit auf den ersten Blick unscheinbaren Verbesserungen. So machen z. B. die per @ markierten Host-Variablen im folgenden Statement auf einfache Weise deutlich, was Variablen im Programm und was Spalten in der Datenbank sind, wie in Listing 2.3 gezeigt.

  ```
  SELECT *
    FROM spfli
  ```

```
  WHERE carrid = @carrier_id AND
        connid = @connection_id
  INTO TABLE @flights.
```

Listing 2.3 Eine SELECT-Anweisung in ihrer modernen Form, mit Hervorhebung der Host-Variablen mit @

Der Unterschied zur obsoleten Form ist auf den ersten Blick winzig, kann aber mit der Zeit sehr hilfreich sein, wie in Listing 2.4 dargestellt.

```
SELECT *
  FROM spfli
  WHERE carrid = carrier_id AND
        connid = connection_id
  INTO TABLE flights.
```

Listing 2.4 Eine SELECT-Anweisung in ihrer alten Form, ohne Hervorhebung der Host-Variablen

- **Einfacher und sicherer**

  Eine ganze Reihe von Anweisungen sind mittlerweile obsolet, weil sie einfach nicht zu modernen Programmierparadigmen passen und bei Verwendung schwierig oder fehleranfällig sind. Ein typisches Beispiel dafür sind Tabellen mit Kopfzeilen, bei denen `my_table` unintuitiverweise ausschließlich die Kopfzeile der Tabelle anspricht, während nur `my_table[]` den eigentlichen Tabelleninhalt meint. Selbst erfahrene ABAP-Entwicklerinnen und -entwickler hatten immer wieder Probleme mit dieser Anweisung und haben versehentlich nur die Kopfzeile verändert statt der gesamten Tabelle – und anschließend Stunden damit verbracht, den subtilen Fehlern, die daraus resultierten, auf die Schliche zu kommen.

  Der Perspektivenwechsel weg von Kopfzeilen und hin zu einer klaren Trennung zwischen Tabellen und Strukturen hat uns eine ganze Reihe von Anweisungen beschert, die leichter verständlich sind und solchen Fehlern auf natürliche Art und Weise vorbeugen.

- **Fortlaufende Optimierungen**

  Obsolete Sprachelemente werden nicht mehr weiterentwickelt. Sie profitieren damit nicht mehr von Performanceverbesserungen, die nur in die neueren Sprachelemente Eingang finden. Wenden Sie sich nicht ohne guten Grund von diesen wichtigen Neuerungen ab.

- **Einfacher für neue Kollegen**

  Obsolete Sprachelemente tauchen in den aktuellen ABAP-Kursen nicht mehr auf. Neue Kolleginnen und Kollegen, die die Programmiersprache neu lernen, werden sie also vermutlich gar nicht kennen. Die Konsequenz daraus ist, dass Sie Ihr Team nach ihrem offiziellen Kurs eventuell noch einmal nachschulen müssen, um sie mit diesen obsoleten Anweisungen soweit vertraut zu machen, dass sie fehlerlos programmieren können.

2.6 Entwurfsmuster

Softwareentwurfsmuster (auch *design patterns*) sind elegante Lösungen für wiederkehrende Probleme. Sie können auf vielfältige Weise dazu beitragen, Ihre Softwaredesigns zu vereinfachen. Übertriebener Einsatz kann jedoch auch das genaue Gegenteil bewirken. Achten Sie auf die folgenden beiden Anti-Pattern, und versuchen Sie sie zu vermeiden:

- Das erste Anti-Pattern ist, Entwurfsmuster überall einzusetzen, ohne vorher an den individuellen Stellen zu prüfen, ob es überhaupt Sinn macht.
- Das zweite Anti- Pattern ist, an einer Stelle zu viele Entwurfsmuster miteinander zu mischen, sodass diese Stelle nicht vereinfacht, sondern im Gegenteil komplizierter wird.

Mehr dazu erfahren Sie in den folgenden beiden Abschnitten.

2.6.1 Zu viele Singletons

Ein typisches Beispiel für ein zu häufig eingesetztes Muster ist das Entwurfsmuster *Singleton*. Dieses Muster stellt sicher, dass zur Laufzeit immer exakt eine Instanz einer Klasse existiert. Zu diesem Zweck verbietet es anderen Programmteilen, auf eigene Faust Instanzen der Klasse aufzubauen. Stattdessen müssen sich die Konsumenten die einzige verfügbare Instanz von einer statischen Methode der Klasse selbst geben lassen, wie in Listing 2.5 zu sehen.

```
CLASS some_class DEFINITION.
  PUBLIC SECTION.
    CLASS-METHODS:
      class_constructor,
      get_instance
        RETURNING VALUE(result) TYPE REF TO some_class.
  PRIVATE SECTION.
    CLASS-DATA the_singleton TYPE REF TO some_class.
ENDCLASS.

CLASS some_class IMPLEMENTATION.

  METHOD class_constructor.
```

```
    the_singleton = NEW some_class( ).
  ENDMETHOD.

  METHOD get_instance.
    result = the_singleton.
  ENDMETHOD.

ENDCLASS.

...

DATA(my_object) = some_class=>get_instance( ).
```

Listing 2.5 Eine typische Implementierung des Singleton-Musters

Dieses Entwurfsmuster ist eine hervorragende Wahl, wenn es gute Gründe gibt, alle Konsumenten dazu zu zwingen, ein- und dieselbe Objektinstanz zu verwenden. Dies ist z. B. der Fall, wenn das Singleton geänderte Daten zwischenpuffert und Sie vermeiden möchten, dass Konsumenten widersprüchliche Daten erhalten, nur weil sie verschiedene Instanzen mit unterschiedlichen Pufferzuständen verwenden.

Wir sehen jedoch häufig, dass einfach jede Klasse per se in ein Singleton verwandelt wird, entweder aus schwachen optischen Gründen wie »damit alles gleich aussieht« oder aus schwachen inhaltlichen Gründen wie »weil es keinen Sinn macht, dasselbe Ding in mehreren Kopien zu haben«. In einigen Fällen mögen diese schwachen Gründe ausreichend sein. Man übersieht jedoch leicht, dass es selbst ein einfaches Entwurfsmuster wie Singletons nicht umsonst gibt. Das Muster umzusetzen, erfordert Code, der geschrieben und getestet werden muss und der Fehler enthalten kann. Das Muster kann auch einiges komplizierter machen, z. B. werden in der Regel weitere Hilfsmittel oder Tricks benötigt, um die Singletons in Unit Test durch Test-Doubles zu ersetzen.

Fragen Sie sich stets, ob die positiven Effekte eines Entwurfsmusters den Aufwand, den es mit sich bringt, wert sind. Die Begründung »Es ergibt keinen Sinn« macht bei einer solchen Abwägung selten einen echten Nutzen aus: Viele Dinge ergeben keinen Sinn, aber es ist auch nicht unser Ziel, den Code gegen jeden einzelnen dieser Punkte abzusichern.

Bitte verwechseln Sie das Singleton-Muster nicht mit dem ähnlich aussehenden Muster statischer Konstruktionsmethoden. Auch statische Konstruktionsmethoden entscheiden sich gelegentlich, ein existierendes Objekt wiederzuverwenden, statt ein neues zu instanziieren. Ihr Hauptziel ist jedoch ein anderes: Statische Konstruktionsmethoden sollen helfen, die Objekterzeugung sauber zu strukturieren. Sie machen z. B. deutlich, welche Kombinationen von Eingabewerten genügen, um ein

Objekt zu erzeugen, und welche nicht. Das Singleton-Muster hingegen hat einzig und allein das Ziel, dafür zu sorgen, dass es immer nur eine Instanz gibt.

2.6.2 Zu viele Muster gemischt

Das zweite Anti-Pattern lässt sich relativ leicht veranschaulichen. Stellen Sie sich eine beliebige Klasse vor. Und nun stellen Sie sich vor, diese Klasse wäre gleichzeitig ein Singleton, ein Decorator, ein Builder und ein Observer. Diese vier Entwurfsmuster lösen unterschiedliche Fragestellungen und widersprechen sich nicht. Man *kann* sie also durchaus kombinieren. Aber *sollten* wir es auch tun?

Wenn Sie sich die aus diesem Beispiel resultierende Klasse anschauen würden, hätten Sie vermutlich einige Mühe, die Anweisungen den Mustern zuzuordnen. Welcher Teil des Codes ist für das Decorator-Muster da? Welcher nur für das Observer-Muster? Der Code vermischt verschiedene Intentionen – etwas, wovon wir in Clean ABAP klar abraten. Unserer Meinung nach sollte eine Klasse immer nur eine Sache tun, um Verwirrung zu vermeiden, und dies führt oft ganz automatisch dazu, dass jeweils nur wenige Entwurfsmuster in einer Klasse kombiniert werden. Um zu entscheiden, ob Sie ein Entwurfsmuster einsetzen sollten, können Sie sich zwei einfache Fragen stellen:

- Wenn ich das Muster hinzufüge, schafft es einen echten Mehrwert, oder könnte ich dasselbe Ergebnis auch einfacher und ohne dieses Muster erreichen?
- Wenn ich das Muster hinzufüge, verwässere ich dadurch die Verantwortlichkeiten der beteiligten Klassen zu sehr?

2.7 Zusammenfassung

Wir hoffen, dieses Kapitel konnte Ihnen einen Überblick darüber geben, wie sich Clean ABAP in die Welt der Programmierparadigmen und der ABAP-Programmiersprache einfügt. Sie sollten mitnehmen, dass es sinnvoll ist, moderne Sprachelemente zu nutzen und in welchen Situationen Sie ältere Sprachkonstrukte beibehalten oder modernisieren sollten. Wir hoffen auch, dass wir Ihnen vermitteln konnten, dass Clean ABAP das Ziel hat, das Beste aus den vorhandenen Möglichkeiten zu machen. Es geht nicht darum, über Stil zu diskutieren oder Konflikte zwischen Generationen oder Paradigmen auszutragen.

Auf einen Blick haben wir in diesem Kapitel folgende Punkte besprochen:

- Den größten Teil von Clean ABAP können Sie bedenkenlos in Legacy-Code einsetzen.
- Haben Sie neue Sprachelemente nicht zur Verfügung, können Sie sie durch eigene Methoden ersetzen.

- Den größten Teil von Clean ABAP können Sie in performancekritischem Code bedenkenlos nutzen.
- Es ist besser, mit einem sauberen Design zu starten, statt den Code zu früh mit Performanceoptimierungen unübersichtlich zu machen.
- Treffen Sie Performanceentscheidungen nicht auf Basis von Gerüchten und Vorlieben, sondern auf Basis von Messungen.
- Objektorientierte Programmierung hilft, Code lesbarer und wartbarer zu gestalten.
- Es gibt grundlegende Unterschiede zwischen prozeduralem und objektorientiertem Code.
- Funktionale Sprachelemente sind oft leichter verständlich als prozedurale.
- Sie sollten regelmäßig prüfen, ob die Anweisungen, die Sie benutzen, noch aktuell sind.
- Entwurfsmuster einzusetzen, »weil man das so macht«, kann Code schlechter statt besser machen.
- Zu viele Entwurfsmuster durcheinander zu mischen, kann Code schwer verständlich machen.

Im nächsten Kapitel geht es um Klassen und Interfaces, den womöglich wichtigsten Entwicklungsobjekten der ABAP-Programmiersprache.

Kapitel 3
Klassen und Interfaces

In diesem Kapitel behandeln wir Klassen, Interfaces und verwandte Konstrukte. Wir beschreiben, wie man sie aus Sicht von Clean Code entwirft und verwendet, und erforschen die damit verbundenen objektorientierten Grundsätze.

ABAP war als Programmiersprache von Anfang an sehr eng mit Datenbanken verbunden. Das ABAP Dictionary, die Abfragesprache ABAP SQL (früher: Open SQL) und neuerdings Core Data Services Views (CDS-Views) sind wichtige Hilfsmittel, um effizient mit Daten und Datenbankoperationen umzugehen. Daten waren schon immer und werden auch immer ein zentraler Aspekt bei der Programmierung mit ABAP sein. Die andere Seite der Medaille ist das Verhalten der Programme – und die wurde in der Vergangenheit traditionell mit prozeduraler Programmierung behandelt.

Seit der Einführung von ABAP Objects hat sich das zentrale Entwurfsparadigma jedoch weg von prozeduraler Programmierung und hin zu objektorientierter Programmierung verschoben. ABAPs Auslegung der objektorientierten Programmierung ist der Auslegung anderer gängiger Programmiersprachen wie Java und C# sehr ähnlich und kreist um Klassen und Interfaces.

Dieses Kapitel führt Sie durch Fragen zur Strukturierung von Klassen und Interfaces und die Organisation von ABAP-Objects-Code. In Abschnitt 3.1, »Objektorientierung«, geben wir Ihnen verschiedene allgemeine Empfehlungen zu Interfaces und Klassen. In Abschnitt 3.2, »Geltungsbereich und Sichtbarkeit«, schauen wir dann auf Dinge wie Geltungsbereiche und Sichtbarkeit von Klassen und deren Bestandteile. Schließlich werden wir uns in Abschnitt 3.3, »Konstruktoren«, mit Konstruktoren und ähnlichen Elementen beschäftigen.

3.1 Objektorientierung

Eine ausführliche Einführung in objektorientiertes Design und objektorientierte Entwicklung würde den Rahmen dieses Buches sprengen. Es gibt viele andere hervorragende Bücher zu diesem Thema, die Ihnen die Prinzipien und Muster vermitteln und die Vor- und Nachteile ausführen.

Für ein besseres Verständnis wollen wir uns an dieser Stelle nun einige Grundlagen anschauen. Objektorientierte Programmierung erlaubt es Ihnen, reale Problemstellungen besser in Entwicklungsobjekte zu übersetzen. Das führt in der Regel zu flexibleren Softwaredesigns, die sich gleichzeitig besser warten und testen lassen, als dies mit prozeduraler Programmierung der Fall wäre. Die Hauptaspekte der objektorientierten Programmierung sind typischerweise die folgenden:

- **Abstraktion**

  Abstraktion nennen wir die Möglichkeit, grundlegende Konzepte von ihren jeweiligen Implementierungsdetails zu trennen. Sie erreichen damit Programmelemente, die sich leichter in anderen Situationen wiederverwenden lassen. In Clean ABAP werden wir vor allem beim Design von Interfaces und Klassen auf Abstraktion eingehen.

- **Kapselung**

  Unter *Kapselung* verstehen wir das »Verpacken« von Daten in Objekte, zusammen mit Methoden, die auf diesen Daten arbeiten. Dadurch werden unwichtige Implementierungsdetails vor den Konsumenten verborgen, was die Verwendung einfacher macht. Kapselung wird in ABAP durch Klassen, den Geltungsbereich (global oder lokal) und die Sichtbarkeit (public, protected oder private) realisiert, sowie durch Pakete und ihre Paketschnittstellen.

- **Vererbung**

  Vererbung ist eine spezielle Form der Wiederverwendbarkeit von Code und Daten eines Entwicklungsobjekts in einem anderen Entwicklungsobjekt. Eine Klasse kann von einer anderen Klasse erben und dadurch Zugriff auf gekapselte Elemente erhalten. Ein Interface kann auch von einem anderen Interface erben und dadurch die Elemente dieses Interface erweitern.

- **Polymorphismus**

  Polymorphismus ist die Fähigkeit, ein Element als abstrakten Platzhalter zu verwenden, der von vielen verschiedenen konkreten Implementierungen ausgefüllt werden kann. Eine Instanz einer Klasse kann dadurch den Platz einer anderen Klasse einnehmen, von der sie erbt. Ebenso kann eine Instanz einer Klasse den Platz eines Interface einnehmen, das sie implementiert.

Als ABAP Objects neu eingeführt wurde, haben viele ABAP-Entwicklerinnen und -Entwickler die gewohnten Funktionsbausteine und Funktionsgruppen einfach in die naheliegenden Entsprechungen statischer Methoden und Klassen umgewandelt. Das ist zwar ein pragmatischer Ansatz, er lässt aber viele Möglichkeiten der objektorientierten Programmierung ungenutzt, den Code bereits durch kleine Umstellungen erheblich lesbarer und wartbarer zu machen.

In diesem Abschnitt werden wir die Vielzahl an Designmöglichkeiten von Klassen und Interfaces besprechen und erläutern, wie sie dazu beitragen können, den Code übersichtlicher zu machen. Beginnen wir mit den Interfaces.

3.1.1 Interfaces

Interfaces repräsentieren konkrete und abstrakte Konzepte in Ihrer vermutlich betriebswirtschaftlichen Lösungsdomäne und geben an, welche Operationen diese Konzepte erlauben. Interfaces selbst sind komplett abstrakt: Sie enthalten keinen lauffähigen Code, also keine Implementierungsdetails. Wie Verträge legen sie fest, *was* passieren darf, kann und soll, geben aber in keiner Weise an, *wie genau*. Was viele Neueinsteigerinnen und Neueinsteiger in die Objektorientierung auf den ersten Blick komplett verwirrt (»Wozu brauche ich ein Entwicklungsobjekt, das keinen Code beinhaltet?«), macht diese Objekte auf den zweiten Blick ideal, um Objekte und Abhängigkeiten zu definieren, Klassen zu entkoppeln und Programmteile voneinander zu isolieren. Außerdem erhöhen sie die Testbarkeit ungemein. In diesem Abschnitt besprechen wir Interfaces und wie Sie sie im Laufe der Zeit weiterentwickeln können.

Interface-Deklaration

Das Interface `account` in Listing 3.1 definiert die Operationen, die ein Konto erlaubt.

```
INTERFACE account
  PUBLIC.

  TYPES:
    BEGIN OF money,
      amount TYPE decfloat34,
      currency TYPE currency,
    END OF money.

  METHODS deposit
    IMPORTING amount TYPE money.

  METHODS withdraw
    IMPORTING amount TYPE money.

  METHODS get_balance
    RETURNING VALUE(result) TYPE money.

ENDINTERFACE.
```

Listing 3.1 Das Interface account beschreibt alle Operationen, die ein Konto erlaubt.

Konten können per `get_balance` über ihren Kontostand Auskunft geben. Sie können z. B. Geld in sie einzahlen (`deposit`) oder Geld abheben (`withdraw`). Das Interface definiert auch den strukturierten Datentyp `money`, den es in seinen Operationen verwendet.

Strukturen, interne Tabellen und andere Datentypen, die *ausschließlich* in einem Interface verwendet werden – so wie money im Listing 3.1 –, kann man wie hier innerhalb des Interface selbst definieren. Ob Sie das tun oder ob Sie sie besser an einem anderen Ort definieren sollten, hängt davon ab, wie eng Sie die Datentypen mit dem Interface verknüpfen wollen und wie einfach Sie deren Verwendung außerhalb des Interface machen wollen. Der in Listing 3.1 definierte Datentyp money müsste von außen per account~money referenziert werden. Möchten Sie ihn direkt per money referenzieren, sollten Sie ihn besser im ABAP Dictionary definieren. In diesem konkreten Beispiel wäre letzteres vermutlich die bessere Wahl, da ein allgemeiner Datentyp wie money sehr wahrscheinlich noch in vielen weiteren Interfaces auftauchen wird.

An diesem einfachen Interface lassen sich bereits viele Designentscheidungen ablesen: So legt die Methode get_balance beispielsweise nicht fest, in welcher Währung der Kontostand zurückgegeben wird. Das gibt jeder Klasse, die dieses Interface implementiert, die Freiheit, selbst darüber zu entscheiden, welche Währung sie zurückgeben möchte. Wird jedes Konto in einer eigenen Währung geführt und gibt es seinen Stand in dieser jeweiligen Währung an? Oder verwendet das Konto eine Währungsumrechnung, um Kontostände prinzipiell in einer bestimmten Währung auszugeben? Viele derartige Abwägungen zu Freiheiten und Vereinbarungen werden sich in den Details Ihrer Interfaces niederschlagen.

[»]

Ein Interface modelliert das Verhalten eines abstrakten Typs

Nutzen Sie Interfaces, um die abstrakten Konzepte in Ihrer Domäne zu modellieren und die Operationen festzulegen, die sie anbieten. Ein Interface legt fest, was die Klassen, die es implementieren, *tun*. Es kann hilfreich sein, sich dabei die Eselsbrücke »verhält sich wie« zunutze zu machen: Ein Objekt *verhält sich wie* die Interfaces, die von seiner Klasse implementiert werden. Ein checking_account (Girokonto) *verhält sich wie* ein account.

Wie viele verschiedene Konzepte Sie in einem einzelnen Interface verbinden, hängt von den Anforderungen an Ihre Software ab. Wenn Ihre Software beispielsweise Geldquellen und Geldablagen abbilden soll, die zwar miteinander interagieren, aber auch unabhängig voneinander auftreten können, ergibt es Sinn, zwei verschiedene Interfaces, money_source und money_target, dafür anzulegen. Gleichzeitig enthält Ihre Domäne vielleicht Elemente, die sowohl Geldquelle als auch Geldablage zugleich sind. In diesem Fall könnten Sie das Interface account sowohl von money_source als auch von money_target erben lassen.

Diese verschiedenen Sichtweisen sind ein klassisches Beispiel für das *Interface-Segregation*-Prinzip – wörtlich »Schnittstellen-Aufteilungs-Prinzip« –, das Ihnen vielleicht schon mal als das »I« im Merkwort *SOLID* begegnet ist (siehe Hinweiskasten für die

Bedeutung der einzelnen Buchstaben). Nach dem Interface-Segregation-Prinzip sollten Sie jedes Interface mit einem bestimmten Konsumenten im Kopf entwerfen. So stellen Sie sicher, dass jeder Konsument nur von den Teilen abhängt, die er auch wirklich braucht.

[«]

Die SOLID-Prinzipien

Die SOLID-Prinzipien sind eine nützliche Sammlung objektorientierter Prinzipien, die Sie immer im Hinterkopf haben sollten, wenn Sie Objekte entwerfen. Das Akronym setzt sich aus den folgenden Einzelprinzipien zusammen:

- **Single-Responsibility-Prinzip**
  Ein Interface oder eine Klasse sollte für eine einzelne, klar definierte Sache verantwortlich sein.
- **Open-Closed-Prinzip**
  Eine Klasse sollte erweiterbar sein, ohne dass der in ihr enthaltene Code dafür verändert werden muss.
- **Liskovsches Substitutionsprinzip**
  Eine abgeleitete Unterklasse sollte sich an die Semantik der Basisklasse halten, von der sie erbt: Die abgeleitete Klasse sollte den Platz der Basis- oder Oberklasse einnehmen können, ohne irgendwelche Vereinbarungen und Bedingungen zu stören.
- **Interface-Segregation-Prinzip**
  Konsumenten sollten nur von den Operationen abhängen, die sie auch wirklich benötigen.
- **Dependency-Inversion-Prinzip**
  Objekte sollten von abstrakten Repräsentationen, also Interfaces, und nicht von konkreten Implementierungen, also Klassen, abhängen.

Viele der Empfehlungen in diesem Buch werden Sie in Richtung der SOLID-Prinzipien leiten.

Nehmen wir an, dass die Datenstruktur `money` ins ABAP Dictionary ausgelagert wurde. Das Design könnte dann wie in Listing 3.2 gezeigt aussehen.

```
INTERFACE money_source
  PUBLIC.

  METHODS withdraw
    IMPORTING amount TYPE money.

ENDINTERFACE.

INTERFACE money_target
```

```
  PUBLIC.

  METHODS deposit
    IMPORTING amount TYPE money.

ENDINTERFACE.

INTERFACE account
  PUBLIC.

  INTERFACES:
    money_source,
    money_target.

  ALIASES:
    withdraw FOR money_source~withdraw,
    deposit  FOR money_target~deposit.

  METHODS get_balance
    RETURNING VALUE(result) TYPE money.

ENDINTERFACE.
```

Listing 3.2 Dieselbe Domäne wie in Listing 3.1, aber stärker unterteilt: account ist hier weiter zerlegt in money_source und money_target.

Das Interface account erbt nun die zwei anderen Interfaces money_source und money_target. Jede Klasse, die account implementiert, implementiert nun gleichzeitig alle Interfaces, von denen account erbt. In diesem Beispiel deklariert account gleich noch Aliase für die geerbten Methoden, um die Verwendung etwas zu vereinfachen.

Die Methoden, die Sie in einem Interface definieren, sollten prinzipiell *Instanzmethoden* sein. Interfaces können auch statische Methoden definieren, die Sie in den implementierenden Klassen als statische Methoden ausimplementieren. Um diese aufzurufen, müssen Sie allerdings den spezifischen Namen der Klasse nennen. Damit hängen Sie dann doch wieder von der konkreten Implementierung ab – und hätten sich das Interface auch gleich ganz sparen können.

Ganz widersinnig sind statische Methoden in Interfaces allerdings auch nicht, einige sehr spezielle Anwendungsfälle gibt es durchaus. So können Sie sie beispielsweise nutzen, um eine Art Plug-in-Architektur mit Factory-Methoden zu realisieren. Die Interfaces legen die Signatur von Methoden fest, die Objekte herstellen. Die umlegende Architektur ermittelt alle Klassen, die das Interface implementieren, beispielsweise über das ABAP Dictionary. Erst zur Laufzeit entscheidet die Architektur anhand weiterer Bedingungen, welche dieser Klassen sie aufrufen möchte. Mehr Details zu diesem Muster finden Sie in Abschnitt 3.3.3, »Statische Erzeugungsmethoden«.

Interfaces können prinzipiell auch Instanzattribute, statische Attribute und Konstanten enthalten. Diese Attribute definieren jedoch Daten, nicht Operationen. Sie gehören damit grundlegend eher zu den Implementierungsdetails und haben im Normalfall in Interfaces nichts zu suchen.

[+]

Deklarieren Sie nur Typen und Methoden in Interfaces

Nutzen Sie Interfaces nur, um Datentypen und Instanzmethoden zu definieren. Nutzen Sie Datentypen außerdem nur dann, wenn sie ausschließlich in diesem Interface verwendet werden. Instanzereignisse passen auch in Interfaces, werden aber eher selten verwendet. Definieren Sie statische Methoden nur dann in Interfaces, wenn Sie damit sehr spezielle Factory-Entwurfsmuster umsetzen wollen. Alles andere widerspricht der Grundidee von Interfaces und gehört deshalb nicht in Interfaces.

Interface-Evolution

Interfaces sind rein abstrakt und »tun« erst einmal gar nichts. Wirklich nützlich werden sie also erst dann, wenn sie von Klassen implementiert werden. Klassen und Interfaces stehen dadurch in einer Abhängigkeitsbeziehung zueinander: Änderungen an einem Interface beeinflussen alle Klassen, die das Interface implementieren, und allen Code, der das Interface benutzt. Stellt das Interface eine Verbindung zu Code außerhalb Ihres Projekts dar, müssen Änderungen daran sorgfältig umgesetzt werden, um die externen Implementierungen nicht zu stören.

Lassen Sie also größte Sorgfalt walten, wenn Sie ein Interface entwerfen, das auch außerhalb Ihres Projekts verwendet werden soll. Solche Interfaces sollten ausschließlich andere abstrakte Konzepte abbilden, die in Ihrer Domäne vorkommen, und so stabil wie möglich sein. Doch selbst größtmögliche Sorgfalt wird nicht verhindern, dass Sie gelegentlich weitere Methoden zu einem Interface hinzufügen müssen. In dieser Situation können Ihnen *optionale Methoden* helfen: Diese Methoden müssen nicht zwangsläufig implementiert werden. Sie können sie also zu einem Interface hinzufügen, ohne dass sofort alle Klassen, die das Interface implementieren, kaputt gehen.

Optionale Methoden gibt es in zwei Varianten:

- `DEFAULT IGNORE`
  Wenn eine Klasse von einem Interface eine Methode mit dem Zusatz `DEFAULT IGNORE` übernimmt und diese nicht implementiert, tut die Laufzeitumgebung so, als sei die Methode trotzdem vorhanden und als sei sie komplett leer. Solche

Methoden bieten sich nicht nur zum nachträglichen Erweitern von Interfaces an, sondern können sogar beim Erstentwurf nützlich sein.

- DEFAULT FAIL
  Auch Methoden mit dem Zusatz DEFAULT FAIL müssen nicht zwangsläufig implementiert werden. Der Compiler akzeptiert ihr Fehlen und aktiviert die Klasse ohne Syntaxfehler. Der Aufruf einer solchen nicht implementierten Methode löst jedoch eine Runtime-Ausnahme aus. Mit diesem Zusatz können Sie Konsumenten sozusagen »sanft« zwingen, eine Methode zu implementieren.

Ein typisches Beispiel für die Anwendung ist das Entwurfsmuster Command (siehe Hinweiskasten). Hier kann der Zusatz DEFAULT verwendet werden, um optionale vor- und nachgelagerte Schritte zu ergänzen, wie in Listing 3.3 gezeigt.

```
INTERFACE processor
  PUBLIC.

  METHODS pre_process
    DEFAULT IGNORE
    IMPORTING context TYPE REF TO context.

  METHODS process
    IMPORTING context TYPE REF TO context.

  METHODS post_process
    DEFAULT IGNORE
    IMPORTING context TYPE REF TO context.

ENDINTERFACE.
```

Listing 3.3 Ein Processor-Interface im Rahmen des Entwurfsmusters Command

In diesem Beispiel definiert das Interface processor die zwei Methoden pre_process und post_process und weist beide mit DEFAULT IGNORE als optional aus. Jede Methode bekommt einen context (dessen Definition wir uns hier sparen), der beeinflusst, was in den Methoden tatsächlich ausgeführt wird. Eine Klasse, die dieses Interface implementiert, muss nur die Methode process bereitstellen. Die anderen beiden Methoden können weggelassen werden, wenn sie nicht benötigt werden.

[»]

Das Entwurfsmuster Command

Das Entwurfsmuster *Command* ist eines der klassischen Muster aus dem Buch *Design Patterns: Entwurfsmuster als Elemente wiederverwendbarer objektorientierter Software* (mitp, 2015).

Ein Command-Objekt repräsentiert eine Aktion mit allen Daten und Parametern, die zum Ausführen der Aktion nötig sind. Mit diesem Muster lassen sich Aktionen z. B. in Listen sammeln, umordnen oder zur späteren Ausführung ablegen.

3.1.2 Klassen und Objekte

Klassen liefern den Code, der das tatsächliche Verhalten Ihrer Software bestimmt, also was genau Ihre Systeme *tun*. In diesem Abschnitt schauen wir uns verschiedene Arten von Klassen an und besprechen wichtige Themen wie Vererbung und Komposition.

Klassen in Aktion

Die meisten Klassen in Ihren Applikationen sind Teil eines größeren Designs. Eine Klasse ist von anderen Komponenten abhängig, und wieder andere Komponenten sind von ihr abhängig. Diese Abhängigkeiten lassen sich am besten mit Instanzen von Klassen, d. h. Objekten, verwalten. Nutzen Sie darüber hinaus noch die *Dependency Injection* (dazu später mehr in Abschnitt 3.3.2, »Dependency Injection«), erhalten Sie ein flexibles, wiederverwendbares und testbares Design.

[+]

Nutzen Sie Klassen als Blaupausen für Objekte

Falls Sie bislang vorrangig prozedural programmiert haben, wo Funktionsbausteine die Regel waren, werden Sie geneigt sein, die dortigen Muster in Ihren Klassen weiterzuführen, indem Sie ausschließlich mit statischen Methoden und Attributen arbeiten.

Diesem Drang sollten Sie nicht nachgeben. Setzen Sie sich stattdessen ernsthaft mit Objektorientierung auseinander: Legen Sie Klassen an, die dazu bestimmt sind, instanziiert zu werden, mit Instanzmethoden und Instanzattributen. Nutzen Sie Interfaces, um die Konzepte, die die Klassen repräsentieren, von den jeweiligen Implementierungen abzutrennen. Sie werden stark davon profitieren, z. B., da Sie nahezu jedes beliebige Stück Code mit Unit Tests abdecken und beliebige Teile der Implementierung durch andere Varianten austauschen können.

Die Klasse `piggy_bank` (»Sparschwein«) in Listing 3.4 implementiert das Interface `money_target` und nutzt eine `money_list`, also eine interne Tabelle mit Zeilen vom Datentyp `money`, um erhaltene Einzahlungen abzuspeichern. Ohne weiteren Code zu ergänzen, gibt es keine Möglichkeit, das Sparschwein zu »zerbrechen«: Das heißt, es gibt keinen Weg, hineingestecktes Geld wieder zu entnehmen.

```
CLASS piggy_bank DEFINITION
  PUBLIC
  FINAL
```

```
  CREATE PUBLIC.

PUBLIC SECTION.

  INTERFACES:
    money_target.

  ALIASES:
    stash FOR money_target~deposit.

PRIVATE SECTION.

  DATA:
    money_list TYPE money_list.

ENDCLASS.

CLASS piggy_bank IMPLEMENTATION.

  METHOD stash.
    APPEND amount TO money_list.
  ENDMETHOD.

ENDCLASS.
```

Listing 3.4 Die Klasse piggy_bank: eine Vorlage zum Herstellen von Sparschweinobjekten

Klassen bestehen aus einem Abschnitt DEFINITION, der ihre Signatur nach außen beschreibt, und einem Abschnitt IMPLEMENTATION, in dem die Methoden implementiert werden. Um den Code in der Klasse zu benutzen, muss sie zunächst instanziiert werden. Aus der Klasse müssen also Objekte erzeugt werden, wie in Listing 3.5 gezeigt.

```
DATA(my_piggy_bank) = NEW piggy_bank( ).

" stash money away
my_piggy_bank->stash( VALUE #( amount = 2 currency = 'EUR' ) ).
```

Listing 3.5 my_piggy_bank: eine Instanz der Klasse piggy_bank

Da piggy_bank das Interface money_target implementiert, kann jeder Code, der mit diesem Interface arbeitet, auch mit einer Instanz von piggy_bank arbeiten, wie in Listing 3.6 gezeigt. Die Methode stash von piggy_bank ist tatsächlich die Methode deposit im Interface money_target, für die wir per ALIASES einen einfacheren alternativen Namen eingeführt haben.

```
DATA target TYPE REF TO money_target.
target = my_piggy_bank.

target->deposit( VALUE #( amount = 1 currency = 'EUR' ) ).
```

Listing 3.6 Die Instanz my_piggy_bank als Interface money_target

Abstrakte Klassen

Abstrakte Klassen kann man nicht instanziieren. Das ist kein Versehen, sondern eine bewusste Designentscheidung des Entwicklers oder der Entwicklerin. Die Kernidee abstrakter Klassen ist, dass Unterklassen von ihnen erben und sie dann ausimplementieren. Mehr über Vererbung erfahren Sie später in diesem Abschnitt.

Abstrakte Klassen implementieren nur diejenigen Methoden, die in allen späteren Unterklassen exakt gleich sein sollen. Daneben definieren sie für gewöhnlich noch abstrakte Methoden: Für diese geben sie die Signatur vor – also Name, Parameter, Ausnahmen usw. –, sie selbst bleiben aber ohne Implementierung. Unterklassen füllen diese abstrakten Methoden dann später mit Leben. Abstrakte Klassen sind perfekt geeignet, um die Grundstruktur von Strategien und Algorithmen vorzugeben, die Details einzelner Schritte aber den Unterklassen zu überlassen.

Sie können abstrakte Klassen auch als grundlegende Implementierungen von Interfaces nutzen. So können Sie später weitere alternative Implementierungen des Interface erstellen, ohne immer alle Methoden des Interface komplett neu implementieren zu müssen. Das ist nicht nur bequem, sondern spart auch eine Menge unerwünschte Code-Duplikation.

Obwohl Interfaces und abstrakte Klassen einige Ähnlichkeiten aufweisen, sind sie doch keineswegs identisch, und Sie sollten sie nicht als austauschbare Optionen betrachten. In ABAP kann eine Klasse beispielsweise nur von *einer* anderen Klasse erben. Das schränkt diese Form der Abstraktion deutlich ein. Bei Interfaces hingegen gibt es keine Mengenbeschränkung: Eine Klasse kann *beliebig viele* Interfaces gleichzeitig implementieren. Jedes Interface ist also eine »Rolle«, die die Klasse einnehmen kann. Die Basisklasse einer Klasse sagt hingegen viel mehr über die »Identität« der Klasse aus.

In manchen Fällen passen die von einer abstrakten Klasse vorgegebenen implementierten Methoden nicht. Natürlich könnte die Unterklasse diese einfach überschreiben und dadurch komplett neu implementieren. Das widerspricht aber der Idee dahinter und führt zu Verwirrung und Fehleranfälligkeit. In diesem Fall ist es besser, die abstrakte Klasse zu überspringen und die Klasse das ursprüngliche Interface noch direkt implementieren zu lassen.

[»]

Erst Interfaces, dann abstrakte Klassen

Interfaces dienen der Definition, abstrakte Klassen der teilweisen Implementierung. Definieren Sie daher immer zuerst die Interfaces. Erst anschließend sollten Sie sich Gedanken darüber machen, ob Sie für manche Szenarien eine Vorimplementierung in Form einer abstrakten Klasse hinzufügen sollten.

Das Interface processor, das wir weiter oben im Rahmen des Entwurfsmusters Command gezeigt haben, wies zwei Methoden, pre_process und post_process, auf, die wir optional gelassen haben. Eine typische Aktion der Methode pre_process könnte es sein zu prüfen, ob der aktuelle Benutzer über die Berechtigung verfügt, die nachfolgenden Schritte auszuführen. Wenn diese Prüfung in mehreren Varianten die einzige Vorarbeit ist und immer gleich abläuft, können Sie sie auch in einer abstrakten Klasse authorizing_processor implementieren, wie in Listing 3.7 gezeigt.

```
CLASS authorizing_processor DEFINITION
  PUBLIC
  ABSTRACT
  CREATE PROTECTED.

PUBLIC SECTION.

  INTERFACES:
    processor ABSTRACT METHODS process.

PROTECTED SECTION.

  METHODS is_authorized
    ABSTRACT
    RETURNING VALUE(result) type abap_bool.

ENDCLASS.

CLASS authorizing_processor IMPLEMENTATION.

  METHOD processor~pre_process.
    IF NOT is_authorized( ).
      context->abort( ).
    ENDIF.
```

```
  ENDMETHOD.

ENDCLASS.
```

Listing 3.7 Die abstrakte Klasse authorizing_processor implementiert das Interface processor teilweise, indem sie nur eine allgemeine Implementierung der Methode pre_process bereitstellt.

Die abstrakte Klasse `authorizing_processor` implementiert die optionale Methode `pre_process` des Interface `processor`. Darin ruft sie eine Methode `is_authorized`, die wiederum abstrakt ist. Klassen, die von `authorizing_processor` erben, müssen nun also die Methoden `is_authorized` der abstrakten Klasse und `process` des Interface implementieren.

Beachten Sie besonders, wie die Methode `pre_process` der abstrakten Klasse die Methode `context~abort` aufruft, um die weitere Verarbeitung abzubrechen, wenn die Berechtigung nicht ausreicht.

Eine allgemeine Regel für abstrakte Klassen ist, dass sie ihren Konstruktor – so sie denn einen haben – im Abschnitt `PROTECTED SECTION` definieren und entsprechend den Zusatz `CREATE PROCTECTED` in der Anweisung `CLASS ... DEFINITION` ergänzen müssen. (Global sichtbare Klassen sollten den Konstruktor im Abschnitt `PUBLIC SECTION` platzieren, siehe dazu Abschnitt 3.3.1, »Geltungsbereich und Sichtbarkeit«.) Eine spätere Unterklasse muss in ihrem Konstruktor auch diesen Konstruktor der abstrakten Oberklasse aufrufen.

Abstrakte Methoden sollten `PROTECTED` sein. Dadurch sind sie innerhalb aller Unterklassen sichtbar, aber nicht von außen. Sie bestätigen damit die Position, die abstrakte Klassen in der Klassenhierarchie spielen. Würden Sie diese Methoden `PUBLIC` machen, wären sie von außen aufrufbar und die abstrakte Klasse würde damit zu einer Art unerfreulichem Mischwesen aus Interface und Implementierungsvorschlag.

[«]

Das Entwurfsmuster Schablonenmethode

Der `authorizing_processor` ist ein Beispiel für das Entwurfsmuster *Schablonenmethode* (*template method*), wie im Buch *Design Patterns: Elements of Reusable Object-Oriented Software*, (Addison-Wesley, 1994) beschrieben.

Dieses Muster dient dazu, das Grundgerüst eines Algorithmus in einer Oberklasse vorzugeben und die Details des Algorithmus den Unterklassen zu überlassen. In unserem Beispiel gibt der `authorizing_processor` vor, was im Schritt `pre_process` passieren soll, und überlässt nur das Prüfen der Berechtigung selbst als Detailarbeit den Unterklassen.

Utility-Klassen

Klassen sollen als Blaupausen für Objekte mit gleichartigem Verhalten und Zustand dienen. Statische Klassen, d. h. Klassen, deren Unterkomponenten alle `STATIC` sind, können hingegen nicht als Objekte instanziiert werden. Solche Klassen sind im objektorientierten Sinn nicht wirklich Klassen. Sie dienen eher als eine Art Namensraum, der andere Komponenten handlich zusammenfasst. Eine statische Klasse ist eher eine Funktionsgruppe als eine echte Klasse.

Statische Klassen eignen sich in einem sauberen Design ausschließlich als *Utility-Klassen*. Solche Klassen, benannt nach dem englischen *utility* für »Hilfsmittel« oder »Werkzeug«, sind Zusammenstellungen grundlegender Hilfsfunktionen, die an vielen Stellen zum Einsatz kommen und in ihrer Bedeutung sehr simpel sind. Utility-Klassen sind zustandslos, d. h., sie haben keinerlei Instanzattribute, die ihr Verhalten beeinflussen. Ihre Methoden sehen aus und verhalten sich wie in ABAP eingebaute Funktionen, z. B. `abs` oder `strlen`. Utility-Methoden sind so grundlegend, dass Applikationen, die sie verwenden, sie in Unit Tests nicht einmal durch Test-Doubles ersetzen. Listing 3.8 zeigt ein Beispiel für eine Utility-Klasse.

```
CLASS money_utils DEFINITION
  PUBLIC
  ABSTRACT
  FINAL.

PUBLIC SECTION.

  CLASS-METHODS add
    IMPORTING
      money1 TYPE money
      money2 TYPE money
    RETURNING VALUE(result) TYPE money.

  CLASS-METHODS add_all
    IMPORTING
      money_list TYPE money_list
    RETURNING VALUE(result) TYPE money.

  ...

ENDCLASS.

CLASS money_utils IMPLEMENTATION.
```

```
  ...

ENDCLASS.
```

Listing 3.8 Die Klasse money_utils stellt grundlegende Funktionen für den Umgang mit den Datentypen money und money_list bereit.

Die Klasse `money_utils` in Listing 3.8 stellt grundlegende Funktionen für den Umgang mit der Datenstruktur `money` und der Tabellenstruktur `money_list` bereit. Diese Funktionen sind simpel und allgemeingültig. Es macht z. B. keinen Sinn, alternative Implementierungen für sie anzubieten. Applikationen, die diese Methoden verwenden, betrachten sie als verlässlichen und unersetzlichen Bestandteil des eigenen Codes und haben dementsprechend kein Bedürfnis, sie in Unit Tests oder im Produktiveinsatz durch Test-Doubles oder andere Implementierungen auszutauschen.

Bei der Verwendung sehen diese Methoden aus wie die von ABAP selbst bereitgestellten Funktionen, wie Listing 3.9 zeigt.

```
DATA sub_total TYPE money.
DATA tax_total TYPE money.

...

DATA(total) = money_utils=>add(
  money1 = sub_total
  money2 = tax_total ).
```

Listing 3.9 Ein Aufruf der Methode money_utils=>add

Wenn Sie Utility-Klassen verwenden, achten Sie bitte neben der Zustandslosigkeit darauf, die Utility-Methoden in sinnvollen Einheiten zusammenzustellen. Eine Utility-Klasse sollte eine hohe Kohäsion, d. h. einen inneren Zusammenhalt, haben, was bedeutet, dass ihre Methoden sich alle mit einem einzigen gemeinsamen Konzept beschäftigen sollten. In unserem Beispiel ist das die Behandlung des Datentyps `money`. Ein oft anzutreffendes Anti-Pattern sind Applikationen, die Dutzende von Hilfsfunktionen, die absolut gar nichts miteinander gemein haben, achtlos in eine einzige riesige `utils`-Klasse hineinwerfen.

[+]

Nutzen Sie Utility-Klassen für grundlegende Funktionen

Utility-Klassen sind dafür gedacht, grundlegende Funktionen bereitzustellen. Konzeptionell sind sie nicht wirklich Klassen im objektorientierten Sinn, sondern bloße Zusammenstellungen von Hilfsmethoden, die Ihnen den Umgang mit einem Konzept erleichtern, z. B. mit einem bestimmen Datentyp.

Eine Utility-Methode ist eine einzelne, stabile und statische Implementierung, die sich höchstwahrscheinlich nie ändern wird und die in Unit Tests nicht durch Test-Doubles ersetzt werden muss.

Es gibt ein paar Richtlinien, die Sie beim Anlegen von Utility-Klassen beachten sollten:

- Verbieten Sie das Instanziieren der Klasse, indem Sie sie als `ABSTRACT` ausweisen und keine Konstruktoren bereitstellen. Es ergibt keinen Sinn, eine Utility-Klasse zu instanziieren. Bitte verwechseln Sie eine Utility-Klasse nicht mit einer echten abstrakten Klasse, wie wir sie in Abschnitt 3.1.2, »Klassen und Objekte«, beschrieben haben – wir nutzen hier zwar dasselbe Schlüsselwort, um die Instanziierung zu unterdrücken, die beiden haben aber konzeptionell nichts gemeinsam.
- Verbieten Sie anderen Klassen, von einer Utility-Klasse zu erben, indem Sie sie als `FINAL` ausweisen und keine `PROTECTED`-Komponenten aufnehmen. Eine Utility-Klasse zu erben, ist nicht sinnvoll.
- Lassen Sie Ihre Utility-Klasse nicht per `INHERITING FROM` von einer anderen Klasse erben. Versehen Sie Ihre Utility-Klasse auch nicht mit einem Interface.
- Verwenden Sie ausschließlich statische Methoden, d. h. Methoden, die mit dem Schlüsselwort `CLASS-METHODS` deklariert werden, und nicht mit dem Schlüsselwort `METHODS` für Instanzmethoden.
- Führen Sie keinerlei Zustand in Ihre Utility-Klasse ein, d. h. keine Attribute, die mit `DATA` definiert sind, und noch nicht mal statische Attribute, die mit `CLASS-DATA` definiert sind. Ihre Klasse sollte ausschließlich unveränderliche Bestandteile haben, also maximal `CONSTANTS` oder `TYPES`.

Bekommen Sie beim Implementieren Ihrer Utility-Klasse das starke Bedürfnis, aus diesen engen Richtlinien auszubrechen, oder finden Sie sogar plausible Beispiele, bei denen Sie doch das eine oder andere Detail einer Utility-Methode veränderbar gestalten wollen, so ist Ihre Utility-Klasse vielleicht einfach gar keine, und Sie sollten besser über eine echte, instanziierbare Klasse mit Interface nachdenken.

Werteobjekte

Ein *Werteobjekt* ist ein Objekt, das der Wertesemantik genügt: Zwei Objekte sind genau dann *gleich*, wenn sie die gleichen Daten enthalten. Ein Werteobjekt könnte z. B. das Datumsintervall »1. Januar 2022 bis 31. Dezember 2022« sein. Selbst wenn die Programmierumgebung es erlaubt, ein zweites solches Objekt zu erstellen, sind die beiden doch in allen Anwendungssituationen austauschbar.

Zwei Bestellungen hingegen sind weder gleich noch austauschbar, selbst wenn es um den gleichen Kunden, die gleichen Produkte und die gleichen Bestellmengen geht.

Während das Datumsintervall ein Werteobjekt ist, stellt die Bestellung eine Entität dar. Werteobjekte werden von ihren Werten definiert, Entitäten von ihren Identitäten.

Unsere Datenstruktur `money` aus den Beispielen in Abschnitt 3.1.1, »Interfaces«, ist ein Werteobjekt, denn sie folgt der Wertesemantik. Typischerweise werden Werteobjekte in ABAP mit Datenstrukturen oder internen Tabellen abgebildet, für gewöhnlich mithilfe des ABAP Dictionary und manchmal unterstützt von Utility-Klassen, die Basisoperationen für diese Datentypen bereitstellen, ähnlich wie unsere Klasse `money_utils` aus Listing 3.8.

Eine andere Charakteristik von Werteobjekten – und diesmal eine, die sich in ABAP mit Datenstrukturen und internen Tabellen gar nicht erreichen lässt, ist, dass sie unveränderbar (*immutable*) sein sollten. Operationen, die Werteobjekte als Eingabe erhalten, sollten diese Werteobjekte nicht verändern, sondern stattdessen neue Werteobjekte zurückgeben, die die veränderten Werte nach Anwendung der Operation enthalten. Die Utility-Klasse `money_utils` macht das zwar mit der Datenstruktur `money`, aber nur weil wir uns freiwillig daran halten. Um einen Schritt weiterzugehen und tatsächlich zu verhindern, dass die Werte eines Werteobjekts nach dem Anlegen geändert werden können, brauchen wir eine Werteobjektklasse wie `money_object` in Listing 3.10, deren Aufbau die Unveränderbarkeit sicherstellt.

```
CLASS money_object DEFINITION
  PUBLIC
  FINAL
  CREATE PUBLIC.

PUBLIC SECTION.

  DATA:
    amount TYPE decfloat34 READ-ONLY,
    currency TYPE currency READ-ONLY.

  METHODS constructor
    IMPORTING
      amount TYPE decfloat34
      currency TYPE currency.

  METHODS add
    IMPORTING
      other TYPE REF TO money_object
    RETURNING VALUE(result) TYPE REF TO money_object.

...
```

```
ENDCLASS.

CLASS money_object IMPLEMENTATION.

  METHOD constructor.

    me->amount = amount.
    me->currency = currency.

  ENDMETHOD.

  METHOD add.

    validate_currency( other->currency ).
    result = NEW #(
      amount = me->amount + other->amount
      currency = me->currency ).

  ENDMETHOD.

  ...

ENDCLASS.
```

Listing 3.10 Die Klasse money_object: ein Werteobjekt, das einen Geldwert repräsentiert

[»]

Ein Wort zur Namensgebung

Entgegen einer späteren Empfehlung in Abschnitt 5.1.6, »Rauschwörter«, verwendet der Klassenname `money_object` das »Rauschwort« `object` als Suffix. Wir benutzen diesen Zusatz in diesem Kapitel, um die Klassen von den entsprechenden Datenstrukturen – hier `money` – zu unterscheiden.

Wir benutzen in diesem Fall `object` ausnahmsweise nicht als inhaltsleere Floskel, sondern zur Verdeutlichung des Musters, ähnlich wie z. B. der Zusatz `factory` das entsprechende Entwurfsmuster markieren kann.

Eine Werteobjektklasse sollte `FINAL` sein, und alle öffentlichen Attribute sollten durch `READ-ONLY` vor Veränderungen geschützt werden. Legen Sie einen Konstruktor oder eine statische Fabrikmethode an, um Instanzen der Werteobjektklasse herzustellen. Diese Methoden empfangen alle Werte als Eingabeparameter und fügen sie direkt beim Instanziieren in die Instanz ein – dem einzig möglichen Zeitpunkt, zu dem diese Attribute einmalig verändert werden dürfen.

Obwohl die Attribute als `READ-ONLY` markiert sind, können Sie sie nach dem Instanziieren aus dem *Inneren* der Klasse heraus immer noch ändern. Um die Unveränderlichkeit sicherzustellen, ist daher sehr viel Konsequenz bei der Implementierung gefordert. Die Methode `add` in der Werteobjektklasse `money_object` verdeutlicht das: Statt einfach das Attribute zu ändern, erzeugt sie eine neue Instanz der Klasse mit dem neuen Betrag und gibt dieses neue Objekt zurück.

Vererbung

Vererbung kommt immer dann ins Spiel, wenn eine Klasse über die Schlüsselworte `INHERITING FROM` mit einer anderen Klasse verbunden wird. Eine Klasse kann immer nur von höchstens einer anderen Klasse erben. Die Klasse, die oder von der geerbt wird, nennt man Basisklasse, Elternklasse, Superklasse oder Oberklasse. Die erbende Klasse wird Kinderklasse, Subklasse oder Unterklasse genannt. Vererbung kann sich über mehrere Stufen hinziehen: Eine Klasse kann von einer anderen Klasse erben, die wiederum von einer weiteren Klasse geerbt hat und so weiter. Listet man eine solche Vererbungskette komplett auf, von der höchsten Oberklasse bis zur untersten Unterklasse, spricht man von einem *Vererbungsbaum* oder der *Klassenhierarchie*.

Abbildung 3.1 zeigt ein Beispiel für einen solchen Vererbungsbaum. Das Diagramm nutzt die *Unified Modeling Language* (UML), in der Vererbung als Pfeil mit leerer dreieckiger Spitze dargestellt wird, der von der Unterklasse zur Oberklasse hin deutet.

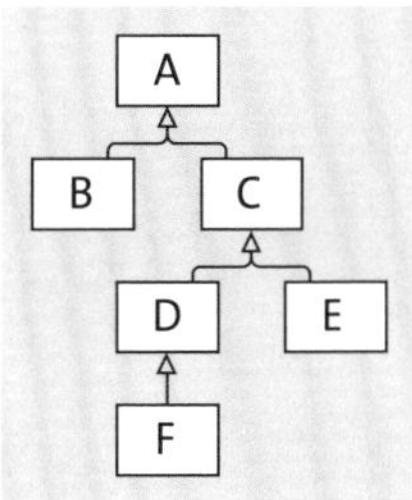

Abbildung 3.1 Ein Vererbungsbaum

In diesem Vererbungsbaum gibt es eine einzelne höchste Oberklasse A. Jede Klasse auf einer Zwischenstufe erbt von exakt dieser einen Oberklasse. Einen einzelnen Ast dieses Baums, z. B. den Ast F → D → C → A, nennt man eine *Vererbungskette* oder auch einen Vererbungszweig.

Ähnlich wie andere objektorientierte Programmiersprachen hat auch ABAP eine eingebaute Klasse, die als (meist sehr indirekte) Oberklasse aller anderen Klassen fungiert: die Klasse `object`. Diese Klasse können Sie nutzen, um Referenzvariablen zu typisieren, wenn Sie sich absolut nicht festlegen können oder wollen, worauf die Variable konkret deutet. `object` selbst ist komplett leer und hat weder Attribute noch Methoden.

Eine Unterklasse hat Zugriff auf alle öffentlichen (PUBLIC) und geschützten (PROTECTED) Bestandteile ihrer direkten Oberklasse. Den gleichen Zugriff hat sie auch auf die Bestandteile der Oberklasse ihrer Oberklasse usw. bis zur höchsten Oberklasse im Vererbungsbaum. Jede Klasse übernimmt alle geerbten Bestandteile – von außen sieht es so aus, als wären diese geerbten Teile ein Teil der Klasse selbst. Sofern ein geerbter Bestandteil nicht als FINAL markiert ist, hat die Klasse die Freiheit, diesen Teil zu »redefinieren«, d. h. mit einer anderen Definition oder Implementierung zu überschreiben. In sauberen Designs übernimmt die Unterklasse das grundlegende Verhalten ihrer direkten Oberklasse und spezialisiert es weiter. Schauen wir uns den Vererbungsbaum in Listing 3.11 genauer an.

```
CLASS device DEFINITION
  PUBLIC.

PUBLIC SECTION.

  METHODS:
    is_on
      RETURNING VALUE(result) TYPE abap_bool,
    is_off
      RETURNING VALUE(result) TYPE abap_bool,
    toggle.

PRIVATE SECTION.

  DATA on TYPE abap_bool VALUE abap_false.

ENDCLASS.

CLASS device IMPLEMENTATION.

  METHOD is_on.
    result = on.
  ENDMETHOD.

  METHOD is_off.
    result = xsdbool( NOT is_on( ) ).
  ENDMETHOD.

  METHOD toggle.
    on = xsdbool( NOT is_on( ) ).
  ENDMETHOD.
```

```
ENDCLASS.


CLASS fan DEFINITION
  PUBLIC
  INHERITING FROM device.

PUBLIC SECTION.

  CONSTANTS:
    max_intensity TYPE int4 VALUE 10.

  METHODS:
    increase_intensity,
    decrease_intensity,
    read_intensity
      RETURNING VALUE(result) TYPE int4.

PRIVATE SECTION.

  METHODS:
    constrain_intensity.

  DATA intensity TYPE int4 VALUE 0.

ENDCLASS.

CLASS fan IMPLEMENTATION.

  METHOD increase_intensity.
    intensity += 1.
    constrain_intensity( ).
  ENDMETHOD.

  METHOD decrease_intensity.
    intensity -= 1.
    constrain_intensity( ).
  ENDMETHOD.

  METHOD read_intensity.
    result = intensity.
  ENDMETHOD.
```

```
  METHOD constrain_intensity.
    IF intensity < 0.
      intensity = 0.
    ELSEIF intensity > max_intensity.
      intensity = max_intensity.
    ENDIF.
  ENDMETHOD.

ENDCLASS.
```

Listing 3.11 Eine einfache Klassenhierarchie: ein »fan« (Ventilator), der von »device« (Gerät) erbt

Dieses Beispiel zeigt eine Oberklasse device (Gerät) mit einer Unterklasse fan (Ventilator). Die Klasse device repräsentiert eine Maschine, die ein- und ausgeschaltet werden kann. fan übernimmt dieses Verhalten, kann also ebenfalls ein- und ausgeschaltet werden. Er kann jedoch noch mehr und hat auch Methoden, mit denen sich z. B. die Stärke des Luftstroms regulieren lässt. Abbildung 3.2 zeigt die beiden Klassen mit einer Auswahl ihrer öffentlichen Bestandteile.

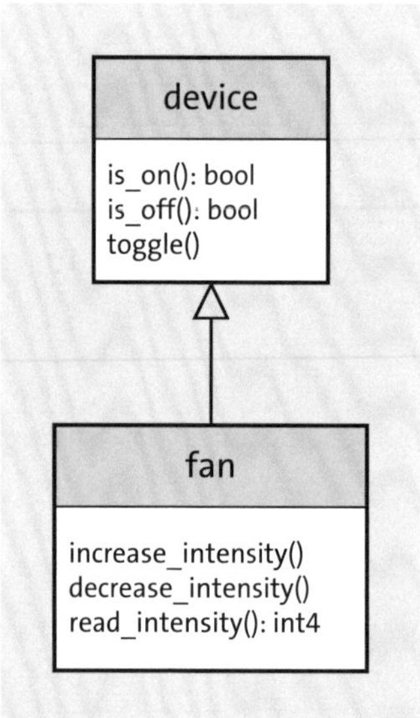

Abbildung 3.2 UML-Diagramm der Vererbung von device und fan

Instanzen von Unterklassen können Sie in Referenzvariablen, deren Typ die Unterklasse selbst haben, oder eine ihrer Oberklassen, den ganzen Vererbungszweig aufwärts, »verpacken«. Rufen Sie eine Methode über eine Referenzvariable auf, prüft die Laufzeitumgebung, welche exakte Klasse sich momentan hinter der Variable verbirgt und gibt den Aufruf an diese Klasse weiter. Dieses Vorgehen nennt man *dynamische Bindung* (auch Dynamic Dispatch), es stellt einen Aspekt des Polymorphismus in ABAP Objects dar. Ein weiterer Aspekt sind Referenzvariablen, die auf Interfaces deuten. Beide Varianten verhalten sich gleich; es macht also keinen Unterschied, ob Sie eine Referenzvariable mit der Oberklasse typisieren (wie hier in Listing 3.12) oder mit einem Interface, das die Klasse implementiert (wie weiter oben in Listing 3.6): Der Aufruf erreicht immer die Klasse selbst.

In Listing 3.12 ist die Referenzvariable `my_device` zwar als `device` typisiert, kann aber eine Instanz der Unterklasse `fan` enthalten. Der Aufruf der Methode `toggle` führt den Code aus, den Sie in der Implementierung der Klasse `device` finden, da `fan` diese Methode geerbt hat. Hätte `fan` diese Methode redefiniert, würde stattdessen der Code der Redefinition gestartet, den Sie in der Klasse `fan` selbst finden würden.

```
DATA my_device TYPE REF TO device.
my_device = NEW fan( ).
my_device->toggle( ).
```

Listing 3.12 Referenzvariable vom Typ device und Aufruf einer geerbten Methode

Unterklassen können also jederzeit die Stelle ihrer Oberklasse einnehmen. Vererbungsbeziehungen nennt man deshalb gerne auch *Ist-ein*-Beziehungen (im Englischen is-a), und man sagt z. B.: »Ein Ventilator *ist ein* Gerät«.

Damit das auch passt und es nicht zu bösen Überraschungen kommt, muss sich eine Unterklasse an das Verhalten halten, das ihre Oberklasse ihr vorgibt. Diese Regel nennt man das *Liskovsche Substitutionsprinzip*, das »L« im Merkwort SOLID. In unserem Beispiel schaltet beispielsweise die Methode `toggle` ein Gerät zwischen den Zuständen `is_on` und `is_off` hin und her. Konsumenten erwarten zu Recht, dass dieses Verhalten auf alle Geräte zutrifft. Würde der Ventilator die Methode `toggle` redefinieren und darin etwas komplett anderes machen, wären unliebsame Überraschungen im wahrsten Sinne des Wortes vorprogrammiert. Damit ein Ventilator ein Gerät *ist*, muss er sich auch *verhalten* wie ein Gerät.

[«]

Vererbung ist eine Ist-ein-Beziehung

Vererbung passt nur dann, wenn Sie eine Ist-ein-Beziehung modellieren. Eine Unterklasse muss überall im Code die Stelle ihrer Oberklasse einnehmen können, ohne dass es zu Brüchen im Verhalten kommt. Vererbung ist also viel mehr als »ein bisschen Code teilen«: Sie definiert die *Identität* und den Charakter der Unterklasse.

Dem Liskovschen Substitutionsprinzip zu folgen, ist leichter gesagt, als getan und Sie werden bei einer schnellen Suche in den objektorientierten Programmen dieser Welt viele falsche Modellierungen finden. Auch Missverständnisse im Vergleich zum allgemeinen Sprachgebrauch können Fehler provozieren: Ein Quadrat betrachten wir beispielsweise für gewöhnlich als »eine spezielle Form des Rechtecks«, bei der alle Seiten gleich lang sind und alle Winkel 90 Grad betragen. In der Vererbung ist ein `square` (Quadrat) jedoch mitunter keineswegs eine Unterklasse eines `rectangle` (Rechteck). Ein Quadrat ist nämlich genau dann *kein* Rechteck, wenn der Konsument erwartet, dass er die Breite `set_width` und die Höhe `set_height` des Rechtecks unabhängig voneinander ändern kann, z. B., um einen bestimmten Flächeninhalt zu erzielen. Wenn Sie diese Methoden nacheinander für ein Quadrat aufrufen, werden Sie mit Überraschung feststellen, dass Sie zweimal dieselbe Dimension geändert haben und `get_area` anschließend so gar nicht das Flächenmaß liefert, das Sie erwartet hätten.

[+]

Vermeiden Sie tiefe Vererbungshierarchien

Bei der Vererbung genügt es nicht, das Verhalten der Oberklasse zu verstehen und einzuhalten. Sie müssen stets das Verhalten *aller* Oberklassen im Vererbungszweig berücksichtigen. Das wird umso komplizierter, je mehr Stufen die Vererbungshierarchie hat. Ersparen Sie sich mühevolles Grübeln, und halten Sie Ihre Vererbungshierarchien klein und übersichtlich.

Vererbung ist ein sehr mächtiges Werkzeug, das leider leicht außer Kontrolle geraten kann und Sie mit einem zerbrechlichen Konstrukt von Klassen zurücklässt, in denen sich an allen Ecken subtile Fehler einschleichen können.

Bedenken Sie, dass Änderungen an einer Oberklasse sich wie Ringe auf dem Wasser durch sämtliche direkten und indirekten Unterklassen ausbreiten und so selbst scheinbar kleine Anpassungen des Verhaltens zu Dutzenden Fehlern führen können.

[!]

Sehen Sie Vererbung von Anfang an im Modell vor oder verbieten Sie sie

Gehen Sie umsichtig vor, wenn Sie Klassen entwerfen, die Vererbung erlauben, besonders dann, wenn die Vererbung Paket- oder Projektgrenzen überschreitet. Dokumentieren Sie die Verantwortlichkeiten, das erwartete Verhalten und die möglichen Erweiterungspunkte sorgfältig. Stellen Sie sicher, dass Sie Methoden, die unter keinen Umständen Unterklassen redefinieren sollen, mit `FINAL` dagegen sperren.

Wenn Ihre Klassen zunächst einmal keine Vererbung vorsehen oder Sie sich schlicht überhaupt keine Gedanken über das Thema gemacht haben, gehen Sie auf Nummer sicher und markieren Sie die ganze Klasse als `FINAL`.

Die vorgenannten Punkte lesen sich recht negativ, als sollte man auf Vererbung sicherheitshalber gleich ganz verzichten. Für die Vererbung gibt es jedoch einige sehr gute Anwendungsfälle, z. B., um grundlegende Implementierungen für Interfaces bereitzustellen, wie wir es bereits für die abstrakten Klassen vorgestellt haben. Es gibt auch einige Entwurfsmuster, die Vererbung in brillanter Weise einsetzen, z. B. die Muster *Schablonenmethode* oder *Fabrikmethode*.

Speziell in Legacy-Code werden Sie viele Klassen finden, die ohne Interfaces miteinander verbunden sind. In diesen Fällen ist es knifflig, Klassen in Unit Tests durch Test-Doubles zu ersetzen. Vererbung kann hier hilfreich sein: Vielleicht schaffen Sie es nicht, eine komplett eigene neue Klasse in das Geflecht einzuschleusen, aber eventuell ist es möglich, Unterklassen für existierende Klassen anzulegen und sie dem Programm unterzujubeln. Die neuen Unterklassen können dann störende Methoden redefinieren und so statt des echten Codes (z. B. ein anderes System aufrufen) etwas anderes machen (z. B. vorgefertigte Testdaten zurückgeben). Solche Tests sind jedoch sehr anfällig und sollten nur den ersten Schritt einer Refactoring-Reise darstellen, die die fest »verbackenen« Strukturen durch Einführung von Interfaces löst.

Komposition

Wenn die Attribute einer Klasse auf Instanzen anderer Klassen zeigen, sprechen wir von *Komposition* oder Zusammensetzung. Die Klasse setzt sich aus anderen Klassen zusammen. Komposition spiegelt eine *Hat-ein*-Beziehung wider und ist damit eine grundlegende Möglichkeit, um Interaktionen zwischen Objekten darzustellen und Verantwortlichkeiten auf mehrere Schultern zu verteilen. Eine Verkehrsampel *hat* drei Lichter: grün, gelb und rot. Ein Auto *hat* vier Räder und einen Motor. Eine Mitarbeiterin *hat* eine Adresse und eine Telefonnummer.

Schauen wir uns Komposition an, indem wir das Beispiel mit der Klasse `device` aus Abbildung 3.2 fortführen. Angenommen, wir bekämen eine neue neue Anforderung, um Geräte vor Überhitzung zu schützen. Dazu wollen wir Temperatursensoren in den Geräten installieren, und das Gerät automatisch abschalten, wenn die Temperatur einen kritischen Schwellenwert überschreitet. Die Sensoren implementieren das Interface `thermal_sensor` aus Listing 3.13. Darin findet sich ein Ereignis `critical_temperature_reached`, das ausgelöst wird, wenn der Schwellenwert überschritten wird.

```
INTERFACE thermal_sensor
  PUBLIC.

  EVENTS:
    critical_temperature_reached.

ENDINTERFACE.
```

Listing 3.13 Das Interface thermal_sensor

Um das Gerät zu schützen, fügen wir einen temperaturgesteuerten Ausschalter hinzu. Dieser schaltet das Gerät automatisch ab, wenn das Ereignis `critical_temperature_reached` empfangen wird. Die Operationen dieses Schalters sehen aus wie die in der Klasse `device`. Das könnte uns dazu verleiten, ihn als Unterklasse von `device` anzulegen. Aber der Schalter an sich *ist kein* Gerät; ihn über Vererbung zu implementieren, würde die *Ist-ein*-Beziehung verletzen und wäre damit ein Fehler. Stattdessen folgen wir den Empfehlungen aus Abschnitt 3.1.1, »Interfaces«, und extrahieren aus der Klasse device das neue Interface switchable (»schaltbar«), das das abstrakte Konzept eines »ein- und abschaltbaren Dings« beschreibt, wie in Listing 3.14 zu sehen. Dieses Interface passt nun perfekt sowohl für Geräte als auch für unseren Notschalter.

```
INTERFACE switchable
  PUBLIC.

  METHODS:
    is_on
      RETURNING VALUE(result) TYPE abap_bool,
    is_off
      RETURNING VALUE(result) TYPE abap_bool,
    toggle.

ENDINTERFACE.

...

CLASS device DEFINITION
  PUBLIC.

PUBLIC SECTION.

  INTERFACES: switchable.

  ALIASES:
    is_on FOR switchable~is_on,
    is_off FOR switchable~is_off,
    toggle FOR switchable~toggle.

PRIVATE SECTION.

  DATA on TYPE abap_bool VALUE abap_false.

ENDCLASS.
```

Listing 3.14 Die geänderte Klasse device und das extrahierte Interface switchable

Um die Auswirkungen auf die Klasse device minimal zu halten, legen wir Aliase für die Methoden des Interface switchable an. Aller Code, den die Klasse enthält, bleibt dadurch ohne Änderungen voll funktionsfähig.

Refactoring der Form Interface extrahieren

Refactoring beschreibt den Prozess, Code durch Umstrukturieren zu verbessern, ohne dass sich dadurch das nach außen sichtbare Verhalten ändern würde. Ein Interface zu extrahieren, ist dabei einer der grundlegenden Refactoring-Schritte, die im Buch *Refactoring: Wie Sie das Design bestehender Software verbessern* (mitp, 2020) von Martin Fowler beschrieben wird. Die Technik besteht darin, Teile einer existierenden Klasse als Interface »herauszuziehen«, um Konsumenten das Leben leichter zu machen.

Mit den neuen Interfaces `switchable` und `thermal_sensor` ausgestattet, können wir nun die Klasse `thermal_switch` anlegen, wie in Listing 3.15 gezeigt.

```
CLASS thermal_switch DEFINITION
  FINAL
  PUBLIC.

PUBLIC SECTION.

  INTERFACES:
    switchable.

  METHODS:
    constructor
      IMPORTING
        managed_device TYPE REF TO device
        sensor TYPE REF TO thermal_sensor,
    trip
      FOR EVENT critical_temperature_reached OF thermal_sensor,
    reset.

PRIVATE SECTION.

  DATA:
    managed_device TYPE REF TO device,
    is_tripped TYPE abap_bool VALUE abap_false.

ENDCLASS.

CLASS thermal_switch IMPLEMENTATION.

  METHOD constructor.
    me->managed_device = managed_device.
```

```
    SET HANDLER trip FOR sensor.
  ENDMETHOD.

  METHOD switchable~is_on.
    result = managed_device->is_on( ).
  ENDMETHOD.

  METHOD switchable~is_off.
    result = managed_device->is_off( ).
  ENDMETHOD.

  METHOD switchable~toggle.
    CHECK is_tripped = abap_false.
    managed_device->toggle( ).
  ENDMETHOD.

  METHOD trip.
    is_tripped = abap_true.
    IF managed_device->is_on( ).
      managed_device->toggle( ).
    ENDIF.
  ENDMETHOD.

  METHOD reset.
    is_tripped = abap_false.
  ENDMETHOD.

ENDCLASS.
```

Listing 3.15 Die Klasse thermal_switch hüllt eine Instanz der Klasse device ein.

Das Konzept der Komposition wird nun deutlich: Die Klasse `thermal_switch` besteht aus einer Instanz der Klasse `device` und einem Objekt, das das Interface `thermal_sensor` implementiert. Die Klasse erhält bei der Konstruktion beide Instanzen. Das Gerät merkt sie sich im Attribut `managed_device`. Das Objekt hinter `thermal_sensor` könnte sie sich auch merken, muss sie aber gar nicht: Diese Verbindung wird implizit aufgebaut, indem sie ihre Methode `trip` als Handler für das Ereignis `thermal_sensor~critical_temperature_reached` registriert. Die Klasse `thermal_switch` legt sich wie eine Hülle um die Klasse `device`: Aufrufe der Methoden aus dem Interface `switchable` werden eins zu eins an das `managed_device` weitergegeben. Zusätzlich reagiert die Klasse auf das Ereignis des Temperatursensors, indem sie das `managed_device` abschaltet. Die Methode `reset` setzt den Schalter in seine Ausgangsstellung zurück. Abbildung 3.3 zeigt das resultierende Designdiagramm.

[+]

3

Nutzen Sie Komposition statt Vererbung

Komposition ist eine bessere Strategie, um Code wiederzuverwenden, als Vererbung. Komposition führt zu vielen kleinen, unabhängigen Objekten, von denen jedes einen bestimmten Zweck erfüllt. Diese Objekte können Sie nun auf vielfältige Arten immer wieder neu zusammenstellen, um verschiedene Aufgaben zu erfüllen. Anders also als bei Vererbung, bei der schon alleine die Hierarchie selbst vorschreibt, dass nur in eine Richtung wiederverwendet werden kann. Gleichzeitig bleiben Änderungen an einer Stelle auf die direkte Umgebung begrenzt, ohne sich auf andere unbeteiligte Objekte auszuwirken. Auch dies ist bei Vererbung anders, wo Änderungen in einer Oberklasse sich auf viele eigentlich unbeteiligte Unterklassen auswirken können. Damit löst die Komposition die beiden Hauptnachteile der Vererbung, ohne dass Ihnen dabei andere Nachteile entstehen.

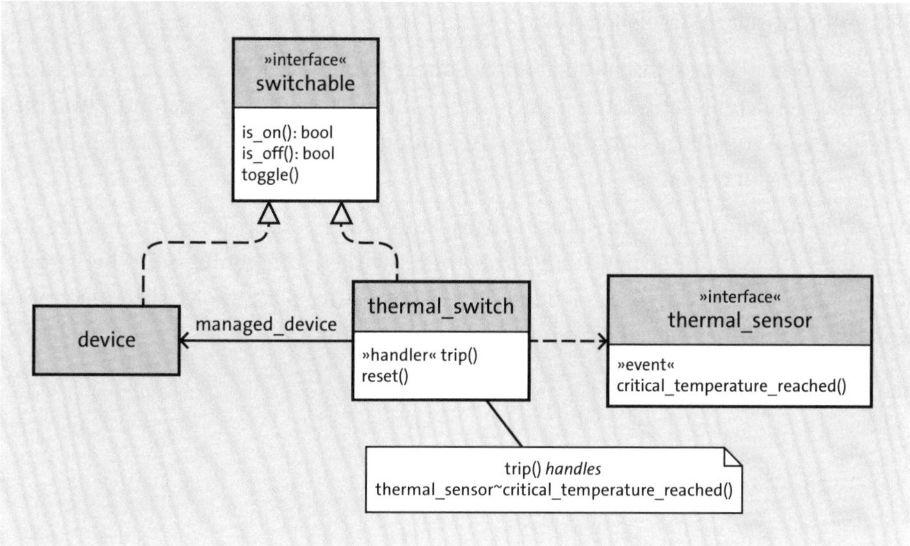

Abbildung 3.3 UML-Diagramm der Komposition in der Klasse thermal_switch

Wenn die »komponierte« Klasse ebenso aussehen soll wie eine der Klassen, aus denen sie besteht – und vielleicht sogar an deren Stelle im Code verwendet werden können soll – können Sie beide das gleiche Interface implementieren lassen. Die Komposition umhüllt dabei die innere Klasse und reicht Aufrufe einfach weiter. Man spricht dabei auch vom Entwurfsmuster *Delegation*.

Die Komposition kann aber auch komplett anders aussehen als die darin verwendeten Objekte. So kann die äußere Klasse komplexe Aufgaben in kleine Teile zerlegen, die dann andere Klassen für sie erledigen. Die Klasse selbst wird zu einer Art Orchestrator, der sich z. B. um die Zerlegung des Problems, die Reihenfolge der Schritte und das Zusammenführen der Ergebnisse kümmert. Die Klasse dient gleichzeitig als Barriere, die verhindert, dass sich Änderungen weiter ausbreiten als nötig: Ändert sich eine der inneren Klassen, kann sie nach außen trotzdem noch dieselben Schnittstellen garantieren. Ändern sich die Konsumenten außerhalb der Klasse, können die darin verwendeten Klassen neu zusammengestellt werden, ohne sich selbst verändern zu müssen.

Viele klassische strukturelle Entwurfsmuster setzen auf Komposition, z. B. `Proxy`, `Adapter`, `Bridge`, `Decorator` und `Composite`.

3.1.3 Zustand

Klassen können zustandsbehaftet (*stateful*) oder zustandslos (*stateless*) sein. Der Zustand einer Klasse ist der Wert all ihrer Attribute zu einem Zeitpunkt. Jede Klasse, die mindestens ein Attribut hat, dessen Wert sich über die Zeit verändern kann, ist also automatisch zustandsbehaftet.

Listing 3.16 zeigt eine typische zustandsbehaftete Klasse. Die Klasse `message_container` hält eine Liste von Nachrichten (`messages`) in einem Attribut – ihr Zustand – und bietet eine Reihe von Methoden, die dieses Attribut verändern, d. h. Operationen, an, die auf ihrem Zustand arbeiten.

Wenn Sie zustandsbehaftete Klassen entwickeln, sollte genau dieses Schema Ihr Ziel sein: dass Zustand und Operationen zusammenwirken, um gemeinsam die Verantwortlichkeiten der Klasse zu erfüllen. Wir sagen dann, dass die Klasse eine starke Kohäsion hat, also einen starken inneren Zusammenhalt.

```
CLASS message_container DEFINITION
  PUBLIC
  FINAL
  CREATE PUBLIC.

PUBLIC SECTION.

  METHODS:
    add_message
      IMPORTING message TYPE message.

PRIVATE SECTION.

  DATA messages TYPE message_table.

ENDCLASS.
```

Listing 3.16 Ein zustandsbehafteter Nachrichtencontainer

Zustandsbehaftete Klassen sind von Natur aus schwerer unter Kontrolle zu halten als zustandslose. Schon mit einem einzelnen Attribut kann eine solche Klasse *extrem* viele Zustände einnehmen. Jeder einzelne dieser Zustände beeinflusst das Verhalten der Klasse auf andere Art und Weise und kann mit neuen Fehlerquellen einhergehen. Hat eine Klasse mehrere Attribute, die nicht hundertprozentig voneinander getrennt sind, müssen deren Werte auch zueinander konsistent gehalten werden, um widersprüchliche Kombinationen zu vermeiden.

Auch Konsumenten müssen hier Sorgfalt walten lassen. Wer Klassen wie `message_container` verwendet, muss darauf achten, die Methoden zu den richtigen Zeitpunkten und vor allem in einer gültigen Reihenfolge aufzurufen. Es kann beispielsweise Probleme verursachen, `remove_message` für eine Nachricht aufzurufen, die vorher überhaupt nicht mit einem `add_message` hinzugefügt wurde.

Auch unsere vorherige Beispielklasse `thermal_switch` aus Listing 3.15 muss ihren Zustand `is_tripped` sorgsam verwalten: Gibt es »Lücken« im Code, durch die die äußere Temperatur und der innere Zustand dieser Variable widersprüchliche Werte annehmen können, kommt es zu subtilen Fehlern, die unsere Geräte zum Überhitzen bringen können.

Abhilfe kann es schaffen, eine Klasse unveränderlich (*immutable*) zu machen: Die Klasse hat dann immer noch einen Zustand, aber eben auch nur noch genau einen. Dieser wird beim Instanziieren einmalig gesetzt und kann sich anschließend nicht mehr ändern.

Zustandslose Klassen haben überhaupt keine veränderlichen Attribute und damit auch keinen Zustand. Solche Klassen stellen für gewöhnlich Methoden bereit, die Eingabeparameter annehmen und daraus Ausgabeparameter berechnen – ohne jegliche Seiteneffekte. Listing 3.17 zeigt die Definition einer zustandslosen Klasse, die einen XML-String in eine Datenstruktur umwandelt. Diese Umwandlung funktioniert immer exakt gleich, die Klasse braucht daher keinerlei Zustand.

```
CLASS xml_converter DEFINITION
  PUBLIC
  FINAL
  CREATE PUBLIC.

PUBLIC SECTION.

  METHODS convert
    IMPORTING
      file_content  TYPE xstring
    RETURNING
```

```
    VALUE(result) TYPE some_inbound_message.

ENDCLASS.
```

Listing 3.17 Die zustandslose Klasse xml_converter

[!]

Mischen Sie nicht zustandsbehaftetes und zustandsloses Design in derselben Klasse

Eine zustandsbehaftete Klasse zu managen, ist kompliziert genug. Machen Sie sie nicht noch unübersichtlicher, indem Sie auch noch zustandslose Methoden und Attribute darin unterbringen. Stellen Sie im Gegenteil sicher, dass Ihre Klasse klare Verantwortlichkeiten hat und *alle* Methoden und Attribute dazu beitragen, diese zu erfüllen.

3.2 Geltungsbereich und Sichtbarkeit

Geltungsbereich und Sichtbarkeit sind zwei Facetten der Kapselung in ABAP Objects. In diesem Abschnitt geben wir Ihnen Empfehlungen zum Umgang mit ihnen.

3.2.1 Globaler und lokaler Geltungsbereich

Das ABAP Dictionary stellt einen globalen Geltungsbereich für alle globalen Klassen und Interfaces sowie viele weitere Arten von Entwicklungsobjekten dar. *Alle* globalen Klassen und Interfaces, die Sie anlegen, finden sich darin, in einem einzigen großen, globalen Namensraum wieder. Selbst wenn Sie die Entwicklungsobjekte in verschiedenen Paketen unterbringen, können doch z. B. keine zwei Klassen den gleichen Namen tragen. Dieser globale Namensraum, in Kombination mit der Einschränkung, dass die Namen von Entwicklungsobjekten maximal 30 Zeichen lang sein dürfen, tragen maßgeblich dazu bei, dass Sie überall in der ABAP-Welt auf Präfixe stoßen.

Wählen Sie die Namen von globalen Klassen und Interfaces daher sorgsam. Sprechen Sie in Ihrem Team darüber, und einigen Sie sich auf Präfixe, um Namenskonflikte zu vermeiden. Mehr dazu finden Sie in Abschnitt 5.3, »Affixe: Präfixe, Suffixe und Infixe«.

Eine lokale Klasse oder ein lokales Interface hingegen sind *innerhalb* einer globalen Klasse definiert. Diese Entwicklungsobjekte sind ausschließlich für die sie umgebende Klasse sichtbar, vor allem anderen außenstehenden Code jedoch versteckt. Noch nicht einmal die Unterklassen der globalen Klasse können deren lokale Klassen sehen. Diese lokalen Objekte sind sozusagen der Privatbesitz der globalen Klasse.

In der Entwicklungsumgebung *ABAP Development Tools* (ADT) legen Sie lokale Klassen und Interfaces in eigenen Registerkarten der globalen Klasse an. In der ersten Registerkarte **Class-relevant Local Types** schreiben Sie die Definitionen der lokalen Klassen und Interfaces, die von der globalen Klasse angesprochen werden sollen. In der zweiten Registerkarte **Local Types** schreiben Sie die Implementierungen der lokalen Klassen. Dort können Sie auch weitere lokale Klassen und Interfaces unterbringen, die ausschließlich von anderen lokalen Objekten verwendet werden, d. h. nicht von der globalen Klasse referenziert werden. Eine besondere Art der lokalen Klassen sind die lokalen Testklassen, die Sie in der Registerkarte **Test Classes** anlegen. Die verschiedenen Registerkarten finden Sie am unteren Rand des Class-Editor-Fensters, wie in Abbildung 3.4 gezeigt.

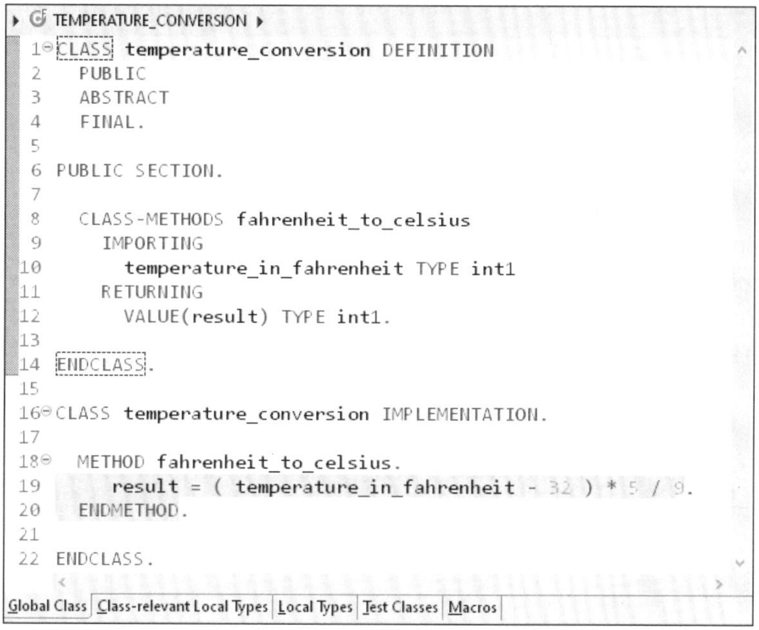

Abbildung 3.4 Das Class-Editor-Fenster mit seinen Registerkarten

[+]

Nutzen Sie vorrangig globale Klassen

Bevorzugen Sie globale Klassen gegenüber lokalen Klassen.

Trotz aller Nachteile durch den globalen Namensraum bieten globale Klassen und Interfaces ein vielfach höheres Potenzial zur Wiederverwendbarkeit und sind leichter auffindbar. Sie werden auch feststellen, dass diese Entwicklungsobjekte für gewöhnlich besser entkoppelt sind als ihre lokalen Geschwister und sich dadurch auch leichter testen lassen.

Lokale Klassen sind verführerisch, da sie völlige Freiheit bei der Namenswahl versprechen und Sie sich keine Gedanken über Konsumenten außerhalb der umgebenden globalen Klasse machen müssen. Gerade Letzteres erweist sich aber langfristig als Nachteil, denn Sie können lokale Entwicklungsobjekte an anderen Stellen nicht wiederverwenden. Schlimmer noch: Sie werden meistens noch nicht einmal auf die Idee kommen, hier nach bereits im Code existierenden Lösungen zu suchen, bzw. falls doch, sie nicht finden können.

Nutzen Sie lokale Klassen sparsam und nicht, um komplette Untersysteme innerhalb einer globalen Klasse zu entwickeln. Neben den oben genannten strukturellen Gründen gibt es dafür auch noch rein pragmatische: Eine globale Klasse mitsamt aller lokalen Objekte kann z. B. zu jedem Zeitpunkt nur von einer einzigen Person bearbeitet werden. Zu viele lokale Klassen erschweren dadurch die Zusammenarbeit im Team.

Missbrauchen Sie globale Klassen nicht als »Pakete«, um darin andere Entwicklungsobjekte zu verstecken. Welche Ihrer Entwicklungsobjekte von außen sichtbar und verwendbar sind, regeln Sie komfortabler und vielseitiger über Pakete und Paketschnittstellen – mehr dazu in Kapitel 13, »Pakete«.

Nutzen Sie lokale Klassen vorrangig, um komplexe Sachverhalte in globalen Klassen weiter in hochspezifische private Details zu zerlegen oder um schwer testbare Teile wie etwa Datenbankzugriffe aus dem Rest der Logik herauszulösen. In solchen lokalen Zerlegungen kann es gelegentlich nützlich sein, lokale Klassen zu `FRIENDS` der globalen Klasse zu erklären, wodurch sie Zugriff auf deren private Eigenschaften erhalten – mehr dazu in Abschnitt 3.2.2, »Sichtbarkeit«.

Ein klassisches Beispiel für ein rein lokales Detail ist das Entwurfsmuster *Iterator*. Stellen Sie sich ein Werteobjekt `message_object` vor, dessen Attribute Angaben über Textnachrichten enthalten. Konsumenten arbeiten damit in Form der beiden Interfaces in Listing 3.18.

```
INTERFACE message_iterator
  PUBLIC.

  METHODS:
    has_next
      RETURNING VALUE(result) TYPE abap_bool,
    get_next
      RETURNING VALUE(result) TYPE ref to message_object
      RAISING no_element_exception.

ENDINTERFACE.

INTERFACE message_collection
  PUBLIC.
```

```
  METHODS:
    add
      IMPORTING message TYPE ref to message_object,
    get_iterator
      RETURNING VALUE(result) TYPE REF TO message_iterator.

ENDINTERFACE.
```

Listing 3.18 Eine Nachrichtensammlung mitsamt Iterator

Das Interface `message_collection` verwendet das Interface `message_iterator`, um Konsumenten das Durchgehen der in der Sammlung enthaltenen Nachrichten zu ermöglichen. Klassen, die `message_collection` implementieren, müssen entscheiden, in welcher Form sie die Nachrichten intern ablegen wollen, die ihnen per `add` übergeben werden. Sie müssen auch einen Iterator zurückgeben, der alle Nachrichten auflistet. Die Implementierung eines solchen Iterators hängt mitunter stark von der Form ab, in der die Nachrichten abgelegt sind, und ist deshalb oft hochspezifisch für eine einzige Klasse.

Übrigens: Werden die Nachrichten einfach in eine Tabelle eingefügt, ist der Iterator sicher sehr einfach und könnte allgemeingültig implementiert werden. Aber stellen Sie sich vor, die Nachrichten würden als verkettete Liste oder in einem Binärbaum abgelegt. Der Iterator braucht detailliertes Wissen über diese Datenstruktur, um das jeweils nächste Element bestimmen zu können. Dieses Detailwissen ist mit hoher Wahrscheinlichkeit so speziell, dass es außerhalb der Klasse keinen zweiten Anwendungsfall dafür gibt.

Die globale Klasse `message_list` in Listing 3.19 implementiert das Interface `message_collection`.

```
CLASS message_list DEFINITION
  FINAL
  PUBLIC.

PUBLIC SECTION.

  INTERFACES: message_collection.

PRIVATE SECTION.

  DATA:
    messages TYPE message_object_table.

ENDCLASS.
```

```
CLASS message_list IMPLEMENTATION.

  METHOD message_collection~add.
    APPEND message TO messages.
  ENDMETHOD.

  METHOD message_collection~get_iterator.
    result = NEW message_object_table_iterator( messages ).
  ENDMETHOD.

ENDCLASS.
```

Listing 3.19 Die Klasse message_list implementiert das Interface message_collection mithilfe eines lokalen Typs und einer lokalen Klasse.

Die `PRIVATE SECTION` der Klasse `message_list` benutzt einen lokalen Datentyp, der in der Registerkarte **Class-relevant Local Types** definiert ist:

```
TYPES:
  message_object_table
    TYPE STANDARD TABLE OF REF TO message_object.
```

Hinzu kommt nun noch eine lokale Klasse `message_object_table_iterator`, die das Interface `message_iterator` wie in Listing 3.20 gezeigt implementiert und in der Registerkarte **Local Types** der globalen Klasse untergebracht ist.

```
CLASS message_object_table_iterator DEFINITION
  FINAL.

PUBLIC SECTION.

  INTERFACES: message_iterator.

  METHODS:
    constructor
      IMPORTING messages TYPE message_object_table.

PRIVATE SECTION.

  DATA:
    messages TYPE message_object_table,
    current_index TYPE int4.

ENDCLASS.
```

```
CLASS message_object_table_iterator IMPLEMENTATION.

  METHOD constructor.
    me->messages = messages.
    current_index = 0.
  ENDMETHOD.

  METHOD message_iterator~has_next.
    DATA(next_index) = current_index + 1.
    result = xsdbool( line_exists( messages[ next_index ] ) ).
  ENDMETHOD.

  METHOD message_iterator~get_next.
    TRY.
      DATA(next_index) = current_index + 1.
      result = messages[ next_index ].
      current_index = next_index.
    CATCH cx_sy_itab_line_not_found.
      RAISE EXCEPTION NEW no_element_exception( ).
    ENDTRY.
  ENDMETHOD.

ENDCLASS.
```

Listing 3.20 Die lokale Klasse, die das Interface message_iterator implementiert

Wenn die Methode `get_iterator` der Klasse `message_list` aufgerufen wird, erzeugt sie eine neue Instanz der lokalen Klasse `message_object_table_iterator`. Der Aufrufer interagiert in der Folge also mit einer lokalen Klasse, ist sich dessen aber in keiner Weise bewusst – er hat einfach »irgendein Objekt« bekommen, das das von ihm gewünschte Interface `message_iterator` bedient.

Durch dieses Muster bleiben die Implementierungsdetails der Klasse `message_list` vor der Außenwelt verborgen: Niemand weiß vom Datentyp `message_object_table` oder wie der Iterator `message_object_table_iterator` intern funktioniert. Der große Vorteil davon ist, dass diese Details später problemlos ausgetauscht werden können, falls sie sich als nachteilig herausstellen, z. B., wenn sie bei großen Datenmengen die Performance verschlechtern.

3.2.2 Sichtbarkeit

Sauber entworfene Klassen bieten der Außenwelt eine durchdachte Fassade, die nur diejenigen Elemente zeigt, die für Außenstehende von Interesse sind. Alles andere bleibt im Inneren der Klasse verborgen.

Die Klasse `message_list` in Listing 3.19 implementiert das Interface `message_collection`, welches damit Teil ihrer nach außen sichtbaren Fassade wird. Wie die Methoden dieses Interface intern ausprogrammiert sind, bleibt jedoch verborgen. Die dafür nötigen Details – Datentypen, Attribute, Konstanten usw. – sind in der `PRIVATE SECTION` definiert und damit von außen nicht sichtbar. Auch die lokalen Elemente – lokale Interfaces und lokale Klassen – bleiben verborgen.

Die Klasse `authorizing_processor`, die Sie in Listing 3.7 gesehen haben, ist eine abstrakte Klasse. Sie definiert einige Komponenten in der `PROTECTED SECTION`, damit ihre Unterklassen diese Elemente verwenden oder redefinieren können. Obwohl diese Elemente eine höhere Sichtbarkeit haben, sollen sie trotzdem Teil der internen Implementierungsdetails bleiben und keineswegs Teil der öffentlichen Fassade werden.

Private und lokale Komponenten sind nur für die globale Klasse selbst sichtbar. Geschützte Komponenten sind darüber hinaus auch für Unterklassen sichtbar. Öffentliche Komponenten sind für alle sichtbar, die die Klasse selbst auch sehen können.

[»]

Minimieren Sie die Sichtbarkeit der Komponenten Ihrer Klassen

Reduzieren Sie die Sichtbarkeit der Bestandteile einer Klasse so weit wie möglich. Die öffentliche Fassade sollte möglichst schlank sein und Konsumenten nicht mit nutzlosen Details ablenken. Interne Details, die Sie später gegebenenfalls austauschen wollen, ohne auf übereifrige Konsumenten außerhalb Rücksicht nehmen zu müssen, sollten Sie im privateren Bereichen der Klasse unterbringen.

Betrachten Sie die `PRIVATE SECTION` als die Standardvorgabe für neue Komponenten. Bewegen Sie Komponenten einzeln in die `PROTECTED SECTION`, wenn sie Teil des Vererbungskontrakts mit Unterklassen werden sollen. Bewegen Sie Komponenten nur dann in die `PUBLIC SECTION`, wenn sie Teil der öffentlichen Schnittstelle mit den Konsumenten sein sollen oder ein wesentlicher Bestandteil des Konzepts sind, das die Klasse darstellt.

Die `PUBLIC SECTION` sollte so weit wie irgend möglich aus Interfaces bestehen (siehe Abschnitt 3.1.1, »Interfaces«). Stellen Sie nach eigenem Ermessen `ALIASES` für die Methoden in diesen Interfaces bereit, um die Verwendung zu vereinfachen.

Wird eine Klasse mit dem Schlüsselwort `FRIENDS` als Freund einer anderen Klasse deklariert, erhält sie Zugriff auf deren private und geschützte Komponenten. Im Gegensatz zu zwischenmenschlicher Freundschaft ist Klassenfreundschaft jedoch eher schädlich, da sie die sorgsam und mit gutem Grund entworfene Kapselung durchbricht. Sie sollte daher nur spärlich zum Einsatz kommen. Klassische Anwendungsfälle sind, einer lokalen Testklasse Zugriff auf die sie umgebende globale Klasse zu geben, um Testdaten oder Test-Doubles einzufügen oder den Zustand der Klasse am Ende des Tests zu validieren. Ein solches Beispiel finden Sie in Abschnitt 12.3, »Die getestete Klasse«.

Datenattribute sollten standardmäßig privat sein. Falls Sie von außen oder aus Unterklassen Zugriff auf diese Attribute benötigen, sollten Sie Zugriffsmethoden (sogenannte *Accessors*) für sie bereitstellen. Typischerweise heißen diese Methoden `set_<attribute>` (auch *Setter*) und `get_<attribute>` (auch *Getter*) und treten paarweise auf. Einen Verbund von Attribut und Zugriffsmethoden nennt man auch *Eigenschaft* oder *Property*. Die Zugriffsmethoden als Schnittstelle verhindern, dass das Attribut per einfacher Wertezuweisung von außen geändert werden kann, ohne dass die Klasse etwas davon mitbekommt. Die Klassen `device` und `fan` aus Abschnitt 3.1.2, »Klassen und Objekte«, haben z. B. private Attribute, die über Zugriffsmethoden gelesen und geändert werden können.

Lassen Sie Umsicht walten, wenn Sie Zugriffsmethoden für Referenzvariablen bereitstellen. Übergeben Sie ein Objekt, so mag die Referenz darauf unveränderlich sein, der Inhalt des Objekts ist es jedoch nicht unbedingt. So können beispielsweise dem übergebenen Objekt `list_of_partners` jederzeit außerhalb der Klasse Partner hinzugefügt oder entfernt werden. Nutzen Sie Werteobjekte, um die Unveränderlichkeit von Attributen zu garantieren. Es kann auch sinnvoll sein, Objekte sowohl im Setter als auch im Getter zu klonen, sodass Innen- und Außenwelt mit identischen Kopien des Objekts arbeiten, statt mit exakt derselben Instanz.

Unveränderliche Attribute bekommen ihren Wert, wenn die Klasse instanziiert wird, und ändern sich danach nicht mehr. Besteht eine Klasse ausschließlich aus unveränderlichen Attributen, sprechen wir von einer *unveränderlichen Klasse*. Das Werteobjekt `money_object` in Abschnitt 3.1.2, »Klassen und Objekte«, ist ein Beispiel dafür. Seien Sie auch hier umsichtig, wenn die Attribute Referenzvariablen sind, die auf Objekte zeigen.

Erwägen Sie, unveränderliche Attribute als schreibgeschützt zu deklarieren

Wir empfehlen, unveränderliche Attribute einfach als öffentliche, schreibgeschützte Attribute zu modellieren, wie in der Klasse `money_object` in Listing 3.10 gezeigt. Zugriffsmethoden bieten einige interessante Möglichkeiten, die jedoch nur selten verwendet werden. Für gewöhnlich enthalten sie nichts weiter als triviale Wertezuweisungen und bieten damit keinen echten Mehrwert.

Nutzen Sie Zugriffsmethoden nur dann, wenn sie einen echten Mehrwert bieten, wenn sie also z. B. Validierungen oder Konvertierungen hinzufügen, wenn Sie planen, den Typ des Attributs nachträglich zu ändern, ohne dass Konsumenten außerhalb sich anpassen müssen, oder Sie andere über Änderungen des Attributs informieren wollen, wie beispielsweise im Entwurfsmuster *Beobachter*.

Ein Beispiel zeigt die Klasse money_object in Listing 3.21.

```
PUBLIC SECTION.

  DATA:
    amount TYPE decfloat34 READ-ONLY,
    currency TYPE currency READ-ONLY.
```

Listing 3.21 Öffentliche, schreibgeschützte Attribute

[!]

Nutzen Sie schreibgeschützte Attribute nur in bestimmten Situationen

Attribute können nur dann mit READ-ONLY schreibgeschützt werden, wenn sie in der PUBLIC SECTION einer Klasse untergebracht sind. Selbst dann können sie aber noch vom Code der Klasse selbst sowie allen Freunden und Unterklassen verändert werden.

ABAP verhält sich hier anders als viele andere Programmiersprachen. In Java bedeuten Schlüsselwörter wie final, dass die Variable von absolut keinem Code verändert werden kann. Diese Unterschiede können zu unliebsamen Überraschungen führen, insbesondere wenn die Entwickler und Entwicklerinnen in Ihrem Team zwischen verschiedenen Programmiersprachen wechseln.

Um ein konsistentes Verhalten des Codes zu forcieren, sollten Sie sich daher an die folgenden Regeln halten:

1. Verändern Sie schreibgeschützte Attribute nicht aus der Klasse heraus. Weisen Sie den Attributen direkt bei der Instanziierung der Klasse ihren Wert zu und greifen Sie überall sonst nur lesend darauf zu.
2. Verbieten Sie die Vererbung der Klasse, indem Sie sie als FINAL deklarieren.
3. Machen Sie keine anderen Klassen mit FRIENDS zu Freunden.

Der Konstruktor der Klasse money_object in Listing 3.22 weist die empfangenen Eingangsparameter den öffentlichen, schreibgeschützten Attributen zu. Anschließend werden diese Attribute nicht mehr verändert.

```
METHOD constructor.

  me->amount = amount.
  me->currency = currency.

ENDMETHOD.
```

Listing 3.22 Der Konstruktor der Klasse money_object

Öffentliche, schreibgeschützte Attribute ergeben demzufolge nur als Teil einer Klasse Sinn, nicht jedoch an einem Interface, denn ein Interface kann nicht instanziiert werden und es kann die Unveränderlichkeit auch sonst in keiner Weise garantieren. Nutzen Sie `READ-ONLY` vorrangig in Werteobjekten und in außergewöhnlichen Klassen wie Ausnahmen.

3.3 Konstruktoren

Beim Instanziieren einer Klasse wird deren Konstruktor aufgerufen. In diesem Abschnitt schauen wir uns an, wie Konstruktoren funktionieren, wie Sie sie am besten benutzen und welche Entwurfsmuster es für sie gibt.

3.3.1 Geltungsbereich und Sichtbarkeit

Im Definitionsteil einer Klasse geben Sie die Sichtbarkeit des Konstruktors wie folgt an:

- `CREATE PUBLIC`
  Macht den Konstruktor öffentlich. Als Folge kann jeglicher Code, der die Klasse selbst sehen darf, eine Instanz dieser Klasse erzeugen.
- `CREATE PROTECTED`
  Schützt den Konstruktor, sodass er nur noch für die Klasse selbst sowie ihre Unterklassen und Freunde sichtbar ist.
- `CREATE PRIVATE`
  Der Konstruktor ist privat und kann nur noch von der Klasse selbst und ihren Freunden aufgerufen werden.

Die Standardvorgabe, die insbesondere auch dann gilt, wenn Sie keine Angabe machen, ist `CREATE PUBLIC`.

Wenn Sie in Ihrer Klasse keinen Konstruktor anlegen, wird ABAP einen Standardkonstruktor für sie anlegen, der keine Eingabeparameter hat und der Sichtbarkeit folgt, die Sie angegeben haben. Generell können Sie sich den Konstruktor als leere Methode vorstellen, mit einer kleinen Ausnahme: Ist Ihre Klasse eine Unterklasse, wird dieser Konstruktor den Konstruktor der Oberklasse aufrufen.

Diese Sichtbarkeitsdeklaration gibt an, wie der Konstruktor verwendet werden kann, d. h. wer ihn aufrufen darf. Die Methode `CONSTRUCTOR` selbst kann allerdings auch in einem weniger sichtbaren Teil untergebracht werden. Sie können z. B. die Klasse als `CREATE PROTECTED` erzeugen, die Konstruktormethode aber in der `PUBLIC SECTION` unterbringen und ihr dadurch eine höhere Sichtbarkeit geben.

[+]

Legen Sie Konstruktoren für globale Klassen in der PUBLIC SECTION an

Selbst wenn Ihre Klasse CREATE PROTECTED oder CREATE PRIVATE ist, sollten Sie den Konstruktor in der PUBLIC SECTION angeben.

Diese etwas überraschende Konvention beruht auf einer älteren Eigenart des ABAP Compiler, der die Komponenten globaler Klassen entsprechend ihrer Sichtbarkeit in verschiedenen Bereichen abspeichert. Dies kann in (wenigen, außergewöhnlichen) Fällen dazu führen, dass der Compiler den Konstruktor an der benötigten Stelle nicht sieht und mit einem unerwarteten Syntaxfehler reagiert.

Listing 3.23 zeigt ein Beispiel für eine globale Klasse, deren Konstruktion CREATE PROTECTED ist, aber den Konstruktor dennoch in der PUBLIC SECTION deklariert. Die Klasse chaining_processor implementiert das Interface processor aus Listing 3.3. Die Idee der Klasse ist, mehrere processor Interfaces zu verknüpfen, sodass sie in einer Kette nacheinander laufen. Die Klasse chaining_processor kümmert sich dabei als abstrakte Klasse nur um das Verketten an sich. Die echte Funktionalität wird von den Unterklassen dieser Klasse geliefert. Diese Klassen rufen dann in ihrem eigenen Konstruktor den geschützten Konstruktor von chaining_processor auf, um den nächsten Prozessor in die Kette aufzunehmen.

```
CLASS chaining_processor DEFINITION
  PUBLIC
  ABSTRACT
  CREATE PROTECTED.

PUBLIC SECTION.

  INTERFACES:
    processor ABSTRACT METHODS process.

  METHODS constructor
    IMPORTING next TYPE REF TO processor.

PRIVATE SECTION.

  DATA:
    next TYPE REF TO processor.

ENDCLASS.

CLASS chaining_processor IMPLEMENTATION.
```

```
  METHOD constructor.
    me->next = next.
  ENDMETHOD.

  METHOD processor~post_process.
    IF next IS BOUND.
      context->add_processor( next ).
    ENDIF.
  ENDMETHOD.

ENDCLASS.
```

Listing 3.23 Die Basisklasse chaining_processor

[+]

Legen Sie die Konstruktoren lokaler Klassen in die passende Sektion

Lokale Klassen teilen die Eigenart, dass Konstruktoren immer in der PUBLIC SECTION liegen sollten, nicht. Hier legen wir die Konstruktoren direkt in die passende Sektion:

- CREATE PUBLIC (oder keine Angabe) gehört in PUBLIC SECTION.
- CREATE PROTECTED gehört in PROTECTED SECTION.
- CREATE PRIVATE gehört in PRIVATE SECTION.

3.3.2 Dependency Injection

Die meisten Klassen verwenden andere Klassen, um ihre Aufgaben zu erfüllen. In einer naiven Implementierung erzeugt die Klasse mit dem Schlüsselwort NEW einfach Instanzen der anderen Klassen und ruft sie anschließend auf. Das funktioniert prinzipiell gut, verbindet die Klassen aber sehr eng miteinander. Um eine Klasse auszutauschen, z. B., um eine alternative Implementierung zu verwenden oder ein Test-Double einzuschleusen, muss der fest codierte Klassenname hinter NEW ausgetauscht werden.

Eine *Dependency Injection* (»Abhängigkeitsinjektion«) ermöglicht es, die verwendeten Klassen auszutauschen, ohne den Code zu ändern. Das Ziel dabei ist, die Instanzierung per NEW möglichst komplett aus einer Klasse herauszuhalten.

Eine einfache und vielseitige Art der Dependency Injection ist die *Constructor Injection* (»Injektion in den Konstruktor«). Bei dieser erwartet der Konstruktor alle Objekte, die die Klasse später zum Ausführen ihrer Aufgabe benötigt, und legt sie in Attributen ab. Die Eingabeparameter des Konstruktors sowie die Attribute sind dabei rein über Interfaces typisiert. Die Klasse kann dadurch problemlos mit jeder Art von Objekt zusammenarbeiten, solange es die benötigten Interfaces bedient. Um die beteiligten Klassen auszutauschen, genügt es, beim Instanziieren der Klasse einfach eine andere Implementierung mitzugeben.

Für Konsumenten wird es zunächst unbequemer, da sie erstmal weitere Klassen instanziieren müssen, bevor sie mit diesen dann die eigentlich gewünschte Klasse instanziieren können. Hier wirkt das Entwurfsmuster *Factory* (»Fabrik«) entgegen: Die Methoden einer Factory machen nichts anderes, als Instanzen einer oder mehrerer Klassen zu erzeugen und diese miteinander zu verknüpfen.

[+]

Nutzen Sie Dependency Injection, um Klassen voneinander zu entkoppeln

Bauen Sie Ihre Konstruktoren so, dass sie externe Abhängigkeiten als Eingabeparameter entgegennehmen. Falls es eine offensichtliche Wahl für eine Abhängigkeit gibt, können Sie den Parameter optional gestalten und die Abhängigkeit selbst aufbauen, wenn er nicht übergeben wird. Typisieren Sie die Eingabeparameter trotzdem immer nur mit Interfaces, um die Abhängigkeiten austauschbar zu machen.

Der Konstruktor der Klasse `thermal_switch` aus Listing 3.15 ist ein Beispiel für eine Constructor Injection. Er erhält mit `device` und `thermal_sensor` die benötigten Abhängigkeiten von außen. Da `thermal_sensor` ein Interface ist, hängt die Klasse hier nicht direkt von einer konkreten Implementierung ab und kann mit verschiedenen Implementierungen von `thermal_sensor` zusammenarbeiten. Bei `device` ist die Entkopplung nicht vollständig, da `device` eine Klasse ist und kein Interface. Der `thermal_switch` kann dadurch nur mit Unterklassen von `device` kooperieren, was die Vielseitigkeit deutlich einschränkt. Ein vernünftiger nächster Schritt in diesem Beispiel könnte sein, den Typ `device` an dieser Stelle durch das Interface `switchable` auszutauschen.

3.3.3 Statische Erzeugungsmethoden

Anders als andere objektorientierte Programmiersprachen unterstützt ABAP kein Überladen von Methoden. *Überladen* bedeutet, dass eine Klasse mehrere Methoden mit demselben Namen, aber unterschiedlichen Eingabeparametern anbietet. Das macht sich besonders beim Konstruktor bemerkbar, den es aufgrund seines feststehenden Namens ebenfalls nur einmal geben kann. Mehrere Konstruktorvarianten mit verschiedenen Sets von Eingabeparametern anzulegen, ist also nicht möglich.

Eine Gegenmaßnahme kann sein, dem Konstruktor sehr viele, dafür aber optionale Eingabeparameter mitzugeben. Der verwendende Code kann dann selbst entscheiden, welche er verwenden möchte und welche nicht. Abschnitt 4.2, »Parameter«, wird aber zeigen, dass das für gewöhnlich keine gute Idee ist, da es Konsumenten verunsichert und die Komplexität der Implementierung in die Höhe treibt.

Eine bessere Option ist es, statische Erzeugungsmethoden zu verwenden. Eine solche Methode ist STATIC. Sie kann aufgerufen werden, ohne die Klasse vorher zu instanziieren, und erzeugt einfach eine Instanz der Klasse. Der Vorteil ist, dass Sie mehrere statische Erzeugungsmethoden anlegen können, jede mit einem schlüssigen Set an Eingabeparametern. Die folgenden Abschnitte verdeutlichen dieses Muster.

Statische Erzeugungsmethoden in Klassen

Die Vielseitigkeit von statischen Erzeugungsmethoden lässt sich gut an der Klasse cl_abap_typedescr der *ABAP Runtime Type Services* (RTTS) ablesen. Diese Klasse ist in der Lage, eine Vielzahl verschiedener Unterklassen zu erzeugen, je nach Datentyp, über den man mehr wissen möchte. Wie in Listing 3.24 zu sehen, nutzt die Methode cl_abap_typedescr=>describe_by_data den Eingabeparameter, um die passende Unterklasse zu bestimmen, zu instanziieren und zurückzugeben.

```
DATA(change) = VALUE money( amount = 2 ).
DATA(money_descr) =
  cl_abap_typedescr=>describe_by_data( change ).
" money_descr is an instance of cl_abap_structdescr

...

DATA(wallet) = VALUE money_list( ( change ) ).
DATA(wallet_descr) =
  cl_abap_typedescr=>describe_by_data( wallet ).
" wallet_descr is an instance of cl_abap_tabledescr
```

Listing 3.24 Die statische Erzeugungsmethode describe_by_data der Klasse cl_abap_typedescr

[+]

Erwägen Sie statische Erzeugungsmethoden, statt Konstruktoren zu nutzen

Statische Erzeugungsmethoden haben viele Vorteile gegenüber Konstruktoren:

- Wenn es mehrere Möglichkeiten gibt, eine Klasse zu instanziieren, erlauben Ihnen statische Erzeugungsmethoden, über den Namen der Methode klar zu vermitteln, worum es in dieser Variante geht.
- Die Kombination der Eingabeparameter lässt beim Konsumenten keinen Zweifel zu, welche Parameter er bei welcher Variante zur Verfügung stellen muss – anders als bei einem Konstruktor mit vielen optionalen Parametern, bei denen unklar bleibt, welche Kombinationen sinnvoll sind und welche nicht.
- Statische Erzeugungsmethoden erlauben Ihnen auch, bei Bedarf nicht die Klasse selbst, sondern eine passende Unterklasse oder alternative Implementierung des Interface zurückzugeben.

- Während Konstruktoren immer neue Instanzen zu erzeugen, können statische Erzeugungsmethoden mehrfach dieselbe Instanz wiederverwenden und dadurch Antwortzeit und Speicherverbrauch optimieren. Sie finden dieses Muster hauptsächlich bei Singletons, es kann aber auch bei anderen Designs nützlich sein, z. B. bei unveränderlichen Werteobjekten.

Statische Erzeugungsmethoden in Interfaces

Ein Konstruktor ist eine spezielle Art von Methode und kann nicht in Interfaces deklariert werden. In einigen Fällen ist es jedoch sinnvoll, bereits im Interface einen allgemeinen Weg anzugeben, wie man an Instanzen einer implementierenden Klasse kommen kann. In diesen Fällen können statische Erzeugungsmethoden im Interface selbst eine Option sein.

Nehmen wir an, wir wollten Klassen, die das Interface `processor` aus Listing 3.3 implementieren, dynamisch registrieren und instanziieren. Das könnten wir über ein Interface mit statischer Erzeugungsmethode erreichen, wie in Listing 3.25 zu sehen.

```
INTERFACE processor
  PUBLIC.

  CLASS-METHODS create
    DEFAULT FAIL
    IMPORTING config TYPE REF TO config
    RETURNING VALUE(result) type ref to processor.

  METHODS pre_process
    DEFAULT IGNORE
    IMPORTING context TYPE REF TO context.

  METHODS process
    IMPORTING context TYPE REF TO context.

  METHODS post_process
    DEFAULT IGNORE
    IMPORTING context TYPE REF TO context.

ENDINTERFACE.
```

Listing 3.25 Verändertes Interface processor mit einer statischen Erzeugungsmethode

Klassen, die dieses veränderte Interface `processor` implementieren, müssen nun neben den bereits früher enthaltenen Methoden `pre_process`, `process` und `post_process` auch die neue statische Erzeugungsmethode create implementieren. Diese bekommt ein Objekt des Typs config – sie ist nicht näher von Interesse und daher hier nicht gezeigt – und liefert eine Instanz vom Typ processor.

Die Methode ist mit DEFAULT FAIL annotiert, um folgendes Verhalten zu erreichen: Klassen müssen die Methode create nicht zwingend implementieren. Falls Klassen nicht an der dynamischen Registrierung teilnehmen möchten, können sie die Methode auch weglassen. In diesem Fall können die Klassen dann aber auch tatsächlich nicht Teil des Entwurfsmusters werden, denn der Versuch, diese nicht implementierte Methode aufzurufen, führt zu einem Laufzeitfehler.

Unsere Infrastruktur für die dynamische Erzeugung benötigt konkrete Klassennamen, an denen sie die Methode create aufrufen kann. In diesem Beispiel gehen wir davon aus, dass die Klassen registriert werden, indem sie in eine Datenbanktabelle oder ähnliche Quelle eingetragen werden. Der Code kann dann über die Liste der Klassennamen iterieren und für jeden Eintrag die Methode create wie in Listing 3.26 gezeigt aufrufen, um eine einsatzbereite Instanz des jeweiligen processor zu erhalten.

```
" class_name comes from a database table
DATA class_name TYPE seoclsname.

...

DATA my_processor TYPE REF TO processor.
" create the processor
CALL METHOD (class_name)=>processor~create
  EXPORTING config = my_config
  RECEIVING result = my_processor.
" use the newly created processor...
```

Listing 3.26 Aufruf der Methode processor~create

Diese spezielle Art, mit statischen Methoden umzugehen, benötigt dynamische Programmierung in Form der Anweisung CALL METHOD (class_name)=>.... Dynamische Programmierung macht Code für gewöhnlich schwieriger zu verstehen und ist auch fehleranfälliger, da die Korrektheit während des Kompilierens nicht mehr garantiert werden kann. Sie sollten diese Vorgehensweise deshalb nur dann benutzen, wenn sie einen wertvollen Beitrag leistet. In unserem Beispiel besteht dieser Mehrwert darin, dass Prozessoren mit wenigen Handgriffen hinzugefügt werden können.

3.3.4 Erzeugungsmuster

Statische Erzeugungsmethoden sind eine Art Fabrikmethode, ohne exakt dem gleichnamigen Entwurfsmuster zu folgen, wie es aus Literatur wie *Design Patterns: Entwurfs-*

muster als Elemente wiederverwendbarer objektorientierter Software bekannt ist. Im dort beschriebenen Entwurfsmuster *Factory Method* legt eine Oberklasse eine Fabrikmethode fest, die von Unterklassen redefiniert wird. Bei statischen Erzeugungsmethoden interessiert uns die Objekthierarchie für gewöhnlich jedoch nicht.

Im Folgenden schauen wir uns einige andere Erzeugungsmuster an, die die Objekterzeugung wegabstrahieren, und geben Ihnen Ratschläge, wie und wann Sie sie sinnvoll anwenden können.

Das Entwurfsmuster »Builder«

Schauen wir uns zunächst das Entwurfsmuster *Builder* (»Erbauer«) an. Benötigen Sie zum Erzeugen eines Objekts sehr viele Parameter, kann es sinnvoll sein, die Erzeugung in eine eigene Klasse auszulagern. Diese Klasse nennen wir »ExcepBuilder«, und ihr einziger Daseinszweck ist es, die benötigten Parameter zusammenzutragen und am Ende daraus das Zielobjekt aufzubauen. Der Builder zerlegt das Sammeln der Parameter in kleine Methoden, die bequem nacheinander aufgerufen werden können. Konsumenten instanziieren zunächst den Builder und rufen dessen Methoden zum Parametersammeln auf, bevor sie sich mit dem Aufruf einer Methode build das eigentliche Zielobjekt erzeugen lassen. Der Builder kann in den Zwischenschritten oder am Ende validieren, dass sich die zusammengetragenen Parameter auch wirklich zu einem konsistenten Objekt zusammensetzen lassen.

Listing 3.27 zeigt ein Beispiel, in dem ein savings_account (Sparkonto) per Builder zusammengesetzt wird.

```
DATA(my_builder) = account_builder=>create_savings_account(
  currency = 'EUR' ).
my_builder->for_customer( my_customer ).
my_builder->with_address( my_customer_main_address ).
my_builder->with_initial_balance(
  amount = 1000
  from_account = my_customer_checking_account ).
DATA(my_customer_savings_account) = my_builder->build( ).
```

Listing 3.27 Ein Konto-Builder

Dieser Builder hat mehrere statische Erzeugungsmethoden, die festlegen, welche Art von Konto gebaut werden soll. Hier rufen wir die Methode create_savings_account für Sparkonten auf. Der Eingabeparameter legt die Währung des Kontos fest, in diesem Beispiel Euro. Anschließend rufen wir die Methoden der erhaltenen Builder-Instanz auf, um weitere Details des Kontos festzulegen: die Kundennummer my_customer, die Adresse des Kontoinhabers und der Anfangssaldo. Wenn wir alle Parameter übergeben haben, rufen wir die Methode build auf, die aus diesen dann das eigentliche Kontoobjekt aufbaut.

Das Entwurfsmuster Singleton

Das Entwurfsmuster *Singleton* (»Einzelstück«) haben wir in Abschnitt 2.6.1, »Zu viele Singletons«, bereits angesprochen. Dieses Muster passt dann, wenn es inhaltlich keinen Sinn ergibt, mehrere Instanzen eines Objekts zu haben, oder dies sogar schädlich wäre. Das Entwurfsmuster stellt sicher, dass es von einer bestimmten Klasse immer maximal eine Instanz gibt, und dass jeder Konsument mit dieser einen Instanz arbeitet.

[!]

Nutzen Sie Singletons nur, wenn mehrere Instanzen inhaltlich nicht sinnvoll sind

Oder anders: Nutzen Sie Singletons nicht einfach aus Gewohnheit oder aufgrund abstrakter Performancebedenken. Singleton ist eines der am häufigsten sinnlos eingesetzten Entwurfsmuster. In solchen Fällen tragen Sie die Mehrkosten des Musters in Form zusätzlicher Methoden und einem komplizierteren Testaufbau, ohne davon zu profitieren. Wenn es keine guten inhaltlichen Gründe gibt, das Entwurfsmuster Singleton zu verwenden, sollten Sie es deshalb auch nicht tun.

Falls das Muster passt, versehen Sie die Klasse mit einem Interface und einer statischen Erzeugungsmethode. Konsumenten sollten sich keine Gedanken über die Verwaltung des Singletons machen müssen. Genau genommen sollten sie am besten noch nicht einmal wissen, dass das Objekt überhaupt ein Singleton ist.

Ein Singleton sollte `CREATE PRIVATE` sein. Wenn ein Konstruktor benötigt wird, sollte dieser ausschließlich von der statischen Erzeugungsmethode aufgerufen werden. Diese Methode stellt zunächst sicher, dass seine Instanz existiert, und liefert diese dann zurück. Das Anlegen der Instanz kann oftmals elegant in einem statischen Konstruktor wie `class_constructor` untergebracht werden. Dieser spezielle Konstruktor wird exakt einmal ausgeführt, bevor irgendein Programm zum ersten Mal überhaupt auf ein Element der Klasse zugreift. Die Instanz selbst kann bequem in einem statischen Attribut der Klasse abgelegt werden. Eine typische Implementierung ist in Listing 3.28 zu sehen.

```
CLASS singleton DEFINITION
  PUBLIC
  FINAL
  CREATE PRIVATE.

PUBLIC SECTION.

  CLASS-METHODS:
    class_constructor,
    get_instance RETURNING VALUE(result) TYPE REF TO singleton.
```

```
PRIVATE SECTION.

  CLASS-DATA:
    single_instance TYPE REF TO singleton.

ENDCLASS.

CLASS singleton IMPLEMENTATION.

  METHOD class_constructor.
    single_instance = NEW #( ).
  ENDMETHOD.

  METHOD get_instance.
    result = single_instance.
  ENDMETHOD.

ENDCLASS.
```

Listing 3.28 Beispiel für ein Singleton mit statischem Konstruktor

Factory

Factories (»Fabriken«) sind eine weitere elegante Methode, um das Erzeugen von Objekten von ihrer Verwendung zu trennen. In diesem Entwurfsmuster legen wir eine Klasse *Factory* an, deren einziger Daseinszweck das Instanziieren einer oder mehrerer anderer Klassen ist. Das Design um `processor` aus Listing 3.25 könnten Sie z. B. wie in Listing 3.29 mit einer Factory abbilden.

```
INTERFACE processor_factory
  PUBLIC.

  METHODS:
    create
      IMPORTING config TYPE REF TO config
      RETURNING VALUE(result) TYPE REF TO processor.

ENDINTERFACE.
```

Listing 3.29 Das Interface processor_factory

Für Konsumenten außerhalb des eigenen Pakets sollten in diesem Beispiel sowohl das Interface `processor_factory` der Factory selbst als auch das Interface `processor` der von ihr erzeugten Objekte über Paketschnittstellen freigegeben werden. Das

Interface ermöglicht es Konsumenten, die Factory durch eine alternative Implementierung oder ein Test-Double zu ersetzen und dadurch die Kontrolle über die Objekterzeugung zu übernehmen. Lässt sich der Konsument die Factory per Dependency Inversion übergeben, statt sie selbst zu instanziieren, ist er komplett von der Objekterzeugung entkoppelt.

Das Entwurfsmuster *Abstract Factory* (»abstrakte Fabrik«) variiert dieses Entwurfsmuster mit dem Ziel, das Erstellen ähnlicher Objekte derselben »Familie« eleganter zu gestalten.

3.3.5 Instanziierung

Eine Klasse instanziieren Sie, indem Sie ihren Konstruktor mit den Anweisungen `NEW` oder `CREATE OBJECT` aufrufen und das Ergebnis einer Referenzvariable zuweisen. Die Referenzvariable muss dabei entweder genau den Typ der erzeugten Klasse haben oder den einer ihrer Oberklassen oder den eines Interface, das die Klasse implementiert.

Listing 3.5 hat bereits ein Beispiel für die Anweisung `NEW` gezeigt. Dort haben wir eine Instanz der Klasse `piggy_bank` erzeugt und per `DATA(...)` einer Variable mit diesem exakten Typ zugewiesen:

```
DATA(my_piggy_bank) = NEW piggy_bank( ).
```

Wenn die exakte Klasse der Referenzvariable bereits vorher feststeht, können Sie bei `NEW` den Klassennamen weglassen und durch # ersetzen, wie in Listing 3.30 gezeigt. Das ist besonders nützlich bei Methoden, die eine bestimmte Klasseninstanz erzeugen sollen, deren Typ beim `RETURNING`- oder `EXPORTING`-Parameter bereits definiert ist.

```
DATA my_piggy_bank TYPE REF TO piggy_bank.
...
my_piggy_bank = NEW #( ).
```

Listing 3.30 Typenableitung per #

Für gewöhnlich bevorzugen wir jedoch Referenzvariablen, die per Interface definiert sind. In diesem Fall kann ABAP nicht erraten, welche der möglicherweise vielen Implementierungen wir wollen, und wir müssen den Klassennamen angeben, wie in Listing 3.31 gezeigt.

```
DATA target TYPE REF TO money_target.
...
target = NEW piggy_bank( ).
```

Listing 3.31 Instanziierung mit Klassenname

Wollen wir Variablendefinition und -zuweisung in einer Zeile behalten und trotzdem den Typ der Variable ändern, bietet sich die Anweisung CAST an:

```
DATA(target) = CAST money_target( NEW piggy_bank( ) ).
```

Die Anweisung CREATE OBJECT unterstützt diese Inline-Deklaration von Variablen nicht. Hier muss die Referenzvariable immer vorab definiert werden, wie in Listing 3.32 zu sehen.

```
DATA my_piggy_bank TYPE REF TO piggy_bank.
...
CREATE OBJECT my_piggy_bank.
```

Listing 3.32 Die Anweisung CREATE OBJECT

Ist der Typ der Referenzvariable unspezifisch, müssen wir zudem den Namen der gewünschten Klasse angeben, wie in Listing 3.33 zu sehen.

```
DATA target TYPE REF TO money_target.
...
CREATE OBJECT target TYPE piggy_bank.
```

Listing 3.33 Die Anweisung CREATE OBJECT mit Angabe der Klasse

[+]

Nutzen Sie NEW statt CREATE OBJECT

NEW ist kürzer, einfacher lesbarer und erlaubt es, die Referenzvariable im Vorbeigehen gleich mit zu definieren. CREATE OBJECT ist länger und umständlicher, ohne einen Mehrwert zu bieten. Parameter für den Konstruktor müssen für gewöhnlich mehrzeilig mit dem zusätzlichen Schlüsselwort EXPORTING angeführt werden.

CREATE OBJECT sollten Sie sich für die Fälle aufsparen, in denen Sie dynamische Programmierung benötigen, denn nur diese Anweisung erlaubt es, den Klassennamen in einer Variable zu übergeben, wie in Listing 3.34 zu sehen.

```
" target_class_name comes from some configuration table
DATA target_class_name TYPE seoclsname.
...
DATA target TYPE money_target.
CREATE OBJECT target TYPE (target_class_name).
```

Listing 3.34 CREATE OBJECT mit dynamischem Klassennamen

3.4 Zusammenfassung

Wenn Daten das Herz von ABAP sind, dann ist das Verhalten der Verstand. In diesem Kapitel haben wir untersucht, wie man die »großen« Komponenten von ABAP Objects einsetzt: Klassen, Interfaces und die direkt damit verbundenen Bestandteile. Insbesondere haben wir festgestellt:

- Interfaces legen auf abstrakte Art und Weise fest, wie sich andere Elemente verhalten sollen.
- In Interfaces gehören nur Datentypen und Methoden.
- Klassen stellen Blaupausen dar, um Objekte zu erzeugen.
- Interfaces sind vielseitiger als abstrakte Klassen.
- Utility-Klassen passen gut für grundlegende Funktionen.
- Vererbung passt dann, und nur dann, wenn Sie *Ist-ein*-Beziehungen modellieren wollen.
- Tiefe Vererbungshierarchien sind keine gute Idee.
- Planen Sie Vererbung von Anfang an ein oder verhindern Sie sie.
- Komposition ist vielseitiger als Vererbung.
- Mischen Sie nicht zustandsbehafteten und zustandslosen Code in derselben Klasse.
- Bevorzugen Sie globale Klassen gegenüber lokalen.
- Machen Sie Bestandteile von Klassen nur so weit sichtbar wie nötig.
- Unveränderliche Attribute profitieren vom Zusatz `READ-ONLY`.
- `READ-ONLY` passt nicht immer.
- Konstruktoren globaler Klassen gehören in die `PUBLIC SECTION`.
- Konstruktoren lokaler Klassen gehören in die passende Sektion.
- Dependency Injection entkoppelt das Verhalten von verwendeten Ressourcen.
- Statische Erzeugungsmethoden sind die besseren Konstruktoren.
- Nutzen Sie Singletons nur dann, wenn Ihnen dadurch Vorteile entstehen.
- `NEW` ist eleganter als `CREATE OBJECT`.

Im folgenden Kapitel widmen wir uns dem nächsten Bauteil sauberer Klassen: den Methoden.

Kapitel 4
Methoden

Dieses Kapitel behandelt Methoden. Wir schauen uns das Design, den Inhalt und den Kontrollfluss von Methoden an, und untersuchen, wie Sie Methoden am besten aufrufen können.

Methoden sind die wichtigsten Container für ausführbaren Code in ABAP. ABAP kennt zwar noch mehr Container für ausführbaren Code, wie z. B. Funktionsbausteine, Programme und Formroutinen, wir haben jedoch bereits in Abschnitt 2.3, »Objektorientierte vs. prozedurale Programmierung«, erläutert, warum Methoden die bessere Wahl sind.

Viele der folgenden Kapitel geben Ihnen detaillierte Empfehlungen für Best Practices innerhalb von Methoden. In diesem Kapitel widmen wir uns zunächst den Methoden als Ganzes, also dem Design, der Definition, der Verwendung, dem Kontrollfluss und dem Aufruf von Methoden.

Wir beginnen in Abschnitt 4.1, »Objektorientierte Programmierung«, mit einer detaillierteren Untersuchung von Methoden in der objektorientierten Programmierung an sich. Abschnitt 4.2, »Parameter«, widmet sich den Parametern von Methoden. In Abschnitt 4.3, »Methodeninhalt«, untersuchen wir, wie Sie den Inhalt von Methoden sauber gestalten können. Abschnitt 4.4, »Methoden aufrufen«, schließt das Kapitel ab, in dem wir Ihnen zeigen, wie Sie Methoden am besten aufrufen können.

4.1 Objektorientierte Programmierung

In diesem Abschnitt ordnen wir Methoden in das objektorientierte Design ein und schließen damit an die Beschreibung von Klassen und Interfaces in Abschnitt 3.1, »Objektorientierung«, an.

4.1.1 Statische Methoden und Instanzmethoden

Statische Methoden werden mit dem Schlüsselwort `CLASS-METHODS` definiert und hängen an der Klasse selbst. Um eine statische Methode aufzurufen, benötigen Sie nur den Namen der Klasse, ohne dass Sie die Klasse vorher instanziieren müssen. Statische Methoden sind also nicht wirklich objektorientiert – es sind ja gar keine Objekte, also Klasseninstanzen, im Spiel. Sie sind auch kein richtiger Teil der Klassenhierarchie und stehen dadurch abseits von Aspekten wie Vererbung, Redefinition und dynamischer Bindung (siehe Abschnitt 3.2, »Geltungsbereich und Sichtbarkeit«). Listing 4.1 zeigt, wie eine statische Methode angelegt wird.

```
CLASS blog_post DEFINITION
  PUBLIC.

PUBLIC SECTION.

  CLASS-METHODS:
    publish.

ENDCLASS.
```

Listing 4.1 Definition einer statischen Methode

Diese Methode können Sie aufrufen, indem Sie den Namen der Klasse nennen, gefolgt von einem Pfeil mit Doppelstrich (=>):

```
blog_post=>publish( ).
```

Durch ihre Position abseits der Objektorientierung sind statische Methoden ziemlich unflexibel. Eine Instanzmethode hingegen hängt direkt an einer Instanz einer Klasse. Sie werden mit dem Schlüsselwort `METHODS` definiert, wie in Listing 4.2 gezeigt.

```
CLASS blog_post DEFINITION
  PUBLIC.

PUBLIC SECTION.

  METHODS:
    publish.

ENDCLASS.
```

Listing 4.2 Definition einer Instanzmethode

Um eine Instanzmethode aufrufen zu können, benötigen Sie zunächst eine Instanz der Klasse. Der Aufruf erfolgt dann über die Referenzvariable, die auf diese Instanz zeigt, gefolgt von einem Pfeil mit einfachem Strich (->):

```
DATA my_blog_post TYPE REF TO blog_post.
...
my_blog_post->publish( ).
```

[«]

Benutzen Sie vorrangig Instanzmethoden

Dadurch, dass Instanzmethoden an Instanzen hängen, statt an den Klassen selbst, sind sie um ein Vielfaches flexibler als statische Methoden. Eine Referenzvariable kann zur Laufzeit nicht nur auf die Klasse deuten, mit der sie typisiert ist, sondern auch auf jede ihrer Unterklassen. Der Aufruf einer Methode über eine Referenzvariable wird dadurch *dynamisch* oder auch *virtuell*.

Instanzmethoden können dadurch redefiniert und in Unit Tests durch Test-Doubles ersetzt werden. Ihr Gültigkeitsbereich ist die Instanz, sodass Sie die Ressourcen, mit denen die Methode arbeitet, in jeder Instanz anders ausgestalten können. Aus diesen Gründen empfehlen wir grundsätzlich, eher Instanzmethoden als statische Methoden zu verwenden. Weitere Details finden Sie im Kapitel über Klassen in Abschnitt 3.1.2, »Klassen und Objekte«.

Zwei Arten von Methoden sollten hingegen eher statisch sein: statische Erzeugungsmethoden und Utility-Methoden.

Statische Erzeugungsmethoden dienen als Alternativen für Konstruktoren. Sie haben sie in Abschnitt 3.3.3, »Statische Erzeugungsmethoden«, bereits genauer kennengelernt. Diese Methoden liefern eine Instanz ihrer Klasse oder einer ihrer Unterklassen, wie z. B. in Listing 4.3 zu sehen, wo die Methode `create_as_copy` eine Instanz erzeugt, indem sie eine andere, bereits existierende Instanz, die ihr im Eingabeparameter `source_blog_post` übergeben wird, inhaltlich dupliziert. Methoden sollten in zwei Fällen statisch sein: wenn sie statische Erzeugungsmethoden sind und wenn sie Utility-Methoden sind.

```
CLASS blog_post DEFINITION
  PUBLIC.

PUBLIC SECTION.

  CLASS-METHODS:
    create_as_copy
      IMPORTING
        source_blog_post TYPE REF TO blog_post
      RETURNING
        VALUE(result) TYPE REF TO blog_post.

  ...

ENDCLASS.
```

Listing 4.3 Beispiel für eine statische Erzeugungsmethode

Utility-Methoden sind Methoden, die nicht von anderen Ressourcen abhängen. Sie führen die immer gleiche statische Operation aus. Diese Operation wird ausschließlich durch die Eingabeparameter der Methode definiert und wird von keinen anderen Parametern beeinflusst. Diese Methoden finden Sie typischerweise in Utility-Klassen, wie wir sie in Abschnitt 3.1.2, »Klassen und Objekte« beschreiben. Ein einfaches Beispiel stellt die Methode `fahrenheit_to_celsius` in Listing 4.4 dar, die eine Temperaturangabe in eine andere Maßeinheit umrechnet.

```
CLASS temperature_conversion DEFINITION
  PUBLIC
  ABSTRACT
  FINAL.

PUBLIC SECTION.

  CLASS-METHODS fahrenheit_to_celsius
    IMPORTING
      temperature_in_fahrenheit TYPE temperature
    RETURNING
      VALUE(result) TYPE temperature.

  ...

ENDCLASS.
```

Listing 4.4 Beispiel für eine Utility-Methode

Statische Methoden und Instanzmethoden werden gleich implementiert. Die Schlüsselwörter `METHOD` und `ENDMETHOD` stehen dabei im `DEFINITION`-Bereich der Klasse und umschließen den Inhalt der Methode. Listing 4.5 zeigt die Implementierung der statischen Utility-Methode `fahrenheit_to_celsius` in der Klasse `temperature_conversion`.

```
CLASS temperature_conversion IMPLEMENTATION.

  METHOD fahrenheit_to_celsius.
     result = ( temperature_in_fahrenheit - 32 ) * 5 / 9.
  ENDMETHOD.

ENDCLASS.
```

Listing 4.5 Implementierung einer Methode

[!]

Rufen Sie statische Methoden nicht durch Referenzvariablen auf

Statische Methoden rufen Sie für gewöhnlich auf, indem Sie den Klassennamen nennen, gefolgt von einem Pfeil mit Doppelstrich, und dem Methodennamen, also z. B. `temperature_conversion=>fahrenheit_to_celsius`.

Sie können sie auch wie Instanzmethoden aufrufen, indem Sie eine Referenzvariable nennen, gefolgt von einem Pfeil mit Einfachstrich, und dem Methodennamen, also z. B. `my_converter->fahrenheit_to_celsius`.

Wir raten von letzterer Variante ab. Die statische Methode hängt an der Klasse selbst, nicht an der Instanz. Sie über die Instanz aufzurufen, wirkt auf die Leserinnen und Leser Ihres Codes verwirrend. Machen Sie den statischen Aufruf deutlich, indem Sie die erstere Variante benutzen.

4.1.2 Öffentliche Instanzmethoden

Öffentliche Instanzmethoden definieren die Schnittstelle einer Klasse, die von außenstehenden Konsumenten benutzt werden kann. Jedes Stück Code, das die Klasse selbst sehen kann, kann diese Methoden aufrufen.

Abhängigkeiten lassen sich besser verwalten und Komponenten besser voneinander isolieren, wenn Sie sich von konkreten Klassen loslösen und sich stattdessen auf die Abstraktion konzentrieren, die die Klasse repräsentiert. Auf diese Weise lassen sich Implementierungsdetails leichter durch alternative Implementierungen, wie etwa Test-Doubles, ersetzen.

[!]

Öffentliche Instanzmethoden sollten Teil eines Interface sein

Damit sich eine Klasse sauber ins größere Ganze einfügt, sollte sie Interfaces implementieren. Genauer gesagt sollten die meisten – wenn nicht sogar alle – ihrer öffentlichen Instanzmethoden Bestandteil eines Interface sein.

Die Klasse wird so von »der einen« Implementierung eines Konzepts zu »einer möglichen« Implementierung des Konzepts heruntergestuft. Konsumenten hängen nur noch vom Konzept – dem Interface – selbst ab, jedoch überhaupt nicht mehr von der Klasse selbst. Dieser wichtige Schritt ermöglicht das Dependency-Inversion-Prinzip, das »D« im Merkwort SOLID.

Nicht alle Klassen müssen Interfaces implementieren. Ausnahmen, Werteobjekte (siehe Abschnitt 3.1.2, »Klassen und Objekte«) und Enumerations (siehe Abschnitt 6.2.2, »Aufzählungsklassen«) sind beispielsweise oft alternativlose, einzig gültige Implementierungen. Sie müssen daher keine abstrakte Repräsentierung ihrer Operationen in Form von Interfaces anbieten. Typischerweise implementieren Klassen, die ausschließlich Daten enthalten, jedoch keine Services dazu anbieten, keine Interfaces. Mehr über Interfaces und ihre Vorteile erfahren Sie in Abschnitt 3.1.1, »Interfaces«.

Schauen wir uns noch einmal das Design der Klasse `thermal_switch` aus Abschnitt 3.1.2, »Klassen und Objekte«, an, wie in Listing 3.15 gezeigt. Der Hauptzweck dieser Klasse ist es, das von ihr verschaltete Gerät `device` vor Überhitzung zu schützen. Ihre Methoden sind `trip`, die bei Überhitzung aufgerufen wird und das `device` abschaltet, und `reset`, die den Schalter in seinen neutralen Normalzustand zurücksetzt. Diese Methoden waren als öffentliche Instanzmethoden direkt in der Klasse selbst implementiert.

Das hier beschriebene Konzept können Sie als Abstraktion bereitstellen, indem Sie ein Interface `thermal_protector` extrahieren, wie in Listing 4.6 gezeigt.

```
INTERFACE thermal_protector
  PUBLIC.

  METHODS:
    trip
      FOR EVENT critical_temperature_reached OF thermal_sensor,
    reset.

ENDINTERFACE.
```

Listing 4.6 Das Interface thermal_protector

Die Klasse `thermal_switch` implementiert dann dieses Interface `thermal_protector`. Alle ihre öffentlichen Instanzmethoden sind dadurch Bestandteil eines Interface, wie in Listing 4.7 zu sehen.

```
CLASS thermal_switch DEFINITION
  FINAL
  PUBLIC.

PUBLIC SECTION.

  INTERFACES:
    switchable,
    thermal_protector.

  ALIASES:
    trip FOR thermal_protector~trip,
    reset FOR thermal_protector~reset.
```

```
METHODS:
  constructor
    IMPORTING
      managed_device TYPE REF TO switchable
      sensor TYPE REF TO thermal_sensor.
...
```

Listing 4.7 Die PUBLIC SECTION der überarbeiteten Klasse thermal_switch

Abbildung 4.1 stellt das resultierende Design in UML dar. Sie sehen, dass ein `thermal_switch` sowohl ein `thermal_protector` als auch ein `switchable` ist.

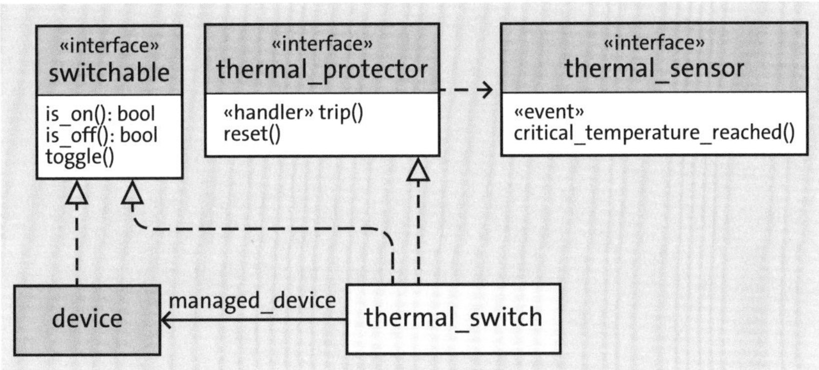

Abbildung 4.1 Die Klasse thermal_switch und das Interface thermal_protector

4.1.3 Redefinition einer Methode

Unterklassen können Instanzmethoden, die sie von ihrer Oberklasse geerbt haben, überschreiben. Voraussetzung dafür ist, dass die Methode nicht `FINAL` ist. Sie können dadurch speziellere Implementierungen anbieten, die anstelle der Methoden der Oberklasse aufgerufen werden.

Schauen Sie sich dazu noch einmal die Klasse `fan` aus Kapitel 3, »Klassen und Interfaces«, an. Angenommen, wir hätten die neue Anforderung, eine spezielle Variante eines `fan` anzubieten, der die Intensität gleich mehrere Stufen auf einmal verändert, wenn die Intensität hoch oder herunter geregelt wird. Eine Möglichkeit, dies umzusetzen, ist, eine Unterklasse `step_fan` anzulegen, die die entsprechenden Methoden redefiniert, wie in Listing 4.8 zu sehen.

```
CLASS step_fan DEFINITION
  PUBLIC
  FINAL
  INHERITING FROM fan.
```

```
PUBLIC SECTION.

  METHODS:
    constructor
      IMPORTING step TYPE int4,
    increase_intensity REDEFINITION,
    decrease_intensity REDEFINITION.

PRIVATE SECTION.

  DATA:
    step TYPE int4.

ENDCLASS.

CLASS step_fan IMPLEMENTATION.

  METHOD constructor.
    super->constructor( ).
    me->step = step.
  ENDMETHOD.

  METHOD increase_intensity.
    DO step TIMES.
      super->increase_intensity( ).
    ENDDO.
  ENDMETHOD.

  METHOD decrease_intensity.
    DO step TIMES.
      super->decrease_intensity( ).
    ENDDO.
  ENDMETHOD.

ENDCLASS.
```

Listing 4.8 Die Unterklasse step_fan

Die Klasse step_fan erbt von der Klasse fan und redefiniert die Methoden increase_intensity und decrease_intensity so, dass sie die Intensität in mehreren Schritten auf einmal verändern. Beachten Sie, wie die Methoden einfach nochmal mit dem ergänzenden Schlüsselwort REDEFINITION aufgeführt werden. Redefinierte Methoden können die ursprünglich geerbten Methoden sehen und aufrufen, indem sie die

Oberklasse mit der Syntax `super->` direkt ansprechen. Beachten Sie auch, dass der Konstruktor der Unterklasse als allerersten Schritt den Konstruktor der Oberklasse aufrufen muss.

[!] 4

Vorsicht beim Redefinieren von Methoden

Wie bereits in Abschnitt 3.1.2, »Klassen und Objekte«, erläutert, ist Vererbung ein mächtiges Werkzeug, das jedoch schwer unter Kontrolle zu halten ist.

Wenn Sie Methoden redefinieren, passen Sie das Verhalten der Oberklasse an neue Anforderungen an. Wenn ihre Veränderungen im Widerspruch zu dem stehen, was Konsumenten von der Oberklasse erwarten, verletzen Sie das Liskovsche Substitutionsprinzip, das »L« in SOLID (siehe Abschnitt 3.1.1, »Interfaces«).

Gehen Sie daher sparsam mit Redefinitionen um. Versuchen Sie, sich darauf zu beschränken, nur solche Methoden zu redefinieren, die in der Oberklasse `ABSTRACT` sind, also dort mit Absicht gar nicht implementiert. Auf diese Weise behalten Sie leichter den Überblick über das Design, denn jede Klasse hat nur eine einzige Version jeder Methode. Dieses Muster wird im Buch *Effektives Arbeiten mit Legacy Code* (mitp, 2010) auch *normalisierte Hierarchie* genannt.

4.2 Parameter

Methodenparameter lassen sich grob in drei Arten einteilen: *Eingabeparameter*, *Ausgabeparameter* und *Ein-/Ausgabeparameter*. Eingabeparameter werden mit dem Schlüsselwort `IMPORTING` deklariert, Ausgabeparameter mit `EXPORTING` oder – wenn es nur genau einen gibt – mit `RETURNING`. Ein-/Ausgabeparameter werden mit `CHANGING` deklariert.

Eine klassische Quelle der Verwirrung für ABAP-Neulinge ist, dass sich alle Schlüsselworte außer `CHANGING` beim Aufruf der Methode umkehren, wie in Tabelle 4.1 zu sehen.

Deklaration	Aufruf
IMPORTING	EXPORTING
EXPORTING	IMPORTING
RETURNING	RECEIVING
CHANGING	CHANGING

Tabelle 4.1 Schlüsselworte für Parameter bei der Deklaration und beim Aufruf

Beim Aufruf einer Methode müssen manche Schlüsselwörter explizit genannt werden, während andere weggelassen werden können. In diesem Abschnitt schauen wir uns an, wie Sie Methoden am besten deklarieren können. In Abschnitt 4.4 schauen wir uns dann an, wie Sie die Methoden am besten aufrufen können.

4.2.1 Wie viele Parameter sind zu viele?

Schauen Sie sich die Eingabeparameter der Methode in Listing 4.9 an.

```
METHODS add_item
  IMPORTING
    product_id    TYPE product_id
    product_group TYPE product_group
    amount        TYPE int4
    unit          TYPE unit_of_measure.
```

Listing 4.9 Zu viele Eingabeparameter?

Die Methode `add_item` hat Parameter, die inhaltlich zusammengehören und nur gemeinsam Sinn ergeben, während andere Parameter davon unabhängige Zustände beschreiben. Strukturen oder Klassen einzuführen, um den Zusammenhalt der Dinge hervorzuheben, macht sie für Konsumenten besser erkennbar, wie in Listing 4.10 zu sehen.

```
METHODS add_item
  IMPORTING
    product  TYPE REF TO product
    quantity TYPE quantity.
```

Listing 4.10 Weniger Eingabeparameter durch Zusammenfassen

Zu viele Eingabeparameter können ein Hinweis darauf sein, dass eine Methode zu viele verschiedene Aufgaben hat. Mehr dazu finden Sie in Abschnitt 4.3.1, »Eine Sache tun«.

[+]

Halten Sie die Anzahl der Eingabeparameter so gering wie möglich

Minimieren Sie die Anzahl der `IMPORTING`-Parameter Ihrer Methoden. Die Anzahl der Eingabeparameter beeinflusst drastisch, wie verständlich und leicht verwendbar eine Methode ist. Sie lässt auch Rückschlüsse darauf zu, wie komplex die Implementierung im Inneren ist. Mehr Eingabeparameter erschweren das Testen, denn Sie müssen mehr Kombinationen testen. Ganz allgemein gilt deshalb: Je weniger Eingabeparameter eine Methode hat, desto besser. Die meisten Ihrer Methoden sollten mit maximal zwei Eingabeparametern auskommen. Bereits ab drei Eingabeparametern nimmt die Anzahl der möglichen Eingabekombinationen extrem zu und Ihre Methode ist schwerer zu testen.

4.2.2 Optionale Eingabeparameter

ABAP unterstützt das *Überladen* von Methoden nicht. Überladen bedeutet, dass eine Klasse mehrere Methoden mit demselben Namen enthält, die sich nur in Anzahl und Art ihrer Eingabeparameter unterscheiden. In der Vergangenheit haben ABAP-Entwicklerinnen und -Entwickler diesen Umstand oft umgangen, indem sie optionale Eingabeparameter hinzugefügt haben. Diese Eingabeparameter sind mit dem Schlüsselwort `OPTIONAL` gekennzeichnet und *können* beim Aufruf mitgegeben werden, *müssen* es aber nicht. Die Methode variiert dann ihr Verhalten, je nachdem, ob der Parameter mitgegeben wird oder nicht.

Ein typisches Beispiel ist eine Methode, die sowohl ein einzelnes »Ding« als auch eine »Liste von Dingen« in Empfang nehmen kann, wie in Listing 4.11 zu sehen.

```
METHODS process
  IMPORTING
    item_to_process TYPE item OPTIONAL
    items_to_process TYPE item_table OPTIONAL.
```

Listing 4.11 Optionale Eingabeparameter, die sich gegenseitig ausschließen

Signaturen mit optionalen Eingabeparametern sind schwer zu verstehen und verwirren den Aufrufer. Sie machen auch die Implementierung schwieriger, da Sie auch Fälle berücksichtigen müssen, die nur bedingt sinnvoll sind. Diese Signaturen verschleiern, welche Eingabeparameter unbedingt notwendig sind, welche Kombinationen Sinn ergeben und welche Parameter sich gegenseitig ausschließen.

Vermutlich ist es beabsichtigt, die Methode `process` in Listing 4.11 entweder mit dem Eingabeparameter `item_to_process` oder mit dem Eingabeparameter `items_to_process` alleine aufzurufen. Doch was passiert, wenn wir beide Parameter gleichzeitig füllen? Oder keinen von beiden? Diese Aufrufe sind syntaktisch völlig in Ordnung, es ist aber unklar, welches Verhalten wir erwarten können. Auch Entwicklerinnen und Entwickler haben mehr Mühe, denn sie müssen diese eigentlich ungewollten Möglichkeiten mit bedenken, behandeln und testen.

[+]

Teilen Sie Methoden, statt optionale Eingabeparameter hinzuzufügen

Separate Verhaltensweisen sollten auch in separaten Methoden implementiert werden, siehe hierzu auch Abschnitt 4.3.1, »Eine Sache tun«. Legen Sie für jeden Fall eine eigenständige Methode mit einem sprechenden Namen und der gültigen Kombination an nichtoptionalen Eingabeparametern an. Diese sind sowohl für den Konsumenten als auch für Sie selbst leichter zu verstehen.

Das Beispiel in Listing 4.11 könnten Sie z. B. wie in Listing 4.12 gezeigt aufteilen.

```
METHODS:

  process_item
    IMPORTING
      item_to_process TYPE item,

  process_items
    IMPORTING
      items_to_process TYPE item_table.
```

Listing 4.12 Separate Methoden für separate Funktionen

Als Alternative zu optionalen Eingabeparametern bieten sich manchmal Eingabeparameter mit dem Zusatz DEFAULT an. Auch dieser Zusatz macht den Parameter optional, allerdings auf eine Art und Weise, die besser verständlich ist. Der Konsument kann sich diesen Parameter aus Bequemlichkeit sparen, wenn er mit dessen Vorgabewert einverstanden ist. Für die Implementierung der Methode ist der Parameter jedoch keineswegs optional, sie setzt ihn zwingend voraus.

Ein Beispiel für einen sinnvollen DEFAULT-Parameter ist in Listing 4.13 zu sehen. Der Eingabeparameter separator der Methode to_csv ist optional. Stellt der Aufrufer ihn nicht zur Verfügung, wird der Vorgabewert `,` verwendet. Der Code im Inneren muss auf diese Unterscheidung nicht eingehen – er tut so, als wäre der Eingabeparameter in jedem Fall verfügbar.

```
METHODS to_csv
  IMPORTING
    separator TYPE string DEFAULT `,`
  RETURNING
    ...
```

Listing 4.13 Parameter mit DEFAULT

4.2.3 Bevorzugte Eingabeparameter

Wenn eine Methode ausschließlich Eingabeparameter mit den Zusätzen OPTIONAL oder DEFAULT hat, kann einer dieser Parameter mit dem Zusatz PREFERRED PARAMETER gekennzeichnet werden. Listing 4.14 zeigt ein Beispiel.

```
METHODS to_csv
  IMPORTING
    separator TYPE string DEFAULT `,` PREFERRED PARAMETER
    quote type string DEFAULT `"`
  RETURNING
    ...
```

Listing 4.14 Methode mit PREFERRED PARAMETER

Dieser Zusatz erspart es dem Aufrufer, den Eingabeparameter zu benennen, wenn er exakt einen Parameter mitgibt. Der Wert wird automatisch dem bevorzugten Parameter zugeführt. Die Methode `to_csv` aus Listing 4.14 kann demzufolge wie folgt aufgerufen werden:

```
DATA(item_as_csv) = item->to_csv( `;` ).
```

Diese Aufrufart ist natürlich kürzer, kann jedoch leicht missverständlich werden – insbesondere wenn der bevorzugte Parameter nicht unbedingt die Vorlieben des Aufrufers widerspiegelt. Es kann die Verständlichkeit fördern, den Parameter trotzdem zu benennen:

```
DATA(item_as_csv) = item->to_csv( separator = `;` ).
```

Optionale Eingabeparameter, die nicht mit `PREFERRED PARAMETER` markiert sind, müssen immer benannt werden.

[«]

Setzen Sie bevorzugte Eingabeparameter spärlich ein

Nutzen Sie den Zusatz `PREFERRED PARAMETER` nur dann, wenn der Methodenname intuitiv und selbsterklärend widerspiegelt, welcher namenlose Wert da übergeben wird. Abschnitt 4.4.4, »Optionale Parameternamen«, gibt Ihnen weitere Hinweise für Methodenaufrufe.

4.2.4 Boolesche Eingabeparameter

Stellen Sie sich vor, Sie hätten eine Klasse `credit_score_service`, deren Methode `calculate_credit_score` die Kreditwürdigkeit eines Kunden berechnet und als Zahl darstellt. Ein Beispiel für eine solche Klasse sehen Sie in Listing 4.15. Die Methode `calculate_credit_score` hat darin einen Eingabeparameter mit dem Datentyp Boole (`abap_bool`), der entscheidet, wie präzise die Heuristiken des Algorithmus arbeiten sollen.

```
CLASS credit_score_service DEFINITION
  PUBLIC
  FINAL.

PUBLIC SECTION.

  METHODS:

    constructor
      IMPORTING customer TYPE REF TO customer,
```

```
    calculate_credit_score
      IMPORTING use_strong_heuristics TYPE abap_bool
      RETURNING VALUE(credit_score) TYPE int4.

PRIVATE SECTION.

  DATA:
    customer TYPE REF TO customer.

ENDCLASS.
```

Listing 4.15 Berechnung der Kreditwürdigkeit mit einer Methode mit Booleschem Parameter

Die Methode `calculate_credit_score` wird in Kurzform wie folgt aufgerufen:

```
DATA(my_credit_score) =
  my_credit_score_service->calculate_credit_score( abap_true ).
```

Dieses Stück Code lässt beim Lesen völlig offen, welche Bedeutung `abap_true` hat, und wird die meisten Leserinnen und Leser zwingen, zeitaufwendig in der Methodendeklaration nachzuschauen. Etwas besser verständlich wird es, wenn Sie den Parameter beim Aufruf benennen:

```
DATA(my_credit_score) =
  my_credit_score_service->calculate_credit_score(
    use_strong_heuristics = abap_true ).
```

Die Aufgabe, den Aufruf lesbar zu gestalten, bleibt dabei am Konsumenten hängen. Obwohl der Aufruf nun eventuell besser verständlich ist, bleibt ein grundlegendes Problem bestehen. Stellen Sie sich dazu vor, wie die Implementierung dieser Methode aussieht. Vermutlich werden Sie etwas wie in Listing 4.16 vorfinden.

```
METHOD calculate_credit_score.

  IF use_strong_heuristics = abap_true.
    " use a slower but more robust algorithm....

  ELSE.
    " use a faster but less robust algorithm....

  ENDIF.

ENDMETHOD.
```

Listing 4.16 Verzweigte Implementierung

Wenn eine Methode einen Booleschen Eingabeparameter erhält, tut sie für gewöhnlich zwei Dinge statt einem. Wie Sie später in Abschnitt 4.3.1, »Eine Sache tun«, sehen werden, ist das für gewöhnlich keine gute Idee.

[+]

Legen Sie besser separate Methoden statt Boolescher Eingabeparameter an

Boolesche Parameter zu verwenden, um den Kontroll- und Verzweigungsfluss innerhalb einer Methode von außen zu steuern, macht die Methode komplexer, schwieriger zu verwenden und schwieriger zu warten. Implementieren Sie verschiedene Verhaltensweisen besser in separaten Methoden. Nutzen Sie die Namen der Methoden, um die Unterschiede hervorzuheben.

In unserem Beispiel sollten wir die Methode `calculate_credit_score` besser in zwei separate Methoden unterteilen, wie in Listing 4.17 zu sehen.

```
METHODS:

  calculate_simple_credit_score
    RETURNING VALUE(credit_score) TYPE int4,

  calculate_complex_credit_score
    RETURNING VALUE(credit_score) TYPE int4.
```

Listing 4.17 Separate Methoden anstatt einer einzelnen verzweigten

Die Trennung erlaubt es den beiden Methoden, sich voll und ganz auf ihre jeweilige Variante des Algorithmus konzentrieren, ohne auf die jeweilig andere Acht geben zu müssen. Auch für den Konsumenten ist über die genaueren Methodennahmen klarer, worin sich die Algorithmen unterscheiden.

Diese Trennung nach außen hin bedeutet keineswegs, dass Sie im Inneren duplizierten Code vorfinden werden. Sollten die beiden Algorithmen gleiche Teile haben, können Sie diese problemlos in private Methoden auslagern.

Sie könnten sogar noch einen Schritt weitergehen und für jeden der Algorithmen eine eigene Klasse anlegen. In dem Fall würden Sie ein Interface anlegen, das die Methode `calculate_credit_score` deklariert. Dies erspart dem Konsumenten die Entscheidung, ob er die eine oder andere Methode aufrufen soll: Er ruft einfach die Methode an demjenigen Objekt auf, dass ihm von außen bereitgestellt wurde.

4.2.5 EXPORTING-Parameter

Methoden können Aufrufern ihre Ergebnisse als `EXPORTING`- oder `RETURNING`-Parameter zurückgeben. Mit `EXPORTING` können Sie mehrere Rückgabewerte definieren, wie in Listing 4.18 zu sehen, während Sie mit RETURNING exakt einen Rückgabewert liefern können.

```
METHODS check_business_partners
  IMPORTING
    business_partners TYPE business_partners
  EXPORTING
    result       TYPE result_type
    failed_keys  TYPE /bobf/t_frw_key
    messages     TYPE /bobf/t_frw_message.
```

Listing 4.18 Mehrere »EXPORTING«-Parameter

Die Methode check_business_partners validiert die im Eingabeparameter business_partners übergebene Liste von Geschäftspartnern. Das Ergebnis dieser Validierung wird in drei separaten Ausgabeparametern zurückgegeben: result liefert das Gesamtergebnis, failed_keys die Schlüssel der ungültigen Geschäftspartner und messages Details, was genau ungültig ist. EXPORTING-Parameter sind optional für den Aufrufer, d. h., Sie können also frei entscheiden, einige davon entgegenzunehmen und andere nicht, wie in Listing 4.19 zu sehen.

```
check_business_partners(
  EXPORTING
    business_partners = my_business_partners
  IMPORTING
    result            = DATA(business_partners_check_result)
    messages          = DATA(business_partner_messages) ).
```

Listing 4.19 Aufruf einer Methode mit mehreren EXPORTING-Parametern

Beachten Sie, dass sie beim Aufruf das gegenteilige Schlüsselwort verwenden müssen: Obwohl der Parameter aus Sicht der Methode EXPORTING ist, müssen Sie ihn im Aufruf als IMPORTING nennen.

[+]

Minimieren Sie die Anzahl der EXPORTING-Parameter

Zu viele EXPORTING-Parameter können ein Hinweis darauf sein, dass Ihre Methode mehrere Dinge auf einmal macht, was nicht im Sinne sauberen Codes ist, siehe auch Abschnitt 4.3.1, »Eine Sache tun«. Gute Methoden konzentrieren sich auf eine einzelne Tätigkeit, und das spiegelt sich für gewöhnlich in einer kleinen Anzahl von Ausgabeparametern wider.

Die Ausgabeparameter Ihrer Methode sollten eine logische Einheit bilden, also beispielsweise verschiedene Details derselben Sache darstellen. Haben Sie mehrere Ausgabeparameter, können Sie diese für gewöhnlich in Strukturen oder Klassen zusammenfassen und dadurch die Anzahl reduzieren. Wenn die Ausgabeparameter Ihrer Methode keine solche logische Einheit bilden, sollten Sie die Methode besser in mehrere separate Methoden unterteilen.

In unserer Beispielmethode check_business_partners bilden die Ausgabeparameter die logische Einheit »Prüfergebnis«, die wir als Struktur check_result mit Unterkomponenten für die drei Details abbilden können. Das erlaubt es, die drei Ausgabeparameter zu einem einzelnen Parameter zusammenzufassen, wie in Listing 4.20 zu sehen.

```
TYPES:
  BEGIN OF check_result,
    result      TYPE result_type,
    failed_keys TYPE /bobf/t_frw_key,
    messages    TYPE /bobf/t_frw_message,
  END OF check_result.

METHODS check_business_partners
  IMPORTING
    business_partners TYPE business_partners
  EXPORTING
    result TYPE check_result.
```

Listing 4.20 EXPORTING-Parameter reduzieren

Beachten Sie jedoch, dass selbst diese Reduktion noch nicht die höchste Stufe der Vereinfachung darstellt; diese lernen Sie im folgenden Abschnitt 4.2.6 mit RETURNING kennen.

4.2.6 RETURNING-Parameter

RETURNING-Parameter definieren exakt einen Rückgabewert für eine Methode. Diesen könnte man also als »das Ergebnis« des Methodenaufrufs interpretieren.

Unsere Vereinfachung der Methode check_business_partners in Listing 4.20 führte zu einer Methode, die nur noch einen einzigen EXPORTING-Parameter hat. Diese Methode wird wie in Listing 4.21 gezeigt aufgerufen.

```
check_business_partners(
  EXPORTING
    business_partners = my_business_partners
  IMPORTING
    result = DATA(business_partners_check_result) ).
```

Listing 4.21 Aufruf einer Methode mit einem einzelnen EXPORTING-Parameter

[+]

Nutzen Sie RETURNING statt EXPORTING

RETURNING-Parameter sind der beste Weg, um Rückgabewerte von Methoden zu deklarieren. Diese Form erlaubt es, den Aufruf deutlich zu verkürzen. Es ermöglicht auch das Verketten von Aufrufen, bei denen auf dem von einer Methode zurückgegebenen Objekt sofort die nächste Methode aufgerufen wird. Wenn Sie die Anzahl an EXPORTING-Parametern so weit reduzieren, dass nur noch einer übrig bleibt, sollten Sie diesen in einen RETURNING-Parameter umwandeln.

Einige ältere Performancetipps raten noch dazu, EXPORTING-Parameter zu verwenden, wenn sie große Tabellen mit Daten übergeben, siehe auch Abschnitt 4.2.8, »Übergabe per Wert und Übergabe per Referenz«. Dies ist in modernen ABAP-Versionen jedoch nicht mehr nötig und Sie können auch hier bedenkenlos zu RETURNING greifen. Weichen Sie von diesem Muster nur ab, wenn Sie messbare Vorteile davon haben.

Listing 4.22 zeigt das letzte Refactoring der Methode check_business_partners, in dem wir den EXPORTING-Parameter durch einen RETURNING-Parameter ersetzt haben.

```
METHODS check_business_partners
  IMPORTING
    business_partners TYPE string
  RETURNING
    VALUE(result) TYPE check_result.
```

Listing 4.22 Deklaration des RETURNING-Parameters

Nutzen Sie RETURNING, werden Aufrufe der Methode check_business_partners deutlich kürzer:

```
DATA(business_partners_check_result) =
  check_business_partners( my_business_partners ).
```

[+]

Nutzen Sie result als Namen des RETURNING-Parameters

Die meisten modernen Programmiersprachen nutzen das Konzept eines einzelnen RETURNING-Parameters. Die wenigsten allerdings bieten die Möglichkeit oder wie ABAP gar die Notwendigkeit, diesem Parameter einen Namen zu geben. Für gewöhnlich wird stattdessen ein Schlüsselwort, gefolgt vom Rückgabewert selbst, angegeben, z. B. return 42.

Gut benannte Methoden machen es für gewöhnlich überflüssig, dem Rückgabeparameter einen eigenständigen Namen zu geben. Der Parametername wiederholt in solchen Fällen zumeist nur den Methodennamen oder etwas ähnlich Offensichtliches und führt im ungeschicktesten Fall – z. B. bei Gettern – sogar zu Konflikten mit den Attributen der Klasse.

Konsumenten werden den Parameternamen in den wenigsten Fällen sehen. Zwar gibt es eine Syntax mit RECEIVING, die den Parameternamen wiederholt, diese wird aber (zu Recht) nur äußerst selten verwendet. Für gewöhnlich nutzen Konsumenten stattdessen die funktionale Schreibweise, bei der der Rückgabewert direkt einer Variablen zugewiesen wird – die dann wieder einen sprechenden Namen hat.

Aus all diesen Gründen empfehlen wir Ihnen, den RETURNING-Parameter von Methoden immer gleich zu nennen. Der Name result hat sich in nahezu allen Situationen als gut lesbare Wahl bewährt. Diese Gleichförmigkeit macht den Parameter im besten Sinne »unsichtbar«, er wird quasi zu einem Schlüsselwort.

Geben Sie dem Rückgabeparameter nur dann einen eigenständigen Namen, wenn aus dem aktuellen Kontext nicht ersichtlich ist, was die Methode zurückgibt, oder der Rückgabewert nicht exakt zum Methodennamen passt.

Bei einer Methode create_business_partner würde man beispielsweise erwarten, dass die Methode den erzeugten Geschäftspartner selbst zurückgibt. Liefert die Methode aber nur den Schlüssel des neuen Geschäftspartners, kann es eine gute Idee sein, den Rückgabeparameter key oder ähnlich zu nennen.

Manchmal hat eine Methode auch gar keinen echten Rückgabewert, gibt aber trotzdem me zurück, damit der Konsument weitere verkettete Methodenaufrufe anschließen kann. Auch in diesem Fall kann es sinnvoll sein, dies über den Parameternamen zu verdeutlichen.

4.2.7 CHANGING-Parameter

CHANGING-Parameter können Sie für Werte nutzen, die gleichzeitig Ein- und Ausgabeparameter sind. Die Methode kann den Inhalt dieser Parameter ändern, anders als bei reinen Eingabeparametern, die vor Änderungen geschützt sind. Dieser Zusatz ist vorrangig für Strukturen und internen Tabellen sinnvoll, also für Werte mit internen Unterkomponenten wie Feldern und Zeilen.

Stellen Sie sich beispielsweise vor, Sie wollten eine größere Menge von Entitäten validieren und alle gefundenen Ergebnisse in einer einzigen Tabelle zusammenfassen. In diesem Fall bietet sich eine Lösung mit CHANGING-Parameter an, wie in Listing 4.23 zu sehen.

```
METHODS validate
  CHANGING
    messages TYPE message_table.
```

Listing 4.23 Deklaration eines CHANGING-Parameters

Diese Instanzmethode validiert die aktuelle Entität und fügt alle Befunde dem Sammelparameter messages hinzu, einer internen Tabelle von Textnachrichten. Beim

Aufruf der Methode könnte der Parameter messages bereits Einträge enthalten, z. B. von früheren Aufrufen derselben Methode. Die Methode löscht diese nicht, sondern fügt ihre eigenen Einträge am Ende oder gemäß einer Tabellensortierung an den passenden Stellen in der Mitte hinzu. Die Methode kann dann wiederholt aufgerufen werden, um alles zu validieren, wie z. B. in Listing 4.24.

[!]

Nutzen Sie CHANGING-Parameter nicht zu oft

Sparen Sie sich CHANGING-Parameter für die Fälle auf, in denen Sie vorhandene Strukturen oder Tabellen modifizieren wollen, die bereits vor der Methodenanwendung Daten enthalten können, die erhalten bleiben sollen.

Möchten Sie hingegen den Inhalt des Parameters komplett vorgeben, d. h., die bereits darin enthaltenen Daten müssen nicht erhalten bleiben, so sollten Sie den Parameter besser als EXPORTING oder RETURNING deklarieren.

Möchten Sie hingegen in Ihrer Methode den Zustand eines Objekts verändern, können Sie dieses nach wie vor als IMPORTING-Parameter übergeben. Sie können dann trotzdem Methoden am Objekt aufrufen, die dessen Zustand ändern, oder sichtbare Attribute direkt modifizieren. Der Schutz des Eingabeparameters besteht in dieser Form darin, dass Sie die Objektreferenz selbst nicht abändern können, d. h., Sie können das vorliegende Objekt nicht komplett durch ein anderes ersetzen. Eine derartige Änderung ergibt allerdings auch nur in den allerwenigsten Fällen Sinn, sodass Sie CHANGING-Objektreferenzen in der Regel nicht antreffen werden.

```
DATA messages TYPE message_table.
LOOP AT entities INTO DATA(entity).
  entity->validate( CHANGING messages = messages ).
ENDLOOP.
```

Listing 4.24 CHANGING-Parameter verwenden

CHANGING-Parameter lassen sich gut durch Objekte ersetzen, die die entsprechenden Daten enthalten und lesende und ändernde Zugriffe darauf erlauben. Im vorliegenden Beispiel könnte das eine Klasse message_container sein, wie wir sie bereits früher in Listing 4.16 angetroffen und in Abschnitt 3.1.3, »Zustand«, besprochen haben. Die refaktorierte Methode validate könnte dann aussehen wie in Listing 4.25.

```
METHODS validate
  IMPORTING
    message_container TYPE ref to message_container.
```

Listing 4.25 CHANGING-Parameter durch IMPORTING-Objektreferenz ersetzen

Objekte können die Arbeit mit den Sammeldaten durch bequemere Methoden deutlich erleichtern. In unserem Fall könnten wir beispielsweise ein Interface verwenden, das es erlaubt, Nachrichten hinzuzufügen, aber keine Möglichkeit bietet, Nachrichten zu löschen. So können wir versehentliche Programmierfehler vermeiden, wie sie beim Vollzugriff auf die darunter liegende Datenstrukturen passieren können.

Die Methoden können auch die Komplexität der Datenstrukturen verkleiden, sodass wir bedenkenlos eine Methode `add_message` aufrufen können, ohne uns Gedanken darüber machen zu müssen, ob wir es mit einer indizierten oder sortierten Tabelle zu tun haben. Auch der Aufruf der Methode wird etwas kürzer, denn wir müssen nun das Schlüsselwort `CHANGING` und den Parameternamen nicht mehr wiederholen, wie in Listing 4.26 zu sehen.

```
DATA(message_container) = NEW message_container( ).
LOOP AT entities INTO DATA(entity).
  entity->validate( message_container ).
ENDLOOP.
```

Listing 4.26 Verwendung der geänderten Methode

[+]

Vermeiden Sie es, verschiedene Arten von Ausgabeparametern zu mischen

Nutzen Sie eine der Varianten `EXPORTING`, `CHANGING` oder `RETURNING` in einer Methode, aber nicht mehrere dieser Arten zusammen.

Verschiedene Arten von Ausgabeparametern sind ein deutliches Zeichen, dass die Methode mehr als eine Aufgabe hat. Das ist verwirrend und der Aufruf der Methode wird unnötig kompliziert.

4.2.8 Übergabe per Wert und Übergabe per Referenz

Zusätzlich zur Art der Parameter können Sie auch festlegen, ob sie per Wert oder per Referenz übergeben werden.

Bei der Übergabe per Wert, englisch *pass by value*, arbeitet die Methode auf einer Kopie der ursprünglichen Variablen, die in einem eigenen Speicherbereich angelegt wird. Das passiert sogar, wenn Sie eine Objektreferenz übergeben, wobei hier allerdings nur die Referenz selbst kopiert wird, also der relativ kurze Zeiger auf den Speicherbereich, in dem dann wiederum das eigentliche Objekt liegt. ABAP verwendet einige Optimierungen, um den Aufwand dieser Kopiervorgänge zu minimieren. Insbesondere wird die Kopie typischerweise nach der *Copy-on-Write*-Strategie angelegt, also erst dann, wenn der Inhalt der Variablen oder des Parameters geändert wird.

Bei der Übergabe per Referenz, englisch *pass by reference*, hingegen wird ein Zeiger auf das ursprüngliche Objekt übergeben. Bekommt die Methode die Erlaubnis, den Parameter zu ändern, wird dadurch die außerhalb der Methode liegende Variable direkt mit verändert.

Für IMPORTING, EXPORTING und CHANGING ist die Übergabe per Referenz der Standard. Für RETURNING ist hingegen die Übergabe per Wert die einzig mögliche Wahl. Die RETURNING-Zusätze weisen deshalb stets das für diese Übergabeart prägende Schlüsselwort VALUE auf.

Die Übergabe per Referenz kann über das Schlüsselwort REFERENCE explizit gemacht werden. Dies wird allerdings nur selten genutzt. Unser Code aus Listing 4.10 könnte diese Übergabeart wie in Listing 4.27 verdeutlichen.

```
METHODS add_item
  IMPORTING
    REFERENCE(product)  TYPE REF TO product
    REFERENCE(quantity) TYPE quantity.
```

Listing 4.27 Explizite Syntax für Übergabe per Referenz

[»]

Weisen Sie Eingabeparametern, die per Wert übergeben werden, keine neuen Werte zu

Werden Eingabeparameter per Referenz übergeben – dies stellt den Standard dar –, können sie innerhalb der Methode *nicht* verändert werden. Eingabeparameter, die per Wert übergeben werden, *können* jedoch verändert werden. Da die Methode auf einer Kopie der Originalvariable agiert, ist diese Wertveränderung für den Aufrufer außerhalb der Methode nicht sichtbar.

Sie sollten es vermeiden, IMPORTING-Parameter zu verändern. Eingabeparameter kommen vom Aufrufer. So zu tun, als hätte der Aufrufer einen anderen Wert übergeben, provoziert Missverständnisse und Fehler.

Wollen Sie nicht direkt mit der Originaleingabe weiterarbeiten, was z. B. bei der Normalisierung oder Maskierung durchaus üblich ist, weisen Sie den modifizierten Wert einer neuen Variablen zu und arbeiten mit dieser weiter. Unter anderem wegen dieser Feinheit ist es eine gute Idee, Eingabeparameter eher per Referenz als per Wert zu übergeben.

Den Eingabeparameter quantity in Listing 4.27 könnten Sie wie in Listing 4.28 per Wert übergeben.

```
METHODS add_item
  IMPORTING
    REFERENCE(product) TYPE REF TO product
    VALUE(quantity)    TYPE quantity.
```

Listing 4.28 Eingabeparameter, der per Wert übergeben wird

[«]

Denken Sie an die Besonderheiten bei EXPORTING und erwägen Sie eine Übergabe per Wert

Parameter, die per Referenz übergeben werden, zeigen auf einen Speicherbereich, der bereits vor dem Methodenaufruf existiert und zum Zeitpunkt des Aufrufs deshalb bereits Werte beinhalten kann. Dies gilt auch für `EXPORTING`-Parameter, die sich dadurch tatsächlich so wie `CHANGING`-Parameter verhalten, siehe auch Abschnitt 4.2.7, »CHANGING-Parameter«.

Damit ein solcher `EXPORTING`-Parameter ein reiner *Ausgabe*parameter wird, muss ihm innerhalb der Methode unbedingt ein Wert zugewiesen werden. Eine gängige Vorgehensweise ist es, diese Parameter sofort am Beginn der Methode mit `CLEAR` zu leeren. Auf diese Weise vermeiden Sie, dass Methoden, die einen verzweigten Kontrollfluss haben oder mit Ausnahmen vorzeitig abbrechen können, versehentlich enden, ohne dass dem Ausgabeparameter ein Wert zugewiesen wurde.

Eine andere Möglichkeit ist es, `EXPORTING`-Parameter per Wert zu übergeben. Diese Kombination verhält sich wie ein `RETURNING`-Parameter. Bei diesen beiden Formen werden die Parameter mit einem neu angelegten und damit leeren Speicherbereich übergeben. Sowohl bei `EXPORTING` per Wert als auch bei `RETURNING` gibt es daher keine Notwendigkeit, sicherheitshalber mit `CLEAR` zu arbeiten. Erwägen Sie daher, die `EXPORTING`-Übergabe per Wert als Standard zu wählen.

In einigen Fällen kann die Übergabe per Wert zu einer schlechteren Performance führen. Wenn Sie beispielsweise extrem große Tabellen abschnittweise verarbeiten, erfordert die Übergabe per Wert, dass immer wieder größere Abschnitte der Tabellen kopiert werden, was zusätzlichen Speicher belegt. Bei der Übergabe per Referenz können Ober- und Untermethoden auf derselben internen Tabelle arbeiten, sodass kein Mehrverbrauch an Speicher anfällt. Diese Fälle sind jedoch eher selten und wir raten Ihnen wie bei allen Performancefragen dazu, erst ein sauberes Design anzustreben und nur bei nachweisbaren Problemen davon abzuweichen.

Listing 4.29 gibt ein Beispiel für `EXPORTING`-Parameter.

```
METHODS try_parse_int
  IMPORTING
    text    TYPE string
  EXPORTING
    success TYPE abap_bool
    result  TYPE int4.
```

Listing 4.29 Methode mit EXPORTING-Parametern

Die beiden `EXPORTING`-Parameter stehen hier ohne Zusatz, sodass ABAP sie standardmäßig per Referenz übergeben wird. Um sicherzustellen, dass sie keine alten Daten enthalten, initialisiert die Methode try_parse_int sie sofort am Beginn der Methode, indem sie der einen abap_false als sinnvollen Standardwert gibt und die andere per CLEAR leert, wie in Listing 4.30 zu sehen.

```
METHOD try_parse_int.

  success = abap_false.
  clear result.

  ...

ENDMETHOD.
```

Listing 4.30 EXPORTING-Parameter initialisieren

Wenn Sie die EXPORTING-Parameter auf eine Übergabe per Wert ändern, wie in Listing 4.31 gezeigt, werden sie beim Starten der Methode automatisch initialisiert und sie können sich diese beiden Extrazeilen sparen.

```
METHODS try_parse_int
  IMPORTING
    text           TYPE string
  EXPORTING
    VALUE(success) TYPE abap_bool
    VALUE(result)  TYPE int4.
```

Listing 4.31 EXPORTING-Parameter mit Übergabe per Wert

Die Übergabe per Wert vermeidet einen weiteren typischen Fehler, der durch ein CLEAR am Beginn entstehen kann: Verwendet der Aufrufer ein- und dieselbe Variable gleichzeitig als IMPORTING- und EXPORTING-Parameter, funktioniert die Methode nicht. Sie leert dann nämlich beim Initialisieren des Ausgabeparameters versehentlich den Eingabeparameter gleich mit, und arbeitet am Ende auf leerem Input.

[»]

CHANGING-Parameter per Wert zu übergeben, ergibt wenig Sinn

CHANGING-Parameter dienen gleichzeitig als Eingabe und Ausgabe. Es ist zwar möglich, auch einen CHANGING-Parameter mit dem Zusatz VALUE als Übergabe per Wert zu deklarieren, dies wird im Alltag aber eher zu Verwirrung führen.

Solche Parameter behalten ihren ursprünglichen Eingabewert so lange, bis die Methode regulär beendet wird. Ändert die Methode also den Inhalt des Parameters, bricht dann aber mit einer Ausnahme ab, so enthält der Parameter den nichtaktualisierten Wert von vor der Methode. Dieses Verhalten ist nicht besonders intuitiv und kann zu unliebsamen Überraschungen führen. Wir raten Ihnen deshalb dazu, CHANGING-Parameter stets in ihrer ursprünglichen Rolle mit Übergabe per Referenz zu nutzen.

4.3 Methodeninhalt

Noch öfter als wir Code schreiben, lesen wir ihn. Ihnen geht es vermutlich genauso. Code sollte deshalb fürs Lesen optimiert sein. Leicht lesbare Methoden sind einfacher zu verwenden, zu ändern, anzupassen und zu testen. Es wird Ihnen leichter fallen, über solche Methoden zu sprechen, sie zu erklären, und Fehler darin zu erkennen. Dieser Abschnitt erkundet einige wichtige Richtlinien, die dafür sorgen, dass der Inhalt Ihrer Methoden klar verständlich und gleichzeitig flexibel bleibt.

4.3.1 Eine Sache tun

Damit eine Methode leicht zu lesen, testen und warten ist, sollte sie genau *eine* Aufgabe haben und diese auf die einfachste denkbare Weise erledigen.

Viele scheinbar unterschiedliche Richtlinien in diesem Buch verfolgen letztendlich dasselbe Ziel: Ihre Methoden fokussiert zu halten und sie dem Ziel, nur eine Sache zu tun, näher zu bringen. Eine Methode hat dann gute Chancen, genau eine Sache zu tun, wenn sie möglichst viele der folgenden Bedingungen erfüllt:

- Sie hat nur wenige Eingabeparameter.
- Sie hat keine Booleschen Eingabeparameter.
- Sie hat genau einen Ausgabeparameter.
- Sie löst genau eine Art von Ausnahme aus.
- Sie ist kurz.
- Ihr Inhalt bewegt sich auf demselben Abstraktionsniveau.
- Sie finden keinen Weg, sinnvoll weitere Methoden zu extrahieren.
- Der Inhalt der Methode erweckt in Ihnen nicht das Bedürfnis, ihn in Abschnitte zu untergliedern.

Schauen wir uns zur Veranschaulichung die Definition einer Methode zum Loggen von Ausnahmen an, wie in Listing 4.32 zu sehen.

```
METHODS
  log_exception
    IMPORTING
      exception_instance TYPE REF TO cx_root.
```

Listing 4.32 Definition einer Methode, die Ausnahmen loggt

Wir wollen diese Methode `log_exception` in einem Hintergrundprozess nutzen. Sie soll die auftretende Ausnahme `exception_instance` fangen, in ein Log schreiben und den Hintergrundprozess dann beenden. Unsere Log-Dateien vertragen nur eine begrenzte Anzahl von Zeichen pro Zeile. Unsere Endanwenderinnen und Endanwender werden diese Logs später lesen, um mehr über die aufgetretenen Fehler zu erfahren. Unsere erste Implementierung dieser Methode sieht aus wie in Listing 4.33.

```
METHOD log_exception.
  DATA(current_exception) = exception_instance.
  WHILE current_exception IS BOUND.
    " log a header with the exception class name
    DATA(class_name) =
      cl_abap_classdescr=>get_class_name( current_exception ).
    log_line(
      |---- Exception occurred: { class_name }| ).

    " split the exception text into lines and log them
    DATA(exception_text) = current_exception->get_text( ).
    DATA(lines) = split_text_into_lines( exception_text ).
    LOOP AT lines into data(line).
      log_line( line ).
    ENDLOOP.

    " move to the previous exception
    current_exception = current_exception->previous.
    IF current_exception IS BOUND.
      log_line( `---- Exception has previous exception` ).
    ENDIF.
  ENDWHILE.
ENDMETHOD.
```

Listing 4.33 Erste Implementierung der Methode log_exception

Die Hilfsmethode `log_line` schreibt eine einzelne Zeile Text in die Log-Datei. Die Methode `split_text_into_lines` zerlegt einen längeren Text in mehrere Zeilen mit einer begrenzten Anzahl von Zeichen und gibt diese als Tabelle von Strings zurück.

Die Methode `log_exception` umfasst zwar nur eine Aufgabe, um diese zu erledigen, sind aber viele Teilschritte nötig:

1. Lege die Ausnahme in einer lokalen Variablen ab.
2. Wiederhole, solange die Variable eine Ausnahme enthält, folgende Schritte:
   - Ermittle den Namen der Ausnahmeklasse.
   - Logge einen Kopfeintrag mit dem Klassennamen.
   - Zerlege den Text der Ausnahme in Zeilen.
   - Logge diese Zeilen, Zeile für Zeile.
   - Ermittle die vorangegangene Ausnahme, und lege sie in die lokale Variable.

Listet man die Schritte derart in Umgangssprache auf, wird deutlich, wie viele Dinge diese Methode tut: Sie fragt iterativ vorangegangene Ausnahmen ab, ermittelt Klassennamen und zerlegt Text in Zeilen. Im nächsten Abschnitt werden Sie eine Richtlinie kennenlernen, die Ihnen hilft, derartige Methoden besser zu strukturieren.

4.3.2 Eine Abstraktionsstufe absteigen

Eine Methode sollte eine Geschichte erzählen, der Sie leicht folgen und die Sie mühelos verstehen können. Dazu sollte sich der Inhalt der Methode auf einem einheitlichen Abstraktionsniveau bewegen. Dieses Niveau sollte nur wenig unter dem der zu erledigenden Aufgabe liegen.

Wenn Sie nach der Lektüre des Codes einer Methode mehr Details sehen wollen, können Sie in die darin verwendeten Untermethoden abtauchen. Das können Sie immer wieder tun, bis Sie an eine von zwei natürlichen Grenzen stoßen: Entweder gelangen Sie in eine Methode, die nur noch aus grundlegenden Elementen der Programmiersprache besteht und in der es daher keine weiteren Unterebenen mehr gibt. Oder Sie gelangen an eine Stelle, an der das Interface einer anderen Komponente aufgerufen wird.

Wenn Sie an eine solche Grenze stoßen, sollten die Methoden Ihnen bis dahin Ebene für Ebene klar vermittelt haben, was sie tun und an welchen Stellen sie Aufgaben an andere Abhängigkeiten delegieren. Mehr Informationen, wie Sie solche Schnittstellen sauber entwerfen, finden Sie in Kapitel 3, »Klassen und Interfaces«.

Hier zeigt sich, wie sich wohldurchdachte Abstraktionen zu einem eleganten Gesamtkonstrukt zusammenfügen. Jeder Bestandteil des komplexen Designs ist so vom Rest entkoppelt, dass Sie immer nur den kleinen, gerade vor Ihnen liegenden Teil verstehen müssen, um einen Schritt weiter zu kommen. Sie müssen nicht allen Code lesen, um einen kleinen Teil des Systems zu verstehen.

[+]

Steigen Sie eine Abstraktionsstufe ab

Die Anweisungen in einer Methode sollten eine Abstraktionsstufe unter dem Namen der Methode liegen. Alle Anweisungen in der Methode sollten das gleiche Abstraktionsniveau haben.

Dieses Prinzip ist unter verschiedenen Namen bekannt, unter anderem als *Stepdown Rule* im Buch *Clean Code* und als *Single Level of Abstraction Principle* (SLAP) im Buch *The Productive Programmer* (O'Reilly, 2008). Das Konzept selbst ist aber vermutlich älter und taucht beispielsweise auch bereits in *Smalltalk Best Practice Patterns* (Prentice Hall, 1996) als *Composed Method Pattern* auf.

Obwohl die Richtlinie einleuchtend klingt, ist sie in der Praxis mitunter überraschend schwer umzusetzen. Die Herausforderung besteht darin zu erkennen, wo ein Abstraktionsniveau aufhört und das nächste beginnt. Als Hilfestellung hat sich folgende Technik bewährt: Erklären Sie in kurzen Worten, was die Methode tut, um an ihr Ziel zu kommen. Die Schritte, die Sie dabei aufzählen, können Sie oft eins zu eins in Untermethoden übersetzen. Alles, was Sie bei Ihrer Zusammenfassung auslassen, liegt auf einem niedrigeren Abstraktionsniveau und sollte nicht in der Methode vorkommen.

[»]

Der Refactoring-Schritt »Extrahiere Methode«

Eine Methode zu extrahieren, ist einer der grundlegenden Schritte beim Refactoring, die bereits im Buch *Refactoring: Wie Sie das Design bestehender Software verbessern* (mitp, 2020) vorgestellt wurden.

Dabei schneiden Sie ein zusammenhängendes Stück Code aus einer Methode heraus, legen eine neue Methode an und fügen das Stück Code dort ein. An der Stelle, wo Sie ausgeschnitten haben, rufen Sie nun diese neue Methode auf.

Diesen Refactoring-Schritt können Sie in den ABAP Development Tools (ADT) auch per Tastenkombination automatisch ausführen lassen. Wählen Sie ein zusammenhängendes Stück Code in einer Methode aus und drücken Sie [Alt]+[⇧]+[M] (unter Windows) bzw. [Cmd]+[Alt]+[M] (unter macOS), um den Refactoring-Wizard zu starten.

Die Methode `log_exception` in Listing 4.33 ist durch Leerzeilen und Kommentare in mehrere Abschnitte zerlegt, die jeweils einzelne Teilaufgaben erledigen. Folgt man den Kommentaren, ergeben sich folgende große Schritte:

1. Logge einen Eintrag mit dem Namen der Ausnahmeklasse.
2. Zerlege den Text der Ausnahme in Zeilen und logge sie.
3. Fahre mit der vorangegangenen Ausnahme fort (und wiederhole das).

Beachten Sie, wie diese Schritte auf einer einheitlichen Abstraktionsstufe stehen. Wir wollen in dieser Methode nur grob erkennen, was zum Loggen einer Ausnahme zu tun ist. Details, wie der Name einer Ausnahmeklasse ermittelt oder wie Text in Zeilen zerlegt wird, interessieren uns hier (noch) nicht. Diese Schritte liegen auf einer anderen Abstraktionsstufe und gehören in die Untermethoden.

Decken Sie das Listing 4.33 noch einmal kurz mit der Hand ab und versuchen Sie, in kurzen Worten zusammenzufassen, was die Methode erreichen will, kommen Sie vermutlich auf eine Kurzbeschreibung wie die folgende:

1. Logge einen Kopfeintrag für die Ausnahme.
2. Logge einen Detailabschnitt für die Ausnahme.
3. Mache mit der vorangegangenen Ausnahme dasselbe.

Diese Schritte übersetzen wir nun eins zu eins in Methoden, wie in Listing 4.34 gezeigt.

```
METHOD log_exception.
  log_exception_header( exception_instance ).
  log_exception_body( exception_instance ).
  log_previous_exception( exception_instance->previous ).
ENDMETHOD.

METHOD log_exception_header.
  DATA(class_name) =
    cl_abap_classdescr=>get_class_name( exception_instance ).
  log_text(
    |---- Exception occurred: { class_name }| ).
ENDMETHOD.

METHOD log_exception_body.
  DATA(exception_text) = exception_instance->get_text( ).
  log_text( exception_text ).
ENDMETHOD.

METHOD log_previous_exception.
  CHECK exception_instance IS BOUND.
  log_text( `---- Exception has previous exception` ).
  log_exception( exception_instance ).
ENDMETHOD.

METHOD log_text.
  DATA(lines) = split_text_into_lines( text ).
  log_lines( lines ).
ENDMETHOD.

METHOD log_lines.
  LOOP AT lines INTO DATA(line).
    log_line( line ).
  ENDLOOP.
ENDMETHOD.
```

Listing 4.34 Mehrere Methoden mit einheitlichem Abstraktionsniveau

Jede dieser Methoden bewegt sich nun auf einer einheitlichen Abstraktionsstufe, die wiederum eine Stufe unter der Abstraktionsstufe der Aufgabe der jeweiligen Methode liegt.

Bei einer solchen Zerlegung werden die Methoden nicht nur leichter verständlich. Sie werden auch ganz neue Möglichkeiten im Design erkennen. Plötzlich werden weitere Klassen und Features sichtbar, die vorher im Wust der Details versteckt waren. Wenn Sie diese losen Enden weiter verfolgen und in eigenständige Konzepte überführen, bereichern Sie Ihr Projekt mit wiederverwendbaren Komponenten.

Im überarbeiteten Listing 4.34 könnten Sie z. B. erkennen, dass es nun leicht ist, neben dem Ausnahmetext noch weitere Informationen ins Log zu schreiben, z. B. wo genau im Code die Ausnahme ausgelöst wurde, oder gleich den ganzen Stack-Trace. Sie könnten sogar das Formatieren des Texts in einen eigenständigen `exception_formatter` auslagern, den Sie auch ohne Log verwenden können.

4.3.3 Methoden klein halten

ABAP ist tendenziell eine wortreiche, langatmige Sprache. In Kombination mit schlecht strukturiertem Legacy-Code führt das zu gigantischen Methoden und Funktionsbausteinen, die Tausende Zeilen Code umfassen können. Solche ausufernden Methoden sind schwer zu verstehen. Ohne Debuggen sind Sie hier verloren. Vom Ändern wollen wir erst gar nicht reden. Bereits ein Blick auf den Datendeklarationsabschnitt in Listing 4.35 zeigt, dass diese Methode vermutlich sehr viel mehr als nur eine Sache tut.

```
DATA:
  class            TYPE vseoclass,
  attributes       TYPE seoo_attributes_r,
  methods          TYPE seoo_methods_r,
  events           TYPE seoo_events_r,
  types            TYPE seoo_types_r,
  aliases          TYPE seoo_aliases_r,
  implementings    TYPE seor_implementings_r,
  inheritance      TYPE vseoextend,
  friendships      TYPE seof_friendships_r,
  typepusages      TYPE seot_typepusages_r,
  clsdeferrds      TYPE seot_clsdeferrds_r,
  intdeferrds      TYPE seot_intdeferrds_r,
  attribute        TYPE vseoattrib,
  method           TYPE vseomethod,
  event            TYPE vseoevent,
  type             TYPE vseotype,
  alias            TYPE seoaliases,
  implementing     TYPE vseoimplem,
  friendship       TYPE seofriends,
```

```
  typepusage      TYPE vseotypep,
  clsdeferrd      TYPE vseocdefer,
  intdeferrd      TYPE vseoidefer,
  new_clskey_save TYPE seoclskey.
```

Listing 4.35 Zu viele Datendeklarationen: Auftakt für eine gigantische Methode

4

[!]

Halten Sie Methoden klein

Wie klein genau eine Methode sein sollte, ist nicht ganz einfach in Zahlen auszudrücken. Methoden sollten so klein wie möglich sein. Allerdings auch nicht kleiner.

Merken Sie sich als Faustregel: Methoden sollten weniger als 20 Anweisungen umfassen. Optimal sind Methoden mit nur fünf Anweisungen oder weniger. Zählen Sie die *Anweisungen*, nicht die *Textzeilen*.

Wenn Sie die Richtlinien in diesem Abschnitt befolgen, z. B. die Berücksichtigung gleicher Abstraktionsstufen, und wiederholt Methoden extrahieren, werden Sie sich ganz von alleine auf das Ziel kurzer Methoden zubewegen.

Schauen Sie sich etwa noch einmal die Methode `log_exception` aus Listing 4.33 an. Auf den ersten Blick sieht sie aus, als hätte sie eine vernünftige Größe. Das spätere Listing 4.34 zeigt jedoch, dass wir sie mühelos in viele kleinere Methoden zerlegen konnten. Jede dieser Methoden war leichter verständlich und damit »sauberer« im Sinne von Clean Code. Die ursprüngliche Methode `log_exception` liest sich sehr viel leichter als eine Folge einfacher Schritte. Sie können sie verstehen, ohne in Untermethoden abtauchen zu müssen.

Schauen Sie sich zum Vergleich die Methode `log_exception_body` aus Listing 4.36 an.

```
METHOD log_exception_body.
  DATA(exception_text) = exception_instance->get_text( ).
  log_text( exception_text ).
ENDMETHOD.
```

Listing 4.36 Die Methode log_exception_body

Auch hier könnte man auf die Idee kommen, dass sie sich in weitere Untermethoden zerlegen ließe. Der Versuch könnte wie in Listing 4.37 aussehen.

```
METHOD log_exception_body.
  log_exception_text( exception_instance ).
ENDMETHOD.

METHOD log_exception_text.
```

```
  DATA(exception_text) = exception_instance->get_text( ).
  log_text( exception_text ).
ENDMETHOD.
```

Listing 4.37 Die extrahierte Methode log_exception_text ist redundant.

Eine solche Methode `log_exception_text` könnte durchaus sinnvoll sein, z. B., wenn die ursprüngliche Methode `log_exception_body` noch mehr täte, als nur den Text der Ausnahme zu loggen. In diesem Fall sieht die neue Methode jedoch exakt so aus wie die alte. Wir haben uns gewissermaßen im Kreis gedreht. Die neue Methode trägt nicht zu einem besseren Verständnis bei.

Hören Sie auf, Methoden zu extrahieren, wenn Sie sich mit den vorhandenen Methoden wohl fühlen und Sie und Ihr Team der Meinung sind, ihren Inhalt problemlos und schnell erfassen zu können.

4.3.4 Früh scheitern

Oftmals lassen sich Ausnahmen oder Bugs darauf zurückführen, dass eine Methode einen fehlerhaften Eingabeparameter enthielt. Wenn die Methode diese Situation früh erkennt und per Ausnahme abbricht, haben Sie es leichter, die Quelle des Fehlers – vermutlich die Aufrufstelle – zu identifizieren. Das kann Ihnen wertvolle Zeit bei der Analyse sparen und erlaubt es Ihnen, Programmfehler schneller zu beheben.

[+]

Scheitern Sie früh

Prüfen Sie die Eingabeparameter in einer Methode frühzeitig und lassen Sie die Methode schnellstmöglich kontrolliert abbrechen.

Diese Empfehlung richtet sich vor allem an `PUBLIC` und `PROTECTED` Methoden. Diese Methoden erhalten ihre Eingaben meist von außerhalb der Klasse. Da nicht immer klar ist, wo der Aufruf herkommt, ob also letztendlich ein selbst verschuldeter Programmierfehler oder etwas Unkontrollierbares wie fehlerhafte Benutzereingaben die Quelle sind, sollte die Methode kontrollierbar per Ausnahme abbrechen.

`PRIVATE` Methoden würden prinzipiell ebenso von Eingabeprüfungen profitieren. Allerdings können diese ausschließlich von anderen Methoden derselben Klasse aufgerufen werden. Wenn diese bereits alle Eingaben validieren, würden Sie dieselbe Eingabe wieder und wieder validieren. Sie können sich in diesen »inneren« Methoden deshalb zumeist darauf zurückbesinnen, dass fehlerhafte Eingaben bereits in den äußeren Methoden geprüft und abgefangen wurden und komplett auf Validierungen verzichten.

Späte Validierungen verschleiern nicht nur die Quelle der Fehler, sondern können auch wichtige Ressourcen verschwenden. Überhaupt nicht zu validieren, kann zu inkonsistenten Daten und unerwünschtem Verhalten führen.

Die Klasse step_fan, die wir Ihnen bereits in Listing 4.8 gezeigt hatten, validiert den Eingabeparameter step ihres Konstruktors nicht. Dieser Wert wird verwendet, um die Intensität des Ventilators nach oben oder unten zu regulieren. Negative Werte oder Null ergeben hier ebenso wenig Sinn wie ein Wert, der größer als die maximal mögliche Intensität ist. Der Code sollte den möglichen Wertebereich validieren und so früh wie möglich scheitern. Hier ist das bereits im Konstruktor, wie in Listing 4.38 zu sehen.

```
METHOD constructor.
  super->constructor( ).
  IF step < 1 OR step > max_intensity.
    RAISE EXCEPTION NEW invalid_argument_exception(
      argument_name  = `step`
      argument_value = step ).
  ENDIF.
  me->step = step.
ENDMETHOD.
```

Listing 4.38 Validierung im Konstruktor

Der Konstruktor von step_fan ruft zunächst den Konstruktor der Oberklasse. Dann validiert er den Eingabeparameter und löst eine Ausnahme aus, falls der Wert ungültig ist. In Ausnahmen sollten Sie so viele Informationen wie möglich bereitstellen. In diesem Fall haben wir uns für eine selbst angelegte invalid_argument_exception entschieden, die den Namen des Parameters und seinen Wert beinhaltet.

[+]

Konzentrieren Sie sich auf den Erfolgspfad oder auf die Fehlerbehandlung

Eine Methode sollte sich auf den Erfolgspfad konzentrieren, also auf den Pfad, der auf direktem Weg zum Erreichen der Aufgabe der Methode führt. Wenn eine Methode die Fehlerbehandlung durchführen soll, sollte der Code dafür nicht von der Hauptaufgabe ablenken. Wenn die Fehlerbehandlung in der Methode zu viel Raum einnimmt, sollten Sie sie in eine eigene Methode auslagern. Mehr Informationen dazu finden Sie in Kapitel 11, »Fehlerbehandlung«.

Der überarbeitete Konstruktor wird nun vom Code für die Fehlerbehandlung dominiert. Die Methode wird lesbarer, wenn wir diesen Code in eine andere Methode auslagern, wie in Listing 4.39 zu sehen.

```
METHOD constructor.
  super->constructor( ).
  validate_step( step ).
  me->step = step.
ENDMETHOD.
```

```
METHOD validate_step.
  IF step < 1 OR step > max_intensity.
    RAISE EXCEPTION NEW invalid_argument_exception(
      argument_name  = `step`
      argument_value = step ).
  ENDIF.
ENDMETHOD.
```

Listing 4.39 Fehlerbehandlung in eigene Methode auslagern

Beachten Sie, dass derartige Validierungen für andere Entwickler und Entwicklerinnen gedacht sind, um ihnen zu helfen, fehlerhafte Aufrufstellen zu korrigieren. Endanwenderinnen und Endanwender können mit derlei Ausnahmen nichts anfangen, da sie rein technischer Natur sind. Diesen sollten Sie sprechende Rückmeldungen mit Texten, die sich des Vokabulars der Domäne, Benutzeroberfläche und Dokumentation bedienen, präsentieren. In Listing 4.26 aus Abschnitt 4.2.7, »CHANGING-Parameter«, hatten wir Ihnen Code gezeigt, der eine Liste von Entitäten validiert. Wenn dieser Code Teil einer größeren Methode ist, die mit den Entitäten arbeitet, könnte ein frühes Scheitern bedeuten, dass die Methode sofort beim ersten Auffinden eines Fehlers abbrechen sollte, nicht erst, nachdem alle Entitäten untersucht wurden. Dies können wir mit kleinen Umstellungen erreichen, was uns zu Listing 4.40 führt.

```
DATA(message_container) = NEW message_container( ).
validate_entities( message_container ).
message_container->raise_if_in_error( ).
...
```

Listing 4.40 Eine Ausnahme auslösen, wenn ein Nachrichtencontainer Fehlermeldungen enthält

In diesem Fall hat die Klasse `message_container` eine Methode, die eine Ausnahme auslöst, wenn sie eine Fehlermeldung enthält. Die Fehlermeldungen werden der Ausnahme hinzugefügt. Diese wiederum könnte dann an einer anderen Stelle im Code abgefangen werden und zur Präsentation an die Endanwenderinnen und Endanwender weitergeleitet werden. Wir könnten Sie dort z. B. in eine OData-Entität verpacken und an unsere SAPUI5-App weiterleiten, die sie der Benutzerin bzw. dem Benutzer in einem Pop-over-Control darstellt.

4.3.5 CHECK oder RETURN

Statt Ausnahmen auszulösen, können Sie Methoden oft auch einfach normal beenden, wenn die Eingabeparameter nicht passen. Genauer hingeschaut bedeutet dieses

»nicht passen« hier nicht, dass ein Programmierfehler vorliegt, sondern einfach, dass ganz regulär nichts zu tun ist.

In Listing 4.34 haben Sie in der Methode log_previous_exception bereits ein solches frühes Beenden kennengelernt. Wenn dort der Eingabeparameter exception_instance nicht gebunden ist, d. h., die Referenz nirgendwohin zeigt, kann die Methode sofort aufhören.

Ein weiteres Beispiel, wo wir hiervon profitieren könnten, ist die Hauptmethode log_exception. Wenn die exception_instance nicht gebunden ist, kann die Methode auch hier sofort aufhören, ohne weitere Schritte durchzuführen, wie in Listing 4.41 zu sehen.

```
METHOD log_exception.
  CHECK exception_instance IS BOUND.
  log_exception_header( exception_instance ).
  log_exception_body( exception_instance ).
  log_previous_exception( exception_instance->previous ).
ENDMETHOD.
```

Listing 4.41 Prüfen, ob die Ausnahmeninstanz gebunden ist

Beide Methoden benutzen die Anweisung CHECK. Dieses Schlüsselwort liest sich an dieser Stelle flüssig, kann aber an anderen Stellen zu Verwirrung führen. Es zeigt deutlich, dass hier etwas geprüft wird, aber nicht, was die Reaktion darauf sein wird.

Ein stets verständlicher allgemeingültiger Weg zum sofortigen Beenden ist eine IF-Prüfung, gefolgt von einer RETURN-Anweisung, wie in Listing 4.42 zu sehen.

```
METHOD log_exception.
  IF exception_instance IS NOT BOUND.
    RETURN.
  ENDIF.
  log_exception_header( exception_instance ).
  log_exception_body( exception_instance ).
  log_previous_exception( exception_instance->previous ).
ENDMETHOD.
```

Listing 4.42 Sofortiges Beenden, wenn Eingabeparameter nicht gebunden sind

Dieser Schritt fügt eine Einrückung hinzu und durchbricht damit den visuellen Fluss. Besprechen Sie am besten mit Ihrem Team, ob Sie sich mit der CHECK-Variante wohlfühlen oder ob Sie die IF-RETURN-Variante verwenden wollen.

Wie auch immer Sie sich hier entscheiden, vermeiden Sie es, CHECK jenseits des Initialisierungsbereichs einer Methode zu verwenden. Die Anweisung hat sehr unterschiedliche Auswirkungen, je nachdem, wo sie verwendet wird, was zu unerwartetem Verhalten führen kann. Beispielsweise beendet CHECK innerhalb einer LOOP-Schleife den laufenden Schleifendurchgang und fährt mit dem nächsten Schleifendurchgang fort. Viele ABAP-Entwicklerinnen und -Entwickler erwarten intuitiv, dass CHECK die Schleife komplett abbrechen würde. An dieser Stelle ist es z. B. nachvollziehbarer, die IF-RETURN-Variante zu benutzen, um die Schleife abzubrechen. Um zum nächsten Schleifendurchgang zu springen, empfiehlt sich hier eine IF-Bedingung, bei deren Eintreten Sie mit der eindeutigeren CONTINUE-Anweisung den aktuellen Schleifendurchgang beenden.

4.4 Methoden aufrufen

Wir haben bereits einige Aspekte von Methodenaufrufen in ABAP angeschaut. Wir haben z. B. bereits besprochen, dass statische Methoden mit dem Doppelpfeil => aufgerufen werden, während der Einfachpfeil -> für Instanzmethoden verwendet wird.

Sie haben auch bereits gesehen, dass Interface-Methoden direkt genannt werden, wenn die Variable auf das Interface selbst deutet. Wenn die Variable jedoch einen anderen Typ hat, müssen Sie den Namen des Interface wiederholen, gefolgt von einer Tilde ~. Haben Sie z. B. wie in Listing 4.7 eine Variable my_thermal_switch mit dem Typ thermal_switch, können Sie die Methode is_on des Interface switchable wie folgt aufrufen:

```
DATA(is_on) = my_thermal_switch->switchable~is_on( ).
```

Klassen können Aliase definieren, um dieses Wiederholen des Interface-Namens zu vermeiden. Ein Beispiel haben Sie bereits in Abschnitt 3.1.2, »Klassen und Objekte«, gesehen. Für die Übergabe von Parametern haben Sie ebenfalls verschiedene Varianten kennengelernt. Diese richten sich danach, ob Sie IMPORTING-, EXPORTING-, CHANGING- oder RETURNING-Parameter verwenden. Im Folgenden betrachten wir nun einige weitere Richtlinien, wie Sie Methodenaufrufe möglichst einfach und verständlich gestalten.

4.4.1 Eingabeparameter übergeben

Listing 4.43 zeigt eine mögliche Definition der Methode split_text_into_lines, die wir in Listing 4.33 verwenden.

```
METHODS:
  split_text_into_lines
    IMPORTING
      text TYPE string
```

```
    columns_per_line TYPE int4 DEFAULT 40
  RETURNING
    VALUE(lines) TYPE string_table.
```

Listing 4.43 Definition der Methode split_text_into_lines

Wenn Sie eine Methode ausschließlich mit Eingabeparametern versorgen und ihren RETURNING-Parameter einer lokalen Variablen zuweisen möchten, können Sie die Methode einfach wie in Listing 4.44 gezeigt aufrufen.

```
DATA(lines) =
  split_text_into_lines(
    text             = text
    columns_per_line = 80 ).
```

Listing 4.44 Eine Methode mit IMPORTING- und RETURNING-Parameter aufrufen

Wenn Sie ausschließlich IMPORTING-Parameter an eine Methode übergeben und den RETURNING-Parameter in eine neue lokale Variable legen wollen, bietet sich die Aufrufvariante in Listing 4.45 an.

```
DATA(lines) =
  split_text_into_lines(
    EXPORTING
      text             = text
      columns_per_line = 80 ).
```

Listing 4.45 Explizite Nennung von EXPORTING

[+]

Vermeiden Sie das optionale Schlüsselwort EXPORTING

Wenn alle eingehenden Parameter einer Methode den Typ IMPORTING haben, ist das Schlüsselwort EXPORTING rein optional. Wir raten Ihnen dazu, es wegzulassen, denn es macht den Aufruf nur länger, ohne irgendwelche wissenswerte Information hinzuzufügen.

4.4.2 Ausgabeparameter empfangen

RETURNING-Parameter können Sie einfach einer Variablen zuweisen, wie in Listing 4.44 zu sehen.

ABAP erlaubt es allerdings auch, diese Parameter innerhalb der Klammern zu empfangen, wenn Sie das entsprechende Schlüsselwort RECEIVING verwenden, wie in Listing 4.46 zu sehen.

```
split_text_into_lines(
  EXPORTING
    text             = text
    columns_per_line = 80
  RECEIVING
    result           = DATA(lines) ).
```

Listing 4.46 Verwendung des Schlüsselworts RECEIVING

[»]

Vermeiden Sie das Schlüsselwort RECEIVING

Die Aufrufvariante mit RECEIVING ist unnötig lang und zwingt Sie, auch das eigentliche optionale EXPORTING für Eingabeparameter einzusetzen. Ihr Code wird einfacher lesbar, wenn Sie auf RECEIVING verzichten und den RETURNING-Parameter wie das Ergebnis einer Berechnung direkt empfangen.

Die EXPORTING-Parameter einer Methode werden beim Aufruf mithilfe des Schlüsselworts IMPORTING zugewiesen. Sie haben solche Aufrufe bereits früher gesehen, z. B. in Listing 4.19. Ein weiteres Beispiel ist in Listing 4.47 zu sehen, wo wir die Methode try_parse_int aus Listing 4.29 aufrufen.

```
try_parse_int(
  EXPORTING
    text    = `42`
  IMPORTING
    success = DATA(parse_succeeded)
    result  = DATA(parsed_int) ).
```

Listing 4.47 EXPORTING-Parameter mithilfe des IMPORTING-Schlüsselworts zuweisen

Wann immer Sie einen EXPORTING- oder CHANGING-Parameter benutzen, müssen Sie beim Aufruf die entsprechenden Schlüsselwörter IMPORTING und CHANGING verwenden, wie bereits in Abschnitt 4.2, »Parameter«, beschrieben.

4.4.3 Das Konstrukt CALL METHOD

ABAP kennt mit der Anweisung CALL METHOD einen weiteren Weg, Methoden aufzurufen. Dessen Struktur ist angelehnt an die Anweisung CALL FUNCTION zum Aufrufen von Funktionsbausteinen. Listing 4.48 zeigt ein Beispiel.

Diese Variante des Methodenaufrufs umschließt die Parameter nicht mit Klammern und zwingt Sie, die Schlüsselwörter IMPORTING, EXPORTING, CHANGING und RECEIVING immer zu verwenden.

```
CALL METHOD split_text_into_lines
  EXPORTING
    text   = text
  RECEIVING
    result = DATA(lines).
```

Listing 4.48 Die Verwendung von CALL METHOD

[!]

Nutzen Sie CALL METHOD nur für dynamische Aufrufe

Die Anweisung CALL METHOD ist nicht nur unnötig langatmig, sondern auch seit geraumer Zeit auf der Liste der obsoleten ABAP-Anweisungen zu finden. Verwenden Sie stattdessen besser die funktionsartige Variante mit Klammern, um Ihrem Code eine einheitliche und leicht lesbare Form zu geben.

Nutzen Sie CALL METHOD ausschließlich bei dynamischen Methodenaufrufen, also solchen, bei denen der Name der Klasse und/oder Methode erst zum Ausführungszeitpunkt feststeht, wie z. B. in Listing 4.49. Für solche dynamischen Aufrufe gibt es keine funktionsartige Notation.

```
CALL METHOD modify->(method_name)
  EXPORTING
    node           = my_bo_c=>node-item
    key            = item->key
    data           = item
    changed_fields = changed_fields.
```

Listing 4.49 CALL METHOD für dynamische Methodenaufrufe

Dynamische Methodenaufrufe wiederum sollten Sie nur dort anwenden, wo sie unumgänglich sind. Typensichere Interfaces sollten stets Ihre bevorzugte Wahl sein.

4.4.4 Optionale Parameternamen

Wenn eine Methode nur einen einzigen Eingabeparameter hat, oder mehrere optionale Eingabeparameter, von denen einer als PREFERRED PARAMETER gekennzeichnet ist, so kann die aufrufende Stelle den Parameternamen weglassen. Das verkürzt den Code sehr stark, geht aber bei guten Variablen- und Konstantennamen keineswegs zu Lasten der Verständlichkeit:

```
DATA(lines) = split_text_into_lines( text ).
```

Den Parameter in solchen Varianten zu nennen, ist möglich, aber oft sinnlos redundant:

```
DATA(lines) = split_text_into_lines( text = text ).
```

Manchmal lassen der Methodenname und der Wert allerdings keine Rückschlüsse zu, was da gerade wofür übergeben wird. In diesen Fällen kann es sinnvoll sein, den Parameter ausdrücklich zu nennen:

```
car->drive( speed = 50 ).
```

[+]

Nennen Sie optionale Parameter nur, wenn es die Verständlichkeit erhöht

Stellen Sie sicher, dass der Methodenaufruf verständlich ist. Nennen Sie Parameter nur, wenn es der Verständlichkeit des Codes dient. Vermeiden Sie die Wiederholung, wenn sie redundant ist und den Code nur unnötig aufbläht.

4.4.5 Selbstreferenzen

In jeder Instanzmethode stellt Ihnen ABAP mit der Selbstreferenz `me` automatisch einen Zeiger auf die aktuelle Klasseninstanz zur Verfügung. ABAP folgt damit dem Muster anderer objektorientierter Programmiersprachen, beispielsweise der Selbstreferenz `this` in Sprachen wie Java und C#.

Diese Selbstreferenz können Sie wiederum benutzen, um Methoden der aktuellen Klasse aufzurufen. Die Methode `log_exception` aus Listing 4.41 könnten Sie also unter Verwendung von `me` auch wie in Listing 4.50 schreiben.

```
METHOD log_exception.
  CHECK exception_instance IS BOUND.
  me->log_exception_header( exception_instance ).
  me->log_exception_body( exception_instance ).
  me->log_previous_exception( exception_instance->previous ).
ENDMETHOD.
```

Listing 4.50 Verwendung der Selbstreferenz me zum Aufrufen von Methoden

[+]

Vermeiden Sie me, wo nicht unbedingt nötig

Sie sollten die Selbstreferenz `me` nicht generell zum Aufrufen von Instanzkomponenten der Klasse nutzen. `me` ist oft redundant und bläht den Code auf, ohne Wesentliches zum Verständnis beizutragen.

Gelegentlich kommt es vor, dass eine lokale Variable denselben Namen trägt wie eine Instanzkomponente der Klasse. In diesem Fall müssen Sie `me` benutzen, um zu unterscheiden, ob Sie die Klassenkomponente oder die lokale Variable meinen.

Dieses »Überschatten« gleichnamiger Teile führt gerne zu unliebsamen Missverständnissen. In den meisten Methoden sollten Sie daher versuchen, solche Namenskonflikte zu vermeiden, indem Sie einfach andere passende Namen wählen. Eine Ausnahme bilden Methoden, die ausdrücklich zum Setzen der Klassenkomponenten da sind, also Konstruktoren und Setter. Dort ist diese Gleichbenennung sogar förderlich, da sie unmissverständlich klar macht, welche Komponente gerade gesetzt wird.

Ein Beispiel sehen Sie im Konstruktor der Klasse `step_fan` in Listing 4.51.

```
METHOD constructor.
  super->constructor( ).
  validate_step( step ).
  me->step = step.
ENDMETHOD.
```

Listing 4.51 Verwenden Sie me, um lokale Variablen von Klassenkomponenten zu unterscheiden.

4.5 Zusammenfassung

In diesem Kapitel haben wir einige wichtige Richtlinien betrachtet, wie Sie Methoden in ABAP lesbar entwerfen und benutzen können. Fassen wir die Punkte noch einmal zusammen.

Wir haben mit generellen Richtlinien zum Umgang mit objektorientierten Methoden begonnen:

- Nutzen Sie Instanzmethoden als Standard.
- Rufen Sie statische Methoden nicht über Instanzvariablen auf.
- Öffentliche Instanzmethoden sollten Teil eines Interface sein.
- Lassen Sie Vorsicht walten beim Redefinieren von Methoden.

Unsere Tour durch die Welt der Parameter hat uns zu den folgenden Punkten geführt:

- Minimieren Sie die Anzahl der Eingabeparameter.
- Teilen Sie Methoden eher auf, statt optionale Parameter hinzuzufügen.
- Nutzen Sie `PREFERRED PARAMETER` eher selten.
- Splitten Sie Methoden lieber, statt Boolesche Parameter einzuführen.
- Minimieren Sie die Anzahl der `EXPORTING`-Parameter.
- Nutzen Sie `RETURNING` statt `EXPORTING`.
- Verwenden Sie `result` als Standardname für `RETURNING`-Parameter.
- Nutzen Sie `CHANGING`-Parameter eher selten.
- Vermeiden Sie es, verschiedene Arten von Ausgabeparametern zu kombinieren.

- Weisen Sie `IMPORTING`-Parametern, die per Wert übergeben werden, keine neuen Werte zu.
- Beachten Sie die Besonderheiten von `EXPORTING`-Parametern; nutzen Sie Übergabe per Wert.
- `CHANGING`-Parameter mit Übergabe per Wert sind nicht sinnvoll.

In Abschnitt 4.3, »Methodeninhalt«, haben wir uns angeschaut, wie der Inhalt von Methoden aussehen sollte:

- Eine Methode sollte exakt eine Sache tun.
- Steigen Sie eine Abstraktionsstufe ab.
- Halten Sie Methoden klein.
- Scheitern Sie früh.
- Konzentrieren Sie sich entweder auf den Erfolgspfad oder auf die Fehlerbehandlung.

Zuletzt haben Sie in diesem Kapitel verschiedene Arten kennengelernt, wie Sie in ABAP Methoden aufrufen können:

- Vermeiden Sie das optionale Schlüsselwort `EXPORTING`.
- Lassen Sie `RECEIVING` weg.
- Nutzen Sie `CALL METHOD` nur für dynamische Aufrufe.
- Nennen Sie optionale Parameter nur, wenn es die Bedeutung klarer macht.
- Lassen Sie die Selbstreferenz `me` weg, wenn möglich.

Im nächsten Kapitel werden wir uns um ein essenzielles Thema kümmern: die Namensgebung. Sie werden lernen, wie wichtig gute Namen sind und wie stark sie die Lesbarkeit von ABAP-Code verbessern können.

Kapitel 5
Namen

Ein wichtiger Schritt auf der Reise zur Beantwortung der Frage »Was ist Clean ABAP?« ist die Frage »Was sind gute Namen?«. Was für die einen offensichtlich ist, stellt die anderen vor ein Rätsel.

Während sich die meisten Empfehlungen für Clean ABAP konfliktlos mit der gängigen Programmierpraxis verbinden lassen, kann es bei einigen Empfehlungen in diesem Kapitel zu Reibungen kommen. In diesem Kapitel geben wir Ihnen Empfehlungen für Namen, die die Bedeutung und Absicht des Codes verdeutlichen sollen, wodurch er leichter zu verstehen und besser zu warten ist.

Zugegeben: Namenskonventionen wirken manchmal wie nutzlose Bürden. Sie sind aber eine wichtige Zutat für ein friedliches Miteinander in einem Team von Entwicklern und Entwicklerinnen. Einerseits sorgen sie für Einheitlichkeit und erlauben es damit jedem Mitglied, sich im Code der anderen zu zurechtzufinden. Andererseits vermeiden sie Kollisionen, wie sie besonders bei ABAP gerne auftreten, und machen damit ständige Absprache überflüssig.

In diesem Kapitel konzentrieren wir uns darauf, was einen guten Namen ausmacht und beschreiben in Abschnitt 5.1, »Gute Namen«, viele gängige Muster. In Abschnitt 5.2, »Eigenheiten von ABAP«, schauen wir uns die Eigenheiten von ABAP bei der Namensgebung etwas genauer an. Abschnitt 5.3, »Affixe: Präfixe, Suffixe und Infixe«, gibt anschließend Tipps, wie Sie sinnvoll mit Präfixen und anderen -fixen umgehen können. Abschnitt 5.4, »Mit Legacy-Code umgehen«, schließlich gibt Ihnen einige Ratschläge, wie Sie gute Namen und Legacy-Code zusammenbringen.

5.1 Gute Namen

In diesem Abschnitt definieren wir, was einen guten Namen ausmacht. Wir betrachten dafür Aspekte wie Aussagekraft, Singular vs. Plural und Abkürzungen sowie einige Dinge, die Sie besser vermeiden sollten.

5.1.1 Aussagekräftige Namen

Ein aussagekräftiger oder beschreibender Name spiegelt nicht nur den Inhalt einer Sache wider, sondern auch ihre Bedeutung, und wird nicht nur von Eingeweihten, sondern auch von Außenstehenden schnell verstanden.

Hier einige Beispiele für aussagekräftige Namen:

- `CONSTANTS max_wait_time_in_seconds TYPE i.`
  Diese Konstante legt offenbar eine maximale Wartezeit in Sekunden fest.
- `DATA customizing_entries TYPE my_customizing_type.`
  Diese Variable enthält offenbar Customizing-Einträge.
- `CLASS /clean/user_preference_reader ...`
  Diese Klasse bietet offenbar Methoden zum Lesen von Benutzereinstellungen an.
- `METHODS read_user_preferences.`
  Diese Methode wird vermutlich die Einstellungen eines Benutzers auslesen.

Vermeiden Sie Namen, die Datentypen oder technische Details in den Mittelpunkt stellen. Dies lenkt Leser und Leserinnen von der eigentlichen Bedeutung ab. Die folgenden Beispiele zeigen, wie schlechte Namen das Verständnis erschweren:

- `CONSTANTS sysubrc_04 TYPE sysubrc ...`
  Was bedeutet der Wert `04` und warum ist er hier wichtig für uns? Dieser Name lässt uns im Dunkeln.
- `DATA iso3166tab TYPE STANDARD TABLE ...`
  Das Wort `iso3166tab` klingt sehr technisch. Was ist seine Bedeutung? Leser und Leserinnen müssen zunächst den genannten ISO-Standard nachschlagen, um sich die Bedeutung zusammenzureimen. Das lenkt sie von ihrem eigentlichen Ziel ab: den Code lesen und verstehen.
- `METHODS read_t005 ...`
  Diese Methode liest vermutlich technische Daten der Art `t005`. Aber um welche Daten handelt es sich dabei?
- `CLASS /dirty/t005_reader ...`
  Auch diese Klasse scheint `t005`-Daten zu lesen. Aber wozu brauchen wir sie? Wir müssen erst über mehrere Ebenen in die Definition der Datenbanktabelle abtauchen, um herauszufinden, dass es um Länder geht.

Versuchen Sie nicht, schlechte Namen durch Kommentare zu kompensieren, die die Bedeutung erläutern. Ändern Sie lieber die Namen selbst, sodass solche Kommentare überflüssig werden. Viele Kommentare dienen als Ersatz, weshalb wir uns in Kapitel 9 genauer anschauen, welche Kommentare sinnvoll sind und welche nicht.

5.1.2 Domänenbegriffe

Aussagekräftige Namen helfen allen Projektmitgliedern. Wählen Sie Begriffe aus der Lösungsdomäne oder der Problemdomäne, um die Bedeutung im Projekt deutlich zu machen.

Gute Namen zu finden, kann Zeit kosten. Das Ergebnis ist aber den Einsatz wert: verständlicher Code, effizienter Wissenstransfer, weniger Fehler durch Missverständnisse, schnelleres Wiedereinlesen in alten Code bei der Wartung. Alle, die später mit dem Code zu tun haben, profitieren von guten Namen.

Manchmal finden Sie mühelos gute Namen, da Sie über wohlbekannte Dinge oder Problemstellungen sprechen. Geläufige Begriffe wie `queue` oder `tree` aus der Informatik können beispielsweise komplexe Datenstrukturen mit einem einzigen Wort vermitteln. Gleiches gilt für geläufige Begriffe aus der Geschäftswelt, wie `account` für »Konto« oder `ledger` für »Hauptbuch«.

Oft genug werden Sie es aber auch mit Dingen zu tun haben, die Sie zum ersten Mal machen und für die Sie sich neue Namen ausdenken müssen, z. B. ein `draft_activator`. Eine schnelle Brainstorming-Runde im Team ist hier oft pragmatischer als eine Forschungsexkursion in die Germanistik oder Anglistik.

Schichten und Komponenten, in denen es hauptsächlich um Geschäftslogik geht, klingen am besten, wenn sie auch Namen aus der Geschäftsdomäne – also der Problemdomäne – verwenden. Das gilt insbesondere für Komponenten, die wir mit Domain-Driven Design entwerfen, für Programmierschnittstellen (Application Programming Interfaces, APIs) und Business-Objekte. Wir stellen damit nicht nur die Bedeutung der Schicht oder Komponente klar, sondern auch, welche anders gelagerten Objekte dort besser nicht hingehören.

Domain-Driven Design und ubiquitäre Sprache

In seinem Buch *Domain-Driven Design: Tackling Complexity in the Heart of Software* (Addison Wesley, 2003) verwendet Eric Evans den Begriff der »ubiquitären Sprache« für eine gemeinsame Fachsprache, die alle Beteiligten eines Projekts sprechen und die es verschiedenen Gruppen wie Entwicklerinnen und Domänenexperten ermöglicht, Ideen auszutauschen.

Schichten und Komponenten, die hauptsächlich technische Funktionalität bieten, z. B. Factory-Klassen oder abstrakte Algorithmen, klingen am besten, wenn Sie Namen aus der technischen Domäne – also der Lösungsdomäne – verwenden. Dies erlaubt es Beteiligten mit technischen Fertigkeiten, sich auszutauschen, und vereinfacht auch die Suche nach bestimmten Artefakten in den verwendeten Programmiermustern.

Erfinden Sie keine eigene Sprache. Sie wollen in der Lage sein, Informationen zwischen so verschiedenartigen Gruppen wie Entwicklerinnen, Product Ownern, Partnern und Kunden auszutauschen, ohne ständig in einem selbstkonstruierten Wörterbuch blättern zu müssen.

5.1.3 Plural oder Singular?

Wenn Sie Plural oder Singular passend einsetzen, können Sie die Kardinalität einer Sache direkt aus dem Code auslesen, ohne jedes Mal in der Datendefinition nachschauen zu müssen. Viele Modellierungen unterscheiden Kardinalitäten ziemlich genau, z. B. 1, 0..1, * oder 1..* in UML. Bei Namen im Code genügt es jedoch ganz allgemein, zwischen dem Singular (1) und dem Plural (0..*) zu unterscheiden.

Die Unterscheidung von z. B. `countries` und `country` erlaubt es Ihnen, schnell die grobe Bedeutung zu erfassen, ohne gleich die Definition des Datentyps nachschauen zu müssen. Listing 5.1 veranschaulicht das an einem typischen Beispiel.

```
DATA countries TYPE something.
DATA country   TYPE REF TO something_else.

LOOP AT countries REFERENCE INTO country.
  " Do Something
ENDLOOP.
```

Listing 5.1 Singular und Plural machen Unterschiede in der Bedeutung klarer.

Dieser Rat betrifft vor allem die Namen einfacher Objekte wie Variablen oder Attribute einer Klasse. Für Entwicklungsobjekte gibt es oft eigene etablierte Schemata, und hier ergibt es mehr Sinn, sich an diese zu halten. Datenbanktabellen werden beispielsweise üblicherweise im Singular benannt, und es wäre verwirrend, plötzlich damit zu brechen.

5.1.4 Abkürzungen

Bei Abkürzungen gilt: Ausschreiben ist besser. Wenn Sie genug Platz haben, schreiben Sie die Namen voll aus. Fangen Sie erst an abzukürzen, wenn Sie an Längenbeschränkungen stoßen. Beachten Sie dabei die folgenden Punkte:

- **Kürzen Sie die unwichtigen Dinge zuerst ab.**
  Abkürzungen wirken auf den ersten Blick effizient, können aber schnell zu Missverständnissen führen. Steht `cust` für Customizing, oder doch für Customer oder gar Custom? Alle drei finden Sie häufiger in SAP-Programmen.

- **Vermeiden Sie existierende, geläufige Abkürzungen.**
  Natürlich können Sie neue Abkürzungen erfinden, aber oft übersieht man dabei, dass es dieselbe Abkürzung bereits mit anderen Bedeutungen gibt. Steht »ATP« nun z. B. für »after tax profit«, »available to promise« oder »asynchronous terminal processing«? Solche mehrdeutigen Abkürzungen verwirren besonders Leserinnen und Leser mit einem breiten Wissen. Sämtliche Überschneidungen zu vermeiden, ist natürlich unmöglich. Aber vermeiden Sie wenigstens, dieselbe Abkürzung mehrfach in Ihrem eigenen Projekt zu verwenden.
- **Benutzen Sie überall konsequent dieselben Abkürzungen.**
  Sie und andere werden Ihren Code später oft nach Stichworten durchsuchen, sei es, um einen Fehler zu analysieren, während des Refactorings oder einfach nur, um etwas nachzuschauen. All diese Dinge werden einfacher, wenn Sie Abkürzungen konsequent einheitlich benutzen. Kürzen Sie beispielsweise »marketing« ausschließlich als »mktg« ab, nicht auch noch manchmal als »mkt« und anderswo als »mrktng«.

5.1.5 Klassen und Methoden benennen

In der objektorientierten Programmierung benutzen Sie Objekte und Aktionen. Nomen und Verben repräsentieren diese beiden Konzepte auf natürliche Weise. Nutzen Sie die beiden Wortarten konsistent, um Ihren Leserinnen und Lesern zu helfen, die semantische Bedeutung direkt zu erfassen, ohne die Deklarationen nachschauen zu müssen.

Nutzen Sie Nomen oder Nominalphrasen, um Klassen, Interfaces und Objekte zu benennen:

- `CLASS account`
- `CLASS user_preferences`
- `INTERFACE customizing_reader`

Nutzen Sie Verben oder Verbalphrasen für Methoden, z. B.:

- `METHODS withdraw`
- `METHODS add_message`
- `METHODS read_entries`

Boolesche Methoden fügen sich am besten ein, wenn sie mit »is« oder »has« beginnen:

```
IF is_empty( table ).
```

Funktionsbausteine sollten Sie wie Methoden behandeln:

```
FUNCTION /clean/read_alerts
```

5.1.6 Rauschwörter

Rauschwörter beim Schreiben sind wie Füllwörter wie »äh« oder »hm« beim Sprechen: Sie blähen den Code ohne Mehrwert auf, behindern den Lesefluss und letztlich das Verstehen. Typische Rauschwörter sind `data`, `info`, `object` oder `variable`. Einfache Begriffe wie `account` und `alert` sind z. B. völlig ausreichend; sie zu `account_data` oder `alert_object` aufzublähen, ist überflüssig.

Manchmal sind Rauschwörter auch notwendige, aber leider schlecht gewählte Zusätze. Machen Sie sich dann auf die Suche nach spezifischeren Begriffen, z. B.:

- `user_preferences` statt `user_info`
- `response_time_in_seconds` statt `response_time_variable`

5.1.7 Konsistente Begriffe

Sie haben in den Beispielen aus den vorherigen Abschnitten bereits mehrfach gesehen, dass Konsistenz eine wichtige Zutat für sauberen Code ist. Seien Sie auch in der Begriffswahl selbst konsistent. Manche argumentieren, dass die Verwendung vielseitiger Synonyme keinen Einfluss auf das Verständnis hat, oder sogar stilistisch ansprechend wirkt. Tatsächlich lenkt es ab und macht Prozesse wie das Refactoring schwieriger.

Die Begriffe `get`, `fetch`, `read`, `retrieve` und `query` beschreiben z. B. alle mehr oder weniger dieselbe Aktion: das Beschaffen von Daten. Diese Begriffe nach Belieben im Code durcheinander zu mischen, ist jedoch nicht sinnvoll. Wählen Sie *einen* Begriff pro Konzept und halten Sie sich daran. Synonyme verunsichern den Leser oder die Leserin; er oder sie macht sich dann auf die Suche nach einem Unterschied, der gar nicht existiert.

Die folgenden Methoden sind z. B. einheitlich und machen dadurch klar, dass in jeder Methode im Wesentlichen das Gleiche passiert, nur vermutlich für andere Arten von Daten:

```
METHODS read_this.
METHODS read_that.
METHODS read_those.
```

Nennen Sie die Methoden unterschiedlich, werden Sie feststellen, dass Sie sich unbewusst auf die Suche nach den Unterschieden machen:

```
METHODS read_this.
METHODS retrieve_that.
METHODS query_those.
```

5.1.8 Entwurfsmuster im Code

In Ihrer Programmierlaufbahn haben Sie viele verschiedene Entwurfsmuster kennengelernt, z. B. Singleton, Factory, Façade, Composite, Decorator, Iterator, Observer und Strategy.

Benutzen Sie die Namen dieser Entwurfsmuster nur dann, wenn Sie auch tatsächlich das entsprechende Muster meinen. Nennen Sie beispielsweise Ihre Klasse nur dann `file_factory`, wenn sie auch tatsächlich das Entwurfsmuster Factory implementiert. Ansonsten wecken Sie bei den Leserinnen und Lesern Erwartungen, die gar nicht zutreffen und in die Irre führen.

5.1.9 Ungarische Notation und andere Präfixe

Unter *Ungarischer Notation* verstehen wir die häufig anzutreffende Praxis, Variablen und andere Programmierelemente mit Präfixen zu versehen, die ihren Datentyp oder andere technische Details widerspiegeln.

Diese Notation fasste in einer Zeit Fuß, als Code noch ausgedruckt und auf Papier gelesen wurde. Damals konnten Entwickler und Entwicklerinnen nicht einfach mal eben zur Datendeklaration abspringen und mussten aus dem Text selbst sofort erkennen können, worum genau es sich handelte.

Moderne Entwicklungsobjekte wie die ABAP Development Tools (ADT) machen diese Vorgehensweise überflüssig. Sie bieten vielfältige Möglichkeiten, sich schnell weitere Informationen zu einem beliebigen Programmelement anzeigen zu lassen. Präfixe und andere -fixe helfen heutzutage also nicht mehr beim Verständnis, sondern stehen eher im Weg und müssen regelrecht »weggelesen« werden, um die eigentliche Bedeutung des Codes zu erfassen.

ABAP in älteren Programmierumgebungen wie der Transaktion SE80 zu entwickeln, ist nicht ganz so bequem; wir empfehlen Ihnen deshalb nachdrücklich, den neueren ADT eine Chance zu geben. Generell raten wir Ihnen dazu, jegliche Art von codierenden Präfixen zu vermeiden. Der folgende Code ist beispielsweise ohne Präfixe sehr gut verständlich:

```
METHOD add_two_numbers.
  result = a + b.
ENDMETHOD.
```

Und er ist sogar leichter zu lesen als die Variante mit Präfixen:

```
METHOD add_two_numbers.
  rv_result = iv_a + iv_b.
ENDMETHOD.
```

An manchen Stellen machen Namenszusätze aber nach wie vor Sinn. Abschnitt 5.3, »Affixe: Präfixe, Suffixe und Infixe«, geht auf einige davon näher ein.

5.2 Eigenheiten von ABAP

ABAP blickt auf eine lange Geschichte zurück. Es läuft auf vielen verschiedenen Systemen und sollte doch zu jeder Zeit rückwärtskompatibel bleiben. Über die Zeit sind dadurch einige Eigenarten entstanden, die viele ABAP-Entwickler und -Entwicklerinnen als selbstverständlich hinnehmen. In diesem Abschnitt wollen wir trotzdem einen Blick auf sie werfen und sie kritisch hinterfragen.

5.2.1 Objektgruppen mit Namenskollisionen

Die Namen von Entwicklungsobjekten unterliegen in ABAP verschiedenen Bedingungen: Sie haben z. B. nur 16 Zeichen Platz, um eine Datenbanktabelle zu benennen, und 30 Zeichen für eine Klasse. Diese Längenbeschränkungen können es schwierig machen, aussagekräftige Namen zu finden.

Darüber hinaus teilen sich viele Entwicklungsobjekte einen gemeinsamen Namensraum. Die folgenden Gruppen von Objekten tendieren dazu, sich bei der Namensgebung gegenseitig in die Quere zu kommen:

- Datenelemente, Strukturen, Tabellentypen, Views und Datenbanktabellen
- Suchhilfen für Einzelelemente und Gruppen
- Klassen und Interfaces

Es ist beispielsweise nicht möglich, ein Datenelement und eine Datenstruktur oder eine Klasse und ein Interface mit demselben Namen anzulegen. Zwischen den Gruppen darf es aber durchaus Überschneidungen geben. Sie könnten also z. B. durchaus eine Klasse `user` und eine Datenbanktabelle `user` haben. Wie Sie mit diesen Bedingungen umgehen sollten, indem Sie (ausnahmsweise) Präfixe oder ähnliches nutzen, zeigen wir Ihnen in Abschnitt 5.3 genauer.

5.2.2 Snake Case oder Camel Case?

Der wichtigste Punkt vorweg: ABAP unterscheidet nicht zwischen Groß- und Kleinschreibung. Der folgende Code wird also trotz der unterschiedlichen Schreibweise von `counter` tadellos funktionieren:

```
DATA counter type I VALUE 0.
COUNTER = CoUnTer + 1.
```

Sie könnten diesen Code mithilfe des *Pretty Printer* wie in Abbildung 5.1 gezeigt nach eigenen Vorlieben umformatieren, ohne die Funktionsfähigkeit des Codes zu beeinflussen. Mehr zum Pretty Printer erfahren Sie übrigens in Abschnitt 10.3.

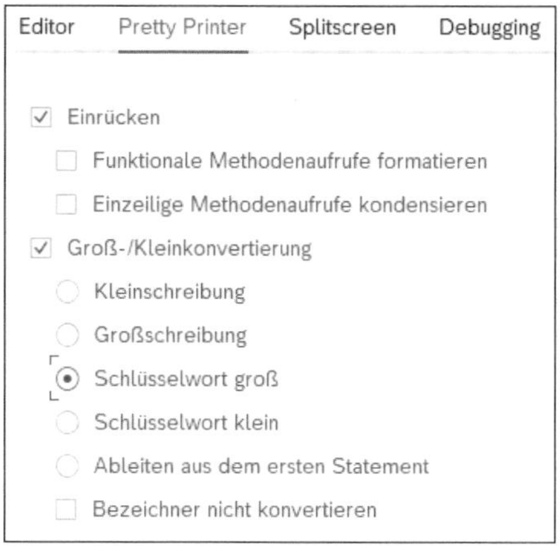

Abbildung 5.1 Beispiel aus den ABAP-Pretty-Printer-Einstellungen

Aus diesem Grund wird Snake Case in ABAP allgemein dem Camel Case vorgezogen, d. h., es werden Unterstriche statt Großbuchstaben verwendet, um Wortgrenzen hervorzuheben. Eine Ausnahme bilden die Views der Core Data Services (CDS), bei denen wir uns an die Namenskonvention von SAP für Virtual Data Models halten, siehe auch *http://s-prs.co/v519005*. Tabelle 5.1 verdeutlicht, warum: Der Name in Snake Case ist trotz Umformatierung leichter lesbar.

Originalcode	Umformatierter Code
request_processor	REQUEST_PROCESSOR
requestProcessor	REQUESTPROCESSOR

Tabelle 5.1 Snake Case und Camel Case nach der Umformatierung

5.3 Affixe: Präfixe, Suffixe und Infixe

Ein *Affix* ist ein Wortzusatz – ein Wort, eine Abkürzung oder ein Akronym –, den wir konsistent in Namen einsetzen. Affixe können als Präfix am Anfang stehen, als Suffix am Ende oder als Infix irgendwo in der Mitte. Affixe dienen den folgenden Zielen:

- Namenskonflikte vermeiden
- Code lesbarer machen
- Suche vereinfachen
- Aufmerksamkeit auf kritische Bereiche lenken

Obwohl Sie die Ungarische Notation vermeiden sollten, können bestimmte Affixe in bestimmten Bereichen Vorteile bieten. Die folgenden Abschnitte erläutern, wo Affixe hilfreich oder sogar unbedingt notwendig sind und wo Sie getrost auf sie verzichten können.

5.3.1 Notwendige Affixe

In Abschnitt 5.2.1 haben wir Sie bereits auf Gruppen von Objekten hingewiesen, die in demselben Namensraum liegen und deren Namen dadurch miteinander kollidieren können. Tabelle 5.2 führt Präfixe auf, die dem entgegenwirken. Zwar zwingt Sie ABAP nicht, solche Präfixe einzuhalten, wir halten sie jedoch für sehr sinnvoll, wenn nicht sogar notwendig. Einige Beispiele für notwendige Präfixe sind:

- `ACMED_PRODUCT`
  Eine Datenbanktabelle, die Produkte enthält
- `ACMEV_PRODUCTS`
  Ein View, der Produkte darstellt
- `ACMET_PRODUCTS`
  Ein Tabellentyp für Tabellen mit Produktdaten
- `ACMES_PRODUCT`
  Eine Datenstruktur für Produktdaten

Konvention	Zweck
Präfix Ihrer Komponente, Ihres Bereichs oder Ihres Projekts, z. B. `ACME`. Manche Komponenten schließen dieses Präfix der Lesbarkeit halber mit einem Unterstrich ab, z. B. `ACME_`.	Dieser Zusatz verhindert Kollisionen im ABAP Dictionary, wenn etwa mehrere Komponenten ein `product` kennen und eine entsprechend benannte Datenbanktabelle benötigen.
Einzelnes Zeichen, das den Typ des Objekts im ABAP Dictionary codiert: ▪ `T`: Tabelle(ntyp) ▪ `S`: Struktur ▪ `V`: View ▪ `D`: Datenbanktabelle ▪ `C`: Customizing-Tabelle ▪ `I`: Systemtabelle (intern)	Dieser Zusatz verhindert Namenskonflikte zwischen verschiedenen Datentypen, die sich im ABAP Dictionary in demselben Namensraum bewegen.

Tabelle 5.2 Notwendige Affixe

5.3.2 Nützliche Affixe

Einige Affixe sind nicht notwendig, können den Code aber klarer machen, indem sie die Absicht hinter einem Objekt und was von ihm zu erwarten ist verdeutlichen. Unsere Empfehlungen finden Sie in Tabelle 5.3.

Konvention	Zweck
Paketschnittstellen mit den Suffixen PIF, IIF oder RIF	Sie klären die erlaubte Verwendung der Paketschnittstelle: **P**ublic (öffentlich), **I**nternal (intern) oder **R**estricted (eingeschränkt). Mehr zu Paketen und ihren Schnittstellen finden Sie in Kapitel 13.
Konstantenklassen mit dem Suffix _C	Damit vermeiden Sie längere Formulierungen wie _CONSTANTS oder _CONST. Der einzelne Buchstabe lässt mehr Zeichen für einen besseren Eigennamen.
Testklassen mit den Präfixen TD_, TH_ oder TH_	Diese Präfixe stehen für **T**est **D**ouble, **T**est **H**elper und **T**est **C**lass.
Klassen ohne Präfix	Ein generelles Präfix CL_ für alle Klassen ist nicht notwendig; wir empfehlen Ihnen, darauf zu verzichten und die frei werdenden Zeichen für einen besseren Eigennamen zu verwenden. Dies gilt vor allem, wenn Sie die Präfixe für Testklassen konsequent verwenden.
Interfaces mit dem Präfix IF_	Hiermit können Sie Interfaces hervorheben, um sie leicht zu finden.
Ausnahmeklassen mit dem Präfix CX_	Hiermit können Sie Ausnahmen hervorheben, um sie leichter zu finden.
Business Add-ins (BAdIs) mit den Präfixen BD_, BX_ oder BI_	Mit diesen Präfixen unterscheiden Sie zwischen der Standardimplementierung (**B**AdI **D**efault), der Beispielimplementierung (**B**AdI E**x**ample) und der Implementierung (**B**AdI **I**mplementation).

Tabelle 5.3 Nützliche Affixe

[«]

Präfixe für Interfaces oder für Klassen

Ihnen mag es ungewöhnlich vorkommen, dass wir IF_ als Präfix für Interfaces vorschlagen, für Klassen aber kein entsprechendes Präfix CL_. Je häufiger eine Objektart vorkommt, desto schwieriger wird es, innerhalb der Zeichenbeschränkung gute, eindeutige Namen zu finden. Unserer Erfahrung nach gibt es mehr Klassen als Interfaces, z. B., weil ein Interface oft von mehreren Klassen implementiert wird. Wir schlagen deshalb vor, eher bei den Klassen als bei den Interfaces an Präfixen zu sparen. Umgekehrt hebt das Präfix die wichtigeren Interfaces etwas hervor und macht es leichter, nach ihnen zu suchen.

Sehen Sie sich die folgenden Beispiele für eine sinnvolle Verwendung von Affixen an:

- `IF_MY_CLEAN_API`
  Das Interface der Schnittstelle My Clean API
- `MY_CLEAN_API`
  Die Implementierung von My Clean API
- `MY_CLEAN_API_C`
  Konstanten, die in My Clean API vorkommen
- `TD_MY_CLEAN_API`
  Ein Test-Double, das My Clean API in Unit Tests ersetzt
- `CX_MY_CLEAN_API_IMPROPER_INPUT`
  Eine Ausnahme, die My Clean API als Antwort auf fehlerhafte Eingaben zurückgibt

5.3.3 Unnütze Affixe

Zu guter Letzt möchten wir noch kurz auf unnötige oder gar schädliche Affixe eingehen. Grundsätzlich sollten Sie auf die Ungarische Notation für Variablen, Methodenparameter, Klassenattribute und Konstanten verzichten. Außerdem empfehlen wir Ihnen, auf die folgenden Präfixe zu verzichten:

- Präfixe wie `LC_`, `LCL_` oder `LIF_` für lokale Klassen und Interfaces. Im lokalen Namensraum innerhalb einer Klasse können Sie Interfaces und Klassen ohne Zusätze benennen, da Sie keine Konflikte vermeiden müssen. Nutzen Sie die frei gewordenen Zeichen lieber für aussagekräftige Namen.
- Präfixe wie `CM_` für Nachrichtenklassen, wie Sie sie in Transaktion SE91 pflegen. Nachrichtenklassen bilden einen eigenen Namensraum. Das Präfix selbst bietet hier keinen Mehrwert.
- `ES_` oder `ESC_` für Enhancement Spot oder Composite Enhancement Spot. Die Unterscheidung ist für gewöhnlich nicht nötig.

5.4 Mit Legacy-Code umgehen

Wenn Sie komplett neuen Code schreiben, ist es recht einfach, neue Namenskonventionen einzuführen und einzuhalten. Schwieriger wird es, wenn Sie auch mit Legacy-Code arbeiten müssen. Besprechen Sie unbedingt mit Ihrem Team, wie Sie mit diesem Thema umgehen möchten. Wir machen im Folgenden einige Vorschläge, einen Königsweg gibt es jedoch nicht.

Die folgenden Ideen haben wir lose von »progressiv-änderungsfreudig« zu »konservativ-erhaltend« geordnet:

1. Wann immer Sie etwas ändern, halten Sie die neue Namenskonvention ein und folgen Sie der Pfadfinderregel, um den angrenzenden Code ein wenig in die gleiche Richtung zu entwickeln. Nutzen Sie die Refactoring-Hilfsmittel der ABAP Development Tools, um Umbenennungen ohne großen Aufwand umzusetzen.
2. Wenden Sie die neue Namenskonvention auf alle Teile in der Klasse an, die `PRIVATE` sind, d. h., lassen Sie die öffentlichen Methoden unverändert.
3. Wenden Sie die neue Namenskonvention ausschließlich auf die Elemente an, die Sie neu anlegen.
4. Wenden Sie die neue Namenskonvention nur auf den Test-Code an.
5. Halten Sie sich im Legacy-Code an die alte Namenskonvention und befolgen Sie diese auch, wenn Sie darin neue Dinge anlegen.

Um Überraschungen zu vermeiden, sollten Sie sich mit Ihrem Team nicht nur auf ein Vorgehen einigen, sondern auch Bedingungen oder Schwellenwerte festlegen. Sie könnten sich z. B. auf die folgenden Regeln einigen:

- Wenn wir nur einzelne Zeilen ändern, bleiben wir bei der alten Konvention.
- Wenn wir mehr als 80 % ändern, setzen wir die neue Konvention ein.

Bei kritischen Objekten wie APIs und BAdIs, die von Außenstehenden konsumiert werden, sollten Sie natürlich besonders umsichtig vorgehen. Hier ist es im Zweifelsfall sicherer, beim alten Format zu bleiben. Wollen Sie progressiv vorgehen, können Sie z. B. die alte Schnittstelle aushöhlen und in jeder Methode sofort eine andere Klasse aufrufen, in der Sie dann die neuen Konventionen umsetzen.

5.5 Zusammenfassung

Jeder Entwickler und jede Entwicklerin hat einen eigenen Wissens- und Erfahrungsschatz und damit eigene Ansichten. Nehmen Sie sich deshalb die Zeit und besprechen Sie mit Ihrem Team, was für Sie gute Namen sind. Seien Sie auch bereit, für einzelne Namen mehrere Runden zu drehen, bis Sie eine Variante gefunden haben, die für alle leicht verständlich ist. Gute Namen können einen gewaltigen Unterschied machen zwischen klarem, lesbarem Code, den alle ohne großes Nachdenken analysieren, reparieren und erweitern können, und komplexem, verwirrendem Code, der eine steile Lern- und Gewöhnungskurve voraussetzt, bevor Sie mit ihm arbeiten können.

In diesem Kapitel haben Sie folgende Regeln gelernt:

- Wählen Sie aussagekräftige Namen.
- Verwenden Sie Begriffe aus der Domäne.
- Verwenden Sie Singular und Plural entsprechend, um Kardinalitäten zu unterscheiden.
- Kürzen Sie eher nicht ab und wenn doch, dann zumindest einheitlich.
- Benennen Sie Klassen nach Nomen, Methoden nach Verben.
- Vermeiden Sie Rauschwörter.
- Nutzen Sie einheitliche Begriffe statt vielfältiger Synonyme.
- Nutzen Sie die Namen von Entwurfsmustern nur, wenn Sie auch wirklich diese Muster meinen.
- Vermeiden Sie die Ungarische Notation.
- Passen Sie auf Namenskonflikte auf.
- Nutzen Sie Snake Case.
- Nutzen Sie Affixe sorgsam.
- Besprechen Sie mit dem Team, wie Sie mit Legacy-Code umgehen wollen.

Nachdem wir nun Namen ganz allgemein betrachtet haben, schauen wir uns im nächsten Kapitel genauer an, was diese Regeln für Variablen und Literale bedeuten.

Kapitel 6
Variablen und Literale

Variablen machen einen großen Teil unseres Codes aus. Als fundamentales Element einer Programmiersprache dienen sie zur Ablage von Zwischenzuständen von Objekten. Dieses Kapitel zeigt, dass Sie Variablen bewusst einsetzen sollten, um Ihren Code verständlich zu machen. Denn bei Variablen gilt oft: Mehr ist mehr.

Die Hauptverarbeitungen in ABAP-Code finden in Methoden, Programmen, Formroutinen und Funktionsbausteinen statt. Während sich diese Elemente äußerlich strukturell unterscheiden, sehen sie im Inneren oft sehr ähnlich aus: Am Anfang eines entsprechenden Code-Blocks wird für gewöhnlich erst einmal eine Liste von Variablen deklariert, die dann im Folgenden zum Einsatz kommt. Einerseits stellt so eine Liste eine Art Vorschau auf den kommenden Code dar. Andererseits besteht diese Vorschau oft aus so vielen Details, dass sie die Leserin oder den Leser überwältigen kann. In diesem Kapitel zeigen wir, wie stark Variablen die Lesbarkeit unseres Codes bestimmen und wie Sie das zu Ihrem Vorteil nutzen können.

In Abschnitt 6.1, »Variablen«, schauen wir uns zunächst noch einmal an, was Variablen sind und wie sie deklariert werden. Sie werden sehen, dass es schon bei einfachsten Variablen einiges zu beachten gibt. In Abschnitt 6.2, »Konstanten«, gehen wir anschließend auf Konstanten ein und erklären, wie Sie diese am besten an zentralen Stellen auffindbar und wiederverwendbar unterbringen.

Die darauffolgenden Abschnitte befassen sich dann ausführlicher mit bestimmten Typen von Variablen: Strings in Abschnitt 6.3, »Zeichenketten«, und Boolesche Variablen in Abschnitt 6.4, »Boolesche Ausdrücke«. Beide Typen weisen Besonderheiten im Hinblick auf Clean Code auf, auf die wir in diesen Abschnitten eingehen.

Abschnitt 6.5, »Reguläre Ausdrücke«, nimmt reguläre Ausdrücke und deren Verwendung genauer unter die Lupe. Wir klären insbesondere, wie Sie diese mächtigen Werkzeuge zum Validieren, Suchen und Vergleichen so einsetzen, dass sie für die Leserinnen und Leser Ihres Codes verständlich bleiben. In Abschnitt 6.6, »Das Schlüsselwort REDUCE«, schauen wir uns schließlich den Operator `REDUCE` an, eine der neueren Ergänzungen des ABAP-Sprachumfangs. Seine Verwendung erfordert ein wenig Feingefühl, wenn Ihr Code gleichzeitig verständlich bleiben soll.

6.1 Variablen

Variablen sind ein wesentliches Element in allen Programmiersprachen. Sie legen darin transiente Zustände ab, die Sie später im Code wieder aufgreifen. ABAP bietet verschiedene Möglichkeiten, Variablen zu deklarieren und mit ihnen zu arbeiten. In diesem Abschnitt teilen wir einige Erkenntnisse, die sich besonders positiv auf die Lesbarkeit und Wartbarkeit Ihres Codes auswirken können.

6.1.1 Variablen deklarieren

Über mehrere Jahrzehnte hinweg wurde ABAP-Code so programmiert, dass alle Variablen am Anfang eines Code-Blocks deklariert wurden, so wie in Listing 6.1 zu sehen. Das Ergebnis ist eine Art Übersicht über bzw. eine Vorschau auf den anschließenden Code. Eine lange Liste von Variablen kündigt an, dass gleich eine Menge Code folgen wird.

```
DATA: lt_item            TYPE standard table of ty_item,
      lv_sold_to         TYPE sold_to_id,
      lv_county          TYPE i,
      ls_logical_control TYPE tcs_control,
      ls_item            TYPE ty_item.
```

Listing 6.1 Eine Liste von verketteten Variablendeklarationen

Eine lange Methode zu verstehen, ist schon für sich genommen eine schwierige Aufgabe. Eine lange Variablenliste am Anfang macht diese Aufgabe noch schwieriger, denn Sie müssen sich entweder eine Menge Details über Typen und Variationen der Variablen merken oder ständig zwischen Ihrer Leseposition und dem Anfang der Methode hin und her springen, um nachzuschauen. Natürlich erleichtert Ihnen die Entwicklungsumgebung das Springen, aber es unterbricht trotzdem Ihren Lesefluss und Sie müssen sich immer wieder neu orientieren.

Wenn Sie den Empfehlungen von Clean ABAP folgen, werden Ihre Methoden deutlich kürzer und dadurch von Natur aus leichter zu verstehen. Aber selbst in kurzen Methoden müssen Sie noch Variablen deklarieren. Wir empfehlen, Variablen wann immer möglich mit der Anweisung `DATA(...)` *inline*, also direkt in der Zeile ihrer ersten Verwendung, zu deklarieren. Die Inline-Deklaration als Variante der `DATA`-Anweisung gibt es seit ABAP 7.40. Sie beinhaltet automatische Typenableitung, das heißt, Sie müssen den Datentyp und seine Details nicht mehr wiederholen, wenn der ABAP Compiler diese aus dem Kontext eindeutig ermitteln kann. Im folgenden Beispiel kann der Typ der Variable `messages` vom `RETURNING`-Parameter der Methode `get_messages` übernommen werden:

```
DATA(messages) = container->get_messages( ).
```

Die Variable `messages` in einer Extrazeile vorab zu deklarieren, böte an dieser Stelle keinen Vorteil. Die Inline-Deklaration reduziert die Komplexität des Codes, denn Leserinnen und Leser müssen den exakten Typ der Variable keineswegs kennen, um zu verstehen, dass sie Nachrichten enthält. Nutzen Sie daher, soweit möglich, solche Inline-Deklarationen.

Einige Methoden und Funktionsbausteine nutzen `EXPORTING`-Parameter mit einem generischem Typ. In diesen Fällen kann ABAP den Datentyp nicht automatisch herleiten, sondern er ist eine Vorbedingung für den Aufruf der Methode. Überlegen Sie, an diesen Stellen auf `RETURNING`-Parameter umzustellen. Falls das nicht möglich oder sinnvoll ist, z. B. weil die Nutzung des generischen Datentyps ein notwendiger Griff in die Trickkiste ist, bleiben Sie bei der Vorabdeklaration der Variablen.

Andere Beispiele für nicht ableitbare Datentypen sind `TABLES`-Parameter in Funktionsbausteinen. Verschalen Sie Funktionsbausteine gemäß den Empfehlungen in Abschnitt 2.3.4, »Wenn Sie keine Wahl haben«, in Klassen und Methoden, verbessern Sie nicht nur die Bedingungen für Tests, sondern erhalten nebenbei auch die Möglichkeit zur Inline-Deklaration.

Inline-Deklarationen können nicht nur beim Schlüsselwort `DATA` eingesetzt werden, sondern an vielen Stellen auch mit Feldsymbolen und Referenzen verwendet werden. Das folgende Beispiel nutzt etwa den Zusatz `REFERENCE INTO`, um quasi nebenbei inline eine Datenreferenz anzulegen:

```
READ TABLE items REFERENCE INTO data(item) index 1.
```

Inline-Deklarationen können außerdem nicht nur das Ergebnis von Methodenaufrufen entgegennehmen. Sie können sie in Verbindung mit dem Schlüsselwort `VALUE` auch direkt zum Definieren der Dateninhalte verwenden. Das folgende Beispiel erzeugt eine interne Tabelle des Tabellentyps `order_items` mit einer einzelnen Zeile, die die vorgegebenen Werte enthält:

```
DATA(items) = VALUE order_items( ( id = '10'
                                   product = '348951'
                                   quantity = 10 ) ).
```

Das folgende Beispiel zeigt eine ähnliche Variante. Auch hier definieren wir Daten, sie werden jedoch anonym übergeben, statt einer Variablen mit Namen zugewiesen zu werden:

```
INSERT VALUE #( product = '348951'
                quantity = 10 ) INTO TABLE items.
```

In beiden Beispielen stehen die Werte fest, sind also statisch und ändern sich nie. Derlei Anweisungen finden wir besonders häufig in Unit Tests, wenn fest codierte

Testdaten vorbereitet werden. Welche Variante besser passt, hängt vom Kontext ab. Wollen Sie nur einen weiteren Datensatz in eine Tabelle einfügen, bietet sich die anonyme Kurznotation der Variablendeklaration an. Bereiten Sie umfangreiche, tief geschachtelte Datenstrukturen vor, kann es sinnvoll sein, sie mit mehreren Schritten und Variablen Stück für Stück zusammenzusetzen. Benötigen Sie Daten mehrfach, ist eine Variable unumgänglich.

Dieselben `VALUE`-Anweisungen können Sie auch verwenden, um Daten von einer anderen Stelle in eine neue Variable, Struktur oder Tabelle zu übernehmen. Ähnliches können Sie auch mit der altbekannten Anweisung `MOVE-CORRESPONDING` erreichen; diese erfordert jedoch, dass die Felder auf beiden Seiten dieselben Namen tragen, während Sie bei `VALUE` die Wertzuordnung selbst bestimmen können.

Das Beispiel der `INSERT VALUE`-Anweisung zeigt darüber hinaus die Verwendung des *Hash-Operators* `#`. Dieser Operator ist für verschiedene Inline-Anweisungen wie `VALUE`, `FILTER` und `REDUCE` verfügbar und ermittelt den Datentyp an der Einsatzstelle automatisch. In unserem Beispiel wird der Datentyp vom Zeilentyp der Tabelle abgeleitet, in die die neu erstellte Zeile eingefügt werden soll. Der Hash-Operator vermeidet ein wiederholtes Nennen des Datentyps und kann so die Lesbarkeit des Codes verbessern.

Wenn Sie mit Tabellen arbeiten, werden Sie des Öfteren Tabellen benötigen, die Teilmengen anderer Tabellen sind. Solche Tabellen können Sie mit der Anweisung `FILTER` erstellen. Diese Anweisung bestimmt alle Zeilen, die eine bestimmte Bedingung erfüllen, und stellt sie in einer neuen internen Tabelle zusammen. In dem folgenden Beispiel wählen wir aus einer Tabelle mit Partnerdaten nur diejenigen Partner aus, die noch nicht im `partner_store` enthalten sind:

```
DATA(buffered_partners) = FILTER #( it_partner EXCEPT IN ⤶
partner_store WHERE id = id ).
```

Die `FILTER`-Anweisung kann stark zur Lesbarkeit beitragen, da sie die Datenmenge in einem einzigen Statement reduziert, was sich deutlich flüssiger lesen lässt. Früher benötigten Sie zur Filterung einer Teildatenmenge mehrere mehrzeilige Blöcke, in denen Sie die neue Tabelle zunächst per `DATA`-Anweisung deklarierten und dann mit einer `LOOP AT ... WHERE ...`-Schleife und einer darin enthaltenem `INSERT`-Anweisung füllten.

Wegen der Umständlichkeit dieses Vorgehens haben wir früher häufig auf die Erstellung einer weiteren internen Tabelle verzichtet und stattdessen die Originaltabelle mehrfach mit den Anweisungen `WHERE`, `CHECK` oder mit `IF`-Bedingungen auf die relevanten Zeilen hin untersucht. Die reduzierte Datenmenge stattdessen in einer Zwischenvariablen bereitzustellen, ist zuverlässiger, da die Bedingung nur noch an einer Stelle angepasst werden muss, falls sie sich ändert.

Beachten Sie, dass die Inline-Operatoren Kopien der ursprünglichen Daten herstellen. Wenn Sie also die Inhalte der Originaltabelle verändern wollen, sind sie in der Regel nicht die richtige Wahl. In solchen Fällen sind Sie mit der Anweisung LOOP AT mit den Zusätzen WHERE, ASSIGNING FIELD-SYMBOL oder REFERENCE INTO besser beraten, denn hiermit können Sie die Inhalte der Originaltabelle direkt modifizieren.

6.1.2 Kontrollfluss und Gültigkeitsbereich

Im vorhergehenden Abschnitt haben wir erläutert, dass es vorteilhafter ist, Variablen inline zu deklarieren statt vorab. Verzweigt sich der Kontrollfluss innerhalb einer Methode, können Sie Variablen zwar immer noch inline in den einzelnen Ausführungszweigen deklarieren, wir raten jedoch stark davon ab. Listing 6.2 zeigt ein Beispiel einer Inline-Deklaration, die zwar syntaktisch völlig korrekt ist und auch richtig ausgeführt wird, aber intuitiv nicht gleich verständlich ist.

```
IF messages->has_entries = abap_true.
  DATA(success) = abap_true.
ELSE.
  success = abap_false.
ENDIF.
```

Listing 6.2 Inline-Deklaration einer Variablen in einem ELSE-Zweig

In diesem einfachen Beispiel ist die der Kontrollfluss noch überschaubar. Wenn Sie aber in komplexerem Code unterwegs sind und diesen beispielsweise mit dem Debugger analysieren, springen Sie möglicherweise direkt in den ELSE-Zweig und wundern sich, wo plötzlich die Variable success herkommt und wo ihre Deklaration zu finden ist.

Das nächste Beispiel in Listing 6.3 ist durch die Vorabdeklaration etwas übersichtlicher, denn sowohl beim Durchlesen von oben nach unten als auch beim Verfolgen eines einzelnen Ausführungspfades treffen Sie zunächst auf die Variablendeklaration, bevor die Zuweisungen erfolgen.

```
DATA success type abap_bool.
IF messages->has_entries = abap_true.
  success = abap_true.
ELSE.
  success = abap_false.
ENDIF.
```

Listing 6.3 Bewusste Vorabdeklaration der Variablen vor einer Verzweigung

Im Gegensatz zu anderen Programmiersprachen sind in ABAP Deklarationen nicht so stark an einen Gültigkeitsbereich geknüpft. Deklarieren Sie beispielsweise in Java eine Variable innerhalb eines ELSE-Zweigs, ist sie auch nur dort verfügbar – sie im IF-Zweig oder außerhalb der Verzweigung zu verwenden, wäre ein Syntaxfehler. Auf den ersten Blick klingt die tolerantere Handhabung in ABAP komfortabler. Sie führt jedoch leicht zu unerwünschten Seiteneffekten. Greifen Sie z. B. nach einer ENDLOOP-Anweisung auf die innerhalb einer LOOP-Schleife verwendete Variable zu, müssen Sie mit einigen Überraschungen rechnen. Ist die Tabelle, auf die Sie in der LOOP-Schleife zugreifen, beispielsweise leer, bleibt auch die Schleifenvariable unerwartet leer. Besonders bei Datenreferenzen und Feldsymbolen ist dann Vorsicht geboten, da diese möglicherweise überhaupt nicht zugewiesen sind und Zugriffe mit Laufzeitfehlern enden.

Wählen Sie die Stelle, an der Sie Variablen deklarieren, entsprechend mit Bedacht aus. Eine Vorabdeklaration signalisiert den Leserinnen und Lesern, dass diese Variable an allen möglichen Stellen innerhalb der Methode verwendet werden kann. Eine Inline-Deklaration signalisiert, dass die Variable nur innerhalb des aktuellen Gültigkeitsbereichs zum Einsatz kommen soll. Zugriffe von anderen Stellen weisen dann mit hoher Wahrscheinlichkeit auf Fehler hin.

6.1.3 Verkettete Deklarationen

Obwohl wir in den vorangegangenen Abschnitten einige Argumente aufgeführt haben, warum Inline-Deklarationen im Allgemeinen besser sind, wird es trotzdem auch weiterhin Methoden geben, die Variablen vorab deklarieren. ABAP bietet zum Deklarieren mehrerer Variablen die Möglichkeit, die Variablendeklarationen zu *verketten*. Dazu folgt auf das Schlüsselwort DATA ein Doppelpunkt (:), sodass es in den folgenden Zeilen nicht mehr wiederholt werden muss. In Listing 6.1 haben Sie ein Beispiel für verkettete Deklarationen kennengelernt. Die einzelnen Variablen werden dabei durch Kommata voneinander getrennt. Diese Variante der Variablendeklaration vermeidet das ständige Wiederholen des Schlüsselworts DATA. Fügt man Zeilenumbrüche ein, kann man die einzelnen Zeilen im Debugger trotzdem einzeln anspringen.

Erfahrene Entwicklerinnen und Entwickler kennen solche Deklarationen zur Genüge. Früher wurden die meisten Methoden auf diese Weise begonnen. Die Verkettung bietet jedoch tatsächlich eher wenig Vorteile. Wir machen im Gegenteil häufiger die Beobachtung, dass das Wiederholen der DATA-Anweisung das Verständnis der Deklarationen erleichtern kann. Der zusätzliche Schreibaufwand für die vollständigen DATA-Anweisungen hält sich in Grenzen. Sie sparen mit der verketteten Deklaration nicht wirklich Platz ein, denn anstelle des vier Zeichen umfassenden Schlüsselworts nutzen Sie eine Einrückung bzw. eine Extrazeile für das vorangestellte DATA:, die ebenfalls Platz benötigen.

Eine Verkettung der Deklarationen erweckt den Anschein, dass die Variablen inhaltlich eng zusammenhängen. Das kann durchaus der Fall sein, wenn Sie beispielsweise eine Variable für eine interne Tabelle und direkt darunter eine Variable für eine darin enthaltene Zeile deklarieren. Wenn ein solcher inhaltlicher Zusammenhang jedoch nicht gegeben ist, kann es sinnvoller sein, die Unabhängigkeit der Variablen durch separate DATA-Anweisungen zu betonen.

Im Allgemeinen empfehlen wir daher, auf das Verketten von Variablendeklarationen zu verzichten und stattdessen die einfache zeilenweise Deklaration wie in Listing 6.4 zu verwenden.


```
DATA lt_item TYPE standard table of ty_item.
DATA lv_sold_to TYPE sold_to_id.
DATA lv_counter TYPE i.
DATA ls_logical_control TYPE tcs_control.
DATA ls_item TYPE ty_item.
```

Listing 6.4 Deklarationen ohne Verkettung

Ähnliche Überlegungen lassen sich auf das Schlüsselwort TYPE und dessen horizontale Ausrichtung ausdehnen. Richten Sie alle Typzuweisungen mit TYPE exakt untereinander aus, erzeugen Sie eine Art tabellarisches Layout und erwecken damit den Anschein, dass die derartig gleich ausgerichteten Variablendeklarationen einen engeren inhaltlichen Zusammenhang haben. Berücksichtigt man alle Überlegungen in diesem Abschnitt, können also auch Mischformen wie in Listing 6.5 sinnvoll sein, in denen eigenständige Variablendeklarationen jeweils eigene Zeilen einnehmen und die so als voneinander unabhängig erkannt werden können, während zusammengehörige Variablendeklarationen verkettet werden.

```
DATA: ls_item TYPE ty_item,
      lt_item TYPE standard table of ty_item.
DATA lv_sold_to TYPE sold_to_id.
DATA lv_counter TYPE i.
DATA ls_logical_control TYPE tcs_control.
```

Listing 6.5 Kombination aus Variablendeklarationen mit und ohne Verkettung

Diese einfachen, scheinbar nebensächlichen Änderungen können sich mitunter stark auf die Lesbarkeit Ihres Codes auswirken.

6.1.4 Schleifenvariablen

Viele ABAP-Programme verarbeiten interne Tabellen. Dabei wird häufig zunächst eine Variable für die interne Tabelle angelegt und anschließend eine Variable für eine einzelne Zeile in dieser Tabelle. Beide Variablen werden dann in der Anweisung LOOP AT ... INTO ... verwendet. Listing 6.6 zeigt ein Beispiel für dieses bekannte Muster.

```
DATA messages TYPE tct_message.
DATA message TYPE tcs_message.
DATA highest_severity TYPE severity.

messages = container->get_messages( ).
LOOP AT messages INTO message.
  IF highest_severity > message-severity.
    highest_severity = message-severity.
  ENDIF.
ENDLOOP.
```

Listing 6.6 Klassisches LOOP AT ... INTO ...-Muster

Oft werden auch die Zusätze REFERENCE INTO und ASSIGNING verwendet, die eine Schleifenvariable als Referenz oder Feldsymbol anlegen. All diese Varianten erlauben die Deklaration der Schleifenvariable auch inline. Einzige Vorbedingung ist, dass die interne Tabelle statisch deklariert ist, sodass ihr Typ zum Zeitpunkt des Kompilierens automatisch ermittelt werden kann. Tabellentypen wie ANY oder Feldsymbole, die auf ANY TABLE zeigen, werden hier also nicht unterstützt.

Listing 6.7 zeigt, dass die Inline-Deklaration der Schleifenvariable mit dem Zusatz ASSIGNING den Code lesbarer macht. Die Variable wird nur innerhalb der Schleife benötigt und wird auch erst zu Beginn dieser Schleife deklariert. Der Code baut sich so Schritt für Schritt auf, und Sie müssen sich mit den einzelnen Elementen erst dann auseinandersetzen, wenn sie benutzt werden, nicht bereits zu Beginn der Methode. In diesem Beispiel ist auch nicht weiter wichtig, welchen Datentyp die Schleifenvariable message genau hat. Wir wollen lediglich auf die Komponente severity der Datenstruktur zugreifen, alles andere ist uninteressant.

```
DATA highest_severity TYPE severity.

DATA(messages_from_order_processing) = order_processor->get_messages( ).
LOOP AT messages_from_order_processing ⤶
ASSIGNING FIELD-SYMBOL(<message_from_order_processing>).
  IF highest_severity > <message_from_order_processing>-severity.
    highest_severity = <message_from_order_processing>-severity.
  ENDIF.
ENDLOOP.
```

Listing 6.7 Schleife mit Inline-Deklaration der Schleifenvariable

Statt eines Feldsymbols könnten Sie mit dem Zusatz REFERENCE INTO auch eine Datenreferenz benutzen. Diese Variante sieht fast genauso aus und ist in Listing 6.8 zu sehen.

```
DATA highest_severity TYPE severity.

DATA(messages_from_order_processing) = order_processor->get_messages( ).
LOOP AT messages_from_order_processing
  REFERENCE INTO DATA(message_from_order_processing).
  IF highest_severity > message_from_order_processing->severity.
    highest_severity = message_from_order_processing->severity.
  ENDIF.
ENDLOOP.
```

Listing 6.8 Schleife mit einer Datenreferenz

Wenn Sie keine besonderen Anforderungen an Ihre Schleife haben, nutzen Sie am besten die Variante mit ASSIGNING. Sie ist deutlich schneller als die Variante mit INTO, da keine Daten kopiert werden. Sie ist auch etwas schneller als die Variante mit REFERENCE INTO.

[+]

Feldsymbol oder Referenz?

Feldsymbole und Referenzen sind gleich gut lesbar. Feldsymbole haben jedoch leichte Performancevorteile. ABAP validiert jeden Zugriff auf die Komponenten einer Referenz, was länger dauert als die weniger stark geprüften Zugriffe bei Feldsymbolen.

Alle bisher gezeigten Optionen haben ihre Anwendungsfälle. Wenn Sie jedoch an einer Stelle keine besonderen Anforderungen haben oder nichts Spezielles ausdrücken möchten, empfehlen wir Ihnen, die Schleifenvariable stets inline zu deklarieren. Wählen Sie dabei einen Namen, der zu der Tabelle und Zeile passt, auf die Sie sich beziehen, sich aber genug unterscheidet, um keine Verwirrung zu stiften.

6.2 Konstanten

Eine Konstante ist eine Art unveränderliche Variable. Sie hält einen Wert und kann beliebig oft verwendet werden, aber ihr Wert kann nicht verändert werden. Es gibt gute Gründe, Konstanten einzusetzen, und sie sind einfach zu benutzen. In den folgenden Abschnitten erläutern wir, wie Konstanten helfen können, den Code sauber zu halten.

6.2.1 Konstanten richtig nutzen

Programme und Funktionen nutzen Konstanten für verschiedene Zwecke. Sie können Statuszustände, Typen und Fälle oder feststehende Ausdrücke wie »+1« widerspiegeln.

Konstanten helfen Ihnen, sogenannte *magische Zahlen* zu vermeiden. Diese Zahlen tauchen unvermittelt im Code auf und bleiben mysteriös. Warum ausgerechnet +1, oder 5 oder 0,003? Magische Zahlen haben eine besondere Bedeutung, aber der Zahlenwert selbst erläutert nicht, welche.

Verstecken Sie die magische Zahl jedoch hinter einer Konstante, können Sie über den Namen dieser Konstante erklären, welche Bedeutung sie hat. So können Sie z. B. deklarieren, dass +1 das `standard_increment` ist, 5 den Zustand `in_process` repräsentiert oder 0,003 die `max_allowed_deviation` ist.

Genauso wie Zahlen können auch Zeichen und Zeichenfolgen eine solche magische Bedeutung haben. Listing 6.9 zeigt ein Beispiel, wie wir es in älterem ABAP-Code häufig antreffen.

```
IF component->type = 'E'.
  ASSIGN COMPONENT component->name OF STRUCTURE structure ⮐
  TO FIELD-SYMBOL(<value>).
ELSEIF component->type = 'S'.
  "Do something else.
ENDIF.
```

Listing 6.9 Anti-Pattern: magische Zahlen oder Zeichen in Entscheidungen

Am besten extrahieren Sie Konstanten in eigene Entwicklungsobjekte, sodass Sie sie an verschiedensten Stellen wiederverwenden können. Über den Namen des eigenen Entwicklungsobjekts können Sie dann weiteren Kontext beitragen und die Abstraktion erläutern. In Listing 6.10 stellt beispielsweise die Klasse `cl_component_type` Konstanten als statische Attribute bereit, die verschiedene Typen von Komponenten repräsentieren.

```
IF component->type = cl_component_type=>element.
  ASSIGN COMPONENT component->name OF structure ⮐
  STRUCTURE TO FIELD-SYMBOL(<value>).
ELSEIF component->type = cl_component_type=>structure.
  "Do something else.
ENDIF.
```

Listing 6.10 Konstanten statt magischer Zahlen und Zeichen

Eine weit verbreitete Vorgehensweise ist es, die magischen Zahlen als Konstanten zu einem Interface hinzuzufügen. Das ist eine vergleichsweise saubere Lösung. Die magischen Werte sind dann hinter Konstanten versteckt. Die Konstanten können direkt über das Interface an beliebigen Stellen im Code verwendet werden. Statt der Verwendung dieses Musters schlagen wir jedoch eine etwas andere Vorgehensweise vor, die auch in anderen Programmiersprachen Anwendung findet: *Aufzählungsklassen*.

6.2.2 Aufzählungsklassen

Interface-basierte Konstantenlösungen unterscheiden sich in einigen Punkten von klassenbasierten Lösungen. Der klassenbasierte Ansatz hat zwei Vorteile: Eine Klasse kann weitergehende Funktionen bereitstellen und reduziert das Risiko einer schlechten Modellierung durch die Konsumenten.

Konstanten-Interfaces können Konsumenten dazu verleiten, sie »implementieren« zu wollen. Die Implementierung eines Interface erlaubt es nämlich, die Konstanten in Kurznotation zu verwenden, sodass der Interface-Name nicht jedes Mal wiederholt werden muss. Diese Kurznotation ist jedoch irreführend, da Sie damit verschleiern, dass die Konstante an anderer Stelle definiert wurde. Das Implementieren macht die Konstante zu einem Teil der implementierenden Klasse, was andere dazu verleiten könnte, sich bei dieser Klasse zu bedienen, statt das ursprüngliche Konstanten-Interface zu verwenden.

Auch aus Sicht des Klassendesigns ist die Implementierung des Konstanten-Interfaces nicht sinnvoll: Interfaces beschreiben Verhalten, Konstanten-Interfaces aber nicht. Eine Klasse, die ein Konstanten-Interface verwendet, kann auch nicht die Stelle des Interface im Code einnehmen.

Enumeration-Klassen vermeiden diese Missverständnisse und bieten darüber hinaus die Möglichkeit, weitere nützliche Methoden bereitzustellen, die das Arbeiten mit den Konstanten erleichtern. Eine Enumeration-Klasse, die Konstanten enthält, um den Schweregrad von Nachrichten zu beschreiben (Info, Warnung, Fehler usw.), wie wir sie unter anderem in Abschnitt 6.1.4, »Schleifenvariablen«, verwenden, könnte beispielsweise auch eine Methode `is_more_severe_than` bereitstellen, die zwei Schweregrade miteinander vergleicht. Solche Methoden machen es einfacher, der Aufzählung neue Werte hinzuzufügen, ohne dass alle Konsumenten ihren Code anpassen müssen.

Ein anderer Vorteil von Enumeration-Klassen ist die Möglichkeit, Unit Tests für diese Klassen zu implementieren. Natürlich werden Sie die Methoden dieser Klasse testen wollen, aber auch die Konstanten können Sie testen. Domänen aus dem ABAP Dictionary sind nur lose in die objektorientierte ABAP-Welt integriert: Sie können deren Festwerte nicht direkt in Programmen verwenden, sondern müssen sie noch einmal extra als Konstanten deklarieren. Unglücklicherweise gibt es keine Hilfsmittel, die automatisch prüfen, dass beide Seiten die gleichen Festwerte enthalten. Wenn Sie also eine Domäne erweitern oder ändern, müssen Sie die Konstanten ebenfalls anpassen. Unit Tests in Enumeration-Klassen können helfen, solche Lücken zu erkennen, indem sie die Domänenfestwerte mit den Konstanten abgleichen und Unterschiede als Fehler melden.

Das ABAP-Schlüsselwort `ENUM` ist eine gute Alternative, wenn Sie eine Gruppe von Konstanten innerhalb einer einzelnen Klasse verwenden wollen und es keine zugehörige Domäne gibt. Nutzen Sie diese Anweisung, um einen Datentyp zu generieren, den Sie typensicher in Ihrem Code verwenden können. In einer Enumeration-Klasse, die Konstanten für einen Datentyp im ABAP Dictionary liefert, führt ENUM dagegen eher zu Missverständnissen, denn dieses Schlüsselwort generiert immer einen neuen Datentyp, der nichts mit dem Datentyp im ABAP Dictionary zu tun hat und sogar im Widerspruch dazu stehen kann.

[!]

Schlüsselwort ENUM

Obwohl ABAP das Schlüsselwort ENUM zum Erzeugen von Aufzählungen kennt, nutzen wir es nicht für Enumeration-Klassen. In unseren Beispielen und Empfehlungen verwenden wir stattdessen andere objektorientierte Mechanismen, um aufzählungsartiges Verhalten umzusetzen.

Ein großer Vorteil von Enumerations in anderen Programmiersprachen ist die Typsicherheit: Nur die in der Aufzählung definierten Werte können als Parameter übergeben werden. Um diese Typsicherheit in ABAP zu erreichen, genügt es nicht, einfach nur eine Enumeration-Klasse anzulegen, sondern es sind einige Extraschritte notwendig. Aussagekräftige Bezeichnungen und Unit Tests sind ein wichtiger Schritt in die richtige Richtung. Die Sicherheit, dass der Compiler die inkompatible Werte direkt beim Programmieren aufzeigt, haben Sie damit aber nicht.

Wir kennen zwei verschiedene Entwurfsmuster, um Enumeration-Klassen in ABAP zu implementieren: Das Konstantenmuster und das Objektmuster. Neben diesen Entwurfsmustern gibt es noch das Interface-Muster und das Sammlungsmuster. Diese Muster beruhen jedoch auf Interfaces, weshalb wir sie aus den zuvor genannten Gründen für weniger wirksam halten. Das *Interface-Muster* bietet Konstanten in einem Interface an. Das *Sammlungsmuster* macht dasselbe, fasst jedoch mehrere Aufzählungen, also Gruppen von Konstanten, in einem einzigen Interface zusammen.

Das *Konstantenmuster* sehen Sie in Listing 6.11. Wir legen hier mit dem Zusatz ABSTRACT FINAL eine Klasse an, um zu verhindern, dass jemand Instanzen oder Unterklassen dieser Klasse bilden kann. Instanzen dieser Klasse ergeben keinen Sinn, da die angelegte Klasse zustandslos ist, ähnlich wie die in Abschnitt 3.1.2, »Klassen und Objekte«, beschriebenen Utility-Klassen. Außerdem würden Instanziierungen nur unnötig Zeit kosten. Unterklassen sind aus denselben Gründen, die wir bereits gegen die Implementierung von Konstanten-Interface angeführt hatten, nicht sinnvoll.

```
CLASS message_severity DEFINITION PUBLIC ABSTRACT FINAL.
  PUBLIC SECTION.
    CONSTANTS:
      BEGIN OF message_severity,
```

```
      warning TYPE symsgty VALUE 'W',
      error   TYPE symsgty VALUE 'E',
    END OF message_severity.
ENDCLASS.

CLASS message_severity IMPLEMENTATION.
ENDCLASS.
```

Listing 6.11 Konstantenmuster zur Anlage von Enumeration-Klassen

Wie bereits erwähnt, könnten wir in dieser Klasse nun mit einem Unit Test sicherstellen, dass die Festwerte der zugehörigen Domäne symsgty im ABAP Dictionary mit unseren Konstanten übereinstimmen. Listing 6.12 zeigt einen solchen Unit Test, der Standardfunktionen von ABAP verwendet, um die Konstantenstruktur mit den Domänenfestwerten abzugleichen.

```
CLASS ltcl_constant_pattern DEFINITION CREATE PRIVATE
 FOR TESTING RISK LEVEL HARMLESS DURATION SHORT.
  PRIVATE SECTION.
    DATA domain_values TYPE STANDARD TABLE OF dd07v.
    DATA components_of_const_structure
      TYPE cl_abap_structdescr=>component_table.
    METHODS setup.
    METHODS all_values_as_constant FOR TESTING.
    METHODS all_constants_in_domain FOR TESTING.
ENDCLASS.

CLASS ltcl_constant_pattern IMPLEMENTATION.
  METHOD setup.
    CALL FUNCTION 'DD_DOMVALUES_GET'
      EXPORTING
        domname    = 'MESSAGE_SEVERITY'
      TABLES
        dd07v_tab = domain_values
      EXCEPTIONS
        OTHERS     = 1.

    ASSERT sy-subrc = 0.

    DATA: lo_struct_descr TYPE REF TO cl_abap_structdescr.
    lo_struct_descr ?= cl_abap_typedescr=>describe_by_data(
      message_severity=>message_severity ).
    components_of_const_structure =
      lo_struct_descr->get_components( ).
```

```
  ENDMETHOD.

  METHOD all_constants_in_domain.
    LOOP AT components_of_const_structure INTO DATA(component).
      ASSIGN COMPONENT component-name
        OF STRUCTURE message_severity=>message_severity
        TO field-symbol(<value>).
      ASSERT sy-subrc = 0.
     IF NOT line_exists( domain_values[ domvalue_l = <value> ] ).
        cl_abap_unit_assert=>fail(
   |Component { component-name } not found in domain fix values|).
      ENDIF.
    ENDLOOP.
  ENDMETHOD.

  METHOD all_values_as_constant.
    DATA value_found TYPE abap_bool.
    LOOP AT domain_values INTO DATA(domain_value).
      CLEAR value_found.
      LOOP AT components_of_const_structure INTO DATA(component).
        ASSIGN COMPONENT component-name
          OF STRUCTURE message_severity=>message_severity
          TO field-symbol(<value>).
        ASSERT sy-subrc = 0.
        IF  domain_value-domvalue_l = <value>.
          value_found = abap_true.
          EXIT.
        ENDIF.
      ENDLOOP.
      IF value_found = abap_false.
        cl_abap_unit_assert=>fail( |Domainvalue
           { domain_value-domvalue_l } not available
            as constant| ).
      ENDIF.
    ENDLOOP.
  ENDMETHOD.

ENDCLASS.
```

Listing 6.12 Unit Test für eine mit dem Konstantenmuster angelegte Enumeration-Klasse

Das *Objektmuster* in Listing 6.13 definiert eine Klasse hingegen mit den Zusätzen CREATE PRIVATE FINAL. Dadurch stellen Sie sicher, dass nur die Klasse selbst Instanzen von sich anlegen kann. Die Werte der Aufzählung werden in diesem Muster durch Instanzen der Klasse repräsentiert. Wir verwenden den Zusatz CLASS-DATA, um die Werte sofort verfügbar zu machen, und den Zusatz READ-ONLY, um zu verdeutlichen, dass es sich um konstante Werte handelt. Im statischen Konstruktor der Klasse wird für jeden Wert der Aufzählung eine Instanz der Klasse erzeugt. Aufzählungsparameter können nun als Referenzen auf diese Klasse definiert werden. Obwohl wir bei diesem Muster keine Compiler-gestützte Enumeration-Klasse haben, garantiert das Objektmuster Typsicherheit und macht den Code weniger fehleranfällig.


```
CLASS message_severity DEFINITION PUBLIC CREATE PRIVATE FINAL.
  PUBLIC SECTION.
    CLASS-DATA:
      warning TYPE REF TO message_severity READ-ONLY,
      error   TYPE REF TO message_severity READ-ONLY.

    DATA value TYPE symsgty READ-ONLY.

    CLASS-METHODS class_constructor.
    METHODS constructor IMPORTING severity TYPE severity.
ENDCLASS.

CLASS  message_severity IMPLEMENTATION.
  METHOD class_constructor.
    warning = NEW message_severity( 'W' ).
    error = NEW message_severity( 'E' ).
  ENDMETHOD.

  METHOD constructor.
    me->value = value.
  ENDMETHOD.
ENDCLASS.
```

Listing 6.13 Objekmuster für Enumeration-Klassen

Egal, für welches der Muster Sie sich entscheiden – durch die Verwendung von statischen Attributen oder Konstanten sieht die Verwendung für die Leserinnen und Leser Ihres Codes immer gleich aus. Sie müssen sich an keiner Verwendungsstelle mit den Details des für die Aufzählung verwendeten Musters auseinandersetzen.

Sowohl das Konstantenmuster als auch das Objektmuster erlauben es, der Klasse zusätzliche Funktionen hinzuzufügen, etwa um Abhängigkeiten zu reduzieren oder Doppelimplementierungen zu vermeiden. Grundlegende Methoden wie to_string, is_valid, contains und equals sollten jedoch von der Enumeration-Klasse selbst bereitgestellt werden. Müssten Konsumenten diese Methoden immer wieder selbst implementieren, sind Fehler und Missverständnisse vorprogrammiert. Auch der Folgeaufwand beim Hinzufügen neuer Werte vervielfacht sich.

Wir empfehlen, stets eine eigene Enumeration-Klasse pro Konstantengruppe zu erstellen. Fassen Sie mehrere Aufzählungen in einer Klasse zusammen, ist der Code schwieriger zu verstehen, da er mit verschiedenen Gruppen von Konstanten hantiert, die für gewöhnlich gar nichts miteinander zu tun haben. Folgen Sie stattdessen auch hier dem Prinzip, das eine Klasse genau eine klar umrissene Verantwortlichkeit haben sollte.

Oft müssen Sie unter Zeitdruck arbeiten. Das Objektmuster mit seinem vergleichsweise umfangreichen Code scheint in dieser Hinsicht eher ungeeignet, insbesondere, wenn man es direkt mit dem scheinbar leichtgewichtigen Sammlungsmuster vergleicht, bei dem man einfach alle möglichen Konstanten und Aufzählungen in einem einzelnen großen Interface zusammenstellt. Bedenken Sie jedoch, dass es unser Ziel sein sollte, Verständlichkeit und Lesbarkeit zu erreichen, nicht die Zeit zu reduzieren, die wir selbst fürs Programmieren brauchen. Es mag länger dauern, die klassenbasierten Muster zu implementieren, diese Investition zahlt sich jedoch aus. Sie ermöglichen damit Hilfsmethoden und Unit Tests und erzielen Typensicherheit und letztlich geringere Wartungskosten.

[+]

Nutzen Sie Code-Vorlagen und -Generierung

In diesem Zusammenhang kann es sich auszahlen, sich mit den Werkzeugen der ABAP Development Tools vertraut zu machen, die den Code von Standardmustern per Knopfdruck einfügen können. In größeren Projekten kann es sich auch auszahlen, sich mit dem Thema Code-Generierung zu beschäftigen. Da die Enumeration-Klassen stets demselben Code-Muster folgen, können sowohl die Mustervorlagen der Entwicklungsumgebung als auch die Code-Generierung helfen, diese Klassen schnell und in großer Zahl anzulegen.

6.2.3 Konstanten gruppieren

In einigen Umgebungen möchten Sie vielleicht nicht für jede Gruppe von Konstanten ein eigenes Entwicklungsobjekt anlegen. Auch kann es vorkommen, dass Sie in Legacy-Projekten Konstanten-Interfaces vorfinden, die Konstanten nach inhaltlichen Kriterien entgegen jeglicher technischen Schichtung zusammenfassen. Machen Sie solche Bedingungen nicht zur Grundlage einer Entscheidung für oder gegen Konstanten. Konstanten verbessern Ihren Code *immer*, selbst wenn sie schlecht organisiert sind. Wenn erst einmal Konstanten vorhanden sind, können Sie diese über die Zeit hinweg immer noch nach und nach besser strukturieren.

In älterem Code treffen wir oft lange Listen von Konstanten an, die scheinbar planlos durcheinander gehen und die Leserin oder den Leser restlos verwirren. Einen Ausschnitt einer solchen Liste sehen Sie in Listing 6.14.

```
INTERFACE if_message_constants PUBLIC.
  CONSTANT warning TYPE msgty VALUE 'W'.
  CONSTANT error TYPE msgty VALUE 'E'.
  CONSTANT save_failed TYPE msgid VALUE '006'.
  CONSTANT save_successfull TYPE msgno VALUE '001'.
  CONSTANT system TYPE msgty VALUE 'S'.
ENDINTERFACE.
```

Listing 6.14 Anti-Pattern: ungruppierte Konstanten in einem Interface

Selbst wenn Sie nicht bereit sind, an dieser Stelle eines der erweiterten klassenbasierten Muster einzuführen, können Sie doch mit kleinen Eingriffen die Verständlichkeit des Codes erhöhen. Die Konstanten in diesem Beispiel sind unsortiert und unstrukturiert. Zwar geben Datentypen, Werte und Namen Hinweise darauf, was zusammen gehören könnte, Sie müssen aber trotzdem erst einmal darüber nachdenken.

Die Konstanten zu gruppieren, z. B. indem man sie zu Strukturen zusammenfasst, kann das Verständnis deutlich erleichtern. Machen Sie die Zusammengehörigkeit über den Namen der Gruppe deutlich. Listing 6.15 zeigt dieselben Konstanten, aber diesmal gruppiert in die Gruppen `severity` und `msgid_v1`. Der Vorteil solcher Gruppen ist, dass der Name der Gruppe auch an der Verwendungsstelle sichtbar ist, was zusätzlich die Lesbarkeit aller Code-Stellen erhöht, die sich auf diese Konstanten beziehen.

```
INTERFACE if_message_constants PUBLIC.
CONSTANTS:
  BEGIN OF severity,
    warning TYPE msgty VALUE 'W'.
    error TYPE msgty VALUE 'E'.
    system TYPE msgty VALUE 'S'.
  END OF severity.
CONSTANTS:
  BEGIN OF msgid_v1,
    save_successful TYPE msgno VALUE '001'.
    save_failed TYPE msgno VALUE '006'.
  END OF msgid_v1.
ENDINTERFACE.
```

Listing 6.15 Interface mit strukturierten Konstanten

Es ist nun klar ersichtlich, dass es sich um zwei getrennte Gruppen von Konstanten handelt. Eine Gruppe beinhaltet Konstanten, die den Schweregrad von Nachrichten beschreiben, die andere enthält Konstanten für die Nachrichten der Nachrichtenklasse V1. Selbst wenn Sie sonst nichts ändern, kann dieser kleine Eingriff die Lesbarkeit und letztlich die Wartbarkeit Ihres Codes um ein Vielfaches erhöhen.

6.3 Zeichenketten

Im vorherigen Abschnitt haben wir besprochen, wie man Konstanten lesbar verwalten kann. Eine besondere Art von Konstanten stellen Zeichenketten (*Strings*) dar. Es lassen sich zwei Arten von Zeichenketten unterscheiden: Die einen, *Literale*, sind konstant und werden inmitten des Textes definiert, die anderen sind dynamisch, werden also im Code aus Bestandteilen zusammengesetzt. Wir besprechen die dynamische Erzeugung von Strings in Abschnitt 6.3.2. Zuerst schauen wir uns jedoch die Literale an.

6.3.1 String-Literale

Zeichenketten im Code können nützlich sein, sind aber nicht geeignet, um Endanwenderinnen und -anwendern Benachrichtigungen anzuzeigen. Für solche Texte gibt es bessere Lösungen in Form von Nachrichten, mit denen sich die Texte z. B. auch übersetzen lassen. Für Analysezwecke lassen sich String-Literale aber durchaus verwenden, z. B. zur Protokollierung, wie in Listing 6.16 zu sehen. Auch die Texte von Literalen könnten sich natürlich übersetzen lassen, dies ist in der Regel aber nicht notwendig, weil die Adressatengruppe – Entwicklerinnen und Entwickler, vermutlich sogar nur die am Projekt beteiligten – begrenzt ist.

Strings werden oft so wie in Listing 6.16 zu sehen definiert.

```
"Anti-Pattern
DATA logger_message TYPE string.
logger_string = 'Log: Some Text'.
```

Listing 6.16 Anti-Pattern: String-Deklaration mit Umwandlung

Wie in Abschnitt 6.1, »Variablen«, besprochen, können und sollten solche einfachen Deklarationen zu einer einzelnen Zeile komprimiert werden. Die Inline-Deklaration im Beispiel könnte jedoch Ärger machen, da sie mit einfachen Anführungszeichen ' ausgeführt wird und damit gar keinen String, sondern eine Variable vom Datentyp `CHAR` (Character) definiert. Diese Deklaration einfach so in eine Zeile zu verdichten, könnte daher zu unterwarteten Typkonflikten führen:

```
DATA(logger_message) = ' Log: Some Text'. "Type is char
```

Im folgenden Beispiel wollen wir einen statischen Text definieren, den wir für einen Log-Eintrag verwenden wollen. Dafür gibt es zwei mögliche Wege:

- Wenn die Zeichenkette anschließend nicht änderbar sein soll und auch keine variablen Teile enthält, können Sie den String als Konstante deklarieren:

  ```
  CONSTANT logger_message TYPE string VALUE 'Log: Some Text'.
  ```

- Wenn Sie auf die Nichtänderbarkeit keinen besonderen Wert legen, können Sie auch rückwärtsgewandte Anführungszeichen ` (*Backticks*) verwenden, um die Variable direkt mit dem Datentyp `String` zu definieren:

  ```
  DATA(logger_message) = `Log: Some Text`. "Type -> String.
  ```


Eine Zeichenkette, die mit zwei senkrechten Strichen | (*Pipes*) definiert wird, erhält ebenfalls den Datentyp `String`. Diese Variante sollten Sie allerdings mit Bedacht einsetzen, denn sie wurde dafür entwickelt, Zeichenketten mit variablen Anteilen zusammenzusetzen. Der String wird in diesem Fall erst zur Laufzeit zusammengesetzt, was deutlich länger dauert als die anderen beiden Varianten. Pipes sollten Sie deshalb nur dann einsetzen, wenn Sie auch wirklich veränderliche Anteile in der Zeichenkette nutzen.

6.3.2 Strings zusammenbauen

Im vorherigen Abschnitt haben wir uns mit unveränderlichen Zeichenketten beschäftigt. Strings setzen sich jedoch oft aus unveränderlichen und veränderlichen Bestandteilen zusammen. Der wohl bekannteste Anwendungsfall ist das Zusammensetzen von Nachrichten. Die Nachricht an sich ist statisch, enthält jedoch veränderliche Werte wie IDs oder Status, um die Erfolgs- oder Fehlersituation genauer zu beschreiben.

In so einem Fall können Sie Strings einfach mit rückwärtsgewandten Anführungszeichen ` definieren. Mit dem Operator && können Sie andere zeichenartige Variablen vorne oder hinten an den String anfügen.

Das folgende Beispiel fügt mehrere Variablen und String-Literale zu einem Text zusammen. Beachten Sie jedoch, dass die Lesbarkeit bei dieser Form der Zeichenkettendefinition leidet. Der &&-Operator ist beim Lesen im Weg, und die `-Zeichen machen es auch nicht gerade leicht zu erkennen, wo ein String anfängt und aufhört bzw. was Literal und was Variable ist.

```
DATA(message) = `Received an unexpected HTTP ` && status_code &&
  ` with message ` && text.
```

Der Pipe-Operator | schafft hier mehr Klarheit. Alles, was zwischen zwei senkrechten Strichen steht, ist Teil des Strings. Außer, es wird mit geschweiften Klammern { } aus dem String ausgeschlossen. Diese Form der Zeichenkettendefinition ist besser strukturiert und lesbar:

```
DATA(message) = |Received HTTP code { status_code } with message { text }|.
```

Solche Strings können Sie auch bequem innerhalb eines Methodenaufrufs, also *inline* verwenden, um ad-hoc einen Wert zusammenzusetzen. Dies kann besonders in Unit Tests bequem sein, um Vergleichswerte oder Fehlertexte schnell und unkompliziert zusammenzusetzen.

6.4 Boolesche Ausdrücke

Boolesche Ausdrücke gehören zu den grundlegendsten Elementen aller Programmiersprachen. Sie repräsentieren exakt zwei Zustände – wahr oder falsch. Bedingungen setzen Boolesche Ausdrücke ein, um zu entscheiden, ob ein Stück Code ausgeführt werden soll oder nicht. Obwohl diese Ausdrücke sehr einfach wirken, sollten Sie einige Dinge im Umgang mit ihnen beachten.

6.4.1 Wann benutze ich Boolesche Ausdrücke?

Anders als die meisten anderen Programmiersprachen hat ABAP keinen eingebauten Datentyp für Boolesche Variablen. Um diese Lücke zu füllen, wurde vor einiger Zeit der Datentyp `abap_bool` eingeführt. Dieser ist technisch gesehen ein zeichenartiges Feld der Länge 1 (`char1`). Der Datentyp `abap_bool` wird für gewöhnlich zusammen mit drei Konstanten benutzt, die die möglichen Werte im Booleschen Sinne widerspiegeln:

- `abap_false`

  Eigentlich ein Leerzeichen; gleichzeitig der Initialwert jedes Felds vom Typ `abap_bool` und `char1`. Geben Sie einer Booleschen Variable also zunächst keinen anderen Wert mit, ist ihr Wert zunächst `false`.

- `abap_true`

  Der Wert `X`

- `abap_undefined`

  Anders als in den meisten anderen Programmiersprachen gibt es in ABAP einen dritten Wert für Boolesche Variablen. Dieser repräsentiert den Zustand »undefiniert« und wird durch den Wert - (Minus) repräsentiert.

Technisch gesehen können Sie jedoch auch jedes andere Zeichen in einer `abap_bool`-Variable ablegen. Sie können sie außerdem mit allen anderen mit dem Datentyp `char1` kompatiblen Feldern vergleichen. ABAP bietet dadurch weniger Typsicherheit als andere Programmiersprachen, deren Compiler garantieren können, dass Boolesche Variablen exakt einen der Werte true oder false annehmen.

Der Wert abap_undefined ist sehr speziell. Er kann Vorteile bieten, wenn Sie nicht nur true und false unterscheiden, sondern darüber hinaus explizit angeben wollen, dass die Variable z. B. noch gar nicht initialisiert wurde. Listing 6.17 zeigt ein mögliches Beispiel. Eine Methode soll in diesem Beispiel nur dann ausgeführt werden, wenn deren Funktionalität angeschaltet ist. Da die Prüfung solcher Voraussetzungen kostspielig ist, wollen wir das nur einmal prüfen. In diesem Fall könnten wir abap_undefined einsetzen, um das Ergebnis dieser einmaligen Prüfung in der Variablen function_is_enabled vorzuhalten.


```
METHOD regularly_called.
  IF function_is_enabled = abap_undefined.
    function_is_enabled = is_function_enabled( ).
  ENDIF.
  IF function_is_enabled = abap_true.
    do_something( ).
  ENDIF.
ENDMETHOD.
```

Listing 6.17 Verwendung von abap_undefined

Solche Fälle kommen jedoch eher selten vor, weshalb abap_undefined kaum verwendet wird. Das Konstrukt funktioniert auch nur, wenn Sie die Variable function_is_enabled zunächst explizit mit dem Wert abap_undefined initialisieren. Dadurch wird dieses Entwurfsmuster fehleranfällig, denn die Initialisierung kann leicht vergessen werden oder bei Änderungen am Code verloren gehen.

[!]

Vermeiden Sie abap_undefined

Den Wert abap_undefined zu verwenden, ist alles andere als trivial. Der Initialwert einer Booleschen Variable ist nämlich genau nicht dieses undefined, sondern false. Dass der Initialwert explizit auf undefined gesetzt werden muss, macht diese Variante fehleranfällig. Hinzu kommt, dass dreiwertige Boolesche Ausdrücke ungewöhnlich sind. Man sieht einer abap_bool-Variable nicht an, ob sie zwei- oder dreiwertig gedacht ist. Im Allgemeinen ist es daher sicherer, auf den Wert abap_undefined komplett zu verzichten.

Ganz anders sieht es bei den Konstanten abap_true und abap_false aus. Diese sollten Sie benutzen, wann immer möglich. Vermeiden Sie hingegen die Verwendung anderer Konstanten mit den gleichen Werten (X und Leerzeichen). Obwohl die meisten Entwicklerinnen und Entwickler mit diesen Festwerten vertraut sind, sind Sie mit den expliziten Konstanten abap_true und abap_false auf der sichereren Seite.

Verwenden Sie zum Vergleich Boolescher Variablen außerdem prinzipiell abap_false und nicht den Zusatz IS INITIAL. Obwohl auch die genannten Alternativen technisch funktionieren, verschleiern sie, dass wir es mit einem Booleschen Ausdruck zu tun haben.

Treffen Sie die Entscheidung, wann Sie eine Boolesche Variable einsetzen, bewusst. Boolesche Variablen erscheinen in vielen Situationen als erste und beste Wahl, können sich aber später als Fehldesign erweisen. Nutzen Sie Boolesche Variablen z. B. eher nicht, um den Zustand eines Geschäftsdokuments abzubilden. Solche Zustände mögen anfangs klar unterscheidbar wirken, z. B. IS_ACTIVE = abap_true/abap_false. Durch Designänderungen können die zunächst klar abgegrenzten Zustände im Laufe der Zeit aber immer mehr verschwimmen. Zum Beispiel kann es dann die Varianten ACTIVATION_STATUS = INACTIVE / ACTIVATING / ACTIVE geben. Bevorzugen Sie für solche Anwendungsfälle daher aufzählungsähnliche Konstrukte, deren Werte Sie nachträglich erweitern oder uminterpretieren können.

Vermeiden Sie auch Boolesche Parameter in Methoden. Das Vorkommen solcher Parameter weist oft darauf hin, dass die Methode mehr als eine Aufgabe hat. Wie in Abschnitt 4.3, »Methodeninhalt«, besprochen, ist es in solchen Fällen oft sinnvoller, die Methode aufzuteilen, statt sie durch Boolesche Variablen zu verkomplizieren.

6.4.2 Boolesche Funktion XSDBOOL für Inline-Deklarationen

Im vorherigen Abschnitt haben Sie gesehen, dass Sie Boolesche Variablen direkt ihrem Zielwert zuweisen können. Wie Listing 6.18 zeigt, benötigt die Auswertung solcher Zuweisungen mit einer IF-Klausel jedoch relativ viel Code für wenig Inhalt.

```
IF messages IS INITIAL.
  has_entries = abap_false.
ELSE.
  has_entries = abap_true.
ENDIF.
```

Listing 6.18 Boolesche Variable setzen

Für diese Variante bietet sich eine Kurzform mit der Booleschen Funktion XSDBOOL an:

```
DATA(has_entries) = XSDBOOL( messages IS NOT INITIAL ).
```

Die Funktion XSDBOOL produziert direkt ein Ergebnis mit dem Datentyp abap_bool und vermeidet zusätzliche Konvertierungen, wie wir sie bei verwandten Funktionen wie BOOLC und BOOLX vorfinden. Die Funktion BOOLX produziert Byteketten des Typs xstring, die schwierig in logische Ausdrücke einzubetten sind. BOOLC produziert zwar dieselben Werte wie XSDBOOL, aber mit einem anderen Datentyp, der bei jedem Vergleich mit abap_true und abap_false eine zusätzliche Typkonvertierung erfordert. Diese Typkonvertierung weist auch gleich noch einige Besonderheiten im Umgang mit Leerzeichen auf, die im schlimmsten Fall zu Syntaxwarnungen führen.

[«]

Name der Funktion XSDBOOL

Der Name der Funktion XSDBOOL ist sicherlich nicht optimal gewählt. Dass Suffixe wie »X« oder »C« fehlen, weist darauf hin, dass wir von dieser Funktion ein Ergebnis mit dem passenden Typ abap_bool erhalten. Das Präfix »XSD« lässt aber irreführenderweise an *XML Schema Definitions* denken, obwohl die Methode keinerlei XML-Kontext benötigt.

Eine andere Möglichkeit, um eine Boolesche Variable mit Werten zu versorgen, stellt das Schlüsselwort COND dar:

```
DATA(has_entries) = COND abap_bool( WHEN messages IS NOT INITIAL
                                    THEN abap_true ).
```

Wenn die Bedingung hinter WHEN erfüllt ist, bekommt die Zielvariable den Wert abap_true. Falls sie nicht erfüllt ist, erhält sie den Wert abap_false. Anders als bei der Funktion XSDBOOL müssen Sie bei dieser Variante den Datentyp abap_bool explizit nennen, denn das Schlüsselwort COND kann auch verwendet werden, um beliebige andere Datentypen bedingt zuzuweisen. Wenn es um die Lesbarkeit geht, ist XSDBOOL für gewöhnlich die prägnantere und unkompliziertere Wahl.

6.5 Reguläre Ausdrücke

Reguläre Ausdrücke gibt es in vielen Programmiersprachen. Sie werden besonders gerne zum Prüfen von Werten verwendet. Auch Regelmaschinen setzen solche Ausdrücke gerne ein, da es sich um von der Programmiersprache unabhängige Standards handelt, die von verschiedenen Plattformen genutzt werden können. Reguläre Ausdrücke sind allerdings für Menschen schwer zu verstehen. In den folgenden Abschnitten schauen wir uns zunächst die Grundbausteine an, bevor wir komplexere Ausdrücke daraus zusammensetzen.

6.5.1 Einfache reguläre Ausdrücke

Reguläre Ausdrücke können Sie bei der ABAP-Programmierung an vielen Stellen einsetzen. Die ABAP-Dokumentation bietet Ihnen einen Überblick über die Methoden (z. B. matches) und Einsatzmöglichkeiten. Sie werden jedoch feststellen, dass reguläre Ausdrücke aufgrund ihrer Komplexität vergleichsweise selten anzutreffen sind.

Auch wir empfehlen Ihnen, auf reguläre Ausdrücke zu verzichten, wenn sich eine Aufgabe ohne sie lösen lässt. Ein Grund dafür ist, dass reguläre Ausdrücke selbst einfache Sachverhalte auf relativ komplizierte Weise codieren. Vergleichen Sie beispielsweise die folgenden beiden, absolut gleichwertigen Anweisungen:

```
IF input IS NOT INITIAL.
" IF matches( val = input  regex = '.+' ).
```

Das Schlüsselwort IS NOT INITIAL drückt leicht verständlich aus, was diese Prüfung tut. Der absolut gleichwertige reguläre Ausdruck hingegen erfordert deutlich mehr Nachdenken, um ihn zu verstehen.

Bei Clean Code geht es uns vorrangig um die Lesbarkeit des Codes, und weniger um die Geschwindigkeit und Ressourceneffizienz. Wir wollen an dieser Stelle trotzdem nicht außen vor lassen, dass reguläre Ausdrücke auch unter Performancegesichtspunkten selten die erste Wahl sind. Um einen regulären Ausdruck zu verwenden, muss der Ausdruck zunächst geparst und anschließend ein Ausführungsbaum erzeugt werden. Gerade bei einfachen Vergleichen steht dieser Aufwand in keinem Verhältnis zum Nutzen. Eine simple LOOP AT-Klausel mit Schleifenvariable ist häufig die schnellere und speicherfreundlichere Wahl.

6.5.2 Grundlegende Prüfungen

Wir treffen immer wieder auf das Anti-Pattern, dass Funktionalität, die es bereits anderswo gibt, mit regulären Ausdrücken nachprogrammiert wird. Nehmen wir beispielsweise an, Sie haben die Aufgabe zu prüfen, ob es sich bei einer Benutzereingabe um einen gültigen Klassennamen handelt. Natürlich könnten Sie dafür einen regulären Ausdruck nutzen, z. B. den folgenden:

```
DATA(is_valid) = matches( val     = class_name
                          pattern = '[A-Z][A-Z0-9_/]{0,29}' ).
```

Diese Prüfung ist relativ leicht verständlich und prinzipiell ein passender Anwendungsfall. Aber wir sind sicherlich nicht die ersten, die prüfen wollen, ob ein String einen Klassennamen enthält. Ähnliche Prüfungen gibt es bereits in der ABAP-Basis als Methoden oder Funktionsbausteine. Gemäß dem Prinzip »Don't Repeat Yourself« sollten Sie deshalb darauf verzichten, solche Prüfungen noch einmal selbst nachzuprogrammieren.

Die bereits existierenden Prüfungen haben zudem häufig den Vorteil, dass sie Sonderfälle präziser abbilden als unsere oft etwas naiven Ansätze. Bei Namen von Entwicklungsobjekten könnten beispielsweise noch vorangestellte Namensräume wie /ABCDEF/ eine Rolle spielen. Die Standardfunktionen gleichen außerdem mitunter noch weitere Aspekte ab, z. B. ob die Klasse im ABAP Dictionary registriert ist. Solche

Fragen mögen im ersten Wurf nicht relevant für ihr Projekt sein, können aber später leicht zum Bumerang geraten. Prüfen Sie daher zunächst, ob die benötigte Funktionalität nicht längst irgendwo in wiederverwendbarer Form existiert, bevor Sie sie mit einem regulären Ausdruck erneut programmieren.

6.5.3 Komplexe reguläre Ausdrücke

Reguläre Ausdrücke können leicht sehr komplex geraten. Das ist insbesondere dann der Fall, wenn die Ausdrücke mehrere Begriffsteile nacheinander prüfen oder wenn mehrere prinzipiell unterschiedliche Vergleiche in einen einzigen Ausdruck miteinander kombiniert werden. In einer hochgradig abstrahierenden Programmiersprache wie ABAP, die vorrangig für betriebswirtschaftliche Zwecke bestimmt ist, werden komplexe reguläre Ausdrücke eher selten benötigt. Trotzdem sind sie syntaktisch möglich, und es mag auch durchaus Fälle geben, wo sie angebracht sind.

In einem solchen Fall kann es helfen, den regulären Ausdruck in mehrere Teile zu zerlegen, wie im folgenden Beispiel:

```
CONSTANTS class_name TYPE string VALUE `CL\_.*`.
CONSTANTS interface_name TYPE string VALUE `IF\_.*`.
DATA(object_name) = |{ class_name }\|{ interface_name }|.
```

Diese Variante erlaubt es, über die Konstanten- und Variablennamen zu verdeutlichen, welcher Teil des Ausdrucks welche Prüfung übernimmt. Der Leser kann diese Teile dann nacheinander betrachten, statt den Zeichenverbund auf einen Blick verstehen zu müssen.

[!]

Zu komplexe Ausdrücke

Ein regulärer Ausdruck kann syntaktisch einwandfrei und trotzdem zu komplex für die Ausführungsumgebung sein. In solchen Fällen kommt es zur Laufzeit zu einer Ausnahme des Typs `CX_SY_REGEX_TOO_COMPLEX`. Der Ausdruck `FIND REGEX '.*X.*' IN text` sieht z. B. harmlos aus, kann aber bereits zu aufwendig sein. Der Komplexitätsgrad hängt auch vom Inhalt der überprüften Variablen ab. Unsere Beispielanweisung mag für kurze Texte als Werte für die Variable `text` funktionieren, bei längeren dagegen schiefgehen.

6.6 Das Schlüsselwort REDUCE

Das Schlüsselwort `REDUCE` ist eines der mächtigsten Schlüsselwörter in ABAP und kann mitunter ganze Methoden in einer einzelnen Anweisung zusammenfassen. Gerade diese Mächtigkeit macht das Schlüsselwort jedoch schwer kontrollierbar.

Viele Entwickler und Entwicklerinnen sind daher unsicher, wann und wo REDUCE nutzbringend eingesetzt werden kann, um nicht nur das korrekte Resultat zu produzieren, sondern den Leserinnen und Lesern ihres Codes auch eine faire Chance zu lassen zu verstehen, was vor sich geht. Dieser zweite Aspekt kann bei komplexen REDUCE-Anweisungen leicht untergehen.

Die Anweisung REDUCE hat das Ziel, eine interne Tabelle in einer einzelnen Variablen abzubilden (und sie so zu »reduzieren«). Dazu kann es z. B. erforderlich sein, Einträge in der Tabelle zu zählen oder aufzuaddieren. Führen Sie sich ein paar Beispiele vor Augen, was Sie alles mit internen Tabellen berechnen, bekommen Sie leicht eine Idee davon, wie vielseitig und dadurch komplex ein solcher Operator sein muss. Tatsächlich kann REDUCE noch weit mehr als solche einfachen Zusammenfassungen. Werfen Sie einen Blick in die ABAP-Dokumentation, um mehr zu erfahren.

Wie bei anderen Operatoren kann der Zieldatentyp der Variable entweder vorgegeben oder bei der Angabe von # automatisch ermittelt werden. Die automatische Bestimmung ist ein mehrschrittiges Verfahren, das unter anderem berücksichtigt, wo genau der Operator eingesetzt wird. Wir wollen uns hier auf die Inline-Deklaration konzentrieren. In diesem Fall wird der Datentyp von der ersten Variable abgeleitet, die innerhalb des Operators nach dem Schlüsselwort INIT deklariert wird.

Eine REDUCE-Anweisung insgesamt besteht aus vier Teilen, die über die folgenden Zusätze eingeleitet werden:

- LET

  Dieser Zusatz ist der einzige optionale Zusatz. Mit LET definieren Sie Variablen – genauer: Konstanten –, die Sie in den anderen Teilen der REDUCE-Anweisung verwenden können, sich dort aber nicht ändern lassen.

- INIT

  Hilfsvariablen deklarieren Sie im INIT-Teil. Diese Hilfsvariablen können Sie anschließend verändern. Wie beim Zusatz LET sind diese Variablen nur innerhalb der REDUCE-Anweisung sichtbar.

- FOR

  Die REDUCE-Anweisung benötigt mindestens einen FOR-Teil, der definiert, mit welcher Iteration die Tabelle gelesen werden soll. Es können jedoch mehrere solcher Angaben gemacht werden. Neben Tabelleniterationen sind auch bedingte Iterationen möglich.

- NEXT

  Die Anweisungen in diesem Teil werden in jedem Iterationsschritt des letzten FOR-Teils ausgeführt.

Mit diesen vier Zusätzen lassen sich sehr komplexe und schwer verständliche Konstrukte bauen. Dazu kommt, dass der REDUCE-Operator inline mit anderen Anweisungen und Operatoren kombiniert werden kann. Schöpft man all diese Möglichkeiten voll aus, können Leser und Leserinnen lange benötigen, um die resultierende Anweisung zu verstehen. Wir raten daher zur Vorsicht und generell dazu, REDUCE nicht mit weiteren Operatoren zu verbinden.

In einfacheren Fällen kann REDUCE jedoch ein hervorragendes Hilfsmittel sein. Achten Sie darauf, dass die Operation an sich kurz und überschaubar bleibt, wie beispielsweise in Listing 6.20. Achten Sie auch auf eindeutige Variablennamen, insbesondere für die Zielvariable, um zu verdeutlichen, worum es geht.


```
DATA(sum) = REDUCE #(
            SUM = 0
            FOR i = 1 UNTIL i > lines( items )
       NEXT sum = sum + items[ i ]-amount ).
```

Listing 6.19 REDUCE-Anweisung mit kurzen Variablennamen

Anders als wir es sonst im Kontext von Clean ABAP empfehlen, sind kurze Variablennamen innerhalb einer REDUCE-Anweisung durchaus angebracht. Außerhalb solcher Anweisungen sind dagegen längere Namen notwendig, um Verständlichkeit zu schaffen. Im LET- oder INIT-Teil nutzen wir typischerweise Variablen wie Schleifenzähler, die auch in anderen Programmiersprachen mit Namen wie sum oder i gerne einstellig gehalten werden. Listing 6.20 verdeutlicht, dass die schon von sich aus eher umfangreiche REDUCE-Anweisung dadurch so kurz wie möglich bleibt. Komplexere Operationen, die längere Namen benötigen, um verständlich zu bleiben, sollten Sie besser nicht mit dem REDUCE-Operator umsetzen.

```
DATA(net_amount) = REDUCE #(
  INIT amount TYPE netwr
  FOR item IN sales_order-items
  NEXT amount = amount + item-net_amount ).
```

Listing 6.20 REDUCE-Anweisung zur Inline-Berechnung einer Summe

Der REDUCE-Operator wurde seit seiner Einführung in ABAP 7.40 bereits an einigen Stellen im SAP-Standardcode verbaut, sowohl inline als auch in Kombination mit anderen Anweisungen. Die Kunst bei der Verwendung dieses Operators ist stets, einen Kompromiss zwischen Verdichtung und Verständlichkeit zu erreichen. Die Einsatzmöglichkeiten von REDUCE werden also weniger durch die Fähigkeiten des Operators begrenzt, sondern vielmehr von der Fähigkeit der Entwickler und Entwicklerinnen, den entstehenden Code zu verstehen.

Eine gute Möglichkeit, auch komplexere REDUCE-Fälle zuzulassen, ist es, sie auszulagern. Dazu isolieren Sie die REDUCE-Anweisung zunächst und legen ihr Ergebnis in einer verständlich benannten Variablen ab. REDUCE-Anweisungen, die an einem Stück bleiben müssen, lassen sich auch in Methoden auslagern, deren Name dann klar vermitteln sollten, was passiert. Manche REDUCE-Anweisungen lassen sich auch in mehrere Teile zerlegen, deren Zwischenergebnisse dann jeweils mit klaren Namen versehen werden können.

Haben Sie bei der Verwendung des Schlüsselworts REDUCE auch stets im Blick, dass Sie Ihren Code später debuggen können. Eine REDUCE-Anweisung stellt im Debugger einen einzelnen, nicht separierbaren Schritt dar. Gibt es einen Fehler in der Anweisung, wird Ihnen der Debugger daher nur wenig dabei helfen, diesen Fehler aufzuspüren.

6.7 Zusammenfassung

Es gibt einen großen Unterschied zwischen dem Schreiben und dem Lesen von Code. Die Erstellung lesbaren Codes kann mit der Art und Weise beginnen, wie und wo Sie Variablen deklarieren und verwenden. Die gefühlte Komplexität und die Lernkurve beim Einarbeiten in fremden Code hängen sehr stark davon ab, wie Variablen eingesetzt werden. In diesem Kapitel haben wir uns damit beschäftigt, wie man durch bewussten Einsatz von Variablen die Lesbarkeit verbessern kann. Wir können hier folgende Richtlinien festhalten:

- Deklarieren Sie Variablen inline, wann immer möglich.
- Deklarieren Sie mehr Variablen als nötig, wenn es die Lesbarkeit fördert.
- Deklarieren Sie Variablen vor der IF-Klausel, wenn sie in mehreren Zweigen verwendet werden.
- Verketten Sie Deklarationen nur dann, wenn die Variablen inhaltlich eng zusammengehören.
- Nutzen Sie Feldsymbole als Schleifenvariablen.
- Ersetzen Sie Literale innerhalb Ihrer Anweisungen durch Konstanten.
- Ordnen Sie Konstanten in Enumeration-Klassen an.
- Nutzen Sie abap_bool für Boolesche Ausdrücke.
- Nutzen Sie abap_true und abap_false für Boolesche Vergleiche.
- Nutzen Sie XSDBOOL für Boolesche Zuweisungen und Entscheidungen.
- Nutzen Sie reguläre Ausdrücke mit Bedacht, und halten Sie deren Komplexität gering.
- Nutzen Sie das Schlüsselwort REDUCE so, dass Ihre Anweisungen verständlich bleiben.

Bei ABAP geht es häufig um das Verarbeiten von Tabellen. Interne Tabellen sind daher ein Kernaspekt der Sprache und werden durch viele Anweisungen hervorragend unterstützt. Das nächste Kapitel wird sich ausführlicher den internen Tabellen widmen.

Kapitel 7
Interne Tabellen

In diesem Kapitel beschäftigen wir uns damit, den Umgang mit internen Tabellen lesbar zu gestalten. Wir schauen uns an, wie Sie Tabellen effizient und redundanzfrei deklarieren können, und erklären, wie Sie Daten einfügen, entnehmen und verändern können.

Interne Tabellen sind ein Kernbestandteil von ABAP. Diese Tabellen legen Daten zeilenweise im Arbeitsspeicher ab. Jede Zeile hat denselben, fest definierten Zeilentyp. Der Zeilentyp kann strukturiert oder unstrukturiert sein und beliebige Datentypen beinhalten. Der Tabellentyp legt fest, wie diese Zeilen zu einer Tabelle zusammengefasst werden und wie der Zugriff auf die Zeilen erfolgt.

Der wichtigste Anwendungszweck für interne Tabellen ist es, Daten aus der Datenbank lokal in einem Programm abzulegen und zu bearbeiten. Da interne Tabellen sehr große Datenmengen enthalten können, müssen Sie beim Umgang mit ihnen besonders auf die Effizienz achten, also den Code möglichst optimal aufbauen und überflüssige Operationen vermeiden.

In diesem Kapitel zeigen wir Ihnen, wie Sie dieses Ziel verfolgen und gleichzeitig lesbaren Code erhalten können. Wir beginnen mit der Deklaration von Tabellen und der Wahl des richtigen Tabellentyps in Abschnitt 7.1, »Die richtige Tabellenart verwenden«, gefolgt von dem Rat in Abschnitt 7.2, »DEFAULT KEY vermeiden«, Standardschlüssel zu vermeiden. Die anschließenden Abschnitte, Abschnitt 7.3, »Zeilen hinzufügen mit INSERT INTO TABLE und APPEND TO«, Abschnitt 7.4, »Prüfen, ob eine Tabelle eine bestimmte Zeile enthält«, Abschnitt 7.5, »Tabelleninhalte abfragen«, Abschnitt 7.6, »Die Anweisung LOOP AT ... WHERE ... und verschachtelte IF-Anweisungen« und Abschnitt 7.7, »Unnötige Tabellenabfragen identifizieren«, helfen Ihnen, unnötige Anweisungen beim Einfügen und Auslesen von Daten zu vermeiden. Am Ende des Kapitels betrachten wir noch die blockweise Verarbeitung von Daten in Abschnitt 7.8, »Tabellenzeilen blockweise und Zeile für Zeile bearbeiten«, und schauen uns in Abschnitt 7.9, »DESCRIBE TABLE und die Funktion LINES«, an, wie Sie die Anzahl an Zeilen ermitteln.

7.1 Die richtige Tabellenart verwenden

Wählen Sie bei der Deklaration einer internen Tabelle die Tabellenart, die zur vorherrschenden Zugriffsart passt. Diese Wahl optimiert nicht nur die Geschwindigkeit und den Speicherverbrauch des Codes, sondern erlaubt es Lesern und Leserinnen auch, den Zweck der Tabelle besser zu erfassen. ABAP unterscheidet drei grundlegende Arten von Tabellen, die wir in den folgenden Abschnitten genauer betrachten.

7.1.1 Standardtabellen

Standardtabellen verwenden wir typischerweise dann, wenn wir auf die Zeilen darin über ihren Index zugreifen wollen. Der Index einer Tabelle ist die schnellstmögliche Art, eine Zeile zu lesen. Standardtabellen können wie folgt deklariert werden:

```
DATA employees TYPE STANDARD TABLE OF employee.
```

Zeilen können dann über das Schlüsselwort `INDEX` gelesen werden:

```
READ TABLE employees REFERENCE INTO employee INDEX 4.
```

Eine Zeile auf diese Weise zu lesen, dauert immer gleich lang, egal, wie groß die Tabelle ist. Nimmt die Anzahl der Zeilen zu, steigen jedoch auch die Kosten für das Anlegen und Pflegen des Indexes. Standardtabellen eignen sich daher vor allem für die folgenden beiden Fälle:

- **Kleine Tabellen**

  Tabellen mit sehr wenigen Zeilen, bei denen die Indizierung keinen wesentlichen Aufwand darstellt

- **Array-artige Tabellen**

  Tabellen, bei denen die Reihenfolge der Zeilen entweder egal ist oder deren Zeilen Sie in exakt der vorliegenden Reihenfolge abarbeiten wollen.

Sie können die Zeilen einer Standardtabelle auch über ihren Primärschlüssel ansprechen. Im folgenden Beispiel ist das Feld `id` der Primärschlüssel der Tabelle `employees` (»Beschäftigte«). Sie können mit dem Zusatz `WITH TABLE KEY` darauf zugreifen:

```
READ TABLE employees REFERENCE INTO employee WITH TABLE KEY id = 'E101'.
```

ABAP setzt diesen Zugriff iterativ um, sodass es umso länger dauert, je mehr Zeilen die Tabelle hat. Deshalb sollten Sie auch bei dieser Zugriffsart Standardtabellen nur dann nutzen, wenn sie klein sind (und bleiben) oder Array-artig sind.

Sie können die Zeilen mit der Anweisung `SORT` aufsteigend oder absteigend sortieren. Ist die Tabelle sortiert, können Sie mit dem Zusatz `BINARY SEARCH` die Zugriffszeit verkürzen:

```
READ TABLE employees REFERENCE INTO employee WITH KEY id =
 'E101' BINARY SEARCH.
```

7.1.2 Sortierte Tabellen

Sortierte Tabellen sollten Sie dann nutzen, wenn die Tabelle eine größere Anzahl an Zeilen enthält, die von Anfang an durchgängig und verlässlich sortiert sein sollen. Fügen Sie Zeilen in diese Tabellen ein, werden sie an den gemäß der Sortierung richtigen Stellen eingefügt. Sortierte Tabellen können Sie wie folgt deklarieren:

```
DATA employees TYPE SORTED TABLE OF employee WITH UNIQUE KEY id.
```

Die Vorteile dieser Tabellenart zeigen sich, wenn Sie Zeilen oft mit einem vollständigen oder teilweise gegebenen Schlüssel lesen oder ändern wollen. Diese Operationen erfordern dann, den richtigen Index der Zeilen zu ermitteln, aber nicht unbedingt, die Indexe aller anderen Zeilen anzupassen.

Sortierte Tabellen verbessern die Geschwindigkeit von Programmen besonders dann, wenn Sie eine große Anzahl an Zeilenzugriffen erwarten. Der Vorteil entsteht dadurch, dass die Zeilen automatisch per Binärsuche in der Tabelle gesucht werden. Die Kosten für einen Zugriff per Schlüssel nehmen dabei logarithmisch mit der Anzahl der Zeilen in der Tabelle zu.

7.1.3 Hash-Tabellen

Hash-Tabellen sollten Sie nur bei großen Tabellen verwenden, die Sie auf einmal befüllen und deren Zeilen Sie nie verändern. Deklariert werden sie wie folgt:

```
DATA employees TYPE HASHED TABLE OF employee WITH UNIQUE KEY id.
```

Hash-Tabellen legen eine Hash-Map für ihre Inhalte an. Zeilen können dadurch nicht per Index angesprochen werden, sondern nur über ihren Schlüssel:

```
READ TABLE employees REFERENCE INTO employee WITH TABLE KEY id = 'E107'.
```

Hash-Tabellen sind ähnlich aufgebaut wie Datenbanktabellen. Ihre Schlüssel sind stets eindeutig. Hash-Tabellen eignen sich deshalb für Fälle, die ähnlich wie Datenbanktabellen gehandhabt werden. Sie erfordern zusätzlich Arbeitsspeicher und Verarbeitungszeit, um die Hash-Map anzulegen und aktuell zu halten, und lohnen sich daher nur für große Datenmengen, die mehrfach gelesen werden. Für kleine Datenmengen eignen sich Tabellenarten, die Zugriffe per Index erlauben, besser.

Jede Änderung des Tabelleninhalts erfordert eine vergleichsweise teure Neuberechnung des Hash-Werts, sodass sich Hash-Tabellen nicht eignen, wenn Sie Zeilen erst nach und nach hinzufügen oder nachträglich verändern. Nutzen Sie sie jedoch passend zu ihrem Profil, können diese Tabellen sehr effizient sein, denn sie erlauben es Ihnen, beliebige Zeilen immer in derselben konstanten Zeit zu finden, egal, wie viele Zeilen die Tabelle insgesamt enthält.

7.2 DEFAULT KEY vermeiden

Nachdem wir die verschiedenen Tabellenarten betrachtet haben, lassen Sie uns auf ein Detail bei der Verwendung von Schlüsseln bei den Tabellen eingehen: Vermeiden Sie den Zusatz `DEFAULT KEY`.

Wir sehen häufig interne Tabellen, die wie folgt deklariert werden:

```
DATA employees TYPE STANDARD TABLE OF employee WITH DEFAULT KEY.
```

Der Zusatz `DEFAULT KEY` wird hier oft nur deshalb ergänzt, weil er es erlaubt, die neueren funktionalen Anweisungen zu verwenden. In vielen Fällen – z. B. wenn Sie die Tabelle wie ein Array mit Indexzugriff einsetzen wollen – benötigen Sie den dadurch definierten Schlüssel aber überhaupt nicht. Er ist nicht nur überflüssig, sondern verschwendet sogar aktiv Ressourcen. Schlimmer noch, er kann sogar zu obskuren Fehlern führen. Ein `DEFAULT KEY` enthält alle zeichenartigen Spalten der Tabelle, ignoriert jedoch alle numerischen. Nutzen Sie Anweisungen wie `SORT`, `DELETE ADJACENT DUPLICATES` und `READ TABLE ... BINARY SEARCH` ohne Zusätze, werden sie diesen Schlüssel benutzen. Enthält Ihre Tabelle numerische und zeichenartige Spalten, werden sich diese Anweisungen unerwartet verhalten.

Generell raten wir deshalb von der Verwendung des Zusatzes `DEFAULT KEY` ab. Nutzen Sie stattdessen besser eine der folgenden Optionen:

- Listen Sie die Schlüsselfelder explizit auf, z. B.:

  ```
  DATA employees TYPE STANDARD TABLE OF employee WITH NON-UNIQUE KEY ⮐
  id cost_center.
  ```

- Nutzen Sie `EMPTY KEY`, wenn Sie gar keinen Schlüssel benötigen:

  ```
  DATA employees TYPE STANDARD TABLE OF employee WITH EMPTY KEY.
  ```

[»]

SORT bei Tabellen mit EMPTY KEY

Die Anweisung `SORT` funktioniert nicht bei Tabellen, die mit `EMPTY KEY` definiert wurden. Wenn der Compiler das Fehlen des Schlüssels erkennt, bekommen Sie eine Warnung während der Syntaxprüfung.

7.3 Zeilen hinzufügen mit INSERT INTO TABLE und APPEND TO

Nun, da Sie wissen, wie Sie Tabellen deklarieren, lassen Sie uns schauen, wie Sie die verschiedenen Operationen darauf sauber gestalten können.

Eine der häufigsten Operationen ist es, einer Tabelle Zeilen hinzuzufügen. Prinzipiell gibt es dafür die zwei Anweisungen `APPEND` und `INSERT`. Die folgenden Abschnitte vergleichen sie miteinander.

7.3.1 Die Anweisung APPEND

Die Anweisung `APPEND` fügt einer internen Tabelle eine oder mehrere Zeilen hinzu. Sie funktioniert nur bei indexbasierten Tabellen. Die Zeilen werden am Ende der Tabelle ergänzt, wobei der Index definiert, wo dieses Ende liegt:

- Um eine einzelne Zeile hinzuzufügen, nutzen Sie:

  ```
  APPEND new_employee TO employees.
  ```

- Um mehrere Zeilen hinzuzufügen, nutzen Sie:

  ```
  APPEND ROWS OF new_employees TO employees.
  ```

Der Index der Tabelle steuert dabei, wo die neuen Zeilen eingefügt werden. Das Verhalten hängt deshalb von der Tabellenart ab:

- **Standardtabellen**

  Die Zeilen werden am Ende der Tabelle hinzugefügt, ohne dass ihr Inhalt vorab auf Duplikate oder ähnliches geprüft wird.

- **Sortierte Tabellen**

  Die Zeilen werden nur dann hinzugefügt, wenn die folgenden Bedingungen erfüllt sind:

  - Die neuen Zeilen müssen zur Sortierung passen. Passen sie nicht zur Sortierung, wird eine nicht behandelbare Ausnahme ausgelöst.
  - Die neuen Zeilen dürfen keine Duplikate enthalten, d. h., der Primärschlüssel der Tabelle muss eindeutig bleiben.

- **Hash-Tabellen**

  An Hash-Tabellen können Sie mit `APPEND` keine Zeilen anfügen, da sie keinen indexbasierten Zugriff erlauben.

Nutzen Sie also `APPEND` und wollen später die Art einer Tabelle ändern, z. B. um das Programm schneller zu machen, müssen Sie mitunter ein intensives Refactoring durchführen.

7.3.2 Die Anweisung INSERT

Die Anweisung `INSERT` fügt eine oder mehrere Zeilen in eine interne Tabelle ein. Die Position können Sie selbst bestimmen, per Primärschlüssel oder Index. Geben Sie keine an, werden die Zeilen bei Standardtabellen am Ende und bei den anderen Tabellenarten an der passenden Stelle eingefügt.

- Um eine einzelne Zeile hinzuzufügen, nutzen Sie:

  ```
  INSERT new_employee INTO employees [INDEX 18].
  ```

- Um mehrere Zeilen hinzuzufügen, nutzen Sie:

  ```
  INSERT LINES OF new_employees INTO employees [INDEX 18].
  ```

Zeilen werden erst dann eingefügt, wenn alle Schlüssel der Tabelle validiert wurden, also sowohl der Primärschlüssel als auch alle Sekundärschlüssel (sofern es welche gibt). Die Laufzeit gibt über Systemfelder wie `sy-subrc` oder Ausnahmen Auskunft darüber, ob das Einfügen geklappt hat.

Die Anweisung `INSERT` funktioniert nicht nur bei allen internen Tabellen, sie funktioniert auch semantisch gleich. Nutzen Sie also `INSERT` und wollen später die Art einer Tabelle ändern, müssen Sie sehr viel weniger Refactoring durchführen als bei `APPEND`. Generell empfehlen wir daher, eher `INSERT` als `APPEND` zu nutzen.

7.4 Prüfen, ob eine Tabelle eine bestimmte Zeile enthält

Eine weitere gebräuchliche Operation ist es zu prüfen, ob eine interne Tabelle eine bestimmte Zeile enthält, z. B. weil Sie sich vergewissern wollen, dass eine nachfolgende Modifikation oder Entfernung nicht ins Leere läuft. Im Allgemeinen gibt es die drei Varianten `READ TABLE`, `LOOP AT` und `LINE_EXISTS`. Die folgenden Abschnitte vergleichen diese miteinander.

7.4.1 Die Anweisung READ TABLE

Eine Möglichkeit, die Existenz einer Zeile abzufragen, ist die Anweisung `READ TABLE`. Verwenden Sie dabei den Zusatz `WITH KEY`, hinter dem Sie die Spalten und die gesuchten Werte aufführen. Wenn eine passende Zeile existiert, setzt die Laufzeit das Systemfeld `sy-subrc` auf den Wert `0`. Direkt nach dem `READ TABLE` fragen Sie daher den Status dieses Felds ab. Der Zusatz `TRANSPORTING NO FIELDS` teilt der Laufzeit mit, dass Sie die Zeile selbst gar nicht haben wollen, sondern nur prüfen möchten, ob sie existiert. Dadurch vermeiden Sie den Zusatzaufwand, der beim Kopieren der Zeile in eine Variable entsteht. Listing 7.1 zeigt ein Beispiel, für das wir einen Mitarbeiter mit dem Vornamen »Jason« suchen.

```
READ TABLE employees TRANSPORTING NO FIELDS
    WITH KEY first_name = 'Jason'.
IF sy-subrc = 0.
  " Suitable row exists
ENDIF.
```

Listing 7.1 Existenz einer Zeile mit READ TABLE prüfen

7.4.2 Die Anweisung LOOP AT

Eine andere Möglichkeit, die Existenz einer Zeile abzufragen, ist die Anweisung LOOP AT. Verwenden Sie hier die WHERE-Klausel, um die Spalten und gesuchten Werte anzugeben. Wenn passende Zeilen existieren, wird die Schleife für jede Zeile einmal durchlaufen. Die Laufzeit setzt dabei das Systemfeld sy-subrc auf den Wert 0, wenn die Schleife mindestens einmal durchlaufen wurde. Direkt nach dem Befehl LOOP AT fragen Sie deshalb den Status dieses Felds ab. Erwarten Sie mehrere passende Zeilen, können Sie mit einem EXIT innerhalb LOOP AT verhindern, dass die Schleife tatsächlich mehrmals durchlaufen wird. Listing 7.2 zeigt ein Beispiel. Wieder wird ein Mitarbeiter mit dem Vornamen »Jason« gesucht.

```
LOOP AT employees REFERENCE INTO employee
    WHERE first_name = 'Jason'.
ENDLOOP.
IF sy-subrc = 0.
  " Suitable row exists
ENDIF.
```

Listing 7.2 Existenz einer Zeile mit LOOP AT prüfen

7.4.3 Die Anweisung LINE_EXISTS

Die beiden Varianten aus Abschnitt 7.4.1, »Die Anweisung READ TABLE«, und Abschnitt 7.4.2, »Die Anweisung LOOP AT«, spiegeln den Zweck des Codes nicht deutlich wider. Sie prüfen die Existenz einer Zeile zwar, die Anweisungen selbst sind aber eigentlich für ganz andere Zwecke gedacht. Die vordefinierte Funktion LINE_EXISTS schafft hier Abhilfe. Diese Prädikatsfunktion prüft direkt, ob eine passende Zeile existiert, und liefert abap_true oder abap_false. Sie können sie z. B. wie folgt verwenden:

- Um die Existenz per Primärschlüssel zu prüfen, verwenden Sie:

  ```
  IF LINE_EXISTS( employees[ key = 'E101' ] ).
  ```

- Um die Existenz über Spaltenwerte zu prüfen, verwenden Sie:

  ```
  IF LINE_EXISTS( employees[ first_name = 'Jason' ] ).
  ```

Ein typischer Anwendungsfall ist das Überprüfen einer Tabelle von Meldungen. Wenn die interne Tabelle eine Fehlermeldung enthält, soll die Methode sofort beendet werden. Listing 7.3 zeigt ein Beispiel, wie sich dieser Fall mit LINE_EXISTS umsetzen lässt.

```
IF LINE_EXISTS( messages[ msg_type = 'E' ] ).
  RETURN.
ENDIF.
```

Listing 7.3 Mit LINE_EXISTS prüfen Sie, ob eine Fehlermeldung aufgetreten ist.

Die Funktion drückt das Ziel der Abfrage sehr viel deutlicher aus als die zuvor gezeigten Varianten. Wir empfehlen Ihnen daher, generell LINE_EXISTS statt READ TABLE oder LOOP AT zu verwenden, um die Existenz einer Zeile zu prüfen.

7.5 Tabelleninhalte abfragen

Eine andere Standardoperation ist das Lesen von Tabelleninhalten. Sie können einzelne Zeilen lesen oder über mehrere Zeilen iterieren, je nach Bedarf. Für gewöhnlich verfolgen Sie dabei eines der folgenden beiden Ziele:

- Das Lesen ist die Vorbereitung für eine anschließende Änderung an der Zeile. Vermutlich wollen Sie sie nach dem Lesen mit MODIFY verändern, mit DELETE entfernen oder ähnliches.
- Sie benötigen die gelesene Zeile für etwas ganz anderes, z. B. um ihren Inhalt in Variablen zu übernehmen oder Methodenaufrufe damit zu parametrisieren.

In den meisten Fällen lesen Sie eine einzelne Zeile über ihren Schlüssel oder den Index. Für beides kommen die Anweisungen LOOP AT und READ TABLE in Frage. Sehen wir uns kurz die Unterschiede an.

7.5.1 Die Anweisung LOOP AT

Mit LOOP AT ... WHERE ... können Sie einzelne oder mehrere Zeilen aus der Tabelle lesen. Die Anweisung iteriert dabei über alle Zeilen, die die Bedingungen der WHERE-Klausel erfüllen. Für jede Zeile führt sie die Anweisungen zwischen dem LOOP AT und dem zugehörigen ENDLOOP aus.

Das Beispiel im Folgenden zeigt eine einfache LOOP AT-Anweisung, die über alle Mitarbeitenden iteriert, deren Arbeitsort London ist:

```
LOOP AT employees REFERENCE INTO employee WHERE location = 'London'.
  " Do Something
ENDLOOP.
```

Alternativ könnten Sie auch den Code aus Listing 7.4 benutzen. Dort iterieren Sie einfach über alle Zeilen der Tabelle und entscheiden für jede mit einer IF-Anweisung, ob Sie sie genauer betrachten wollen oder nicht. Wir werden uns dieses Beispiel in Abschnitt 7.6, »Die Anweisung LOOP AT ... WHERE ... und verschachtelte IF-Anweisungen«, noch einmal genauer anschauen.

```
LOOP AT employees REFERENCE INTO employee.
  IF employee->location = 'London'.
    " Do Something
  ENDIF.
ENDLOOP.
```

Listing 7.4 Tabellenzeilen per LOOP AT mit einem darunter liegenden IF iterativ lesen

In beiden Beispielen läuft der Code für genau die Zeilen, die unsere Bedingungen erfüllen. Die Anweisung LOOP AT ist damit perfekt für Situationen mit den folgenden beiden Merkmalen geeignet:

1. Es kann mehrere Zeilen geben, auf die unsere Bedingung zutrifft.
2. Wir möchten alle diese Zeilen lesen.

7.5.2 Die Anweisung READ TABLE

Die Anweisung READ TABLE hingegen liest exakt eine Zeile einer internen Tabelle. Die Zeile wird in die Variable gelesen, die Sie nach dem Schlüsselwort INTO angeben. Die weiteren Zusätze definieren, welche Zeile dies genau sein wird. Sie können die Zeile dabei auf drei verschiedene Arten angeben:

- Sie können den vollwertigen Schlüssel der Zeile angeben, indem Sie den Zusatz WITH TABLE KEY verwenden.
- Sie können den Index der gewünschten Zeile nennen, indem Sie den Zusatz INDEX verwenden.
- Sie können frei definierte Bedingungen angeben, die die Zeile erfüllen muss, indem Sie den Zusatz WITH KEY verwenden.

Listing 7.5 zeigt ein Beispiel, wie Sie mit READ TABLE ... WITH KEY einen Mitarbeiter lesen können, dessen Arbeitsort London ist. Wenn eine passende Zeile existiert, wird das Systemfeld sy-subrc auf den Wert 0 gesetzt.

```
READ TABLE employees REFERENCE INTO employee
    WITH KEY location = 'London'.
IF sy-subrc = 0.
  " Do something
ENDIF.
```

Listing 7.5 Eine einzelne Zeile per READ TABLE lesen

Wenn mehrere Zeilen zu unseren Bedingungen passen, im Beispiel also mehrere Mitarbeitende in London arbeiten, erhalten Sie die erste Zeile, auf die die Bedingung zutrifft. Die Anweisung READ TABLE passt daher für die folgenden beiden Situationen:

- Sie wollen genau eine Zeile lesen und können über einen Schlüssel, den Index oder Feldwerte genau angeben, welche das sein soll.
- Falls mehrere Zeilen passen, interessieren Sie sich nur für die erste Zeile.

Die zweite Situation kommt eher selten vor. An diesen Stellen sollten Sie überprüfen, ob Sie stattdessen nicht lieber LINE_EXISTS verwenden sollten. Diese Anweisung haben wir bereits in Abschnitt 7.4.3 besprochen.

Für beide Situationen könnten Sie auch die Anweisung LOOP AT verwenden. LOOP AT verschleiert jedoch das Ziel, dass Sie sich nur für exakt eine Zeile interessieren. Um Ihre Motivation deutlich zu zeigen, sollten Sie daher, wo immer passend, READ TABLE bevorzugen.

7.6 Die Anweisung LOOP AT ... WHERE ... und verschachtelte IF-Anweisungen

In Abschnitt 7.5.1 haben wir gezeigt, wie Sie die Anweisung LOOP AT benutzen können, um mehrere Zeilen einer Tabelle zu lesen. Sie haben auch bereits die beiden Möglichkeiten kennengelernt, die gesuchten Zeilen zu identifizieren. Hier wollen wir LOOP AT WHERE und IF-Anweisungen noch einmal genauer miteinander vergleichen.

7.6.1 Verschachteltes IF

Ein Weg, die Bedingung zu definieren, die die gesuchten Zeilen erfüllen müssen, ist, innerhalb des LOOP AT ... ENDLOOP ein IF unterzubringen. In Listing 7.6 wollen wir z. B. alle Mitarbeitenden mit Arbeitsort Sydney lesen und formulieren diese Bedingung mit einer IF-Anweisung.

```
LOOP AT employees REFERENCE INTO employee.
  IF employee->location = 'Sydney'.
    " Do Something
  ENDIF.
ENDLOOP.
```

Listing 7.6 Passende Zeilen per LOOP AT und IF lesen

Ein wesentlicher Nachteil dieser Form ist, dass die Schleife zwangsweise über *alle* Zeilen der Tabelle iterieren muss. Die Bedingung wird erst innerhalb der Schleife betrachtet, und die Ausführungsumgebung kann diese Tatsache nicht vorhersehen. Diese Form benötigt daher länger für die Ausführung und Sie sollten sie vermeiden.

7.6.2 Die Anweisung LOOP AT ... WHERE ...

Die bessere Alternative ist es, die Bedingung direkt per `WHERE`-Klausel als Schleifenbedingung festzulegen. Listing 7.6 würde sich dadurch wie im folgenden Listing gezeigt darstellen:

```
LOOP AT employees REFERENCE INTO employee WHERE location = 'Sydney'.
  " Do Something
ENDLOOP.
```


In dieser Form kann die Ausführungsumgebung direkt erkennen, welche Zeilen gesucht werden. Das versetzt sie in die Lage, unpassende Zeilen sofort auf effiziente Weise zu umgehen, statt erst einmal ohne Vorwissen über alle Zeilen zu iterieren. Der Code ist aber auch für Leser und Leserinnen klarer, denn die Schleife definiert deutlich, welche Zeilen sie interessieren und welche nicht. Aus diesen Gründen sollten Sie, wo immer möglich, diese Form der Schleifenbedingung wählen.

7.7 Unnötige Tabellenabfragen identifizieren

In den vorherigen Abschnitten haben Sie bereits einige Beispiele für überflüssige bzw. nicht besonders performante Anweisungen im Umgang mit internen Tabellen gesehen. Überflüssige Anweisungen sind nicht nur schlecht, weil das Programm länger braucht als nötig, sie verwirren auch die Leserinnen und Leser. Sie sollten sie daher vermeiden.

Im Programmierfluss schreiben wir Code normalerweise zunächst so, wie sich uns die Programmlogik in diesem Moment erschließt. Dabei beherrschen oft Dinge wie Gewohnheiten, Alltagslogik und Sicherheitsdenken unser Handeln. Als Folge schreiben wir oft Anweisungen, die bei späterer Betrachtung redundante oder schlicht überflüssige Teile enthalten. Das ist völlig normal.

Wollten Sie z. B. aus einer Tabelle `employees` den Mitarbeiter oder die Mitarbeiterin mit der Kennnummer `E106` lesen, könnten Sie das im Programmierfluss wie in Listing 7.7 zu sehen umgesetzt haben. Erst prüfen Sie mithilfe der Prädikatsfunktion `LINE_EXISTS`, ob eine passende Zeile existiert (siehe auch Abschnitt 7.4.3). Falls nicht, lösen Sie eine Ausnahme aus. Anschließend lesen Sie die passende Zeile in eine Variable.

```
IF NOT LINE_EXISTS( employees[ id = 'E106' ] ).
  RAISE EXCEPTION NEW my_data_not_found( ).
ENDIF.
employee = employees[ id = 'E106' ].
```

Listing 7.7 Existenz einer Zeile prüfen und anschließend die Zeile lesen

Der Code tut, was Sie wollen, und wirkt auf den ersten Blick einleuchtend. Auf den zweiten ist er jedoch redundant, da Sie die Lesebedingung zweimal formulieren müssen. Er ist nicht einmal performant, da Sie zwei Tabellenzugriffe durchführen, wo einer genügen würde. Wenn Sie erwarten, dass eine passende Zeile existiert – und das liegt hier auf der Hand, sonst würden Sie keine Ausnahme auslösen – können Sie diesen Code wie in Listing 7.8 zu sehen eleganter und effizienter gestalten.

```
TRY.
    DATA(row) = employees[ id = 'E106' ].
  CATCH cx_sy_itab_line_not_found.
    RAISE EXCEPTION NEW my_data_not_found( ).
ENDTRY.
```

Listing 7.8 Tabellenzeile lesen und reagieren, falls sie nicht existiert

Diese Überarbeitung folgt der Empfehlung »Konzentrieren Sie sich auf den Erfolgspfad oder auf Fehlerbehandlung« aus Abschnitt 4.3.4, »Früh scheitern«.

Schauen Sie besonders beim Arbeiten mit Tabellen zweimal hin. Code, der beim Schreiben und Testen sinnig wirkt, kann sich beim späteren Lesen oder Vermessen als unsinnig entpuppen. Drehen Sie daher nach dem ersten Schreiben stets eine zweite Runde, und konzentrieren Sie sich auf mögliche Refactoring-Schritte.

7.8 Tabellenzeilen blockweise und Zeile für Zeile bearbeiten

Nehmen wir an, Sie hätten eine interne Tabelle `old_employees`, deren Einträge von Index 10 bis 25 Sie in eine andere interne Tabelle `employees` einfügen möchten. Ein Weg, das zu realisieren, wäre eine `WHILE ... ENDWHILE`-Anweisung mit einem eingebetteten `READ TABLE` und `INSERT`, wie in Listing 7.9 zu sehen.

```
index = 10.
WHILE index <= 25.
  READ TABLE old_employees INDEX index INTO employee.
  INSERT employee INTO employees.
  index = index + 1.
ENDWHILE.
```

Listing 7.9 Mehrere Zeilen nacheinander einfügen

Sie können diesen Code deutlich beschleunigen, wenn Sie die Zeilen nicht einzeln, sondern als Block behandeln. Wann immer Sie einen »Abschnitt« einer internen Tabelle verarbeiten wollen, sollten Sie daher prüfen, ob Sie stattdessen auf eine Blockoperation zurückgreifen können. Blockoperationen nutzen Sie, indem Sie die

Anweisungen INSERT, APPEND, LOOP und DELETE mit den Zusätzen FROM und TO versehen. Das Beispiel aus Listing 7.9 können Sie dadurch stark verbessern:

```
INSERT LINES OF old_employees FROM 10 TO 25 INTO employees.
```

Listing 7.10 zeigt ein weiteres Beispiel. Hier verwaltet Helen 16 Mitarbeitende, und Sie wollen die Hälfte davon einem neuen Manager, Michael, zuordnen.

```
LOOP AT employees ASSIGNING <employee> FROM 9 TO 16
    WHERE manager = 'Helen'.
  <employee>-manager = 'Michael'.
ENDLOOP.
```

Listing 7.10 Mehrere Zeilen per LOOP AT mit Bedingung und Blockbedingung

Wann immer möglich, sollten Sie die blockweise Verarbeitung von Zeilen bevorzugen. Die Verarbeitung Zeile für Zeile ist umständlicher und auch langsamer.

7.9 DESCRIBE TABLE und die Funktion LINES

Viele Situationen erfordern es, die Anzahl der Zeilen in einer internen Tabelle zu ermitteln. Die folgenden Abschnitte vergleichen zwei Möglichkeiten, die Sie zu diesem Zweck nutzen können: DESCRIBE TABLE und LINES.

7.9.1 Die Anweisung DESCRIBE TABLE

Die ABAP-Anweisung DESCRIBE TABLE mit dem optionalen Zusatz LINES ist die älteste existierende Möglichkeit, die Zeilenanzahl einer internen Tabelle zu bestimmen. Das Beispiel in Listing 7.11 zeigt, wie Sie die Anzahl der Mitarbeitenden in eine Variable no_of_employees mit dem Datentyp i auslesen.

```
DESCRIBE TABLE employees LINES no_of_employees.
IF no_of_employees = 0.
  " Do Something
ENDIF.
```

Listing 7.11 Zeilenanzahl mit DESCRIBE TABLE bestimmen

7.9.2 Die Anweisung LINES

Eine neuere Möglichkeit bietet die eingebaute Funktion LINES. Der Code aus Listing 7.11 könnte dann wie im folgenden Listing aussehen:

```
IF LINES( employees ) = 0.
  " Do Something
ENDIF.
```

Die Funktion LINES kommt unserem Ansinnen hier besser entgegen. Sie ist kürzer, erlaubt Inline-Deklarationen und kann ohne Hilfsvariablen in IF-Anweisungen eingebettet werden. Unsere Empfehlung ist daher, möglichst LINES zu bevorzugen.

7.10 Zusammenfassung

In diesem Kapitel haben wir grundlegende Muster zum Arbeiten mit internen Tabellen betrachtet. Das Ziel ist dabei immer, den Code verständlich und effizient zu halten:

- Benutzen Sie die passende Tabellenart.
- Vermeiden Sie DEFAULT KEY.
- Nutzen Sie INSERT INTO TABLE statt APPEND TO, um Zeilen in interne Tabellen einzufügen.
- Nutzen Sie LINE_EXISTS statt READ TABLE oder LOOP AT, um zu prüfen, ob es eine bestimmte Zeile gibt.
- Nutzen Sie READ TABLE, wenn Sie eine einzelne Zeile lesen möchten, und LOOP AT nur dann, wenn Sie alle passenden Zeilen lesen möchten.
- Nutzen Sie LOOP AT ... WHERE ... statt LOOP AT mit verschachteltem IF, um passende Zeilen zu finden.
- Vermeiden Sie redundante Tabellenzugriffe.
- Nutzen Sie, wo möglich, die blockweise Zeilenverarbeitung.
- Nutzen Sie LINES, um Zeilenanzahlen zu ermitteln.

Im nächsten Kapitel schauen wir uns Mittel und Wege an, wie sich der Kontrollfluss in Programmen sauber strukturieren lässt.

Kapitel 8
Kontrollfluss

Viele Programme drehen sich um Entscheidungen und die Aktionen, die sich aus diesen Entscheidungen ableiten. Dieses Kapitel beschäftigt sich damit, wie Sie Entscheidungsfindungen und den Kontrollfluss in ABAP sauber gestalten können, sodass Leser und Leserinnen anhand des Codes leicht nachvollziehen können, welcher Ausführungspfad genommen wird und warum.

ABAP-Programme sollen komplexe Probleme im Umfeld von Geschäftsprozessen lösen. Sie müssen mit einer Vielzahl von Situationen umgehen können. Bereits kleinste Details können sich als geschäftskritische Faktoren herausstellen. Wenn die Software nicht angemessen auf unvorhergesehene Ereignisse reagiert und an kritischen Stellen versagt, können die Prozesse eines Unternehmens im unglücklichsten Fall komplett zum Stillstand kommen. Fehlersituationen vermeiden Sie am besten durch sauberen Code, der das Auftreten solcher Situationen von vornherein verhindert. Die Anzahl der Entscheidungen oder abzudeckenden Spezialfälle selbst können Sie jedoch nicht beeinflussen, denn diese werden von den Geschäftsvorgängen vorgegeben. Die Software muss in der Lage sein, die echte Welt abzubilden.

In diesem Kapitel sehen wir uns an, wie Sie den Kontrollfluss in Ihrem Code so verbessern können, dass die Komplexität beherrschbar bleibt. Dazu behandeln wir in Abschnitt 8.1, »Das Schlüsselwort IF«, zunächst das Schlüsselwort `IF`, das wie in den meisten Programmiersprachen ein Kernelement für das Treffen von Entscheidungen ist. In Abschnitt 8.2, »Schachtelungstiefe«, erklären wir, wie Sie mit diesem Schlüsselwort effizienter umgehen können und wo Sie Grenzen ziehen müssen, beispielsweise bei der Verschachtelungstiefe. In Abschnitt 8.3, »Bedingungen«, schauen wir uns dann Bedingungen im Allgemeinen an und erörtern, wie das saubere Konstruieren von Bedingungen den Code trotz aller Komplexität beträchtlich verbessern kann. Dieses Thema geht weit über die Verwendung des Schlüsselworts `IF` hinaus und betrifft alle Teile der Programmierung, in denen Entscheidungen getroffen werden.

Mehrere ähnlich gelagerte Entscheidungen lassen sich besser mit der Anweisung `CASE` als mit `IF` abbilden. In Abschnitt 8.4, »Das Schlüsselwort CASE«, zeigen wir, worauf Sie bei dieser Anweisung achten sollten, z. B. darauf, dass ein wiederholtes Auftreten derselben Bedingungen ein Zeichen für fehlendes Refactoring ist. In

Abschnitt 8.5, »Die Anweisung DO 1 TIMES«, schauen wir uns schließlich noch Pseudoschleifen an. Wir sprechen von Pseudoschleifen, weil sie so designt sind, dass sie nur ein einziges Mal durchlaufen werden. Solche Blöcke sollten Sie vermeiden und, wo möglich, zurückbauen.

8.1 Das Schlüsselwort IF

Eine grundlegende Fähigkeit von Programmiersprachen ist es, ein Stück Code nur dann auszuführen, wenn gewisse Bedingungen erfüllt sind. Wie die meisten anderen Programmiersprachen verwendet auch ABAP dafür hauptsächlich das Schlüsselwort `IF`. Wenn die auf `IF` folgende Bedingung `true`, d. h. erfüllt, ist, wird der anschließende Code-Block ausgeführt, bis ein `ELSE` oder `ENDIF` angetroffen wird oder das umliegende Programmelement mit Anweisungen wie `EXIT`, `RETURN` oder `RAISE` verlassen wird.

Die `IF`-Anweisung selbst ist dabei in der Regel gar nicht komplex. Es ist der Fakt, dass der Programmfluss überhaupt verzweigt, der die Dinge verkompliziert. In diesem Abschnitt betrachten wir den `IF`-Zweig und erklären, wie Sie ihn verständlich halten können.

8.1.1 IF-Ausführungspfade

In ihrer Grundform öffnet die `IF`-Anweisung zwei Ausführungspfade: Der `IF`-Zweig wird durchlaufen, wenn die genannte Bedingung erfüllt ist, der `ELSE`-Zweig, wenn sie nicht erfüllt ist. Diese Grundform kann noch vereinfacht werden, wenn kein `ELSE`-Zweig angegeben wird. Diese Form sollten Sie wählen, wenn im Fall der Nichterfüllung der Bedingung einfach überhaupt nichts getan werden soll.

Man könnte auf die Idee kommen, diesen Fall betonen zu wollen, indem man die Anweisung `ELSE` trotzdem hinschreibt, den Code-Block darunter aber ausdrücklich leer lässt. In der Praxis hat sich das jedoch als nachteilig herausgestellt. Einerseits verschwendet es Platz, der beim Lesen ablenkt. Andererseits regt es Leser und Leserinnen unnötig zum Grübeln an, ob hier etwas vergessen wurde.

Ebenso nachteilig ist die gelegentlich anzutreffende Herangehensweise, den `IF`-Zweig leer zu lassen und nur im `ELSE`-Zweig Code auszuführen. Diese Variante kann verlockend wirken, wenn die positiv formulierte `IF`-Bedingung leichter verständlich ist als die gegenteilige `ELSE`-Bedingung. Aber auch dieses Format lenkt Leserinnen und Leser vom Wesentlichen ab.

Generell können wir festhalten, dass ABAP-Code keine leeren Ausführungspfade aufweisen sollte. Wenn Sie so eine Stelle antreffen, sollten Sie ein Refactoring vornehmen, indem Sie den leeren Zweig entfernen und bei Bedarf die Bedingung anpassen.

In einigen Situationen kann die IF-Anweisung durch die Anweisung CHECK ersetzt werden. CHECK führt die Ausführung des Codes nur dann fort, wenn die Bedingung erfüllt ist. Ist die Bedingung nicht erfüllt, bricht CHECK die Ausführung des aktuellen Programmelements ab. Innerhalb einer Methode wirkt CHECK dann beispielsweise wie RETURN.

[!]

Tücken der CHECK-Anweisung

Die CHECK-Anweisung weist einige Tücken auf und ist daher mit Vorsicht zu genießen. Tipps für den Umgang mit dieser Anweisung finden Sie in Abschnitt 4.3.5, »CHECK oder RETURN«.

Egal, ob Sie Methoden aus einer IF-Anfrage heraus oder per CHECK beenden – Sie sollten immer sicherstellen, dass das aufrufende Programm ein klares Ergebnis erhält. Zweige, die mit verwirrendem oder widersprüchlichem Ergebnis enden, machen es Konsumenten schwer bis unmöglich, angemessen zu reagieren.

In Listing 8.1 beispielsweise erwartet der Aufrufer der Methode check_is_authorized, dass die Methode klar ermittelt, ob der Benutzer für die Verwendung des übergebenen Dokumenttyps (document_type) berechtigt ist. Er erwartet dabei entweder den Rückgabewert is_authorized = abap_true oder eine Ausnahme vom Typ cx_unauthorized. Die scheinbare Optimierung, sich die Ausführung der Berechtigungsprüfung mit AUTHORITY-CHECK zu sparen, wenn das Feld document_type leer ist, stört diese Erwartung. Der Aufrufer erhält den Rückgabewert is_authorized = abap_false, was nach einer fehlenden Berechtigung klingt, aber die für diesen Fall erwartete Ausnahme wiederum fehlt ebenfalls; offenbar liegt ja auch gar kein zu prüfendes Dokument vor, auf das der Benutzer oder die Benutzerin nicht zugreifen dürfte.

```
METHOD check_is_authorized.
  CHECK document_type IS NOT INITIAL.
  AUTHORITY-CHECK object 'ORDER'
    ID 'TYPE' FIELD document_type.
  IF sy-subrc <> 0.
    RAISE EXCEPTION NEW cx_unauthorized.
  ELSE.
    is_authorized = abap_true.
  ENDIF.
ENDMETHOD.
```

Listing 8.1 CHECK-Anweisungen mit einem unklaren Ergebnis

Wie Sie an diesem Beispiel erkennen können, hat die CHECK-Anweisung oft den unliebsamen Effekt, dass sie unklar lässt, was eigentlich das Ergebnis der Methode ist, in die Sie eingebettet ist. Eine RETURN-Anweisung, bei der Sie bewusst den Rückgabeparameter setzen, kann deshalb effizienter sein, obwohl sie mehr Code benötigt.

Ein weiteres Beispiel für unklare Ergebnisse ist eine Methode, die die Summe zweier Zahlen berechnet und per CHECK zunächst sicherstellt, dass beide Zahlen übergeben wurden. ABAP initialisiert Rückgabeparameter immer mit dem Standardwert des Datentyps. Ausdrückliche Nullwerte, wie man sie mit null, undefined oder NaN (»not a number«, also keine Zahl) aus anderen Programmiersprachen kennt, gibt es nicht. Bricht die CHECK-Anweisung die Methode ab, ist das Ergebnis also nicht null, sondern der Wert 0. 0 kann jedoch auch als ganz reguläres Ergebnis auftreten, wenn man etwa 3 und –3 addiert. Der Aufrufer hat nachträglich keine Möglichkeit zu ermitteln, ob die 0 einen Fehler symbolisiert oder ein gewöhnliches Ergebnis. In diesem Beispiel wäre es die bessere Lösung, eine Ausnahme auszulösen, die den Fehler unmissverständlich macht.

Ein typisches Muster, in dem sich die CHECK-Anweisung gut verwenden lässt, ist eine Methode ohne Rückgabewert, die tatsächlich nur etwas prüft. Wenn die Prüfung erfolgreich ist, endet die Methode einfach. Wenn die Prüfung scheitert, wird eine Ausnahme ausgelöst. In diesem Fall kann eine CHECK-Anweisung, gefolgt von einem RAISE EXCEPTION, ein klares Ergebnis liefern.

Das Schlüsselwort CHECK kann also eine einfache Option sein, um Rahmenbedingungen zu prüfen, solange Sie sicherstellen, dass die Signatur der Methode klar bleibt und Fehler als solche erkennbar sind. Wenn Ihre IF-Anfrage nur dazu dient, eine Boolesche Variable auf abap_true oder abap_false zu setzen, können Sie stattdessen auf die kompaktere Funktion XSDBOOL zurückgreifen, wie in Abschnitt 6.4.2, »Boolesche Funktion XSDBOOL für Inline-Deklarationen«, beschrieben.

Dient Ihre IF-Abfrage dazu, eine Variable abhängig von Bedingungen auf verschiedene Werte zu ersetzen, können Sie auch auf den Operator COND zurückgreifen. COND prüft ebenfalls Bedingungen und wählt dann dazu passende Ergebniswerte aus, wie in Listing 8.2 zu sehen.

```
DATA(is_authorized) = COND #(
  WHEN authorized_document_type = abap_true AND
       authorized_organization = abap_true
  THEN authorized
  ELSE unauthorized ).
```

Listing 8.2 Verwendung von COND anstelle eines IF-Blocks

Wenn Sie Code auf diese Weise komprimieren, bedenken Sie stets, dass Kompaktheit für sich genommen nicht unser Ziel ist. Wählen Sie kompaktere Formen nur dann, wenn sie das Verständnis nicht erschweren. In Abschnitt 6.6, »Das Schlüsselwort REDUCE«, haben wir für die Anweisung REDUCE bereits gezeigt, dass weniger Code nicht unbedingt besser ist. Das gilt auch für den Operator COND.

Viele Fälle bleiben Auslegungssache. Die COND-Anweisung in Listing 8.3 ist zwar sehr komplex, denn wir definieren im Vorübergehen ein Feldsymbol <id>, das auf eine Zeile der Tabelle employees zeigt, um dann den Wert businesspartner dieser Zeile zu übergeben. Die Anzahl der Fälle ist jedoch klein, und die Gesamtkomplexität bleibt begrenzt.

```
DATA(businesspartner) = COND #(
      WHEN type = employee
      THEN
        LET <id> = employees[ employee_id = employee_id ]-businesspartner
         IN <id>
      WHEN type = contractor
      THEN
        LET <id> = contractors[ contractor_id = ↩
        contractor_id ]-businesspartner
         IN <id> ).
```

Listing 8.3 COND-Anweisung mit Inline-Deklaration eines Feldsymbols

8.1.2 IF-Anweisungen kritisch hinterfragen

Die IF-Anweisung hat eine sehr einfache Syntax, die jeder Entwickler und jede Entwicklerin mühelos beherrscht. Das führt mitunter dazu, dass sie in Situationen verwendet wird, in denen es bessere Alternativen gäbe. Halten Sie sich stets vor Augen, dass jedes einzelne IF den Code komplexer macht und es schwieriger macht, eine Methode zu verstehen. Entwerfen Sie den Kontrollfluss einer Methode deshalb bewusst einfach, indem Sie die Anzahl der IF-Zweige in einer Methode gering halten.

Schon wenige, einfache, aufeinander folgende und scheinbar unabhängige IF-Blöcke können es spürbar erschweren, dem Kontrollfluss einer Methode zu folgen. Listing 8.4 zeigt ein Beispiel, wie selbst wenig und eigentlich klar geschriebener Code durch ein paar IF-Anweisungen schwer nachvollziehbar wird.

```
METHOD calculate_tax_amount.
  IF country = 'US' AND state = 'NY'.
    tax_amount = special_tax_ny( ).
  ELSEIF country = 'US'.
    tax_amount = us_normal_tax( ).
  ENDIF.
  IF tax_type = reduced.
    DATA(deductible_amount) = get_deduction( ).
    tax_amount = tax_amount - deductible_amount.
  ENDIF.
ENDMETHOD.
```

Listing 8.4 Aufeinanderfolgende, voneinander unabhängige IF-Blöcke

Jedes IF fügt mindestens einen weiteren möglichen Ausführungspfad hinzu, den der Leser oder die Leserin nachvollziehen muss, um die möglichen Ergebniszustände der Methode zu erfassen. Rufen Sie sich in Erinnerung, dass eine Methode immer nur eine Sache tun sollte. Methoden mit vielen IF-Zweigen haben für gewöhnlich weitaus mehr als nur eine Aufgabe.

Jeder Ausführungspfad erhöht nicht nur die Komplexität des eigentlichen Codes, sondern auch die Komplexität der Unit Tests, die nötig sind, um alle möglichen Pfade abzudecken. Ähnlich wie die Anzahl der Eingabeparameter einer Methode kann die Anzahl ihrer IF-Anweisungen schnell zu einem exponentiellen Wachstum der Unit Tests führen. Halten Sie die Anzahl der Zweige in einer Methode daher klein.

Es ist eine weit verbreitete Praxis, Funktionalität hinzuzufügen, indem einfach an passender Stelle IF-Blöcke eingefügt werden. Diese IF-Blöcke führen die neue Funktionalität nur dann aus, wenn diese angeschaltet und nötig ist. Wenn Sie das in einer Methode ein paar Mal machen, vergrößert sich der Aufgabenbereich der Methode in der Regel jedoch deutlich. Auch vergisst man leicht, den Namen der Methode bei jeder der Änderungen an die neuen Verantwortlichkeiten anzupassen. Wenn Sie dieses Muster anwenden wollen, stellen Sie daher sicher, dass der umgebende Code auch nach dem Einfügen des IF-Blocks noch sauber ist. Falls das nicht der Fall ist, sollten Sie an dieser Stelle ein Refactoring vornehmen. Der zunächst für die Analyse und Restrukturierung anfallende Mehraufwand zahlt sich später aus.

Funktionalität, die wir »einfach irgendwo mit reinkleben«, statt sie wirklich in den umgebenden Code einzuarbeiten, baut eine Form von *technischen Schulden* auf. Mit technischen Schulden meinen wir »Dinge, die nötig wären, für die wir jetzt aber gerade keine Zeit haben«. Sie sind verschmerzbar, wenn wir gleichzeitig einen Plan vorlegen, wann und wie wir sie tilgen werden. Für gewöhnlich werden solche Pläne aber nicht konsequent umgesetzt, sodass sich mehr und mehr Schulden anhäufen, bis der Code verworren und dadurch fehleranfällig ist und wir ihn weder sauber warten noch erweitern können. Es ist in der Summe daher günstiger, solche Schulden durch sofortige kleine Refactorings überhaupt nicht erst entstehen zu lassen.

Manchmal ist und bleibt ein neuer IF-Zweig mit einem neuen Methodenaufruf aber einfach die beste Lösung. In diesen Fällen stellt sich die Frage, wo Sie das IF am besten unterbringen. In der Regel haben Sie zwei Optionen:

- Sie können die IF-Anweisung außen um die Methode herum legen, sodass bereits in der aufrufenden Methode klar wird, dass dieser Code nicht immer läuft.
- Sie können die IF-Anweisung innerhalb der Methode unterbringen, sodass sie bedenkenlos immer aufgerufen werden kann.

Auf diese Fragen gibt es keine eindeutigen Antworten. Sie sollten sie daher von Fall zu Fall in Diskussionen und Code-Reviews mit Ihrem Team klären. Wenn der Methode alle nötigen Variablen zur Prüfung der IF-Bedingung vorliegen und die Prüfung selbst sich auch inhaltlich in den Rest der Methode einfügt, kann es sinnvoll sein, die IF-Abfrage in die Methode einzubetten. Wenn die Methode neue Eingabeparameter bräuchte, um die IF-Abfrage zu validieren, und die Prüfung innerhalb der Methode wie ein Fremdkörper wirkt, weil der Rest der Methode mit der neuen Funktionalität eigentlich gar nichts zu tun hat, ist es gegebenenfalls sinnvoller, die IF-Abfrage außerhalb der Methode beim Aufrufer zu realisieren.

Im Allgemeinen verbessern Sie die Verständlichkeit einer Methode, wenn Sie die Anzahl an Fällen, die diese Methode behandelt, reduzieren. Diese Reduktion bedeutet meist, dass Sie einen Teil der Fälle in neue, andere Methoden auslagern. Die Namen der Methoden sollten jeweils die behandelten Fälle widerspiegeln. Leser und Leserinnen werden dadurch in die Lage versetzt, sich die Komplexität schrittweise zu erarbeiten, statt sie auf einen Blick erfassen zu müssen, und können dies auch selektiv tun, also nur in die Methoden abspringen, die sie besonders interessieren.

[+]

Unit Tests als Indikator für zu große Komplexität

Ob die Komplexität einer Methode noch beherrschbar ist, lässt sich an den Unit Tests erkennen. Methoden sind meist zu komplex, wenn die Vorbereitungen der Tests viele Schritte umfassen oder sehr viele Tests nötig sind, um den Code der Methode und alle möglichen Kombinationen an Eingabeparametern abzudecken.

8.2 Schachtelungstiefe

Im vorigen Abschnitt haben wir uns mit der Komplexität beschäftigt, die durch aufeinander folgende IF-Blöcke entsteht. Die Komplexität nimmt jedoch noch schneller zu, wenn IF-Anweisungen in ihrem Code-Block weitere IF-Zweige enthalten. Neben der Komplexität, die durch die Bedingungen und die absolute Anzahl an IF-Blöcken in einer Methode entsteht, müssen wir daher auch im Blick haben, wie tief die IF-Anweisungen ineinander verschachtelt sind.

Verschachtelte IF-Anweisungen bilden einen Entscheidungsbaum. Unser Ziel ist es, diesen Entscheidungsbaum so übersichtlich wie möglich zu halten. Haben Sie einen Entscheidungsbaum unnötig verkompliziert, können Sie ihn auf natürliche Art und Weise vereinfachen. Das ist möglich, wenn Sie IF-Zweige genutzt haben, die gar keine echten Alternativen abbilden. Wenn Sie IF-Anweisungen ineinander geschachtelt haben, ohne dass es dazu jeweils ELSE-Zweige oder eine Anschlusslogik nach dem ENDIF gegeben hätte, können Sie die äußeren und inneren IF-Anweisungen in einer einzelnen mit AND verbundenen Bedingung zusammenführen.

Sie können Entscheidungsbäume zerlegen, indem Sie Unterbäume in eigene Methoden auslagern. Dazu extrahieren Sie den kompletten Code-Block innerhalb eines IF-

oder ELSE-Blocks in eine Untermethode. Der Name der Methode sollte widerspiegeln, welche Entscheidungen dieser Unterbaum trifft. Dies ermöglicht es Lesern und Leserinnen, trotz der Zerlegung einen Überblick über den gesamten Entscheidungsbaum zu behalten und nach Bedarf in die Details der Unterbäume einzutauchen.

Neben der Übersichtlichkeit verbessern Sie durch eine solche Zerlegung auch die Testbarkeit, denn die entstehenden Untermethoden können nun bei Bedarf separat getestet werden. Bei einem ordentlichen Testdesign müssen Sie so nicht mehr exponentiell viele Varianten testen. Die einzelnen Tests werden auch kürzer, da Sie für die übergeordneten Baumteile keine Testdaten mehr vorbereiten müssen.

In seinem Buch *Clean Code* schlug Robert C. Martin vor, jeden IF-Zweig aus nur einer einzelnen Zeile Code bestehen zu lassen. Der Inhalt dieser Zeile sollte sehr simpel sein, also z. B. eine Variable setzen oder die Methode mit einem bestimmten Rückgabewert beenden. Alles was darüber hinaus geht, sollte in eine eigene Methode ausgelagert werden, sodass der IF-Zweig selbst wiederum nur aus dem Aufruf dieser Methode besteht. Folgt man diesem Rat, ist die Schachtelungstiefe immer 1 – ein prinzipiell erstrebenswerter Zustand. In der Praxis beobachten wir jedoch, dass dieses Ziel nicht immer sinnvoll ist. In einfachen Fällen kann ein mit einem Blick lesbarer Entscheidungsbaum leichter zu verstehen sein als einer, der auf mehrere Methoden verteilt wurde.

Behalten Sie die Schachtelungstiefe Ihrer Entscheidungsbäume trotzdem prüfend im Auge. Eine Schachtelungstiefe von 3 bedingt in einer binären IF-ELSE-Bedingung bereits acht mögliche Ausführungspfade und ist schwer zu verstehen und aufwendig zu testen. Die entstehende Komplexität nennt man auch *zyklomatische Komplexität*. Sie wird in Abschnitt 14.2.2, »Metriken«, noch einmal von Interesse sein.

8.3 Bedingungen

Bislang haben wir uns mit der groben Struktur von IF-Abfragen beschäftigt. Um lesbaren Code zu schreiben, müssen Sie sich aber auch mit den Bedingungen selbst beschäftigen, die in den IF- und ELSEIF-Zweigen formuliert sind. Selbstverständlich müssen diese Bedingungen korrekt sein, damit die Programmlogik das tut, was sie soll. Sie sollten aber auch lesbar sein, damit wir sie mit der Geschäftslogik abgleichen können, sicherstellen können, dass wir an alle Fälle gedacht haben, und die Bedingungen bei Bedarf anpassen und erweitern können.

Leider sind Bedingungen selten trivial. Die darin zum Einsatz kommende Logik ist für Menschen schon für sich genommen schwer verdaulich, und je mehr Parameter und Teilbedingungen dazu kommen, desto komplizierter wird es. Da Bedingungen ein essenzieller Bestandteil jedes Codes sind, schauen wir uns in den folgenden Abschnitten genauer an, wie man sie lesbar gestaltet.

8.3.1 Bedingungen positiv formulieren

Versuchen Sie, Bedingungen prinzipiell positiv zu formulieren. Positive Bedingungen sind für Menschen grundlegend leichter zu verstehen. Negative Bedingungen lesen wir in der Regel so, dass wir zunächst den Positivfall ermitteln und diesen dann im Kopf umdrehen. Sie zu verstehen, erfordert daher grundsätzlich einen Denkschritt mehr. Kommen Verknüpfungen wie »und« und »oder« ins Spiel, kann das gleich mehrere zusätzliche Denkschritte erfordern. Vergleichen wir Variablen, die mehr als zwei verschiedene Werte annehmen können, müssen wir im Kopf beispielsweise erst die Liste der akzeptierten Werte ermitteln. Mehrfachnegationen vervielfachen die nötige Leseanstrengung noch einmal.

Erfahrene Programmierer und Programmiererinnen sind zwar an die Denkweise der Booleschen Algebra gewöhnt und können komplexe Bedingungen schneller erfassen als Ungeübte, doch selbst bei ihnen macht sich der zusätzliche Denkaufwand auf die Dauer bemerkbar. Ein entscheidender Faktor ist auch, dass sich in komplexe Bedingungen leichter Fehler einschleichen können.

Das folgende Beispiel zeigt, dass schon einfachste Bedingungen durch unglückliche Formulierungen einen zweiten oder gar dritten Blick erfordern können:

```
IF is_relevant <> abap_false.
 " Do something
ENDIF.
```

Bei Booleschen Variablen wird die unnötige Komplexität besonders schnell deutlich. Das vorangehende Beispiel zeigte eine Doppelnegation. Im Folgenden sehen Sie, wie trivial die formulierte Bedingung in ihrer positiven Form wirkt.

```
IF is_relevant = abap_true.
  " Do something
ENDIF.
```

Beide Varianten sind logisch exakt gleichwertig. Trotzdem erscheint uns die zweite Variante nicht nur einfacher, sondern tatsächlich auch präziser als die doppelt negierte und dadurch irgendwie konfus wirkendende Variante.

Positive Bedingungen lassen sich bei Booleschen Variablen einfach erreichen. In ABAP ist es bei Booleschen Variablen besonders nützlich, auf eine positive Formulierung zu achten. Zum einen gibt es Boolesche Varianten, die mit Werten wie `abap_undefined` für Verwirrung sorgen können. Zum anderen schränken die dabei verwendeten zeichenbasierten Datentypen die zulässigen Werte nicht streng ein, sodass ein Vergleich wie `<>` auch einen unerlaubten Wert durchlassen könnte.

Bei anderen Bedingungen kann es schwieriger sein, eine positive Formulierung zu finden. Solche Bedingungen können Sie vorab berechnen und in einer Variablen mit einem passenden Namen ablegen, die es Ihnen erlaubt, die Bedingung an sich positiv zu formulieren. Andere Bedingungen können Sie zerlegen, um zumindest die Einzelteile positiv zu formulieren.

In wieder anderen Situationen ist eine negative Bedingung unvermeidlich. Ein typisches Beispiel sind Vergleiche mit dem Systemfeld `sy-subrc`. Hat diese Variable den Wert `0`, signalisiert dies für gewöhnlich, dass die letzte ausgeführte Anweisung geklappt hat. Eine Vielzahl von Anweisungen setzt die Variable auf einen anderen Wert, um Fehler zu signalisieren. Im Anschluss an solche Anweisungen finden wir oft negativ formulierte Prüfungen auf ebendiese Situation, wie im folgenden Beispiel. Zwar ist diese Bedingung negativ formuliert, der Code ist jedoch trotzdem verständlich:

```
IF sy-subrc <> 0.
  "Do Error Handling
ENDIF.
```

Die Systemvariable `sy-subrc` ist ein grundlegendes Element der ABAP-Programmiersprache, mit dem jeder ABAP-Entwickler und jede ABAP-Entwicklerin vertraut ist. Vergleiche mit `sy-subrc` sind dadurch zu feststehenden »Redewendungen« geworden, als handle es sich um einen festen Bestandteil der ABAP-Syntax. Wir könnten diese Bedingung zwar umdrehen, aber die dafür notwendigen Schritte würden Leserinnen und Leser eher irritieren, als das Verständnis zu verbessern.

Fälle wie dieser sind der Grund, warum wir die Einleitung dieses Abschnitts mit den Worten »Versuchen Sie« beginnen: Unser Ziel ist es, Bedingungen verständlicher zu formulieren. Wenn positive Formulierungen die Sache aber komplizierter machen oder irritieren, sollten wir auf sie verzichten.

Im folgenden Fall sollten Sie die Bedingung dagegen umformulieren:

```
IF document_category <> 'C' AND document_category <> 'G'.
  calculate_billing_amount( ).
ENDIF.
```

Die Bedingung selbst ist hier nicht sonderlich komplex. Durch die Prüfung auf Ungleichheit zwingen Sie Leser und Leserinnen jedoch, in Gedanken eine Liste der eigentlich gewünschten Werte zu ermitteln. Da wir über Dokumentenkategorien reden, kann diese Liste sehr lang sein. Statt die irrelevanten Kategorien zu nennen, ist es daher besser, die relevanten Kategorien aufzulisten. Eine solche Auflistung kann jedoch unpraktisch sein, wenn sie sehr lang ist. Ist die Werteliste sogar erweiterbar, wäre die statische Auflistung noch hinderlicher oder sogar falsch. In diesem Fall mag es tatsächlich der praktikablere und vielleicht sogar einzig korrekte Weg sein, die Ausnahmen anstelle der zutreffenden Fälle aufzulisten.

Trotzdem können Sie an dieser Stelle eine Verbesserung erreichen, indem Sie die Berechnung der Bedingung wie in Listing 8.5 aus dem IF-Block herauslösen und das Ergebnis in einer Variablen unterbringen.

```
DATA(category_is_billing_relevant) = xsdbool(
  document_category <> 'C' AND
  document_category <> 'G' ).

IF category_is_billing_relevant = abap_true.
  calculate_billing_amount( ).
ENDIF.
```


Listing 8.5 Sauberes Muster: Bedingungen extrahieren, um den Kontext zu erläutern

Der Name der Variablen erläutert den Kontext des Codes und macht es uns leichter zu ermitteln, warum ausgerechnet die Kategorien C und G ausgenommen sind und wie der Code-Block innerhalb der IF-Abfrage in die Geschäftslogik einzuordnen ist. Die anschließende Bedingung ist nun trivial, nicht nur weil sie kürzer ist, sondern auch, weil der Variablenname uns nun erlaubt, sie positiv zu formulieren. Durch eine kleine Änderung haben wir so den Kontrollfluss deutlich verständlicher gestaltet. Nachteile hat diese Umstrukturierung nicht. Die Bedingung muss so oder so berechnet werden. Der Speicherplatz für die Zwischenvariable fällt auch nicht ins Gewicht. Vielleicht erlaubt es uns die Variable sogar, diese Teilberechnung in anschließenden ähnlichen Bedingungen wiederzuverwenden.

Dieses Beispiel könnten wir weiterführen, indem wir eine Aufzählungsklasse benutzen, um die verschiedenen Dokumentenkategorien abzubilden, wie in Abschnitt 6.2.2, »Aufzählungsklassen«, beschrieben. Ob eine Dokumentenkategorie für die Fakturierung relevant ist, ist eine sehr grundlegende Eigenschaft, auf die wahrscheinlich an diversen anderen Stellen im Code zugegriffen wird. Immer wenn Sie Dokumentenkategorien hinzufügen, möchten Sie wahrscheinlich auch klären, ob die Dokumente dieser Kategorie fakturiert werden sollen. Sie sollten daher dem Prinzip »Don't Repeat Yourself« folgen und diese Bedingung in eine eigene Methode extrahieren, sodass Sie sie an beliebiger Stelle einsetzen können. Wenn Sie eine Enumeration-Klasse anlegen, könnte diese ein natürlicher Aufbewahrungsort für die Methode sein.

Achten Sie bei der Definition von Bedingungen immer darauf, ob es sich tatsächlich um hochgradig spezielle Einzelfallbetrachtungen handelt oder ob sie allgemeingültiger Natur sind und in eine wiederverwendbare Methode gehören. Einfache Refactoring-Schritte wie dieser können die Code-Qualität in Ihren Projekten gewaltig verbessern. Die Extraktion der Bedingung löst auch die Frage ihrer Formulierung auf bequeme Art und Weise, denn Sie können die definierte Methode nun in der IF-Klausel aufrufen.

8.3.2 IS NOT oder NOT IS

ABAP erlaubt bei manchen Schlüsselwörtern ganz verschiedene Syntaxvarianten. Ein Beispiel sind die Varianten IS NOT und NOT IS. Für den Compiler sind beide Formen identisch und liefern deshalb auch identische Resultate. Sie können frei entscheiden, welche Form Sie nutzen möchten.

Das Schlüsselwort NOT ist mit dem Ausrufezeichen in anderen Programmiersprachen vergleichbar und invertiert das Resultat des nachfolgenden logischen Ausdrucks. Es stammt aus einer Zeit, als die ABAP-Syntax sich noch stärker an Fluss und Grammatik der englischen Sprache orientierte.

Im folgenden Anti-Pattern wird das IS INITIAL mit einem vorangestellten NOT invertiert:

```
IF NOT writer IS INITIAL.
  writer->write( |The result is: { result }| ) .
ENDIF.
```

Im Folgenden sehen Sie die gleichwertige alternative Variante mit IS NOT INITIAL:

```
IF writer IS NOT INITIAL.
  writer->write( |The result is: { result }| ) .
ENDIF.
```

Im direkten Vergleich erscheint uns die zweite Variante mit IS NOT INITIAL klarer. Das Schlüsselwort NOT ist essenziell für die Bedingung, denn es verändert ihre Bedeutung komplett. Vorangestellt ist das NOT jedoch leichter zu übersehen als als direkter Bestandteil des Vergleichsoperators.

Die Anweisung an sich liest sich im zweiten Beispiel auch flüssiger, da sie dem englischen Sprachfluss entspricht. Den Fluss der natürlichen Sprache nachzuahmen, erleichtert das Lesen und das Verständnis – allerdings nicht immer. Es gibt auch gegenteilige Fälle, beispielsweise weil »oder« in der Alltagssprache eher das exklusive »oder« im Sinne des Operators XOR meint und nicht das inklusive »entweder oder« des Operators OR. In diesen Fällen kann es sinnvoll sein, den Sprachfluss bewusst zu unterbrechen, um auf den Unterschied aufmerksam zu machen. Im Beispiel von IS NOT INITIAL ist dies jedoch nicht der Fall.

[+]

Wählen Sie die beste Variante für Ihr Team

Es gibt weitere Schlüsselwörter mit mehreren Syntaxvarianten, bei denen wir grundsätzlich folgendes Vorgehen empfehlen: Wählen Sie die Variante, die am wenigsten missverständlich ist. Dabei können Sie sogar so weit gehen, einige Schlüsselwörter und Syntaxvarianten überhaupt nicht zu verwenden und stattdessen auf andere

Konstrukte zurückzugreifen, die Ihrem Team aus anderen Programmiersprachen geläufiger sind.

NOT kann nicht nur in Verbindung mit IS verwendet werden, sondern dient auch ganz allgemein der Invertierung einer Bedingung. Auch bei anderen Bedingungen haben Sie oft die Wahl zwischen NOT oder einem alternativen Operator. Im Folgenden nutzen wir das NOT beispielsweise für eine Prüfung auf Ungleichheit:

```
IF NOT counter = 1.
  "do something.
ENDIF.
```

Manchmal ist NOT tatsächlich die beste Variante, um die Bedingung verständlich zu formulieren. Sie sollten es aber nicht verwenden, wenn Sie bessere Möglichkeiten zur Auswahl haben. Im folgenden Fall ist <> leichter zu verstehen als NOT =:

```
IF counter <> 1.
  "do something.
ENDIF.
```

Man könnte unsere Aussagen in Abschnitt 8.3.1, »Bedingungen positiv formulieren«, so missverstehen, dass die Variante mit NOT die bessere wäre, weil die anschließende Bedingung mit = positiv formuliert ist, und die Variante mit <> schlechter, weil sie negativ formuliert ist. Dies ist jedoch nicht der Fall, denn es zählt die Gesamtbedingung, und diese ist in beiden Fällen negativ.

Wenn Sie den Grundsatz aus Abschnitt 8.3.1 befolgen wollen, sollten Sie stattdessen eine zusätzliche Variable oder Methode wie is_first_line einführen, die den Positivfall ausdrückt. Entscheiden Sie gemeinsam mit Ihrem Team, ob sich das an einer Stelle wie dieser lohnt. In sehr simplen Fällen wie diesem Beispiel mag diese Herangehensweise zu viel des Guten sein.

8.3.3 Komplexe Bedingungen

Bis hierhin waren unsere Beispielbedingungen recht einfach gehalten. Solche einfachen Beispiele sind gut geeignet, um die Grundlagen zu veranschaulichen. Im echten Leben haben wir es aber auch mit komplexeren Bedingungen zu tun. Generell können wir zwar durch sauberes Design und gut strukturierten Code oft dafür sorgen, dass überhaupt keine komplexen Bedingungen notwendig sind, aber es wird immer Fälle geben, bei denen ein Verzicht nicht möglich oder sinnvoll ist.

Sie haben jedoch bereits gesehen, dass mehr Komplexität auch eine höhere Fehleranfälligkeit nach sich zieht und das Testen erschwert. Eine Ursache für Komplexität ist, dass es mehr Eingabewerte gibt, die ausgewertet werden müssen, wodurch die

Anzahl der möglichen Wertekombinationen sehr schnell ansteigt. ABAP erlaubt es uns, auch komplexe Bedingungen in einer einzelnen Anweisung unterzubringen. Sie können solche Bedingungen oft sogar inline innerhalb einer anderen Anweisung definieren. Solche kompakten Formen können zwar die Anzahl Ihrer Codezeilen reduzieren, machen die übrig gebliebenen Zeilen aber umso schwieriger zu verstehen.

Wir möchten hier kein mathematisches Maß oder eine unumstößliche Definition liefern, die die Komplexität einer Bedingung messen. Unser Ziel ist immer Verständlichkeit des Codes, und das dahingehende Zielbild sollten Sie in Ihrem Team selbst festlegen. Wo Sie die Grenze zwischen leicht verständlich und schwer verständlich ziehen, hängt nicht nur von der mathematisch-logischen Struktur der Bedingung ab, sondern auch von Wissen, Übung, Erfahrung und Tagesform der Leserinnen und Leser Ihres Codes sowie dem geschäftlichen Kontext Ihres Programms.

Strukturell sollten Sie zwei Dimensionen berücksichtigen: Die Anzahl der Eingabewerte, die in die Bedingung eingehen, und die Anzahl der Operationen, die nötig ist, um ihr Ergebnis zu bestimmen. Je größer diese beiden Faktoren sind, desto komplexer ist die Bedingung. Dabei kann auch schon ein einzelner Faktor entscheidend sein, d. h., eine Bedingung mit nur einem Eingabewert, aber zehn Operationen kann durchaus komplex sein.

Ein alltagstauglicher Indikator für die Komplexität einer Bedingung ist die Zeit, die Ihr Team benötigt, um sie zu verstehen. Hier fließt auch die Zeit an, die für die Erarbeitung des impliziten Wissens erforderlich ist, um die Bedingung zu verstehen. Versuchen Sie, dieses implizit benötigte Wissen so weit wie möglich zu reduzieren, indem Sie beispielsweise klare Namen und Enumeration-Klassen verwenden.

Listing 8.6 zeigt, dass schon vier Zeilen Code eine nur noch schwer zu wartende Komplexität aufweisen können.

```
IF document_category EQ 'C'
      AND ( payment_terms = 'Z' OR today < cond_date  )
    OR customer->has_extended_condition( ) = abap_true
      AND today < extended_date.
        billing_amount = billing_amount * '0.98'.
ENDIF.
```

Listing 8.6 Anti-Pattern: komplexe Bedingung

Der beste Weg, mit solchen komplexen Bedingungen umzugehen, ist es, sie in ihre Einzelteile zu zerlegen und die Bedeutung der einzelnen Teile jeweils durch klare Bezeichnungen zu verdeutlichen. Dabei bietet es sich oft an, die Bestimmung der einzelnen Teile in eigene, wiederverwendbare Methoden auszulagern. Bei umfangreichen Bedingungsblöcken können Sie diese Zerlegung rekursiv von oben nach unten angehen, bis die übrigbleibenden Teile verständlich sind. Bei jedem einzelnen Zerlegungsschritt können Sie entscheiden, ob Sie Variablen oder Methoden einführen wollen. Listing 8.7 zeigt ein Beispiel dafür, wie sich die Bedingung aus Listing 8.6 so zerlegen lässt.

```
METHOD calculate_billing_amount.
  IF is_paid_early( ) = abap_true .
    billing_amount = deduct_ paymnt_discount( billing_amount ).
  ENDIF.
ENDMETHOD.
METHOD is_paid_early.
  applicable = xsdbool(
    early_payment_applicable( ) OR
    is_extended_discount_applicable( ) ).
ENDMETHOD.
```

Listing 8.7 Zerlegte komplexe Bedingung

Im Ergebnis erhalten Sie eine kleine Menge von Methoden, die jeweils ein Boolesches Resultat liefern. Die Namen dieser Methoden erklären jeweils, welche Bedingung sie präzise abprüfen. Sie erzeugen dadurch nicht nur Klarheit, sondern erhalten auch die Möglichkeit, dieselben Bedingungen an anderen Stellen einzusetzen. Auch können Sie die Ausformulierung der Bedingung später einfach und durchgängig ändern. Die Leserinnen und Leser Ihres Codes können selbst entscheiden, ob ihnen der Methodenname als Hinweis auf deren Zweck genügt oder ob sie auch den Methodeninhalt selbst inspizieren möchten. Die Zerlegung führt auch zu mehr Einsicht im Debugger, denn die komplexe Anweisung zerfällt nun in mehrere separate Schritte, die Sie im Debugger Schritt für Schritt ausführen können.

8.4 Das Schlüsselwort CASE

Die Anweisung CASE ermöglicht es, verschiedene Situationen in strukturierter Form zu behandeln. Eine CASE-Anweisung ist dabei einer Serie gleichwertiger IF-Anweisungen klar überlegen, weil weniger Prüfungen durchgeführt werden müssen und der Code übersichtlicher ist. Setzen Sie das Schlüsselwort CASE trotzdem mit Bedacht ein, denn ein übermäßiger Gebrauch ist oft ein Zeichen für unsauberes Design und unsaubere Architektur. In den folgenden Abschnitten schauen wir uns diese Anweisung genauer an.

8.4.1 CASE oder IF

Prinzipiell ist das Schlüsselwort IF mächtiger als das Schlüsselwort CASE. Sie könnten jede CASE-Anweisung durch eine Reihe von IF-Anweisungen ersetzen. Umgekehrt können Sie jedoch nicht jede IF-Abfrage durch eine Reihe von CASE-Anweisungen ersetzen. Das Schlüsselwort IF kann mehrere Eingabevariablen verarbeiten, während CASE immer nur mit einer Eingabevariablen arbeitet.

Trotzdem hat die Syntax der CASE-Anweisung zwei wesentliche Vorteile gegenüber der einer IF-Anweisung:

- Erstens ist die Gesamtstruktur klar erkennbar, denn auf das CASE folgt eine Auflistung aller möglichen Fälle, von denen jeder deutlich am einleitenden WHEN erkennbar ist.
- Zweitens sind alle Bedingungen automatisch positiv formuliert, denn mit WHEN prüfen Sie auf Gleichheit und nicht auf negative oder invertierte Bedingungen.

Trotz des geringeren Funktionsumfangs sollten Sie daher das Schlüsselwort CASE anstelle von IF benutzen, wann immer das möglich ist.

CASE funktioniert besonders gut in Verbindung mit Aufzählungen oder ähnlichen Wertemengen. Deren Werte geben auf natürliche Weise die möglichen Fälle an, die Sie in den WHEN-Blöcken aufführen. Wenn Sie neue Werte hinzufügen, ist klar, wo und wie diese in den WHEN-Blöcken eingefügt werden. Dieses Einfügen ist prinzipiell leichter als das Hinzufügen eines IF- oder ELSEIF-Blocks, sodass wir dabei weniger Fehler machen können.

Obwohl Ihnen das Schlüsselwort CASE also die Möglichkeit gibt, den Code gut zu strukturieren, müssen Sie noch etwas mehr tun, um auch tatsächlich eine gute Struktur zu erhalten. Sie sollten es vermeiden, in den WHEN-Blöcken direkt Logik unterzubringen. Dieses Vorgehen widerspricht in der Regel dem Ziel, dass eine Methode nur eine Aufgabe erledigen sollte. Denn es gibt dann mindestens zwei Situationen, die zu Änderungen in der Methode führen können, die die CASE-Anweisung enthält: wenn neue Fälle hinzukommen und wenn sich die Berechnung eines Falls ändert. Listing 8.8 zeigt ein Beispiel, in dem die Trennung der Verantwortlichkeiten nicht berücksichtigt wird.

```
CASE vehicle_type.
  WHEN 'TRAIN'.
    duration = waiting + distance / speed + stops * wait_at_stop.
  WHEN 'PLANE'.
    duration = waiting * 2 + ( distance / speed ).
  WHEN 'CAR'.
    duration = distance / speed.
ENDCASE.
```

Listing 8.8 Anti-Pattern: CASE-Anweisung mit Logik in den WHEN-Blöcken

In diesem Beispiel müssten Sie die Methode jedes Mal ändern, wenn ein neuer Fahrzeugtyp (vehicle_type) hinzukommt. Sie müssten die Methode aber auch anfassen, wenn sich die Berechnung der Reisedauer duration in einem Fall ändert. Es gibt also potenziell zwei Gründe, die Methode anzupassen, was ein Zeichen dafür ist, dass sie mehr als eine Aufgabe erfüllt.

Vereinfacht gesagt, sollte eine Methode kaum mehr machen, als eine CASE-Anweisung zu enthalten. Alles Weitere sollte an Untermethoden delegiert werden. Die WHEN-Blöcke werden dadurch zu reinen Methodenaufrufen. Listing 8.9 schreibt das vorangehende Beispiel in dieser Form um.


```
CASE vehicle_type.
  WHEN 'TRAIN'.
    duration = calculate_train_duration( ).
  WHEN 'PLANE'.
    duration = calculate_plane_duration( ).
  WHEN 'CAR'.
    duration = calculate_car_duration( ).
ENDCASE.
```

Listing 8.9 CASE-Anweisung mit Berücksichtigung der Methodenverantwortlichkeiten

Die Methode mit der CASE-Anweisung ist nun ausschließlich dafür zuständig, den vorliegenden Fall zu identifizieren und die weitere Bearbeitung zu delegieren. In diesem Beispiel mag es so aussehen, als sei diese Umstrukturierung die Mühe nicht wert, da die Berechnungen an sich einfache Einzeiler sind. Bedenken Sie jedoch, dass die WHEN-Klauseln in den wenigsten Fällen so einfach sind und beträchtliche Logik enthalten können. Behalten Sie außerdem im Hinterkopf, dass Sie zum Testen einer einzelnen Berechnungsvariante einen Unit Test für die Gesamtmethode inklusive aller Entscheidungslogik schreiben müssen. Bei der zweiten Variante aus Listing 8.9 können Sie die einzelnen Berechnungsfälle hingegen einfach direkt mit Unit Tests abdecken.

8.4.2 CASE oder SWITCH

Manchmal nutzen wir eine CASE-Anweisung, um einer Variablen einen von mehreren möglichen Werten zuzuweisen. Eventuell wird eine solche Zuweisung um geringfügige Änderungen ergänzt, indem z. B. der Datentyp geändert wird, um Daten zu konvertieren oder String-basierte Anzeigedaten vorzubereiten. Für solche Fälle wurde die SWITCH-Anweisung eingeführt, die wie eine Art Inline-CASE-Anweisung funktioniert, wie in Listing 8.10 nachzuvollziehen ist.

```
DATA(id_to_display) = SWITCH string( id_type
                        WHEN 'EMPLOYEE' THEN partner-employee_id
                        WHEN 'EXT_WORK' THEN partner-assignment_id
```

```
WHEN 'CUSTOMER' THEN partner-customer_id
ELSE THROW unknown_type( ).
```

Listing 8.10 SWITCH-Anweisung für Inline-Zuweisungen

Das Schlüsselwort SWITCH kann an denselben Stellen wie andere Inline-Operatoren eingesetzt werden. Insbesondere können Sie es z. B. innerhalb von Methodenaufrufen verwenden, um Parameter mit dem einen oder anderen Wert zu versehen. Solche Verwendungen sind verlockend, da sie den Code stark komprimieren. Später zeigt sich jedoch häufig, dass die resultierenden Anweisungen zu umfangreich sind und eine Trennung in mehrere separate Anweisungen lesbarer gewesen wäre.

Die SWITCH-Anweisung in Listing 8.10 beispielsweise ist noch recht einfach und bildet eine variable Auswahl aus drei möglichen ID-Arten ab. Trotzdem benötigt diese Operation bereits mehrere Zeilen Code. Für sich genommen ist diese Anweisung gut lesbar. Betten wir sie aber in einen Methodenaufruf ein, wird es schwierig zu durchschauen, wo der Methodenaufruf aufhört und wo die SWITCH-Anweisung beginnt. Nutzen Sie SWITCH daher durchaus für Variablenzuweisungen, betten Sie den Operator aber nicht in andere Anweisungen ein.

8.4.3 Wiederholte CASE- oder SWITCH-Anweisungen

Die Schlüsselwörter CASE und SWITCH sind sehr bequem zu verwenden und führen zu gut strukturiertem und leicht lesbarem Code. Das verleitet mitunter dazu, »mal eben schnell« noch eine Fallunterscheidung einzubauen, sodass dieselbe Fallunterscheidung am Ende mehrfach im Code auftauchen kann. Sie sollten jedoch besonders in diesem Kontext das Prinzip »Don't Repeat Yourself« berücksichtigen und solche Wiederholungen vermeiden.

Wenn sich die Wertemenge der Fälle ändert, z. B. weil Sie die zugrunde liegende Aufzählung erweitern, müssen Sie alle Fallunterscheidungen anpassen. Das ist am einfachsten, wenn es die zugehörige Fallunterscheidung nur einmal gibt, weil Sie sie wiederverwendbar in einer eigenen Methode untergebracht haben.

In Listing 8.9 haben Sie ein Beispiel gesehen, in dem eine Reisedauer abhängig von der Fahrzeugart unterschiedlich berechnet wird. Schauen Sie sich den umliegenden Code an, werden Sie vermutlich feststellen, dass dies nicht die einzige Stelle ist, an der etwas abhängig von der Fahrzeugart ausgewählt wird. Vermutlich werden Sie ähnliche Fallunterscheidungen auch in ganz anderen Methoden finden, die ganz anderen Zwecken dienen.

In der objektorientierten Programmierung können Sie solche Wiederholungen durch Polymorphismus vermeiden. (Genaueres über Polymorphismus erfahren Sie in Abschnitt 3.1, »Objektorientierung«.) Robert C. Martin schlug z. B. vor, Fallunterscheidungen mit CASE prinzipiell mit dem Entwurfsmuster Factory zu kombinieren. So taucht eine Fallunterscheidung immer nur exakt einmal in der Factory-Methode auf. Diese konstruiert abhängig vom jeweiligen Fall eines von mehreren möglichen Objekten. Listing 8.11 zeigt ein Beispiel, wie die Factory-Methode für das Beispiel aus Listing 8.9 implementiert werden könnte.

```
CASE vehicle_type.
  WHEN 'TRAIN'.
    instance = new train( ).
  WHEN 'PLANE'.
    instance = new plane( ).
  WHEN 'CAR'.
    instance = new car( ).
ENDCASE.
```

Listing 8.11 CASE-Anweisung in einer Factory-Methode

Jedes der konstruierten Objekte könnte dann beispielsweise eine Methode calculate_duration bereitstellen, die die Reisedauer für den zugehörigen Fahrzeugtyp berechnet. Genauso könnten Sie bei allen anderen Code-Stellen vorgehen, die vom Fahrzeugtyp abhängen. In gemeinsamen Oberklassen wiederum könnten Sie Code unterbringen, der unabhängig vom Fahrzeugtyp oder der bei mehreren Fahrzeugtypen gleich ist. Setzen Sie dieses Muster konsequent um, gibt es im gesamten Projekt am Ende nur noch exakt eine Fallunterscheidung, die auf den Fahrzeugtyp schaut.

8.5 Die Anweisung DO 1 TIMES

Die ABAP-Anweisung DO 1 TIMES leitet eine Schleife ein, die exakt einmal ausgeführt wird. Den Code-Block in einer solchen Schleife können Sie mit der Anweisung CHECK an mehreren Stellen verlassen. Dieses Konstrukt finden wir manchmal in älterem ABAP-Code, vor allem in langen Routinen.

In neuem Code sollten Sie dieses Konstrukt nicht mehr verwenden. Es ist ein relativ deutliches Anzeichen dafür, dass die vorliegende Methode mehr als eine Sache tut. Wir benötigen ja offenbar mehrere CHECK-Anweisungen, um Teile der Schleife zu umgehen, und es gibt sicher auch noch Code vor und nach der Schleife. Eine Methode sollte aber stets nur eine Verantwortlichkeit haben (siehe Abschnitt 4.3.1, »Eine Sache tun«).

Mit dem Aufruf von Untermethoden und ihrem ebenso bequemen Abbruch per RETURN haben Sie heute bessere Möglichkeiten, Ihren Code zu strukturieren (siehe Kapitel 4, »Methoden«). Da wir die Anweisung DO 1 TIMES jedoch immer wieder in aktuellem Code sehen, wollen wir uns in den folgenden Abschnitten mit Alternativen beschäftigen.

8.5.1 Pseudoschleifen für den Kontrollfluss

Eine Schleife, die geplant nur ein einziges Mal durchlaufen wird, nennen wir *Pseudoschleife*. Eine solche Schleife erfüllt nicht wirklich die Kernkompetenz von Schleifen, d. h. Aktionen zu wiederholen. Stattdessen werden solche Schleifen nur als Trittbrett verwendet, um Anweisungen nutzen zu können, die nur innerhalb von Schleifen verfügbar sind.

Pseudoschleifen finden wir vorrangig in Methoden, die zwei Abschnitte haben. Der erste Abschnitt besteht aus Anweisungen, die eventuell nicht alle durchlaufen werden müssen, weshalb es eine Möglichkeit geben muss, diesen Abschnitt vorzeitig abzubrechen. Der zweite Abschnitt soll immer ausgeführt werden, egal, welche Teile des ersten Abschnitts ausgeführt wurden oder nicht.

Wir können dieses Verhalten mit `IF`-Abfragen erreichen, aber der resultierende Code ist ziemlich tief verschachtelt und eher unleserlich. Die Pseudoschleife scheint dagegen eine plausible Lösung für den ersten Abschnitt, denn sie kann mithilfe der Anweisung `CHECK` jederzeit beendet werden.

Nutzen Sie `CHECK` innerhalb einer Schleife, prüft die Laufzeitumgebung, ob die angegebene Bedingung zutrifft. Falls das der Fall ist, folgt ganz normal die nächste Anweisung. Falls nicht, bricht die Laufzeitumgebung den aktuellen Schleifendurchlauf ab und beginnt den nächsten Schleifendurchlauf. In einer `DO 1 TIMES`-Schleife gibt es jedoch per Definition nur einen Durchlauf, sodass dieser Schritt die Schleife komplett beendet, d. h., die nächste Anweisung ist die nach dem Schlüsselwort `ENDDO`. (Statt der Anweisung `CHECK` könnten wir auch die Anweisung `CONTINUE` verwenden. Diese würde den Code aber nur länger und umständlicher machen. Der Charme der Pseudoschleife besteht ja gerade darin, die knappe `CHECK`-Anweisung zu ermöglichen.)

Listing 8.12 zeigt, wie ein solcher Fall mit einer Pseudoschleife umgesetzt werden kann. Unser Code benötigt drei grundlegende Schritte, die Methoden `precheck_input`, `prepare_processing` und `process`, um die Eingabe zu verarbeiten. Jede gibt eine Tabelle mit Nachrichten (`messages`) zurück. Nach jedem Schritt prüfen wir, ob die Tabelle Fehlereinträge enthält. Falls das der Fall ist, brechen wir vorzeitig ab und überspringen die übrigen Schritte. Egal, wie und wo wir die Ausführung des Codes abgebrochen haben – am Ende möchten wir zuverlässig ein einzelnes Ergebnis (`result`) liefern.

```
DO 1 TIMES.
  DATA(messages) = precheck_input( input ).
  CHECK NOT line_exists( messages[ type = error ] ).
```

```
  prepare_processing(
    EXPORTING input = input
    IMPORTING prepared_input = data(prepared_input)
              messages       = messages ).
  CHECK NOT line_exists( messages[ type = error ] ).
  messages = process( prepared_input ).
  CHECK NOT line_exists( messages[ type = error ] ).
ENDDO.
result = COND #( WHEN line_exists( messages[ type = error ] )
                 THEN failed
                 ELSE success ).
```

Listing 8.12 Einsatz von DO 1 TIMES, um mehrere IF-Abfragen zu vermeiden

Dasselbe Verhalten könnten wir durch zwei `IF`-Blöcke erreichen, die die Methoden `prepare_processing` und `process` nur dann ausführen, wenn die Tabelle `messages` fehlerfrei ist. Diese Form wäre vermutlich noch gut lesbar. Unser Beispiel ist sicherlich ein Grenzfall und dient lediglich dazu, das Konstrukt zu erklären. In der Praxis werden Sie Stellen antreffen, bei denen deutlich mehr `IF`-Blöcke nötig wären. Trotz seiner Einfachheit zeigt unser Beispiel aber bereits, dass das gesamte Stück Code mehr macht, als es eine saubere Methode tun sollte. Bereits die Tatsache, dass wir strukturell zwei Abschnitte brauchen – einen vorzeitig abbrechbaren und einen, der immer läuft – macht die Methode verworren. Das Konstrukt `DO 1 TIMES` sollten Sie daher selbst in solch einfachen Fällen vermeiden.

8.5.2 Refactoring

Bleibt die Frage, wie es besser geht. Die Teilschritte sind in diesem Beispiel in Listing 8.12 bereits Methoden, liefern ihr Ergebnis aber in einer Form, die beim verwendenden Programm eine etwas umständliche Struktur erzwingt. Auch eine Analyse, warum denn Teilschritte übersprungen wurden und das Gesamtresultat `failed` ist, gestaltet sich schwierig, denn dafür müssten wir die zugehörigen Einträge aus der Tabelle `messages` heraussuchen.

An dieser Stelle empfiehlt sich der Einsatz von Ausnahmen, wie in Listing 8.13 gezeigt. Die Untermethoden lösen hier Ausnahmen aus, wenn ihre Ausführung fehlschlägt. Sie vermitteln dadurch klarer, *dass* sie fehlgeschlagen sind, und liefern mit den Ausnahmen handliche Objekte, die erklären, warum. Die Pseudoschleife können wir nun durch ein `TRY ... CATCH ...` ersetzen. Zwischenprüfungen entfallen, da die Ausnahmen die weitere Verarbeitung abbrechen und direkt den `CATCH`-Block auslösen.

```
TRY.
  precheck_input( input ).
```

```
  data(prepared_input) = prepare_input( input ).
  process( prepared_input ).
  result = success.
CATCH cx_error_raised.
  result = failed.
ENDTRY.
```

Listing 8.13 Refactoring-Alternative 1

Wenn die drei Teilschritte erfolgreich durchlaufen werden, wird das Ergebnis `result` auf den Wert `success` gesetzt. Tritt eine Ausnahme vom Typ `cx_error_raised` auf, wird der `TRY`-Block beendet und wir springen in den `CATCH`-Block, wo das Ergebnis `result` auf den Status `failed` gesetzt wird.

Dieses Refactoring setzt natürlich voraus, dass wir am Inhalt der ursprünglichen Tabelle `messages` nicht wirklich interessiert sind, also z. B. keine Nachrichten für die Benutzerinnen und Benutzer daraus zusammenstellen wollen. Ferner wird vorausgesetzt, dass die Untermethoden so umgestellt wurden, dass sie Ausnahmen auslösen – was bei altem, kompliziertem oder fremdem Code schwierig bis unmöglich sein kann.

Ein anderer Ansatz könnte deshalb sein, die ursprüngliche Pseudoschleife in eine Untermethode zu extrahieren, die nach wie vor den Inhalt der Tabelle `messages` zurückliefert. Im Methodennamen könnten Sie erläutern, dass Sie darin schrittweise vorgehen, und Sie könnten diese Methode problemlos vorzeitig mit der Anweisung `RETURN` verlassen. Den ursprünglichen zweiten Abschnitt nach der Pseudoschleife setzen Sie in dieser Refactoring-Variante mit einer bedingten Zuweisung um, die das Ergebnis `result` auf den Wert `failed` setzt, wenn die Tabelle `messages` einen Fehler enthält. Listing 8.14 zeigt das Ergebnis dieses Refactorings.

```
DATA(messages) = input_complete_processing( input ).
result = COND #( WHEN line_exists( messages[ type = error ] )
                 THEN failed
                 ELSE success ).
```

Listing 8.14 Refactoring-Alternative 2

Die Pseudoschleife hat keine klar erkennbare Signatur, das heißt, wir können nicht auf einen Blick überschauen, welche Eingaben innerhalb der Schleife verarbeitet werden und welche nicht. Um diesen Teil in eine Methode auszulagern, müssen Sie daher zunächst von Hand analysieren, wie die Signatur dieser Methode aussehen soll.

Innerhalb der extrahierten Methode müssen Sie auch weiterhin die vorzeitigen Abbruchbedingungen prüfen. Sie können die `CHECK`-Anweisung dazu zunächst stehen lassen, denn sie wird die Methode wie gewünscht beenden. Den Empfehlungen aus Abschnitt 4.3.5, »CHECK oder RETURN«, folgend sollten sie diese Anweisung durch `IF`-Abfragen mit dem Zusatz `RETURN` ersetzen, was in diesem Beispiel durch die Häufung jedoch wieder zu störenden Einschüben führen kann.

Mit den beiden in diesem Abschnitt gezeigten Varianten sollten Sie das nötige Handwerkszeug besitzen, um die Anweisung `DO 1 TIMES` zu ersetzen. Stehen lassen sollten Sie sie auf keinen Fall. Selbst wenn Sie mit dem ersten Refactoring-Ergebnis nicht hundertprozentig zufrieden sind, wird es weniger verwirrend sein als die ursprüngliche Pseudoschleife. Erwägen Sie, weitere Methoden zu extrahieren, wenn das die Verteilung der Teilschritte oder das Zusammenstellen des Resultats erleichtert.

8.6 Zusammenfassung

Der Kontrollfluss ist ein wesentlicher Bestandteil jeder Software, die komplexe Geschäftsvorgänge abbildet. Die Anforderungen der realen Welt können jedoch dazu führen, dass Sie eine Vielzahl von Sonderfällen und Ausnahmen behandeln müssen. In diesem Kapitel haben wir gezeigt, wie Sie den Kontrollfluss trotzdem sauber gestalten können:

- Formulieren Sie Bedingungen präzise und positiv.
- Zerlegen Sie Bedingungen, wenn sie zu komplex werden.
- Erwägen Sie, Bedingungen in eigene Methoden auszulagern.
- Die Verschachtelung in einer Methode sollte eine Tiefe von 2 nicht überschreiten.
- Nutzen Sie `IS NOT` statt `NOT IS`.
- Nutzen Sie `CASE` statt `IF`, wann immer möglich.
- Vermeiden Sie die Inline-Verwendung von `SWITCH` in anderen Anweisungen.
- Vermeiden Sie es, dieselbe Fallunterscheidung mehrmals zu wiederholen, z. B. durch Polymorphismus.
- Führen Sie für Legacy-Code, der die Anweisung `DO 1 TIMES` verwendet, ein Refactoring durch.

Egal, wie eindeutig wir Methoden und Variablen benennen und Bedingungen formulieren, manchmal genügt das trotzdem nicht, um den Code verständlich zu machen. Ein gebräuchlicher Weg, um Lesern und Leserinnen das fehlende Stück Information zu geben, sind Kommentare. Im nächsten Kapitel schauen wir uns an, was gute und was schlechte Kommentare ausmacht.

Kapitel 9
Kommentare

Beim Programmieren geht es darum, Entscheidungen zu treffen und den nächsten Schritt auf Basis dieser Entscheidungen abzuleiten. In diesem Kapitel werden wir uns darauf konzentrieren, wie Sie Ihre Entscheidungsfindung unter Berücksichtigung von Clean-Code-Prinzipien optimieren können, um Ihren Code transparenter zu gestalten und den Leserinnen und Lesern zu helfen, den Weg zu erkennen, den Sie während der Entwicklung eingeschlagen haben.

Kommentare ändern die Logik einer Methode nicht. Kommentare können zusätzliche Informationen bereitstellen, die nicht direkt ersichtlich sind, und eine Begründung liefern. Ein gut platzierter Kommentar kann die Qualität des Codes stark verbessern. Es ist jedoch schwer, einen wirklichen guten Kommentar zu schreiben.

Dieses Kapitel beschreibt in Abschnitt 9.1, »Präziser Code benötigt keine Kommentare«, die Wichtigkeit von selbsterklärendem Code. Auf die Beschreibung in Abschnitt 9.2, »Kommentare richtig platzieren und verwenden«, wo und wie ein Kommentar am besten eingesetzt wird, folgt in Abschnitt 9.3, »Kommentare, die Sie vermeiden sollten«, die Erklärung, welche Kommentar nicht verwendet werden sollten. In Abschnitt 9.4, »FIXME-, TODO- und XXX-Kommentare«, werden wir Kommentare beschreiben, die eine interne Organisation in Form einer To-do-Liste ermöglichen. Besondere Kommentare werden in Abschnitt 9.5, »Spezielle Kommentare: ABAP Doc, Pragmas und Pseudokommentare«, beleuchtet. Grundsätzlich ist das Ziel dieses Kapitels, die Anzahl der Kommentare zu reduzieren und nur sinnvolle und hoch qualitative Kommentare zu schreiben.

9.1 Präziser Code benötigt keine Kommentare

Das Ziel von Clean Code im Allgemeinen ist es, so präzisen Code zu schreiben, dass dieser schnell und ohne weitere Hilfsmittel verstanden werden kann. Die für Variablen und Methoden vergebenen Namen sollten so viele Informationen beinhalten, dass für die Leserinnen und Leserdirekt ersichtlich ist, was bei Ausführung einer Zeile passiert.

Im Vergleich zum eigentlichen Programmcode verändern Kommentare die Funktion der Methode natürlich nicht. Kommentare dienen der weiteren Erläuterung und sollen damit das Verständnis erhöhen. Sie erzeugen auch keine Syntaxfehler, wenn es zu Änderungen kommt. Diese Eigenschaften sind einerseits sehr positiv, da Sie mit Kommentaren nichts »kaputtmachen« können, gleichzeitig ist dies auch der Grund dafür, warum Kommentare relativ schnell veralten. Der Code kann sich auch so stark ändern, dass der Kommentar obsolet oder sogar falsch sein kann.

Aus diesem Grund gibt es in über lange Zeit gewachsenen ABAP-Projekten viele Kommentare, die keinen Mehrwert (mehr) bieten. Teilweise führen veraltete Kommentare auch zu Missverständnissen und erfordern sogar noch mehr Zeit, um den Code zu verstehen.

Clean Code versucht, die Notwendigkeit für Kommentare zu eliminieren, indem pro Zeile jeweils nur eine Funktion bereitgestellt wird, die durch die Namensgebung von Variablen und Methoden keine Verwirrung stiftet. Wenn der Name einer Methode oder Variable bei Ihnen das Gefühl erzeugt, dass zum besseren Verständnis ein Kommentar nötig ist, sind die Namen noch nicht optimal. Die fehlenden Informationen sollten direkt – und nicht als Kommentar – in den Code eingebaut werden. Code, der zum Verständnis viele Kommentare benötigt, sollte möglichst so lange umgebaut werden, bis Kommentare überflüssig werden.

Listing 9.1 zeigt eine Beispielmethode, die den Übertrag bei einer Datumsberechnung korrigiert. Beim Versuch, die Methode verständlicher zu machen, ist sie mit vielen Kommentaren ausgestattet worden. Aufgrund der Vielzahl von Kommentaren fällt es nun umso schwerer, der Methode überhaupt zu folgen.

```
" korrigiert z. B. den 29.02. in nicht Schaltjahren und das Ergebnis einer
" Datumsberechnung. Das Beispiel 31.06 muss korrigiert werden auf den 30.06.

METHOD fix_day_overflow.
  DO 3 TIMES.
"31 - 28 = 3 => diese Korrektur wird maximal 3x benötigt
    lv_dummy = cv_date.
    " lv_dummy ist 0 falls das Datum nicht existiert -
    " ABAP spezifische Implementierung
    IF ( lv_dummy EQ 0 ).
      cv_date+6(2) = cv_date+6(2) - 1.
      " 1 Tag vom gegebenen Datum abziehen
    ELSE.
      " Datum existiert, es ist keine Korrektur nötig
      RETURN.
    ENDIF.
```

```
  ENDDO.
ENDMETHOD.
```

Listing 9.1 Anti-Pattern: Verwendung vieler Kommentare

Neben dem eigentlichen Code bedarf es sogar einer Erklärung für eine Variable. In diesem extremen Beispiel benötigt sogar jede Zeile einen eigenen Kommentar, um für die Leserinnen und Leser verständlich zu sein. Hier hilft ein iteratives Refactoring, um einen zufriedenstellenden Stand zu erreichen, der gar keine Kommentare mehr erfordert, wie in Listing 9.2 zu sehen ist. Der komplette Verzicht auf Kommentare ist nicht immer möglich, sollte jedoch das Ziel sein.


```
METHOD correct_day_to_last_in_month.
  WHILE is_invalid( date ).
    reduce_day_by_one( CHANGING date = date ).
  ENDWHILE.
ENDMETHOD.

METHOD is_invalid.
  DATA zero_if_invalid TYPE i.
  zero_if_invalid = date.
  result = xsdbool( zero_if_invalid = 0 ).
ENDMETHOD.

METHOD reduce_day_by_one.
  date+6(2) = date+6(2) - 1.
ENDMETHOD.
```

Listing 9.2 Pattern: umgebauter Code ohne Kommentare

Nach dem Umbau sehen Sie mehrere Methoden, deren Namen keine weitere Erläuterung benötigen, um verstanden zu werden. Die Verwendung von kurzen Methoden unterstützt die Lesbarkeit, da sie sehr einfach zu verstehen sind.

Der Umbau einer umfänglichen Methode in mehrere kleinere hat allerdings Einfluss auf die Laufzeit: Jeder neue Methodenaufruf erhöht die Laufzeit minimal. Diese Erhöhung ist in den allermeisten Fällen irrelevant, dennoch ist die Performance auch in Clean Code eine relevante Komponente, die Sie nicht vernachlässigen sollten. Allerdings gilt: Die Performance sollte keine Ausrede für unschönen Code sein. Da in den meisten Fällen die wahrgenommene Performance nicht leidet, ist unsere Empfehlung, die Methode zunächst umzubauen. Sollte die Laufzeit wider Erwarten doch signifikant zunehmen, können Sie eine Laufzeitmessung vornehmen. Das Ergebnis der Messung kann Bereiche identifizieren, in denen der Aufwand für eine Performanceoptimierung am sinnvollsten investiert ist. In vielen Fällen können so auch anderweitige Performanceprobleme erkannt werden, sodass am Ende der Code schneller *und* sauberer geworden ist.

9.2 Kommentare richtig platzieren und verwenden

Kommentare können einen substanziellen Beitrag zur Verständlichkeit einer Methode beitragen. Im vorherigen Abschnitt 9.1, »Präziser Code benötigt keine Kommentare«, haben wir vorgeschlagen, eine Methode so lange umzubauen, bis keine oder nur wenige Kommentare übrig sind. Es gibt aber auch Informationen, die nicht sinnvoll direkt als Code ausgedrückt werden können und damit besser in Kommentaren aufgehoben sind.

Gute Kommentare beschreiben nicht, was der Code macht. Was der Code macht, sollte direkt ersichtlich sein, wenn Sie den Code lesen. Gute Kommentare beschreiben das *Warum*. Sie liefern zusätzliche Informationen, wie die Begründung für eine Entscheidung, und erhöhen damit das Verständnis bei den Leserinnen und Lesern.

Ein Beispiel: Der Zugriff auf die Tabelle in Listing 9.3 ist eindeutig. Üblicherweise wird jedoch nach einem Tabellenzugriff mittels eines `READ TABLE` der `sy-subrc` überprüft, um sicherzustellen, dass der Zugriff erfolgreich war. Das Fehlen dieser Prüfung könnte Sie als Leserin bzw. Leser verwirren und Sie dazu veranlassen, einen Fehler zu vermuten. Vielleicht kommen Sie sogar auf die Idee, den Code anzupassen. In diesem speziellen Fall ist allerdings durch eine frühere Prüfung bereits sichergestellt, dass der Zugriff auf die Tabelle erfolgreich sein muss, sodass die Prüfung nicht notwendig ist.

```
READ TABLE items ASSIGNING FIELD-SYMBOL(<item>)
  WITH KEY sales_order_id = sales_order
           item_id        = item.
DATA(tax_amount) = <item>-tax_amount.
```

Listing 9.3 Fehlender Kommentar beim Tabellenzugriff

Der Kommentar `"Cannot fail due to earlier check` in Listing 9.4 erklärt, warum die übliche Prüfung ganz bewusst nicht programmiert wurde. Andere Entwicklerinnen und Entwickler, die mit diesem Code arbeiten, sehen so direkt, dass sie nicht überprüfen müssen, ob es sich um einen Fehler handelt, und können dadurch effizienter mit dem Programm arbeiten.

```
"Cannot fail due to earlier check
READ TABLE items ASSIGNING FIELD-SYMBOL(<item>)
  WITH KEY sales_order_id = sales_order
           item_id        = item.
DATA(tax_amount) = <item>-tax_amount.
```

Listing 9.4 Guter Kommentar beim Tabellenzugriff

In anderen Beispielen erscheinen Anweisungen an einer falschen Stelle platziert zu sein. Es gibt jedoch oft einen guten Grund, warum die Anweisung genau an dieser Stelle ausgeführt werden muss. Der Grund kann nur selten vernünftig über einen Namen oder die Verwendung eines Patterns erklärt werden, sodass an einer solchen Stelle ein Kommentar sehr sinnvoll ist.

In ABAP können Sie Kommentare auf zwei unterschiedliche Arten beginnen: Um eine komplette Zeile als Kommentar zu markieren, muss das erste Zeichen in dieser Zeile ein Sternchen sein (*). Wenn das erste Zeichen ein Leerzeichen ist, muss das Sternchen noch vor dieser Einrückung stehen. Dadurch sieht der Code oft seltsam aus, da zwischen dem Sternchen und dem eigentlichen Kommentar viel Whitespace entstehen kann. Beim Kopieren eines solchen Kommentares kann es vorkommen, dass sich die Position des ersten Zeichens verschiebt und eine Korrektur erfordert. Die zweite Möglichkeit, einen Kommentar einzuleiten, ist das Anführungszeichen ("). Die Position des Anführungszeichens ist hier nicht relevant, alle Zeichen in der Zeile, die hinter dem Anführungszeichen stehen, werden als Kommentar interpretiert. Dadurch stellen das Kopieren und etwaige Einrückungen kein Problem mehr dar. Wir empfehlen daher, Kommentare generell mit einem " einzuleiten und mit der Anweisung einzurücken.

9.3 Kommentare, die Sie vermeiden sollten

Wie bereits erwähnt, ist das Verfassen von guten und hilfreichen Kommentaren, die auch über die Zeit ihren Wert erhalten, schwer. Viele der früher üblichen Kommentare sollten Sie bereits besser vermeiden. Da ABAP mittlerweile mehrere Jahrzehnte alt ist, hat sich die Sprache in dieser Zeit natürlich weiterentwickelt und wurde an neue Anforderungen angepasst. Neben der Sprache selbst wurde auch die Entwicklungsumgebung erweitert, und es wurden neue Funktionen bereitgestellt.

In älteren Programmen, besonders in Funktionsbausteinen, beschreiben lange Kommentare die Signatur des Funktionsbausteins, wie Listing 9.5 zeigt. In der Vergangenheit mag dieser Kommentar hilfreich gewesen sein, um nicht zwischen unterschiedlichen Ansichten der Entwicklungsumgebung wechseln zu müssen.

```
FUNCTION calculate_price
  IMPORTING
    document_number TYPE document_number
    include_taxes TYPE abap_bool
    configuration TYPE configuration
  EXPORTING
    net_amount TYPE net_amount
    gross_amount TYPE gross_amount
```

```
  TABLES
    conditions LIKE conditions OPTIONAL.

*FUNCTION calculate_price
*  IMPORTING
*    document_number TYPE document_number
*    include_taxes TYPE abap_bool
*    configuration TYPE configuration
*  EXPORTING
*    net_amount TYPE net_amount
*    gross_amount TYPE gross_amount
*  TABLES
*    conditions LIKE conditions OPTIONAL.
```

Listing 9.5 Der Kommentar wiederholt die Signatur.

In heutigen Umgebungen ist es nicht mehr notwendig, die Signatur als Kommentar zu wiederholen. Moderne Entwicklungsumgebungen bieten eine Möglichkeit, sich die Signatur direkt anzeigen zu lassen. In Methoden musste die Signatur noch nie wiederholt werden, und Sie sollten solche Kommentare nicht nur vermeiden, sondern auch direkt löschen, wenn sie Ihnen begegnen.

Auch beliebt in älteren, zumeist sehr langen Programmen und Subroutinen sind Kommentare mit detaillierten Erklärungen des gesamten Programms. Aus der Clean-Code-Perspektive ist diese initiale Erklärung bereits länger, als die gesamte Methode überhaupt lang sein sollte. Wenn eine Methode eine so lange Erklärung benötigt, ist die Wahrscheinlichkeit sehr hoch, dass die Methode mehr als nur eine Aufgabe hat. Dem Tipp aus Abschnitt 4.3.1, »Eine Sache tun«, folgend sollten Sie sie in weitere kleinere Methoden aufteilen. Das Problem an diesen langen Erklärungen ist, dass sie nur selten zusammen mit dem Code weiterentwickelt werden, wie Sie bereits in Abschnitt 9.1, »Präziser Code benötigt keine Kommentare«, gesehen haben. Zu Beginn der Entwicklung hat der Kommentar zwar die einzelnen Schritte gut beschrieben, aber es gibt keine Garantie dafür, dass der Kommentar immer noch aktuell ist. Bestenfalls ist die Information nur unvollständig, im schlechtesten Fall ist sie jedoch mittlerweile falsch oder obsolet.

Der beste Weg, solche Kommentare zu reduzieren, ist der Umbau des Codes in kleinere Methoden, die durch ihre Namensgebung die gleichen Informationen, die auch in der initialen Erklärung enthalten waren, mitteilen. Dieser Umbau erfordert allerdings viel Zeit, und Sie verändern ein Programm, das eventuell schon lange fehlerfrei funktioniert. Ob Sie der Meinung sind, dass diese Zeit sinnvoll investiert ist, bleibt Ihnen überlassen. Sollte der Code in absehbarer Zeit sowieso geändert werden müssen, könnte der Umbau in kleinere Methoden Teil der Anpassungen sein, um die

Code-Basis zu verbessern. In Neuentwicklungen sollten Sie diese Kommentare gar nicht erst einfügen und sie direkt unter Bezugnahme der Clean-Code-Prinzipien entwickeln.

Am Anfang von größeren Programmen finden Sie auch oft Designbeschreibungen. Diese Beschreibung kann einen hohen Mehrwert liefern, aber nicht, wenn sie als Kommentar im Code hinterlegt wird. Sie gehört in ein eigenes Designdokument, nicht in den Code. Große Textblöcke zu Beginn eines Programms werden nur selten vollständig gelesen, und es ist wahrscheinlich, dass auch der folgende Code Verbesserungsbedarf aufweist.

Viele große Funktionen sind über die Zeit gewachsen, und zusätzliche Funktionalitäten wurden durch die Einführung neuer `IF`-Zweige eingefügt. Dadurch wird versucht, den Umfang zu erweitern, ohne den bereits existierenden Code ändern oder seine Fehlerfreiheit gefährden zu müssen. Der Code wird durch diese Art von Änderungen jedoch immer schwerer zu verstehen. Mehrere Erweiterungen führen zu vielen Zweigen, wodurch das Ganze sehr unübersichtlich wird. Ein beliebter Versuch, dieser Unübersichtlichkeit Herr zu werden, ist es, zu jedem `ENDIF` einen Kommentar zu formulieren, der beschreibt, welche Bedingungen dazu gehören. In Listing 9.6 ist z. B. `" end-of z = y` ein solcher `END-OF`-Kommentar. Diese Kommentare helfen zwar, sich etwas besser zurecht zu finden, die Methode wird dadurch aber nicht weniger komplex. Auch wenn die Zugehörigkeit des `ENDIF` eindeutig ist, erschließt sich der Gesamtkontext nur schwer und eine Erweiterung wird nicht vereinfacht. Wird jedoch eine komplexe Methode in kleinere aufgeteilt, ist es für alle Beteiligten einfacher, die richtige Stelle für eine Erweiterung zu finden und es muss eventuell gar keine neue Bedingung hinzugefügt werden. Sollte der Code, mit dem Sie arbeiten, sogar trotz `END-OF`-Kommentaren nicht verständlich sein, ist das ein sicheres Zeichen dafür, dass ein Refactoring dringend nötig ist.

```
METHOD does_alot.
  "some code
  ...
  IF a = b.
    ...
    IF z = y.
    ...
    ENDIF. "end-of z = y
  ENDIF. "end-of a = b
ENDMETHOD
```

Listing 9.6 Beispiel von ENDIF-Kommentaren

Statt den Code einem gründlichen Refactoring zu unterziehen, werden große Funktionen und Methoden auch gerne in Bereiche strukturiert, die jedoch oft nicht als solche zu erkennen sind. Aus diesem Grund finden sich am Anfang solcher Bereiche Kommentare wie "`begin of item handling`. Der neue Bereich wurde hier bereits von dem Entwickler oder der Entwicklerin identifiziert, aber anstatt eine eigene Methode für den folgenden Teil anzulegen, wurde lediglich ein Kommentar verfasst. Eine eigene Methode könnte den genauen Umfang des Bereichs aufzeigen und es den Leserinnen und Lesern, die nicht an diesem Bereich interessiert ist, das Verständnis erleichtern. Diese Art von Kommentaren, die einen neuen Bereich einleiten, ist ein klarer Indikator dafür, dass Sie eine neue Methode anlegen sollten.

In diesem Kapitel haben wir bereits mehrfach die Notwendigkeit für ein Refactoring angesprochen. Refactoring beginnt zunächst mit der Identifizierung von problematischem Code, der dann für den Umbau auskommentiert wird, anstatt ihn zu löschen. Es wird neuer Code geschrieben, der so lange verbessert wird, bis er fehlerfrei funktioniert und eine wirkliche Verbesserung darstellt. Allerdings denken am Ende leider nur wenige Entwicklerinnen und Entwickler daran, den alten auskommentierten Code zu löschen, und da Kommentare keine Syntaxfehler verursachen, fällt dies nicht weiter auf, bis die nächste Person den Code bearbeiten will. Stoßen Sie auf auskommentierten Code, der nicht einem offenen Transportauftrag zugewiesen ist, sollten Sie diese Kommentare löschen. Sollte dennoch jemand diese Zeilen benötigen, können sie zur Not aus der Versionierung wiederhergestellt werden.

Die letzte Art von Kommentaren, die wir in diesem Abschnitt besprechen wollen, ist das Kopieren von Nachrichtentexten hinter den Aufruf der Nachricht. Der Mehrwert dieser Kommentare ist gering, da der ausformulierte Text der Fehlersituation nicht unbedingt hilfreich ist. Gleichzeitig kann es sehr verwirrend sein, wenn der Text angepasst wird, die Kommentare aber immer noch den alten Text beinhalten. Bei der Änderung des Textes wird kaum jemand alle Verwendungen kontrollieren, um ggf. die Kommentare anzupassen. Verzichten Sie daher direkt darauf.

9.4 FIXME-, TODO- und XXX-Kommentare

In diesem Kapitel haben wir uns bisher darauf konzentriert, wie Sie Kommentare verwenden sollten, um den Code verständlicher zu machen. Eine weitere Art von Kommentaren konzentriert sich auf die Weiterentwicklung des Codes und weniger auf die Aspekte, die bereits umgesetzt wurden. Diese Art von Kommentaren wird während der Entwicklung verwendet.

Um diese Kommentare auf den ersten Blick von regulären Kommentaren unterscheiden zu können, werden in der Regel Präfixe verwenden. In diesem Abschnitt zeigen wir Ihnen drei Präfixe, die sich als hilfreich herausgestellt haben. Für all diese Varianten gilt, dass Sie Ihre Initialen oder Ihren `sy-uname` hinterlassen sollten, damit

Sie bei Fragen kontaktiert werden können. In Kommentaren sollte allerdings nicht diskutiert werden. Lange Diskussionen in Kommentaren können sehr verwirrend für Unbeteiligte sein. Für die Kommunikation zwischen Entwicklerinnen und Entwicklern gibt es sehr viel besser geeignete Applikationen. Daher sollten Sie eine Art Identifikation hinterlassen, über die ein Kontakt aufgebaut werden kann.

Die Kommentare in diesem Abschnitt sind für die teaminterne Organisation und für die Personen gedacht, die direkt am Code arbeiten. Bug-Reports und Feature-Request von externen Personen sollten nicht über diesen Kanal in das Team gebracht werden. In den meisten Organisationen gibt es gesonderte Kanäle für diese Art von Feedback.

Die drei Kommentararten, die sich bisher als hilfreich herausgestellt haben sind folgende:

- `FIXME`
  Dieses Präfix zeigt ein kleines Problem auf, das an sich keinen eigenen Bug-Report rechtfertigt. Wenn das Problem schnell behoben werden kann, schlägt Robert C. Martin vor, das Problem direkt selbst zu lösen, um den Code stets ein Stück besser zurückzulassen, als man ihn vorgefunden hat.
- `TODO`
  Dieser Kommentar markiert eine Stelle im Code, an der noch etwas fehlt, bzw. angepasst werden muss. Änderungen, die mit diesem Kommentar markiert sind, müssen kurzfristig vorgenommen werden. Andernfalls werden die Änderungen übersehen und eventuell nie angepasst. Derzeit ist leider keine Funktionalität vorhanden, die den Code nach diesen Kommentaren scannt und eine formale To-do-Liste generiert.
- `XXX`
  Mit diesem Präfix wird eine Coding-Stelle markiert, die fehlerfrei funktioniert, gleichzeitig aber noch verbessert werden kann. Beispielsweise kann an dieser Stelle eine weitere sinnvolle Methode extrahiert oder eine Performanceverbesserung erreicht werden

Diese Präfixe funktionieren natürlich nur, wenn sie auch abgearbeitet werden. Andernfalls haben diese Kommentare die gleichen Nachteile wie alle anderen Kommentare, und sie werden mit der Zeit obsolet. Außerdem benötigen Entwicklerinnen und Entwickler auch Zeit, um an diesen kleineren Themen arbeiten zu können. Falls diese Punkte nicht verlässlich abgearbeitet werden können, sollten sie lieber über den regulären Backlog angegangen werden. So werden die Aufgaben geplant und können je nach Priorität abgearbeitet werden.

Diese besonderen organisatorischen Kommentare können vom Team umgesetzt werden. Daneben gibt es aber noch Kommentare, die Teil von ABAP selbst sind. Sie bieten Ihnen weitere Möglichkeiten und werden im nächsten Abschnitt beleuchtet.

9.5 Spezielle Kommentare: ABAP Doc, Pragmas und Pseudokommentare

ABAP bietet neben »normalen« Kommentaren auch besondere Kommentare an, die einen Einfluss auf das Ergebnis mancher Prüfungen haben oder weitere Dokumentationen für Entwicklerinnen und Entwickler bieten. Diese speziellen Kommentare folgen dementsprechend auch einer eigenen Syntax, um korrekt erkannt werden zu können. Wird die Syntax nicht befolgt, werde keine Fehler produziert, aber der erwartete Einfluss z. B. auf das ABAP Test Cockpit bleiben aus, da die Kommentare wie alle anderen Kommentare behandelt werden.

ABAP-Doc-Kommentare beinhalten weitere Informationen für spätere Entwicklerinnen und Entwickler, die den Code verwenden müssen. Diese Informationen sind insbesondere für die Verwendung von öffentlichen APIs, wie in Listing 9.7 gezeigt, relevant und können erklären, wie die API und die Parameter zu verwenden sind. Der Text, der nach den Kommentarzeichen `"!` geschrieben steht, wird dazu verwendet, um in der Code-Vervollständigung angezeigt zu werden. Jede Methode und jeder Parameter können unabhängig voneinander dokumentiert werden. Der Name eines Parameters wird mittels `@` eingeleitet und der nachfolgende erklärende Text wird mittels einer Pipe abgetrennt.

```
"! Calculates the total net amount of the complete sales order
"! and returns the found pricing procedure
"! @sales_order | ID of a sales order for which the net amount should be
calculated
"! @pricing_procedure | ID of the pricing procedure that was determined during
calculation
METHODS calculate_total_net_amount
  IMPORTING
    sales_order type sales_order_id
  RETURNING
    value(pricing_procedure) TYPE pricing_procedure.
```

Listing 9.7 Methodendokumentation mittels ABAP Doc

Der angegebene Name im ABAP Doc wird gegen die Parameter der Methode validiert, und bei einer fehlenden Übereinstimmung wird eine Warnung angezeigt. Der Inhalt des Textes sollte zusätzliche Informationen liefern, die die Verwendung vereinfachen.

ABAP Docs weisen die gleichen Probleme auf wie reguläre Kommentare. Wenn das Interface geändert wird oder sich das Verhalten ändert, müssen auch die ABAP-Doc-Kommentare angepasst werden, ansonsten sind sie nicht mehr aktuell und stiften mehr Verwirrung, als dass sie helfen. Aus diesem Grund sollte der Aufwand für das

Schreiben und die Aktualisierung der Dokumentation auf externe Interfaces reduziert werden. Externe Interfaces bleiben üblicherweise länger stabil, da die Konsumenten sich hier auf das Verhalten verlassen. Daher ist auch die Dokumentation mit einer höheren Wahrscheinlichkeit noch aktuell.

Ein weiterer spezieller Teil von ABAP sind die nicht ausführbaren Teile eines Statements: *Pragma* und *Pseudokommentare*. Ein Pragma ist nicht ausführbarer Code, der eine Anweisung an die Syntaxprüfung gibt, um Einfluss auf das Ergebnis einiger Prüfungen zu nehmen. Es gibt einige unterschiedliche Pragmas, die alle mittels ## eingeleitet werden, wie im Folgenden anhand des needed-Pragmas verdeutlicht wird. Es wird damit angezeigt, dass die Variable zwingend benötigt wird, auch wenn keine statische Verwendung stattfindet. Damit das Pragma berücksichtigt wird, muss es vor dem Schlusszeichen der Anweisung eingefügt werden:


```
DATA component_name TYPE fieldname ##needed.
```

Pragmas haben ein ähnliches Verhalten wie Pseudokommentare. Pseudokommentare wurden mit der Zeit von Pragmas abgelöst, mittlerweile sollten Sie keine neuen Pseudokommentare mehr einfügen.

Pragmas werden verwendet, um Prüfungen und Warnungen ganz bewusst zu ignorieren. Manche dieser Warnungen enthalten Vorschläge, wie der Code verbessert werden könnte. So wird eine solche Warnung z. B. ausgegeben, wenn in einer SELECT-Anweisung eine Datenbanktabelle und eine interne Tabelle mit einem Joint verbunden werden. Diese Funktion der Anweisung wird jedoch nicht von allen Datenbanken unterstützt. Um Sie darauf aufmerksam zu machen, wird eine Warnung angezeigt, die durch das in Listing 9.8 verwendete Pragma unterdrückt werden kann. Sie müssen nun eine Entscheidung treffen, ob Sie eine alternative Lösung implementieren oder die Anweisung dennoch verwenden möchten.

```
DATA(open_order_ids) = customer->get_open_orders( ).
SELECT * FROM orders AS o INNER JOIN @open_order_ids AS p
  ON o~order = p~order INTO @data(open_orders)   ##db_feature_mode⤶
  [itabs_in_from_clause].
```

Listing 9.8 Nutzung von Pragmas

9.6 Zusammenfassung

Sinnvolle Kommentare können die Qualität Ihres Codes erheblich verbessern. Gleichzeitig ist es eine große Herausforderung, gute Kommentare zu schreiben. Ein Kommentar bedarf der gleichen bewussten Überlegung und kontinuierlicher Verbesserung wie der eigentliche Code. Idealerweise ist der Code so selbsterklärend, dass keine weiteren Kommentare benötigt werden. Die Clean-ABAP-Empfehlungen aus diesem Kapitel sind:

- Schreiben Sie Code, der keine Kommentare erfordert.
- Ein Kommentar sollte das *Warum* erklären, nicht das *Was*.
- Nutzen Sie stets " zum Einleiten eines Kommentars.
- Platzieren Sie Ihre Kommentare vor dem Code, nicht dahinter.
- Löschen Sie auskommentierten Code direkt.
- Verwenden Sie ABAP Docs nur für öffentliche APIs.

Ein weiterer wichtiger Aspekt, der das Verständnis fördert, ist die Formatierung. Im folgenden Kapitel werden die Clean-ABAP-Regeln für die Formatierung von Code erklärt.

Kapitel 10
Formatierung

In diesem Kapitel erläutern wir, warum die Formatierung des Codes eine Voraussetzung für gutes Programmieren ist. Wir beschäftigen uns mit einigen einfachen und grundlegenden Techniken, um ABAP-Code besser lesbar und wartbar zu machen. Wir liefern auch Argumente dafür, warum Sie eine gute Formatierung zu einem Teil Ihrer täglichen Arbeitsgewohnheiten machen sollten.

Professionelle Programmierinnen und Programmierer erkennt man daran, dass sie wohlstrukturierten, lesbaren Code schreiben. Lesbarkeit bemessen wir daran, wie schnell und leicht ein anderer Programmierer oder eine andere Programmiererin den Code lesen und verstehen kann. Lesbarkeit ist essenziell für die Zusammenarbeit im Team, denn sie erleichtert allen die tägliche Arbeit. Formatierung spielt dabei in allen Programmiersprachen eine wichtige Rolle, und ABAP bildet da keine Ausnahme.

Formatierung bedeutet nicht nur, dafür zu sorgen, dass der Code »ordentlich« aussieht. Sie umfasst auch weitergehende Aspekte, wie konsistente Namen für Variablen, Klassen, Methoden, Funktionen und andere Programmelemente, wie wir in Kapitel 5, »Namen«, herausgestellt haben. Gute Kommentare fallen ebenso darunter, besonders wenn der Code ohne solche Kommentare nicht klar verständlich ist, wie in Kapitel 9, »Kommentare«, besprochen.

Die Formatierung und viele weitere Aspekte von Clean Code, die wir in diesem Buch thematisieren, zielen darauf ab, uns die Arbeit als Programmierer und Programmiererinnen zu erleichtern, indem sie die Lesbarkeit erhöhen. Mit einer besseren Lesbarkeit gewinnen wir nicht nur Geschwindigkeit bei der Implementierung, sondern machen es auch leichter, Fehler von vornherein auszuschließen oder zumindest sehr früh zu erkennen und zu beseitigen.

Einige argumentieren, dass die Formatierung kurzer Methoden mit nur wenigen Zeilen Code nicht so wichtig sei, da sich deren Bedeutung auch so mit einem kurzen Blick erschließen lasse. Bedenken Sie jedoch, dass sich auch kurze Methoden zu Klassen mit mehreren hundert bis tausend Zeilen Code zusammenschließen können. Selbst bei kleinen Code-Bausteinen ist es irritierend, wenn jede Methode anders aussieht und das Gesamtbild mehr an »Kraut und Rüben« als an wohldurchdachte Software erinnert. Indem wir uns gute Formatierung angewöhnen und sie selbst dann konsequent anwenden, wenn es nur um wenige einfache Zeilen geht, sorgen wir ohne großen Aufwand dafür, dass der gesamte Code unserer Projekte am Ende konsistent bleibt.

Abschnitt 10.1 bis Abschnitt 10.10 beschreiben alltagstaugliche Muster, mit denen Sie Code ordentlich formatieren können. In Abschnitt 10.11 schauen wir uns die Formatierung von Methodenparametern genauer an.

Für die Empfehlungen in diesem Kapitel gilt mehr noch als für alle anderen: Bilden Sie sich eine eigene Meinung. Vermutlich wenden Sie bereits eigene Formatierungsregeln an. Wahrscheinlich weichen diese von unseren Vorschlägen ab. Vergleichen Sie unsere Ziele und Vorgehensweisen daher mit Ihren eigenen, und entscheiden Sie dann, welche Best Practices Sie übernehmen möchten. Es ist oft hilfreich, verschiedene Muster auszuprobieren und sich erst dann zu entscheiden. Besprechen Sie Formatierungsregeln *immer* mit Ihrem Team und einigen Sie sich auf eigene Teamregeln. Im Folgenden finden Sie unsere Vorschläge zur lesbaren Formatierung von Code.

10.1 Einen konsistenten Stil verfolgen

Ein wichtiger Aspekt guter Formatierung ist es, den gesamten Code eines Projekts einheitlich zu formatieren. Diese Konsistenz stellt sicher, dass alle Projektmitglieder sich im Code zurechtfinden. Sie erleichtert auch die Wartung, wenn beispielsweise einzelne Teammitglieder in Urlaub sind oder das Team verlassen. Der Rest des Teams kann deren Code dann leichter bearbeiten, da es sich auf den Inhalt konzentrieren kann und sich nicht mit individuell abweichenden Stilvorlieben herumschlagen muss. Inkonsistente Formatierungen erhöhen die Komplexität unnötig und sollten daher vermieden werden. Eine konsistente Formatierung haben Sie dann erreicht, wenn ein Außenstehender auf den Code schaut und denkt: Hier war ein Team am Werk, das sich einig ist und weiß, was es will – und kein zusammengewürfelter Haufen von Individualisten, die sich noch nicht einmal auf einen gemeinsamen Stil einigen können.

Häufig pflegen Entwicklungsteams den Code anderer Teams weiter, z. B. weil das ursprüngliche Team aufgelöst wurde oder es das Projekt aus Mangel an Ressourcen oder Sponsoren aufgegeben hat. Wenn wir an solchem Code Änderungen vornehmen, z. B. Fehler korrigieren, kann es sinnvoll sein, den Stil und die Formatierung des alten Codes beizubehalten, statt die eigenen, abweichenden Formatierungsregeln anzuwenden. Ziehen Sie in solchen Fällen Abschnitt 1.3, »Wie gehe ich mit Legacy-

Code um?«, und Abschnitt 2.1, »Legacy-Code« zu Rate, in denen wir Empfehlungen zum Umgang mit Legacy-Code geben.

10.2 Den Code fürs Lesen optimieren

Hollywood-Thriller präsentieren uns Entwickler und Entwicklerinnen gerne als kapuzenpullitragende Hacker, die in atemberaubender Geschwindigkeit giftgrünen Code in schwarze Kommandozeilen-Fenster tippen und damit wahlweise Bösewichte oder Bundesbehörden lahmlegen. So spannend solche Darstellungen auch sein mögen, spiegeln sie doch selten die Realität wider.

In Wirklichkeit verbringen Programmierer und Programmiererinnen die meiste Zeit des Tages damit, Code zu *lesen*. Dabei lesen wir oft denselben Code wieder und wieder, bis er seine Funktionsweise preisgegeben hat oder wir frustriert eine Pause einlegen. In Wirklichkeit verbringen wir sehr viel weniger Zeit damit, Code tatsächlich zu *schreiben*. Wenn wir Code schreiben, sollten wir ihn deshalb fürs Lesen optimieren, nicht fürs Schreiben.

Die folgenden beiden Listings stellen den Unterschied heraus. Listing 10.1 ist für das Lesen optimiert und lässt sich mühelos verarbeiten.

```
DATA:
  a TYPE b,
  c TYPE d,
  e TYPE f.
```

Listing 10.1 Für das Lesen optimierter Code

Listing 10.2 hingegen ist für das Schreiben optimiert. Der verwendete »Hack«, das Komma in die nächste Zeile zu versetzen, macht es gelegentlich einfacher, Zeilen zu verschieben oder hinzuzufügen, irritiert aber beim Lesen.

```
DATA:
  a TYPE b
  ,c TYPE d
  ,e TYPE f.
```

Listing 10.2 Für das Schreiben optimierter Code

Beide Listings laufen problemlos und tun exakt dasselbe, denn der Maschine ist es egal, wie der Code formatiert ist. Der Code ist aber nicht nur für die Maschine da. Es sind Menschen, die ihn lesen, verstehen und ändern können müssen. Wir müssen unseren Code also auch in für Menschen lesbarem Format ablegen – und das beinhaltet eine saubere Formatierung.

10.3 Der Pretty Printer

Unser Code sollte ein einheitliches Erscheinungsbild haben. Sie sollten z. B. gleichmäßige Einrückungen verwenden und Groß- und Kleinbuchstaben in gleicher Weise setzen. Alle Mitglieder des Entwicklungsteams sollten dieselben Richtlinien anwenden. Setzt eine Entwicklerin die Schlüsselwörter in Großbuchstaben, eine andere in Kleinbuchstaben, sieht das Ergebnis chaotisch aus. Der Code würde sich von Methode zu Methode und von Klasse zu Klasse unterscheiden. Das Team sollte sich deshalb geschlossen für einen Stil entscheiden und sich strikt an diesen halten.

Das bedeutet insbesondere, dass alle Mitglieder des Teams dieselben Einstellungen für den Pretty Printer verwenden sollten. Um diese Einstellungen vorzunehmen, navigieren Sie über den Pfad **Menü • Hilfsmittel • Einstellungen... • ABAP Editor • Pretty Printer**, wie in Abbildung 10.1 zu sehen.

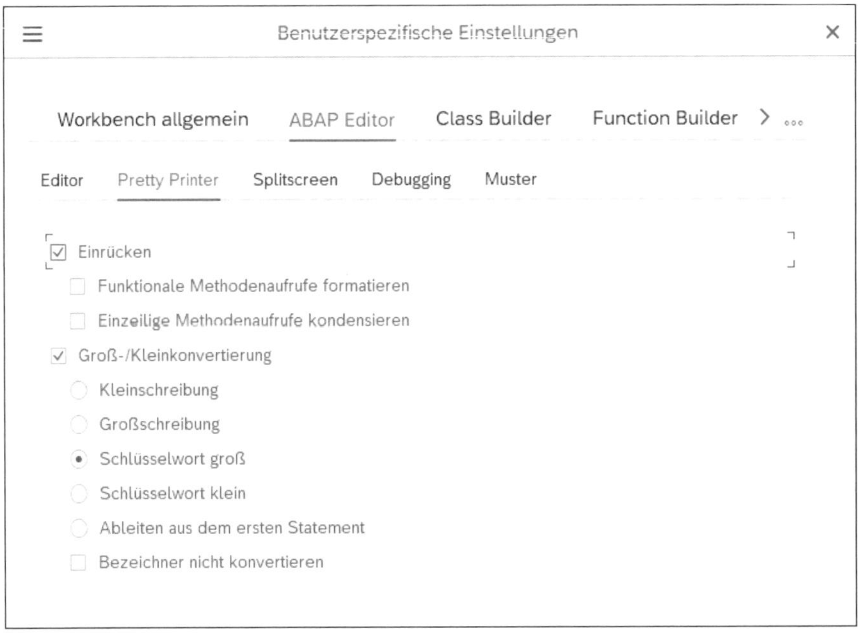

Abbildung 10.1 Pretty-Printer-Einstellungen im klassischen SAP GUI

In den ABAP Development Tools (ADT) finden Sie die gleichen Einstellungen über **Menu • Window • Preferences • ABAP Development • Editors • Source Code Editors • ABAP Formatter**, wie in Abbildung 10.2 zu sehen.

In beiden Fällen können Sie über die Checkbox **Einrücken** bzw. **Indent Lines** festlegen, ob Sie bestimmte Code-Blocks automatisch einrücken wollen, beispielsweise LOOP- oder IF-Anweisungen, oder ob der Code von Hand formatiert bleiben soll. Sie können außerdem über die Checkbox **Groß-/Kleinkonvertierung** bzw. **Keywords** und die darunter angeordneten Optionen festlegen, welche Kombination von Groß- und Kleinschreibung Sie bevorzugen, also ob z. B. Schlüsselwörter groß oder klein geschrieben werden sollen.

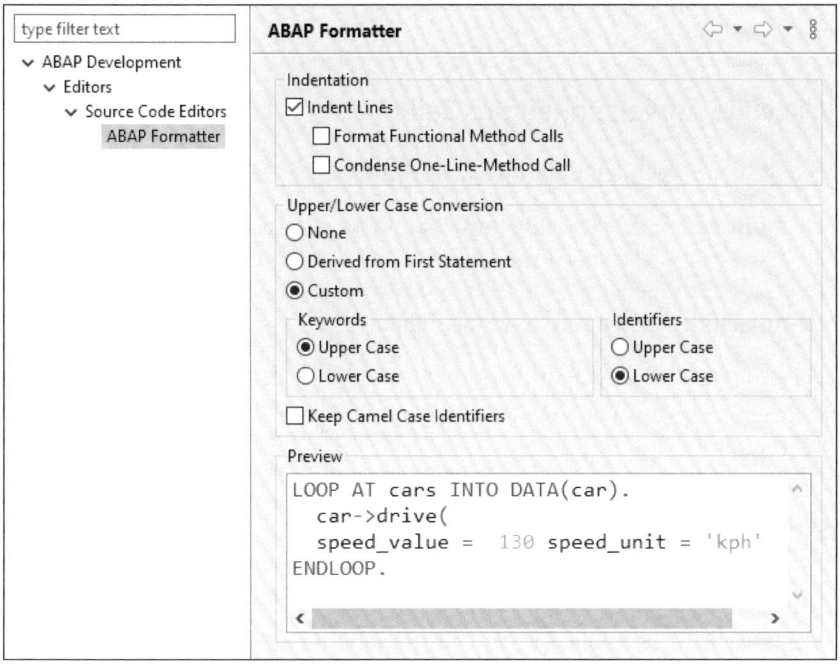

Abbildung 10.2 Pretty-Printer-Einstellungen in den ABAP Development Tools

Nachdem Sie diese Einstellungen vorgenommen haben, können Sie den Code mit dem Tastenkürzel [⇧] + [F1] automatisch formatieren lassen, und zwar egal, ob Sie die Transaktion SE80, die Transaktion SE24 oder die ADT verwenden. In den ADT können wahlweise auch die Tastenkombination [Strg] + [⇧] + [F] nutzen.

Haben alle Teammitglieder den Pretty Printer gleich eingestellt, können Sie darüber eine gleiche grundlegende Formatierung sicherstellen. Wenn Sie mit fremdem Code oder Legacy-Code arbeiten, wie in Abschnitt 10.1, »Einen konsistenten Stil verfolgen«, erwähnt, kann es sinnvoll sein, den Pretty Printer selektiv nur auf neu hinzugefügte Elemente anzuwenden. Markieren Sie dazu den Code-Abschnitt in den ADT, und führen Sie dann den Pretty Printer aus. So wird nur der markierte Code formatiert. So können Sie verwirrende Stilmischungen innerhalb einer Methode oder Klasse vermeiden.

Auch wenn Sie Korrekturen an anders formatiertem Code vornehmen, z. B. an älterem Code Ihres Teams, der noch mit anderen Einstellungen formatiert wurde, kann es sinnvoll sein, den Pretty Printer nur auf die tatsächlich geänderten Abschnitte anzuwenden. So reduzieren Sie den Aufwand für Korrekturaufträge und Korrekturanleitungen und verhindern, dass unnötig viele Transportaufträge wegen großflächiger Änderungen voneinander abhängen. Erwägen Sie in solchen Situationen stattdessen, einen separaten Transport oder Korrekturhinweis anzulegen, in dem Sie das komplette Entwicklungsobjekt formatieren.

10.4 Wie viele Anweisungen pro Zeile?

Vergleichen Sie den folgenden Code-Ausschnitt mit dem in Listing 10.3:

```
READ TABLE employees REFERENCE INTO employee WITH KEY location =
 'London'. IF sy-subrc = 0. employee-region = 'UK'. ENDIF.
```

Beide Code-Ausschnitte bewirken exakt dasselbe.

```
READ TABLE employees REFERENCE INTO employee WITH KEY location = 'London'.
IF sy-subrc = 0.
  employee-region = 'UK'.
ENDIF.
```

Listing 10.3 Eine Anweisung pro Zeile

Der Maschine ist es egal, wie der Code formatiert ist. Der Compiler interessiert sich nur für syntaktische Korrektheit, die Laufzeitumgebung nur für ausführungstechnische Korrektheit. Für Menschen ist die Formatierung in Listing 10.3 jedoch deutlich leichter zu lesen. Selbst wenn die Anweisungen sehr kurz sind, sollte daher jede Anweisung eine eigene Zeile bekommen.

10.5 Zeilenlänge

Zum Thema Zeilenlänge lohnt sich ein Blick in eine Zeitung oder ein gedrucktes Magazin. Eine Seite ist hier für gewöhnlich in mehrere Spalten unterteilt. Ein Grund dafür ist, dass kurze Zeilen leichter zu lesen sind als lange. Überlange Zeilen erfordern mehr Bewegungen der Augen und des Kopfes, was auf die Dauer anstrengender ist. Je länger eine Zeile sein darf, desto deutlicher heben sich lange von kurzen Zeilen ab, was die optische Orientierung beim Zeilenwechsel erschwert.

Die Fenster unserer Entwicklungsumgebungen und die Monitore unserer Computer mögen nicht so großformatig sein wie eine Zeitung, aber es gilt trotzdem dasselbe Prinzip. Das menschliche Auge liest einfach effizienter, wenn die Zeilen nicht zu lang sind. Online-Magazine berücksichtigen das, indem sie an den Seiten ihrer Websites einen dehnbaren Rand ungenutzt lassen.

Sie werden kürzere Zeilen auch dann zu schätzen wissen, wenn Sie neben dem Editorfenster seitlich weitere Fenster geöffnet haben, z. B. eine Variablenansicht im Debugger, oder wenn Sie zwei Code-Abschnitte zum Vergleichen nebeneinander anzeigen.

Ein praxistauglicher Richtwert ist: Wenn Sie auf einem Standard-Laptopbildschirm bei Standardtextgröße seitlich scrollen müssen, ist die Zeile zu lang. In Zahlen ausgedrückt, landen wir mit einer solchen Empfehlung typischerweise bei maximal 120 Zeichen pro Zeile. Für andere Programmiersprachen hört man oft Empfehlungen wie 100 Zeichen pro Zeile; unserer Erfahrung nach erfordert das etwas »gesprächigere« ABAP aber etwas längere Zeilen.

Das bedeutet nicht, dass Sie diese Zeilenlänge immer ausreizen sollten. Eine `IF`-Anweisung mit mehreren langen Bedingungen, die sich über mehrere Zeilen erstreckt, liest sich beispielsweise angenehmer, wenn Sie die Umbrüche an logisch sinnvollen Positionen anbringen, also z. B. zwischen den mit den Operatoren `AND` und `OR` verbundenen Klauseln.

In den ADT können Sie die Zeilenlänge im Menü unter **Menu • Window • Preferences • General • Editors • Text Editors** einstellen. Markieren Sie die Checkbox **Show print margin** und geben Sie in das Feld **Print margin column** die gewünschte Anzahl an Zeichen ein, wie in Abbildung 10.3 zu sehen. Das Ende einer Zeile wird Ihnen im Editor mit einer vertikalen Linie markiert.

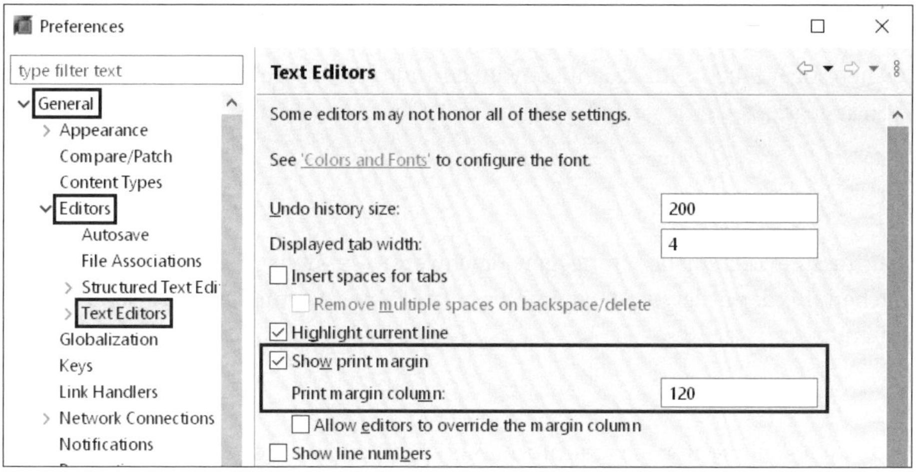

Abbildung 10.3 Zeilenlänge in den ABAP Development Tools einstellen

Im klassischen SAP GUI finden Sie die entsprechende Einstellung, wenn Sie innerhalb des Code-Editors die Schaltfläche betätigen, um den Dialog **Options** zu öffnen, wie in Abbildung 10.4 zu sehen. In diesem Menü können Sie im Abschnitt **Anzeige** unter **Zeilenumbruch** mit der Einstellung **Fester Zeilenumbruch nach Spaltenanzahl** die **Seitenbreite** festlegen.

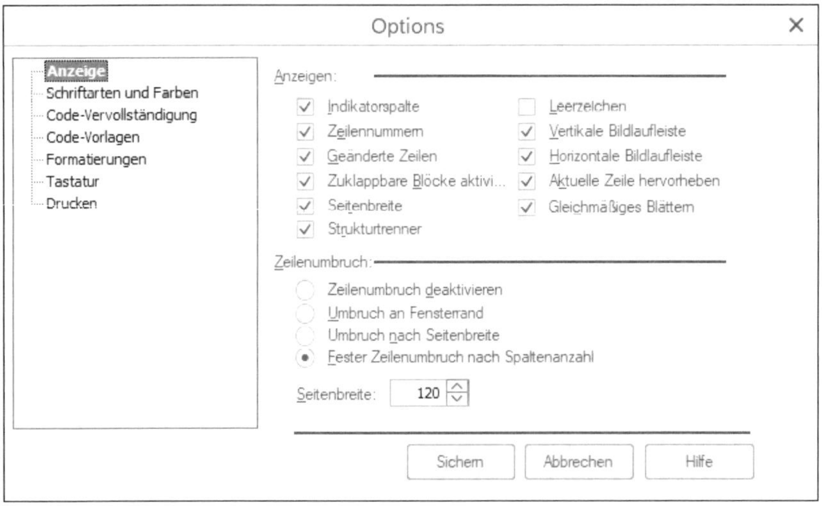

Abbildung 10.4 Zeilenlänge im klassischen SAP GUI einstellen

10.6 Code straffen

Leerzeichen sind essenziell, um Code lesbar zu formatieren. Wenn wir z. B. einer Variablen einen Wert zuweisen, gehört es in jeder Programmiersprache zum guten Stil, links und rechts vom =-Operator ein Zeichen frei zu lassen. In ABAP sind diese Leerzeichen sogar Pflicht. Ebenso müssen auch runde und eckige Klammern mit Leerzeichen abgegrenzt werden, wie im folgenden Beispiel zu sehen:

```
count = lines( my_table ).
row = my_table[ 3 ].
```

Überflüssige Leerzeichen hingegen erschweren es, den Code zu erfassen, und machen ihn damit letztendlich anfälliger für Fehler. Vermeiden Sie also Code wie diesen:

```
DATA(result)        =        calculate(    items    =        list )  .
```

Diese Code-Zeile sollten Sie so umformatieren, dass alle unnötigen Leerzeichen wegfallen, wie im folgenden Beispiel:

```
DATA(result) = calculate( items = list ).
```

Diese Anweisung wirkt griffiger. Den Code zu straffen, indem wir überflüssige Leerstellen entfernen, ist eine der einfachsten Methoden, den Code lesbarer zu machen.

10.7 Leerzeilen

Um eine gute Lesbarkeit zu erzielen, sollten Anweisungen, die logisch eng zusammengehören, auch optisch eng beieinander stehen, also visuell gruppiert werden (Martin, 2008). Listing 10.4 zeigt dies an einem Beispiel.

```
READ TABLE my_table REFERENCE INTO row.
IF sy-subrc = 0.
  do_this( ).
  then_that( ).
ENDIF.
```

Listing 10.4 Logisch verbundene Anweisungen ohne Leerzeilen dazwischen

Wenn zwei Anweisungen jedoch inhaltlich nicht in Verbindung zueinander stehen, kann es Sinn ergeben, dazwischen eine Leerzeile einzufügen, wie in Listing 10.5 gezeigt.

```
DATA(result) = do_something( ).

DATA(value) = do_something_else( ).

IF result = value.
  do_this( ).
  then_that( ).
ENDIF.
```

Listing 10.5 Logisch abgegrenzte Anweisungen, durch Leerzeilen voneinander getrennt

Es gibt allerdings keinen Grund, es damit zu übertreiben und mehrere aufeinander folgende Leerzeilen zu verwenden, wie in Listing 10.6 zu sehen.

```
DATA(result) = do_something( ).



DATA(value) = do_something_else( ).

IF result = value.

  do_this( ).



  then_that( ).
```

```
ENDIF.
```

Listing 10.6 Anweisungen mit überflüssigen, aufeinander folgenden Leerzeilen

Ebenso sollten Sie aufmerksam werden, wenn Ihre Methode mehrere Leerzeilen enthält oder Sie sogar jede Anweisung von der nachfolgenden abtrennen wollen. Dies sind Hinweise darauf, dass die Methode mehr als eine Aufgabe erfüllt, was Sie, wie in Abschnitt 4.3.1, »Eine Sache tun«, erläutert, vermeiden sollten.

10.8 Zuweisungen ausrichten

Eine gängige Praxis in ABAP ist es, bei mehreren aufeinander folgenden Zuweisungen alle Zuweisungsoperatoren (=) untereinander auszurichten. Das sollten Sie jedoch nur dann tun, wenn die Zuweisungen auch miteinander in Verbindung stehen. Ansonsten suggerieren Sie eine Gleichartigkeit und logische Verknüpfung, die es gar nicht gibt, und lenken damit die Aufmerksamkeit der Leserinnen und Leser unnötig vom eigentlichen Inhalt ab.

Im folgenden Beisiel lenkt die vertikale Ausrichtung den Fokus darauf, dass `name`, `id` und `location` alles Felder derselben Struktur `employee` sind. Die Ausrichtung ergibt in diesem Beispiel also Sinn:

```
employee-id       = '4711'.
employee-name     = 'Denise'.
employee-location = 'Los Angeles'.
```

In vielen Fällen können Sie solche Zuweisungen auch bequem mit dem `VALUE`-Operator in einer einzelnen Anweisung zusammenfassen, wie im folgenden Beispiel gezeigt. Das verdeutlicht nicht nur die Gruppierung, sondern vermeidet auch das wiederholte Nennen der Struktur:

```
employee = VALUE #( id       = '4711'
                    name     = 'Denise'
                    location = 'Los Angeles' ).
```

Wenn Sie allerdings Variablen zuweisen, die keinen Bezug zueinander aufweisen, sollten Sie diese Zuweisungen nicht untereinander ausrichten, wie im folgenden Beispiel gezeigt:

```
customizing_reader = cust_obj_model_reader=>get_instance( ).
hdb_access = hdbr_access=>s_get_instance( ).
table = my_util_class=>get_table_data( ).
```

10.9 Variablendeklarationen ausrichten

Eine andere gängige Praxis in ABAP ist es, die Deklarationen von Variablen untereinander auszurichten. Diese Ausrichtung lenkt den Leser jedoch mehr vom eigentlichen Inhalt ab, als dass sie nützlich wäre. Generell gehören der Name einer Variablen und ihr Typ eng zusammen. Sie sollten deshalb auch optisch nah beieinander stehen, wie hier gezeigt:

```
DATA name TYPE seoclsname.
DATA reader TYPE REF TO db_reader.
DATA hdb_access TYPE REF TO hdbr_access.
```

Die Bestandteile der Deklarationen vertikal untereinander auszurichten, trennt diese beiden Teile voneinander. Stattdessen formen nun die Namen der Variablen eine optische Gruppe, die Typen der Variablen eine andere, wie im folgenden Beispiel. Diese Gruppen haben jedoch keinen inhaltlichen oder logischen Zusammenhalt:


```
DATA name       TYPE seoclsname.
DATA reader     TYPE REF TO db_reader.
DATA hdb_access TYPE REF TO hdbr_access.
```

Diese Formatierung ist nicht nur wenig hilfreich, sondern erschwert auch das Editieren, denn Sie müssen jedes Mal von Hand die komplette Gruppe neu ausrichten, wenn sich die Länge der Variablennamen ändert.

10.10 Wohin mit den Klammern?

Wann immer Sie Klammern öffnen und schließen – insbesondere beim Aufrufen von Methoden und bei Operatoren wie VALUE – empfehlen wir, die schließende Klammer am Ende der letzten Zeile unterzubringen, statt in einer neuen Zeile. Listing 10.7 zeigt, warum. Die schließende Klammer in einer Extrazeile lenkt nur unnötig ab. Wir verschwenden eine Zeile für ein unwichtiges Detail.

```
modify->update( node           = if_alert_c=>node-item
                key            = item->key
                data           = item
                changed_fields = changed_fields
).
employee = VALUE #( id       = changed_fields-id
                    name     = changed_fields-fullname
                    location = changed_fields-location
).
```

Listing 10.7 Anti-Pattern: Klammern in neuer Zeile schließen

Visuell ansprechender und weniger ablenkend ist es, die Klammer am Ende der letzten Zeile zu schließen, wie in Listing 10.8 gezeigt.

```
modify->update( node           = if_alert_c=>node-item
                key            = item->key
                data           = item
                changed_fields = changed_fields ).

employee = VALUE #( id       = changed_fields-id
                    name     = changed_fields-fullname
                    location = changed_fields-location ).
```

Listing 10.8 Klammern am Ende der Zeile schließen

10.11 Methodenparameter formatieren

Bislang haben wir generelle Richtlinien zur Formatierung beschrieben. Ein beträchtlicher Teil der Anweisungen in einem objektorientierten ABAP-Programm sind jedoch Methodenaufrufe. An verschiedenen Stellen dieses Buches, beispielsweise in Abschnitt 4.3.1, »Eine Sache tun«, haben Sie bereits gesehen, dass Methoden eine Kernzutat für gut strukturierten Code sind. Entsprechend wichtig ist es, dass die Aufrufe dieser Methoden gut lesbar sind. In den folgenden Abschnitten widmen wir uns daher diesem speziellen Thema.

10.11.1 Aufrufe mit einem Parameter

Methodenaufrufe mit nur einem Parameter sollten wir kurz halten, indem wir nur eine Zeile für den Aufruf und den Parameter nutzen:

```
DATA(unique_list1) = remove_duplicates( list ).
DATA(unique_list2) = remove_duplicates( CHANGING list = list ).
```

Solche einfachen Aufrufe künstlich über mehrere Zeilen zu strecken, wie in Listing 10.9 zu sehen, ergibt wenig Sinn.

```
DATA(unique_list1) = remove_duplicates(
                       list ).
DATA(unique_list2) = remove_duplicates(
                       CHANGING
                         list = list ).
```

Listing 10.9 Anti-Pattern: mehrzeilige Methodenaufrufe bei einem Parameter

10.11.2 Zeilenumbrüche bei mehreren Parametern

Hat der Methodenaufruf mehrere Parameter, ist es quasi Standard, jedes Parameterwertpaar in eine eigene Zeile zu schreiben, wie in Listing 10.10 zu sehen.

```
DATA(sum) = add_ numbers( value_1 = 5
                          value_2 = 6
                          value_3 = 7 ).
```

Listing 10.10 Methodenaufrufe mit mehreren Parametern

Der Code-Ausschnitt wird dadurch zwar länger, ist aber dafür besser lesbar. Wenn wir alle Parameter in eine einzelne Zeile quetschen, ist es schwer zu erkennen, wo ein Parameter endet und wo der nächste anfängt, wie im folgenden Beispiel deutlich wird:


```
DATA(sum) = add_numbers( value_1 = 5 value_2 = 6 value_3 = 7 ).
```

Obwohl er kurz gehalten ist, ist dieser Code schwer lesbar. Sie sollten deshalb generell darauf verzichten, mehr als einen Parameter pro Zeile zu nennen.

[«]

Methodenaufrufe in anderen Programmiersprachen

An dieser Stelle sehen wir einen Unterschied zu vielen anderen Programmiersprachen. In ABAP ist es Pflicht, den Parameternamen innerhalb des Methodenaufrufs zu nennen. In anderen Programmiersprachen, wie z. B. Java, listet man stattdessen nur die Werte auf, um sie dann den Parametern in exakt dieser Reihenfolge zuzuweisen. Methodenaufrufe sind dadurch in ABAP länger und erfordern eine andere Formatierung.

10.11.3 Position der Parameter

Name und Wert eines Parameters gehören zusammen und sollten deshalb auch in einer Zeile und eng nebeneinander stehen. Wenn der Name und der Wert der Parameter kurz genug sind, können Sie den ersten Parameter und den Namen der Methode in derselben Zeile unterbringen, wie im folgenden Beispiel:

```
DATA(sum) = add_two_numbers( value_1 = 5
                             value_2 = 6 ).
```

Wenn die erste Zeile aber zu lang wird, können Sie den Parameterblock stattdessen auch in mehrere Zeilen umbrechen:

```
DATA(sum) = add_two_numbers(
              value_1 = 42 + round_down( 19 * step_size )
              value_2 = VALUE #( ( `Calculation failed` ) ) ).
```

In keinem Fall sollten Sie die Parameter von ihren Werten trennen. Listing 10.11 verdeutlicht, wie unleserlich selbst einfacher Code dadurch wird.

```
DATA(sum) = add_two_numbers(
              value_1 =
   42 + round_down( 19 * step_size )
              value_2 =
   VALUE #( ( `Calculation failed` ) ) ).
```

Listing 10.11 Anti-Pattern: Parameter und Werte im Methodenaufruf trennen

10.11.4 Parameter einrücken

Wie im vorangehenden Abschnitt gezeigt, können Sie für den Parameterblock eine neue Zeile beginnen. Unsere Empfehlung dabei lautet, Parameter und Methodennamen eng beieinander zu halten, denn die Parameter sind ja Teil des Methodenaufrufs, gehören also logisch und optisch zu diesem. Dies können Sie erreichen, indem Sie den Parameterblock unter dem Methodennamen einrücken, wie im Folgenden gezeigt:

```
DATA(sum) = add_two_numbers(
              value_1 = 42 + round_down( 19 * step_size )
              value_2 = round_up( input DIV 7 ) ).
```

Der Vorteil dieser Einrückung ist, dass wir auf den ersten Blick sehen, dass `value_1` und `value_2` die Parameter dieses Aufrufs sind. Die Parameter generell unter der Anweisung `DATA` einzurücken, kann hingegen missverständlich wirken und z. B. so aussehen, als handle es sich um eigenständige Variablenzuweisungen.

```
DATA(sum) = add_two_numbers(
  value_1 = 5
  value_2 = 6 ).
```

Listing 10.12 Anti-Pattern: Parameter unter der Anweisung einrücken

Diese Formatierung kann allerdings brauchbar sein, wenn die Parameter oder Werte sehr lang sind, sodass sie bei der Einrückung unter den Methodennamen nicht genügend Platz hätten.

10.11.5 Vertikale Ausrichtung von Parameterwerten

Generell empfehlen wir die vertikale Ausrichtung aus Gründen, die wir z. B. in Abschnitt 10.8, »Zuweisungen ausrichten«, und Abschnitt 10.9, »Variablendeklarationen ausrichten«, erläutert haben, eher nicht. Bei Methodenaufrufen kann eine vertikale Ausrichtung jedoch in folgenden Fällen hilfreich sein:

- Ein Parameter und sein Wert gehören zwar eng zusammen, bilden aber keine eigenständige Anweisung, sondern sind innerhalb eines Methodenaufrufs Bestandteile eines größeren Ganzen.
- Eine ungleiche Ausrichtung macht es schwerer zu erkennen, wo ein Parameter aufhört und wo sein Wert beginnt, wie in Listing 10.13 zu sehen.

```
modify->update( node = if_alert_c=>node-item
                key = item->key
                data = item
                changed_fields = changed_fields ).
```

Listing 10.13 Anti-Pattern: unausgerichtete Parameternamen und -werte

Generell empfinden wir vertikal ausgerichtete Parameternamen und -werte wie in Listing 10.14 als lesbarer. Hier können Sie die Parameterwerte als wichtigsten Teil des Methodenaufrufs auf einen Blick erfassen.

```
modify->update( node           = if_alert_c=>node-item
                key            = item->key
                data           = item
                changed_fields = changed_fields ).
```

Listing 10.14 Ausgerichtete Parameternamen und -werte

10.11.6 Umbrüche und Einrückungen in Methodenaufrufen

Wenn Methodenaufrufe sehr lang werden, kann es sinnvoll sein, den eigentlichen Aufruf in eine neue Zeile zu schreiben, wie in Listing 10.15 gezeigt. Das kann besonders dann dem Verständnis dienen, wenn der Methodenname sehr lang ist, der Aufruf mit `object->method` über ein Objekt erfolgt und das Interface mit `interface~method` genannt werden muss.

```
DATA(some_super_long_param_name) =
  if_some_annoying_interface~add_two_numbers_in_a_long_name(
    value_1 = 5
    value_2 = 6 ).
```

Listing 10.15 Umbrüche in einem langen Methodenaufruf

Wenn der Methodenaufruf zusätzliche Schlüsselwörter wie IMPORTING, EXPORTING und CHANGING benötigt, ist es gängige Praxis, diese Schlüsselwörter um zwei Zeichen und die Methodenparameter um vier Zeichen einzurücken, wie in Listing 10.16 zu sehen.

```
DATA(sum) = add_two_numbers(
                EXPORTING
                  value_1 = 5
                  value_2 = 6
                CHANGING
                  errors  = errors ).
```

Listing 10.16 Schlüsselwörter und Parameter einrücken

Wenn der Methodenaufruf keine Schlüsselwörter benötigt, genügt es, die Parameter um zwei Zeichen einzurücken:

```
DATA(sum) = add_two_numbers(
                value_1 = 5
                value_2 = 6 ).
```

Wir empfehlen generell, für Einrückungen ausschließlich die Taste ⭾ zu benutzen. Wenn die Einrückung wegen Parameternamen mit ungerader Zeichenanzahl dadurch tatsächlich drei statt zwei oder fünf statt vier Leerzeichen lang wird, sollten Sie das nicht mit der Leertaste korrigieren – das macht nur unnötig Arbeit.

10.11.7 Inline-Deklarationen einrücken

Wenn Sie Strukturen, Tabellen oder Objekte mit Operatoren wie VALUE oder NEW inline erzeugen möchten, können Sie dieselben Regeln wie für Methodenparameter anwenden. Listing 10.17 zeigt hierfür ein Beispiel.

```
DATA(result) = merge_structures(
                   a = VALUE #( field_1 = 'X'
                                field_2 = 'A' )
                   b = NEW structure_type( field_3 = 'C'
                                           field_4 = 'D' ) ).
```

Listing 10.17 Inline-Deklarationen einrücken

10.12 Zusammenfassung

In diesem Kapitel haben wir einige grundlegende Regeln zur Formatierung von ABAP-Code vorgeschlagen, insbesondere die folgenden Best Practices:

- Nutzen Sie einen konsistenten Formatierungsstil.
- Optimieren Sie die Formatierung für das Lesen, nicht für das Schreiben.
- Nutzen Sie in Ihrem Team einheitliche Pretty-Printer-Einstellungen.
- Schreiben Sie nur eine Anweisung pro Zeile.
- Halten Sie eine vernünftige Zeilenlänge ein, vorzugsweise 120 Zeichen.
- Straffen Sie den Code, indem Sie überflüssige Leerzeichen vermeiden.
- Fügen Sie nur einzelne Leerzeilen ein und zwar nur dann, wenn Sie logische Absätze hervorheben möchten.
- Richten Sie Zuweisungen nur dann vertikal untereinander aus, wenn sie dasselbe Element (Struktur, Tabelle, Objekt usw.) betreffen.
- Richten Sie Variablendefinition nicht vertikal untereinander aus.
- Schließen Sie Klammern am Zeilenende, nicht in Extrazeilen.
- Verwenden Sie für kurze Methodenaufrufe mit einem Parameter nur eine Zeile.
- Halten Sie Parameter und Werte in Methodenaufrufen mit mehreren Parametern zusammen.
- Richten Sie den Parameterblock am Methodennamen aus.
- Richten Sie Parameter und Werte innerhalb von Methodenaufrufen vertikal untereinander aus.
- Brechen Sie lange Methodenaufrufe um.
- Rücken Sie Schlüsselwörter um zwei und Parameter um vier Leerzeichen ein.
- Wenden Sie für Inline-Deklarationen dieselben Richtlinien wie für Methodenaufrufe an.

An diesem Punkt haben Sie sicherlich einen Eindruck bekommen, warum gute Code-Formatierung wichtig sein kann. Sie werden nicht ewig an »Ihrem« Code arbeiten. Eines Tages könnte ein anderes Team für ihn zuständig sein. Mit wenig Aufwand können Sie solche Übergaben vereinfachen. Umgekehrt profitieren auch Sie davon, wenn andere sich an einheitliche Richtlinien halten. Selbst wenn Ihr Code niemals den Besitzer wechselt, werden Sie und Ihre Kolleginnen und Kollegen beim Lesen, Debuggen und Korrigieren von sauberer Formatierung profitieren. Es ist nie zu spät, Clean-Code-Entwicklungstechniken einzuführen.

Im nächsten Kapitel schauen wir uns das Thema Fehlerbehandlung genauer an und wie Clean ABAP auch hier für Übersichtlichkeit sorgen kann.

Kapitel 11
Fehlerbehandlung

In jedem Prozess oder Programm kann es zu Fehlern und unvorhergesehenen Situationen kommen. Kein Programm ist fehlerfrei. Umso wichtiger ist es, die Fehlerbehandlung als wesentlichen Teil der Entwicklung zu betrachten.

Die Entwicklung von Software fokussiert sich typischerweise auf die Implementierung von Funktionen und deren Verhalten. Dabei sollte die Fehlerbehandlung mit der gleichen Sorgfalt behandelt werden wie die Feature-Entwicklung. Fehler sind ein Teil der Entwicklung und des späteren Betriebs. Werden kritische Fehler nicht oder nur unzureichend behandelt, kann es zu undefiniertem Verhalten oder sogar Inkonsistenzen kommen. Dementsprechend sollten Sie die Fehlerbehandlung als gleichwertig ansehen und genau wie die funktionale Entwicklung automatisiert testen. Im besten Falle ist das Programm so robust, dass manuelle Tests keine kritischen unbehandelten Fehler erzeugen können.

Dieses Kapitel konzentriert sich auf die Fehlerbehandlung in ABAP. In Abschnitt 11.1, »Nachrichten«, werden Nachrichten allgemein beschrieben, gefolgt von Rückgabewerten in Abschnitt 11.2, »Rückgabewerte«. Ausnahmen in ABAP haben mehr als nur eine Bedeutung und werden in Abschnitt 11.3, »Ausnahmen«, behandelt. Der Großteil dieses Kapitels beschäftigt sich mit klassen-basierten Ausnahmen und zeigt dabei, wie diese ausgelöst werden und, in Abschnitt 11.4, »Ausnahmen auslösen und behandeln«, wie mit fremden Ausnahmen umzugehen ist.

11.1 Nachrichten

Nachrichten sind tief in ABAP integriert. Besonders in SAP-GUI-Anwendungen werden Nachrichten noch direkt verwendet. Das Schlüsselwort `MESSAGE` führt im SAP GUI zu einer direkten Ausgabe des Nachrichtentextes auf dem Bildschirm. Eine Nachricht kann mit verschiedenen Typen ausgelöst werden, wobei der Typ die Darstellung der Nachricht ändert. Die unterschiedlichen Darstellungen reichen von der Anzeige in der Statusleiste am unteren Bildschirmrand über ein Pop-up-Fenster bis hin zu einer Abbruchsmeldung. Die unterschiedlichen Typen sind folgendermaßen definiert:

- A
  Die verwendete Nachricht wird auf dem Bildschirm angezeigt und führt zu einem Programmabbruch.
- E
  Bei der Prozessierung ist ein Fehler aufgetreten. Wird das aktuelle Programm im Vordergrund ausgeführt, kann nicht auf dem UI navigiert werden, bis der Fehler behoben wurde.
- I
  Eine Nachricht wird als Information in einem Pop-up-Fenster angezeigt.
- S
  Eine Statusnachrichtwird mit einem grünen Pfeilsymbol in der Statusleiste angezeigt.
- W
  Die Nachricht wird in der Statuszeile als Warnung mit einem gelben Symbol angezeigt.
- X
  Wird eine Nachricht dieses Typs ausgelöst, wird das aktuelle Programm mit einem Dump abgebrochen.

Nachrichten in ABAP sind in *Nachrichtenklassen* organisiert. Diese Klassen bündeln Nachrichten und können Nachrichten des gleichen Kontextes zusammenfassen. Diese Zusammenfassung ist jedoch nicht zwingend.

Eine Nachrichtenklasse ist ein transportierbares Entwicklungsobjekt und dementsprechend auch einem Entwicklungspaket zugeordnet. Durch diese Zuordnung kann ein Kontext angenommen werden. Um die Komplexität gering zu halten, sollten Sie daher in einer Nachrichtenklasse keine Kontexte mischen.

Der Name der Nachrichtenklasse wird bei der Verarbeitung auch als *Message ID* oder nur ID bezeichnet. Zur eindeutigen Identifizierung einer Nachricht innerhalb einer Klasse werden dreistellige Nummern von 000 bis 999 vergeben.

Diese Nummern müssen nicht aufsteigend vergeben werden, sodass es zu Lücken kommen kann. Diese Freiheit können Sie auch zur weiteren Strukturierung der Nachrichten innerhalb der Klasse verwenden. So können im Kontext eines Verkaufsauftrages z. B. die Nachrichten von 000 bis 099 für allgemeine Nachrichten verwendet werden, die Nummern 100 bis 199 für Nachrichten zum Wurzelknoten, die Nummern 200 bis 299 für Positionsnachrichten usw. Alternativ kann diese Strukturierung auch über eigene Nachrichtenklassen abgebildet werden.

Neben der Nummer zur Identifizierung der Nachrichten besteht eine Nachricht noch aus einem Text. Dieser Text kann bis zu 73 Zeichen lang sein. Reichen diese Zeichen nicht aus, um die nötigen Informationen unterzubringen, kann auch ein zusätzlicher

Langtext angelegt werden. Um dies zu erreichen, darf das Feld **Selbsterklärend** nicht markiert sein.

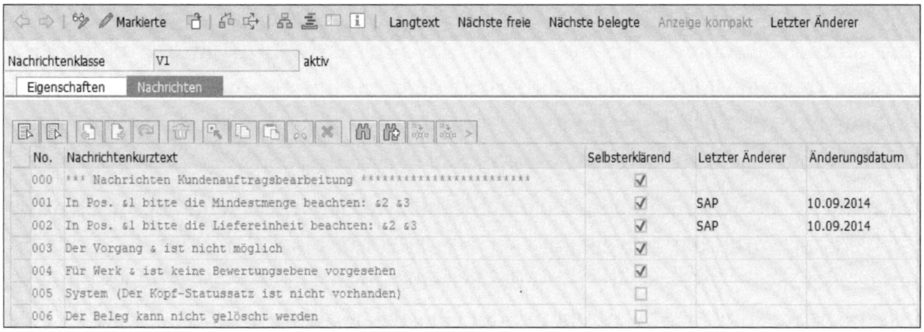

Abbildung 11.1 Nachrichtenpflege im SAP GUI

Mit dem Kurztext allein können viele Situationen nicht ausreichend beschrieben werden. Dennoch wird dieser Kurztext am häufigsten und meistens direkt angezeigt. Der Langtext wird nur bei Bedarf nach einer Interaktion der Anwenderinnen und Anwender angezeigt. Sie sollten den Kurztext daher so präzise wie möglich formulieren.

Sowohl der Kurz- als auch der Langtext können in mehrere Sprachen übersetzt werden und erfüllen damit eine der Grundvoraussetzung für ein mehrsprachiges System. Entwicklerinnen und Entwickler müssen bei der Programmierung keine Rücksicht auf andere Sprachen nehmen. Die Auswahl der jeweils relevanten Sprache für die Anwenderinnen und Anwender wird von der Anweisung `MESSAGE` übernommen.

Eine Nachricht besteht nicht nur aus einem statischen Text, sondern kann durch die Verwendung von Variablen dynamisiert werden. Maximal vier Variablen können in die Nachricht eingefügt werden. Jede dieser Variablen kann aus bis zu 50 Zeichen bestehen. Die Variablen werden als Zahl zwischen 1 und 4 mit einem vorgestellten `&` in die Nachricht eingefügt. Das folgende Beispiel zeigt einen Nachrichtentext mit zwei Variablen:

```
Material &1 kann in Position &2 nicht verwendet werden.
```

Die Anweisung `MESSAGE` wurde zu einer Zeit eingeführt, als die Sprache hauptsächlich für SAP-GUI-Anwendungen verwendet wurde. In diesem Zusammenhang bietet diese Anweisung auch heute noch einen hohen Komfort, da die Nachricht über eine direkte Integration in die Bedienoberfläche verfügt.

Mit der Verbreitung anderer Darstellungsformen als der SAP GUI und einem größeren Fokus auf automatisierten Tests wird die direkte Darstellung auf der Oberfläche allerdings zu einem Nachteil.

In modernen Programmen lagern wir die eigentliche Anweisung meist in eine eigene Klasse aus, sodass wir die Abhängigkeit in Unit Tests mittels Dependency Injection auflösen können (siehe Abschnitt 3.3.2).

Eine ähnliche Problematik entsteht für die produktive Ausführung eines Programms, wenn die Funktionalität außerhalb oder im Hintergrund über einen Funktionsbaustein zur Verfügung gestellt werden soll. In beiden Fällen ist die direkte Anzeige am Bildschirm nicht möglich.

Damit nicht alle Anwendungen neu geschrieben werden müssen und dennoch nutzbar bleiben, wurde die Anweisung `CALL FUNCTION` um einen konstanten Zusatz im Bereich der `EXCEPTIONS` erweitert. Mit der Erweiterung `error_message` wird verhindert, dass die Anweisung `MESSAGE` direkt mit der Oberfläche agiert.

Die Details der ausgelösten Nachricht werden dafür in die passenden Felder der `sy`-Struktur übernommen: `msgid`, `msgno`, `msgty`, `msgv1`, `msgv2`, `msgv3` und `msgv4`. Diese Felder beinhalten alle nötigen Informationen, um die Nachricht zu verarbeiten.

Wie viele der vier Variablenfelder relevant für die Nachricht sind, ist in der Nachricht selbst definiert. Der Inhalt von nicht verwendeten Variablenfeldern ist für die spätere Verarbeitung der Nachricht nicht relevant.

Wenn die Nachricht vom Typ `E` oder `A` ist oder eine andere Ausnahme des Funktionsbausteins ausgelöst wird, wird das Feld `sy-subrc` mit dem jeweils angegebenen Wert gefüllt. Wie in Listing 11.1 gezeigt, kann dies zur detaillierten Fehlerverarbeitung verwendet werden.

```
CALL FUNCTION 'PROCESS_ITEM_CHECKS'
  EXPORTING
    item = item
  EXCEPTIONS
    error_message = 1
    others        = 2.
IF sy-subrc EQ 1.
  message_processor->raise_message(
    id     = sy-msgid
    number = sy-msgno
    type   = sy-msgty ).
ENDIF.
```

Listing 11.1 Anweisung CALL FUNCTION mit dem Zusatz error_message

Welcher Wert in den `sy-subrc` geschrieben wird, wird vom Aufrufer selbst definiert. Für jede definierte oder Standardausnahme kann ein numerischer Wert vergeben werden, um in der Fehlerbehandlung differenziert reagieren zu können.

Bis zu diesem Punkt hat dieses Kapitel noch nichts mit Clean ABAP zu tun. Clean ABAP ändert grundsätzlich nicht, wie Nachrichten gepflegt werden, aber es lenkt den Fokus von der klassischen Verwendung zur Nutzung von Ausnahmen.

Nachrichtenklassen sind weiterhin das Mittel der Wahl, um Nachrichtentexte und deren Übersetzung zu organisieren. Die Anweisung `MESSAGE` ist weiterhin relevant, wird aber hauptsächlich dazu verwendet, die Systemfelder zu füllen. Für SAP-GUI-Anwendungen wird die ursprüngliche Verwendung der Anweisung auch weiterhin bestehen bleiben, auch wenn sie gegebenenfalls in einer Reuse-Komponente ausgeführt wird.

Um die Arbeit mit Nachrichten zu vereinfachen, ist es wichtig, diese möglichst leicht auffindbar zu machen, insbesondere über den Verwendungsnachweis. Hier kann es hinderlich sein, zu dynamisch zu programmieren. Wird beispielsweise eine Nachricht mit ihrer Nummer und der Nachrichtenklasse in eine Tabelle von Nachrichten eingefügt, wird diese Verwendung nicht im Verwendungsnachweis angezeigt. Die Tabellenfelder stellen zwar semantisch eine Nachricht dar, technisch sind sie jedoch nur eine Zahl und eine Zeichenfolge.

Anders sieht es bei der Verwendung des Schlüsselworts `MESSAGE` aus. Durch die Nutzung der Anweisung werden die Werte auch als ID bzw. Nummer erkannt und im Verwendungsnachweis angezeigt.

Die direkte Anzeige der Nachricht kann verhindert werden, indem Sie die Erweiterung `INTO` verwenden, die den Nachrichtentext in die darauffolgende Variable schreibt. Diese Variable wird häufig als *Dummy* bezeichnet, da sie nicht weiter verwendet wird. Dadurch werden jedoch die Systemfelder gefüllt, die Sie dann nutzen können, um die Nachricht z. B. in eine Liste einzufügen.

Ein anderer Ansatz ist es, alle Nachrichten einer Nachrichtenklasse ein einer Enumeration-Klasse zu verwalten, wie in Abschnitt 6.2.2 beschrieben. Bei allen Verwendungen muss dann diese Klasse verwendet werden. Dies generiert einen vollständigen Verwendungsnachweis über die Enumeration-Klasse und gibt darüber hinaus noch die Möglichkeit, weitere Details in den Namen einzubauen als lediglich eine dreistellige Nummer. Dies erhöht die Verständlichkeit des Codes für menschliche Leserinnen und Leser enorm.

11.2 Rückgabewerte

Funktionen und Methoden können mehrere `IMPORTING`- und `EXPORTING`-Parameter haben. Manche `EXPORTING`-Parameter sollen kein berechnetes Ergebnis zurückliefern, sondern nur anzeigen, ob die Verarbeitung erfolgreich war oder Fehler aufgetreten sind. Diese speziellen `EXPORTING`- bzw. `RETURNING`-Parameter werden auch *Rückgabe-*

werte bzw. im englischen Return Codes genannt. Wir werden in den nächsten Abschnitten erläutern, wie sich Rückgabewerte und Ausnahmen voneinander unterscheiden und wie Sie mit Fehlern umgehen können.

11.2.1 Ausnahmen oder Rückgabewerte

Es gibt verschiedene Möglichkeiten, mitzuteilen, dass eine aufgerufene Funktion mit einem Fehler abgebrochen wurde. Die unterschiedlichen Möglichkeiten haben gemeinsam, dass der aufrufende Programmteil über den Ausgang informiert wird, sodass dieser entsprechend darauf reagieren kann.

ABAP selbst nutzt eine Art Rückgabewert, um für eingebaute Anweisungen Fehler erkennbar zu machen. Findet z. B. die Anweisung `READ TABLE` zum angegebenen Schlüssel keinen Eintrag, wird die Verarbeitung nicht abgebrochen. Gleichzeitig wird das Feld `sy-subrc` auf einen bestimmten definierten numerischen Wert gesetzt. Es gibt verschiedene Möglichkeiten, wie Sie diese unterschiedlichen Situationen mit Werten unterscheidbar machen können. In diesem Fall wird der Wert auf 4 gesetzt. Die möglichen Werte können Sie der jeweiligen Schlüsselwortdokumentation entnehmen. Der Umgang mit `sy-subrc` ist sehr verbreitet bei ABAP-Entwicklerinnen und -Entwicklern und ist elementar für die Entwicklung von robusten ABAP-Programmen.

Funktionsbausteine sind keine eingebauten Anweisungen, werden aber dazu verwendet, Logik aufrufbar und wiederverwendbar anzubieten. Bei der Ausführung eines Funktionsbausteins kann es wie an anderen Stellen zu Fehlern kommen. Über diese Situation muss das aufrufende Programm informiert werden. Bei Funktionsbausteinen werden dazu (klassische) Ausnahmen verwendet.

Der Begriff *Ausnahme* ist in ABAP mehrdeutig: So muss zwischen den *klassischen Ausnahmen* und den *klassenbasierten Ausnahmen* unterschieden werden. Klassenbasierte Ausnahmen sind neuer und vergleichbar mit Ausnahmen, wie sie in anderen objektorientierten Programmiersprachen verstanden werden. Klassische Ausnahmen werden direkt in der Signatur eines Funktionsbausteins oder einer Methode definiert.

Das Ziel beider Ausnahmenarten ist es, unterschiedliche Fehlersituationen erkennbar zu machen. Für das aufrufende Programm verhalten sich die klassischen Ausnahmen wie Rückgabewerte, da beim Aufruf des Bausteins jeder Ausnahme ein numerischer Wert zugeordnet wird. In Abschnitt 11.3.1, »Ausnahmen für Fehlerfälle«, gehen wir im Detail auf diese Art der Ausnahmen ein.

Klassische Ausnahmen können für Funktionsbausteine und Methoden verwendet werden. Bei Methoden ist die Verwendung allerdings sehr unüblich, da zu diesem Zeitpunkt bereits die klassenbasierten Ausnahmen zur Verfügung standen. Aus Kompatibilitätsgründen existieren beide Arten parallel, Sie sollten sie aber nicht gemischt verwenden. Klassische Ausnahmen werden direkt am Entwicklungsobjekt selbst definiert und können nicht wiederverwendet werden. Sie bieten lediglich die Möglichkeit, einer bestimmten Fehlersituation einen Namen zu geben und einen Langtext anzugeben, ähnlich wie es für Nachrichten der Fall ist (siehe Abschnitt 11.1, »Nachrichten«).

Verwendet ein Funktionsbaustein Ausnahmen, muss das aufrufende Programm diese angeben und jeder Ausnahme einen numerischen Wert zuordnen. Tritt die Ausnahme auf, wird dieser Wert dem Systemfeld `sy-subrc` zugewiesen. Der Feldinhalt wiederum kann dazu verwendet werden, auf unterschiedliche Fehlersituation mit einem jeweils anderen Verhalten zu reagieren.

Ist diese genaue Unterscheidung nicht notwendig, kann die konstante Ausnahme `OTHERS` verwendet werden, um alle übrigen Ausnahmen mit demselben numerischen Wert zu belegen. Wird eine Ausnahme nicht explizit vom Aufrufer zugeordnet und ist auch die allgemeine Variante mittels `OTHERS` nicht vorhanden, kommt es zu einem Programmabbruch. Um diese Abbrüche zu vermeiden, sollten Sie die allgemeine Ausnahme immer angeben. Ein beispielhafter Aufruf eines Funktionsbausteins ist in Listing 11.2 zu sehen.

```
METHOD get_address.
  CALL FUNCTION 'ADDR_GET'
    EXPORTING
     address_number = address_number
    IMPORTING
     address_value = address_value
    EXCEPTIONS
      number_not_found = 1
      others           = 2.
  IF sy-subrc = 1.
    RAISE EXCEPTION NEW not_found( ).
  ELSEIF sy-subrc <> 0.
    RAISE EXCEPTION NEW undefined_error( ).
  ENDIF.
```

Listing 11.2 Funktionsaufruf mit Ausnahmen

Klassische Ausnahmen können als eine Art Rückgabewert gesehen werden, bei dem das aufrufende Programm die einzelnen Werte bei Bedarf definieren kann. Wo immer es möglich ist, empfehlen wir die Verwendung von klassenbasierten Ausnahmen. Diese kann man nicht so einfach ignorieren und führen zu robusteren Programmen.

11.2.2 Umgang mit Fehlern

Eine Möglichkeit, eine fehlerhafte Ausführung anzuzeigen, ist die Verwendung eines Rückgabeparameters. Das aufrufende Programm muss auf diesen Wert reagieren und erzeugt damit zusätzliche Abhängigkeiten. Ein Rückgabeparameter kann viele Werte haben, und jeder davon repräsentiert eine andere Fehlersituation, zum Beispiel um zu unterscheiden, ob die Ausführung fehlerhaft war oder einfach nur übersprungen wurde. Weiter können die unterschiedlichen Situationen auch unterschiedlich behandelt werden, wozu auch andere EXPORTING-Parameter herangezogen werden könnten. Diese sind im Falle eines Abbruchs aber nicht immer gefüllt.

In jedem Fall ist das aufrufende Programm nicht gezwungen, überhaupt auf eine fehlerhafte Situation zu reagieren. Fehler, die über einen Rückgabeparameter angezeigt werden, sind leicht zu ignorieren, wodurch Fehler unwissentlich unbehandelt bleiben können. Eine Änderung an den einzelnen Werten des Parameters kann dazu führen, dass aufrufende Programme angepasst werden müssen, da eine Abhängigkeit zum Rückgabewert aufgebaut wurde.

Das bereits erwähnte Feld sy-subrc kann als ein solcher Rückgabeparameter angesehen werden, der von der Ausführungsumgebung selbst verwaltet wird. Das erlaubt dem System, die Verwendung des Parameters genauer zu überprüfen. Das Ignorieren eines sy-subrc bei Funktionsbausteinen führt zwar nicht zu einem Syntax-Fehler, aber immerhin bemängelt der Extended-Check die fehlende Fehlerbehandlung. Das Beispiel in Listing 11.3 wird jedoch nicht bemängelt, da explizit alle möglichen Fehler ignoriert werden sollen.

```
CALL FUNCTION 'RAISE_EVENT'
  EXPORTING
    event_name = 'Order_created'
    object_id  = order_id
  EXCEPTIONS
     others = 0.
```

Listing 11.3 Aufruf eines Funktionsbausteins – Fehler werden ignoriert.

Die erweiterte Prüfung sichert nur beim Aufrufen von Funktionsbausteinen ab, dass nach Aufruf des Funktionsbausteins der sy-subrc geprüft wird. Fehlt die Überprüfung hingegen nach dem Aufruf von eingebauten Anweisungen wie READ TABLE, gibt er keine Warnung aus.

Neben den bisherigen Beispielen können auch Methoden klassische Ausnahmen auslösen. Diese Möglichkeit wird zum Glück nur sehr selten genutzt. Darüber hinaus werden bei Methoden aber auch andere Parameter, insbesondere der Parameter RETURNING, verwendet, um Fehlersituationen anzuzeigen. Auch diese Form von Rückgabeparametern empfehlen wir explizit nicht. Der beste Weg, um das aufrufende Programm über einen Fehler zu informieren, sind klassenbasierte Ausnahmen.

Gleichzeitig sind auch in neuen Programmen sehr viele Funktionsbausteine noch relevant. Wenn die Funktionsbausteine weiterhin ihre Anforderungen erfüllen, ist es nicht sinnvoll, diese nur für die Fehlerbehandlung neu zu schreiben. Es gilt also, den Wert der Funktionsbausteine mit einem erhöhten Bedarf an Qualität zu kombinieren. Listing 11.4 zeigt eine Methode, deren Aufgabe es ist, einen Funktionsbaustein über eine Methode aufrufbar zu machen. Die Parameter der Methode entsprechen denen des Funktionsbausteins, nur die klassischen Ausnahmen werden in eine klassenbasierte Ausnahme umgewandelt. Auf diese Weise wird das aufrufende Programm dazu gezwungen, auf die Fehlersituation zu reagieren.

```
METHOD raise_event.
  CALL FUNCTION 'RAISE_EVENT'
    EXPORTING
      event_name = event_name
      object_id  = object_id
    EXCEPTIONS
      others = 1.
  IF sy-subrc <> 0.
    RAISE EXCEPTION NEW cx_raise_event( ).
  ENDIF.
ENDMETHOD.
```

Listing 11.4 Verhüllter Funktionsbaustein

Einen Funktionsbaustein auf diese Weise in eine Methode zu verpacken, reduziert das Risiko, dass ein Fehler nicht behandelt wird. Zusätzlich sollten Sie die Methode nur über ein Interface zur Verfügung stellen, sodass die produktive Implementierung des Funktionsbausteins in einem Unit Test ersetzt werden kann.

Viele Funktionsbausteine haben sehr viele Parameter, da sie gleichzeitig mehrere Aufgaben erfüllen. In Abschnitt 4.3.1, »Eine Sache tun«, haben wir bereits erläutert, dass Sie ein solches Vermischen von Funktionalitäten vermeiden sollten. Wenn Sie einen Funktionsbaustein in eine Methode verpacken, können Sie einen ersten Schritt in Richtung Reduktion der Komplexität machen, indem Sie mehrere Methoden anlegen, die alle denselben Funktionsbaustein aufrufen, allerdings mit unterschiedlichen, auf jeweils nur noch einen einzelnen Anwendungszweck reduzierten Parametern. Sie erstellen dadurch eine Art Fassade, die die Komplexität des Funktionsbausteins vor dem aufrufenden Programm versteckt und es diesem erleichtert, verständlich und testbar zu bleiben. Das Erstellen dieser Fassade benötigt allerdings ein tiefes Verständnis für die Funktionsweise des Funktionsbausteins und die Art und Weise seiner Verwendung, was diesen Schritt nicht ganz einfach macht.

11.3 Ausnahmen

Exceptions, also *Ausnahmen*, sind für außerordentliche Situation gedacht. Eine solche Situation, in der die Verarbeitung nicht fortgesetzt werden kann, muss an das aufrufende Programm kommuniziert werden. Dazu werden in ABAP und in vielen anderen objektorientieren Programmiersprachen Ausnahmen verwendet. In diesem Abschnitt gehen wir auf die wichtigsten Aspekte der Definition von Ausnahmen ein und werden die verschiedenen Optionen im Detail besprechen.

11.3.1 Ausnahmen für Fehlerfälle

Wie in Abschnitt 11.2.1, »Ausnahmen oder Rückgabewerte«, erörtert, ist der Begriff der Ausnahme in ABAP leider mehrdeutig: Wir müssen zwischen klassischen Ausnahmen und klassenbasierten Ausnahmen unterscheiden. Mittlerweile sind die meisten neuen Entwicklungen, wenn technisch möglich, klassenbasiert, weswegen wir, wenn wir von einer Ausnahme sprechen, eine klassenbasierte Ausnahme meinen. In diesem Abschnitt fokussieren wir uns auf die Auswirkungen von Ausnahmen auf den Ablauf eines Programms.

Auch wenn beide Arten von Ausnahmen sehr unterschiedlich sind, werden sie gemeinsam für Fehlersituationen verwendet. Eine *Fehlersituation* im Kontext dieses Buches tritt ein, wenn der ordnungsgemäße Ablauf einer Funktion oder Methode gestört ist. Ein Fehler ist damit nicht nur vorhanden, wenn eine Berechnung *abgebrochen* wurde, sondern auch wenn nötige Voraussetzungen *nicht erfüllt* wurden. Alle diese Situationen unterbrechen den vorgesehenen Ablauf, was dem Aufrufer mitgeteilt werden muss. Basierend auf der Art des Fehlers kann dieser dann entscheiden, ob er die Situation selbst lösen kann oder ob die Ausnahme weitergeleitet werden muss.

Per Definition sind Ausnahmen für außergewöhnliche Situationen reserviert und sollten daher nicht für gewöhnliche Situationen verwendet werden. Für ein außenstehendes Programm wäre es kaum möglich, eine richtige von einer falsch verwendeten Ausnahme zu unterscheiden. So könnte es zu Situationen kommen, dass ein interner Status auf Basis einer Ausnahme gesetzt wird und erst weiter prozessiert werden kann, wenn der Status wieder geleert wurde. Bei einer falsch verwendeten Ausnahme ist der interne Status falsch und es kann zu ungewünschten Seiteneffekten kommen.

Das Beispiel in Listing 11.5 zeigt, wie irritierend es sein kann, Ausnahmen für gewöhnliche, ordnungsgemäße Abläufe zu verwenden.

```
TRY.
  read_order_from_db( order ).
```

```
CATCH INTO DATA(not_found_exception).
  persist_new_order( order ).
ENDTRY.
```

Listing 11.5 Anti-Pattern: Ausnahmen im normalen Programmablauf

Normalerweise sind Ausnahmen kein Teil des normalen Programmablaufs, und die erste Vermutung, wenn eine Ausnahme auftritt, ist immer, dass ein Fehler aufgetreten ist. Listing 11.6 zeigt, wie das Beispiel aus Listing 11.5 ohne Ausnahmen im normalen Ablauf aussehen kann.

```
IF order_not_persisted( order ).
  persist_new_order( order ).
ENDIF.
```

Listing 11.6 Pattern: Prüfung statt eines Versuchs mit Fehler

Das Abfangen einer Ausnahme sollte nicht Teil des normalen Programmablaufs sein und exklusiv für Fehlersituationen verwendet werden. Die Fehlerbehandlung und die Behandlung von Ausnahmen sind elementarer Teil der Softwareentwicklung, und Sie sollten Ausnahmen nur für diesen Teil nutzen.

11.3.2 Klassenbasierte Ausnahmen

Nach einer generellen Einführung in die Verwendung von Ausnahmen wenden wir uns jetzt explizit der Definition der klassenbasierten Ausnahmen zu. Klassenbasierte Ausnahmen in ABAP sind vergleichbar mit denen anderer objektorientierter Sprachen, wie z. B. Java.

In ABAP wird eine Ausnahme zunächst dadurch definiert, dass die höchste Klasse in der Vererbungshierarchie die Klasse `CX_ROOT` ist. Das Ableiten von dieser abstrakten Klasse stellt wichtige allgemeine Funktionen für das effiziente Verarbeiten von Ausnahmen bereit. So stellt die Klasse beispielsweise eine Methode zur Verfügung, die eine Nachricht (siehe Abschnitt 11.1, »Nachrichten«) in den passenden sprachabhängigen Text konvertiert. Diese Methode steht durch die Vererbung allen Ausnahmen zur Verfügung.

In ABAP werden Ausnahmen in drei Typen unterteilt, die durch ihre eigenen abstrakten Klassen abgebildet werden. In der Praxis werden spezifische Ausnahmen erstellt. Sie haben diese drei Klassen als mögliche Oberklasse:

- `CX_STATIC_CHECK`
- `CX_NO_CHECK`
- `CX_DYNAMIC_CHECK`

In den folgenden Abschnitten besprechen wir die einzelnen Klassen detaillierter, um die Gemeinsamkeiten und Unterschiede zu erläutern. Alle drei Klassen sind abstrakt, sodass Sie sie nicht direkt verwenden können. Darüber hinaus sollten Ausnahmen kontextspezifisch sein und für den Kontext sinnvolle Methoden zur Fehleranalyse und ggf. Konvertierung zur Verfügung stellen.

In ABAP können Ausnahmen um sogenannte *T100-Nachrichten* erweitert werden. Die tiefe Integration von Nachrichten haben wir bereits zu Beginn des Kapitels beleuchtet. Viele Nachrichten in ABAP beschreiben eine Fehlermeldung und sind gut geeignet, um in Kombination mit Ausnahmen verwendet zu werden. Statt für jede einzelne Nachricht eine eigene Ausnahme anlegen zu müssen, können Sie Nachrichten an eine Klasse anhängen. So bleibt die Nachricht an einer einzigen Stelle definiert, und gleichzeitig kann sie in Ausnahmen wiederverwendet werden. Dabei müssen Sie nicht jeder Ausnahme auch eine oder mehrere Nachrichten zuordnen. Um diese Verknüpfung zu ermöglichen, muss die Ausnahme das Interface `IF_T100_MESSAGE` implementieren. Nach dem Hinzufügen dieses Interface zu einer Ausnahme wird Ihnen der Registerkarte **TEXTE** im Class Builder angezeigt, wie am Beispiel der Klasse `cx_root` in Abbildung 11.2 zu sehen ist.

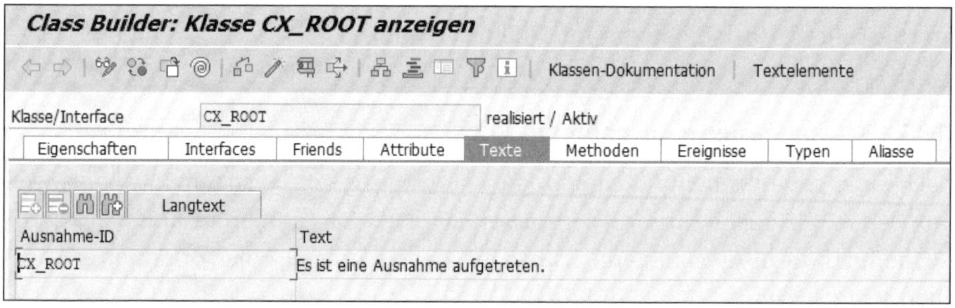

Abbildung 11.2 Ausnahme um Texte erweitern

Eine Verknüpfung wird durch eine konstante Struktur abgebildet, in der die identifizierenden Merkmale einer Nachricht enthalten sind. Zusätzlich werden die vier Platzhalter als öffentliche Instanz-Attribute abgebildet und die Namen der jeweiligen Attribute in die Struktur geschrieben. Darüber hinaus wird die Signatur des Konstruktors um die Attribute erweitert. Wird nun der Text für eine Ausnahme zur Laufzeit zusammengesetzt, werden die Werte der zugeordneten Attribute in den Text eingefügt.

In der Entwicklungsumgebung ABAP Development Tools (ADT) werden Nachrichten über *Text-IDs* definiert. Um eine Konstante zu definieren, setzen Sie den Cursor in den Bereich `public section` der Klassendefinition. Rufen Sie dann die Code-Vervollständigung mittels [Strg] + Leertaste auf, und fügen Sie den Begriff »textid« ein. Daraufhin wird Ihnen die Vorlage `TextIdExceptionClass` angezeigt, wie in Abbildung 11.3 zu sehen.

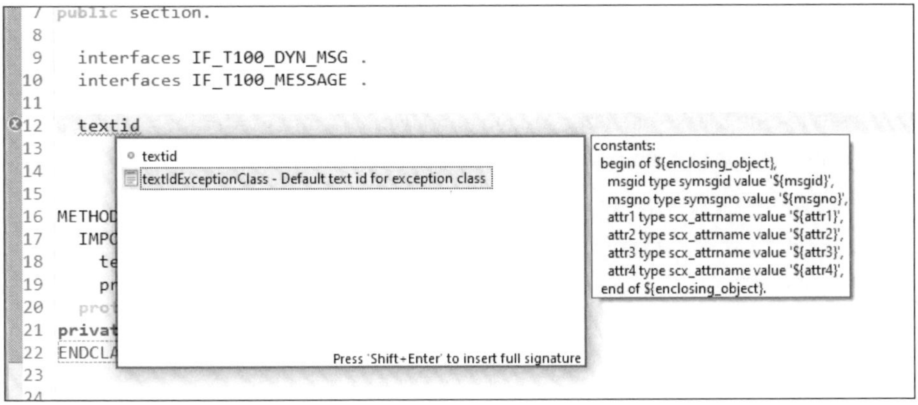

Abbildung 11.3 Vervollständigungsfunktion bei der Eingabe von textid

Die generierten Attribute der Vorlage müssen noch mit den korrekten Werten überschrieben werden. Die Werte für `MSGID` und `MSGNO` werden von der Nachricht definiert, die hier repräsentiert werden soll. Die vier weiteren generierten Variablen sollen den Namen der Attribute beinhalten, die den Wert für den Platzhalter 1 bis 4 beinhaltet. Nur für relevante Variablen wird ein Attribut erwartet. Das Member-Attribut muss dafür als `public` und `read-only` deklariert sein:

```
PUBLIC SECTION.
  DATA order_id TYPE order_id READ-ONLY.
```

Die Werte werden den Attributen über den Konstruktor übergeben. Somit muss der Konstruktor alle möglichen Attribute als Importing-Parameter zur Verfügung stellen. Diese Erweiterung des Konstruktors sollte nicht manuell vorgenommen werden. In den ADT kann der Konstruktor generiert werden. Fokussieren Sie dazu mit dem Cursor die erste Zeile des Konstruktors, und drücken Sie die Tastenkombination [Strg] + [1]. In dem folgenden Pop-up-Fenster wird eine Regenerierung des Konstruktors vorgeschlagen, wie in Abbildung 11.4 zu sehen ist.

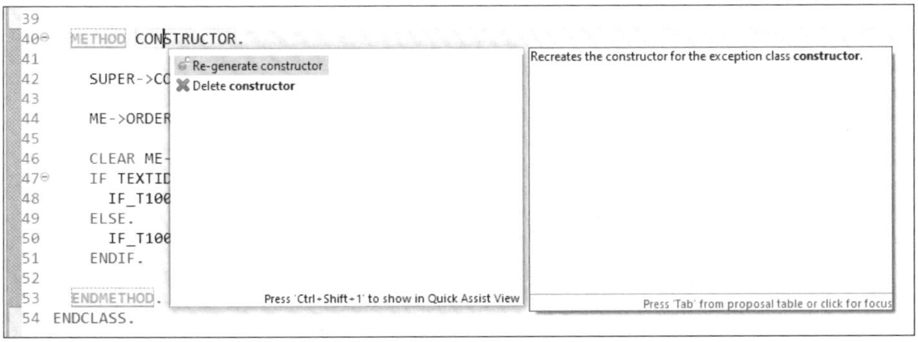

Abbildung 11.4 Regenerieren des Konstruktors in den ABAP Development Tools

Durch die Regenerierung werden neue Importing-Parameter in die Signatur des Konstruktors aufgenommen, die den gleichen Namen wie die Member-Attribute haben. Der Wert eines Importing-Parameters wird jeweils in das gleichnamige Attribut kopiert. Wie eine Klasse nach der Anlage einer Text-ID, einem Member-Attribut und der Regenerierung aussieht, ist in Listing 11.7 nachzuvollziehen.

```
CLASS cx_order DEFINITION PUBLIC
  INHERITING FROM cx_static_check FINAL CREATE PUBLIC .
  PUBLIC SECTION.
    INTERFACES if_t100_dyn_msg .
    INTERFACES if_t100_message .
    CONSTANTS:
      BEGIN OF cx_example,
        msgid TYPE symsgid VALUE 'ORDER',
        msgno TYPE symsgno VALUE '003',
        attr1 TYPE scx_attrname VALUE 'order_id',
        attr2 TYPE scx_attrname VALUE '',
        attr3 TYPE scx_attrname VALUE '',
        attr4 TYPE scx_attrname VALUE '',
      END OF cx_example.
    DATA order_id TYPE vbeln READ-ONLY.
    METHODS constructor
      IMPORTING
        textid   LIKE if_t100_message=>t100key OPTIONAL
        previous LIKE previous OPTIONAL
        order_id TYPE vbeln OPTIONAL.
  PROTECTED SECTION.
  PRIVATE SECTION.
ENDCLASS.

CLASS cx_example IMPLEMENTATION.
  METHOD constructor ##ADT_SUPPRESS_GENERATION.
    super->constructor( previous = previous ).

    me->order_id = order_id.

    CLEAR me->textid.
    IF textid is initial.
      if_t100_message~t100key = cx_example.
    ELSE.
      if_t100_message~t100key = textid.
    ENDIF.
```

```
  ENDMETHOD.
ENDCLASS.
```

Listing 11.7 Ausnahmeklasse mit Text-ID

Eine Ausnahme kann mehrere Texte aus unterschiedlichen Nachrichtenklassen enthalten. Dadurch kann eine Ausnahme so definiert werden, dass eine saubere Struktur vorgeben wird und gleichzeitig die Nachrichten wiederverwendet werden können. Die `textID`-Konstantenstrukturen können bei der Erzeugung einer neuen Ausnahme als Referenz verwendet werden. Beim Auslösen der Ausnahme ist es dadurch nicht mehr nötig zu wissen, welche Nachricht ausgelöst wurde, da die Referenz nun über die `textID` erfolgt.

Wird eine Ausnahmeklasse verwendet, um mehrere Nachrichten abzubilden, wird auch der Konstruktor mit allen möglichen Attributen erweitert, da es potenziell unterschiedlichste Variablen in den Nachrichten gibt. Der Vorteil der Abstrahierung der Nachrichten wird dadurch allerdings ad absurdum geführt. Wenn die Ausnahme ausgelöst wird, muss der Aufrufer nun wissen, welche Parameter für genau diese Instanz relevant sind und welche nicht befüllt werden müssen.

Welche T100-Nachrichten in einer Ausnahme gebündelt werden, sollten Sie gewissenhaft entscheiden. Andernfalls ist die Ausnahme schnell überladen, der eigentliche Vorteil geht verloren, und es werden neue Abhängigkeiten eingeführt. Die Bearbeitung einer Ausnahme muss so einfach wie möglich sein und sollte den Code nicht mit Fehlerbehandlung überladen.

Die Möglichkeit, T100- Nachrichten einer Ausnahme zu bündeln, ist besonders geeignet für Nachrichten, die die gleichen Variablen benötigen. Implementiert eine Ausnahme auch das Interface `IF_T100_DYN_MSG`, erhöht dies die Kompatibilität zu klassischen Ausnahmen, wie sie besonders von Funktionsbausteinen aufgerufen werden. Listing 11.8 zeigt, wie eine Ausnahme, die dieses Interface implementiert, genutzt werden kann, um aus einer klassischen eine klassenbasierte Ausnahme zu erzeugen. Die Anweisung `RAISE EXCEPTION` hat den Zusatz `MESSAGE`, um zum Beispiel die fünf Systemfelder der `sy`-Struktur in eine Ausnahme zu überführen. In dieser Struktur beinhaltet das Feld `msgty` die Art der Nachricht, das Feld `msgid` die Nachrichtenklasse und dazu passend das Feld `msgno` die Nummer innerhalb der angegebenen Klasse. Für die vier Platzhalter in einer Nachricht gibt es noch die folgenden vier variablen Felder: `msgv1`, `msgv2`, `msgv3` und `msgv4`. Alle diese Felder werden implizit gefüllt, wenn eine Nachricht mit der Anweisung `MESSAGE` erzeugt wurde. Sie werden auch dann gefüllt, wenn die Anweisung die Nachricht nicht ausgibt, sondern nur in eine Variable speichert.

```
METHOD read_address.
  CALL FUNCTION 'ADDRESS_GET'
    EXPORTING
```

```
        address_id = address_id
      IMPORTING
        complete_address = complete_address
      EXCEPTIONS
        address_invalid = 1
        error_message   = 2.
    IF sy-subrc <> 0.
      RAISE EXCEPTION TYPE cx_function_call
        MESSAGE ID sy-msgid
                TYPE sy-msgty
                NUMBER sy-msgno
                with sy-msgv1 sy-msgv2 sy-msgv3 sy-msgv4.
    ENDIF.
ENDMETHOD.
```

Listing 11.8 Konvertierung einer klassischen Ausnahme in eine dynamische T100-Ausnahme

Bei der Verwendung von klassischen Ausnahmen in Funktionsbausteinen ist es üblich, zusammen mit der Ausnahme eine Nachricht auszugeben. Dadurch kann eine klassische Ausnahme sehr oft in eine klassenbasierte Ausnahme umgewandelt werden, indem die Details aus der sy-Struktur verwendet werden.

Im Vergleich zu statischen T100-Ausnahmen wird der Entwicklungsaufwand reduziert, da nicht für jede mögliche Nachricht eine eigene T100-Konstante mit den zugehörigen Attributen angelegt werden muss. Die statischen T100-Konstanten erlauben gleichzeitig auch eine gute Reaktion auf verschiedene Fehlersituationen, da die Konstantenstruktur für Vergleiche herangezogen werden kann. Die Verwendung der Struktur wiederum erzeugt eine Abhängigkeit zu einem internen Detail der Ausnahme. Diese Abhängigkeit kann bei internen Ausnahmen in Kauf genommen werden, sollte aber nicht für Ausnahmen bestehen, die von Interfaces verwendet werden, um die Abhängigkeit nicht nach außen zu exponieren.

Ausnahmen richtig zu definieren und zu verwenden, kostet viel Aufwand, kann die Qualität des Codes insbesondere im Fehlerfall jedoch stark beeinflussen. Für die richtige Definition der Ausnahmen ist es wichtig, die drei Typen von Ausnahmen in ABAP zu unterscheiden, die wir in den folgenden Abschnitten beschreiben.

11.3.3 Ausnahmen auf Basis der Klasse CX_STATIC_CHECK

Die erste hier beschriebene Ausnahmeart hat die Besonderheit, dass die Behandlung der Ausnahme bereits während des Programmierens von der Syntaxprüfung geprüft wird. Die Behandlung wird für die Syntaxprüfung relevant, wenn die Ausnahme eine Ableitung der Klasse CX_STATIC_CHECK ist. Wird in einer Methode versucht, eine Ausnahme dieses Typs auszulösen, wird überprüft, ob diese Ausnahme in der Signatur der Methode angegeben ist, wie in Listing 11.9 zu sehen. Schlägt diese Prüfung fehl, wird eine Warnung ausgegeben.

```
CLASS cx_invalid_user_name DEFINITION
  INHERITING FROM cx_static_check.

METHODS read_by_user name
  IMPORTING
    user_name TYPE string
  RAISING
    cx_invalid_username.
```

Listing 11.9 Methodensignaturen mit einer statischen Ausnahme

Wird diese Methode aufgerufen, ist aus ihrer Signatur ersichtlich, dass die Ausnahme entweder behandelt oder über weiter propagiert werden muss. In tief geschachtelten Methoden kann die Behandlung an die jeweils aufrufende Methode übergeben werden, indem die Ausnahme jeweils in die eigene Signatur aufgenommen wird. Durch die Warnung wird offensichtlich, dass es zu einer Fehlersituation kommen kann, die behandelt werden muss. Dies gilt auch dann, wenn die potenzielle Fehlersituation vermeintlich vor Aufruf der Methode durch eine Prüfung ausgeschlossen wurde.

Quellcode, der Syntaxwarnungen enthält, kann aktiviert werden und durchaus größtenteils so funktionieren wie gewünscht. Kommt es jedoch zur Laufzeit zu einer Situation, in der die ignorierte Ausnahme ausgelöst wird, kommt es zu einem Programmabbruch. Dennoch wurde bewusst darauf verzichtet, eine Fehlermeldung anstelle einer Warnung auszugeben, um zum Beispiel Prototypen nicht aufzublähen. Bei der Entwicklung von Prototypen hat die Fehlerbehandlung zumeist nicht die höchste Priorität. Um zu verhindern, dass diese Projekte transportiert werden, kann z. B. das ABAP Test Cockpit herangezogen werden. Dort kann eine fehlende Fehlerbehandlung als Fehler eingestuft werden, sodass die Klasse zwar aktiviert, aber nicht transportiert werden kann.

11.3.4 Ausnahmen auf Basis der Klasse CX_NO_CHECK

Eine zweite Variante, eine Ausnahme zu definieren, ist das Ableiten von der Klasse `CX_NO_CHECK`. Solche Ausnahmen legen ein anderes Verhalten an den Tag als statisch geprüfte Ausnahmen: Die Syntaxprüfung sichert bei diesen sogenannten ungeprüften Ausnahmen nicht ab, dass sie gefangen oder weiterpropagiert werden.

Lange Zeit konnten ungeprüfte Ausnahmen nicht in die Methodensignatur aufgenommen werden, was ihre Verwendung erschwerte. In der Praxis führte die fehlende Angabe nämlich häufig dazu, dass Entwickler und Entwicklerinnen ihre Programme nicht auf die mögliche Ausnahme vorbereiteten. Seit SAP NetWeaver Application Server for ABAP 7.78/7.55 ist es jedoch auch möglich, ungeprüfte Ausnahmen in die Signatur aufzunehmen. Das aufrufende Programm kann auf Basis dieser Information entscheiden, ob eine Behandlung nötig ist oder nicht.

Unabhängig von der Angabe kann es immer dazu kommen, dass eine nicht behandelte Ausnahme ausgelöst wird. Wird eine Ausnahme zur Laufzeit überhaupt nicht behandelt, kommt es zu einem Programmabbruch. Mittlerweile werden Ausnahmen bewusst an die jeweiligen aufrufenden Programme propagiert. Diese Möglichkeit wird jedoch meist nur in der Methode genutzt, die die Ausnahme direkt auslöst. Wird eine ungeprüfte Ausnahme in einer Methode weder durch einen CATCH-Block direkt behandelt noch explizit propagiert, kommt es nicht sofort zu einem Abbruch. Die Ausnahme wird implizit, also auch ohne Angabe in der Signatur, durch die Kette der aufrufenden Programme weitergereicht. Behandelt irgendeines dieser Programme die Ausnahme – egal auf welcher Ebene des Call-Stacks – bricht das Programm nicht ab. Dies kann zum Beispiel auch durch einen generischen CATCH-Block einer CX_ROOT-Ausnahme geschehen.

In einigen Situationen ist ein Abbruch auch das gewünschte Ergebnis, da es für aufrufende Programme überhaupt keine Möglichkeit gibt, die Ausnahme sinnvoll aufzulösen. Steht dem System beispielsweise nicht mehr genug Speicher zur Verfügung, um die nächste Aktion auszuführen, kann auch das aufrufende Programm nichts an dieser Situation ändern. Eine ungeprüfte Ausnahme reduziert in diesem Falle unnötigen Code.

Wird eine ungeprüfte Ausnahme mit dem Zusatz RESUMABLE ausgelöst, wird dieser Zusatz ausschließlich bei dieser Art der Ausnahme beibehalten. Auf den Zusatz RESUMABLE kommen wir in Abschnitt 11.4.2, »Ausnahmen auslösen«, zurück.

11.3.5 Ausnahmen auf Basis der Klasse CX_DYNAMIC_EXCEPTION

Die dritte Möglichkeit, eine Ausnahme zu definieren, ist die Nutzung der Oberklasse CX_DYNAMIC_CHECK. Diese Art kann in gewisser Weise als eine Kombination der anderen beiden Arten angesehen werden: Zum einen muss eine dynamische Ausnahme, ebenso wie die statische Ausnahme, in die Methodensignatur aufgenommen werden, um sie auslösen zu können. Zum anderen führt eine fehlende Behandlung bzw. Weiterleitung aber nicht zu einer Warnung der Syntaxprüfung.

Die fehlende Warnung kann zu einer Reduzierung des Aufwands führen – zumindest ist das aufrufende Programm über die Möglichkeit, dass eine Ausnahme auftreten könnte, über die Signatur informiert. Dies war in der Vergangenheit einer der größten Unterschiede zur ungeprüften Ausnahme, da diese lange Zeit überhaupt nicht in die Signatur aufgenommen werden konnte. Somit gab es bei dynamischen Ausnahmen zumindest die Möglichkeit, auf diese zu reagieren.

Ausnahmen, die durch Sprachelemente von ABAP ausgelöst werden, nutzen häufig diese dynamische Art der Ausnahme. Andernfalls müsste für viele Anweisungen eine Ausnahmebehandlung programmiert werden, und ein Programm würde fast ausschließlich aus dieser Fehlerbehandlung bestehen.

Viele dynamische Ausnahmen lassen sich durch vorherige Prüfungen verhindern. So kann beispielsweise die Ausnahme CX_SY_REF_IS_INITIAL verhindert werden, indem man alle benötigten Referenzen auf ihre Existenz hin prüft.

In manchen Situationen kann es aber auch sinnvoll sein, die implizite Ausnahme zu behandeln und damit einen Abbruch zu verhindern. Listing 11.10 zeigt eine exemplarische Methode, bei der es sinnvoll sein kann, auf die Ausnahme CX_SY_DYN_CALL_ILLEGAL_METHOD zu reagieren und bewusst einen Abbruch zu verhindern.


```
METHOD call_plugin.
  TRY.
    CALL METHOD (class_name)=>(method_name).
  CATCH cx_sy_dyn_call_illegal_method.
    set_not_relevant( ).
  ENDTRY.
ENDMETHOD.
```

Listing 11.10 Anti-Pattern: Ausnahmen des Systems behandeln

In diesem Beispiel kann der Code mit und ohne ein optionales Plug-in verwendet werden. Ob das Plug-in aktiv ist, ermittelt der Code indirekt dadurch, dass er die erwartete Plug-in-Methode einfach aufruft. Ist das Plug-in inaktiv, gibt es diese Methode gar nicht, und die Ausnahme CX_SY_DY_CALL_ILLEGAL_METHOD wird ausgelöst. Da der Code diese Ausnahme fängt und angemessen darauf reagiert, kann das umliegende Programm erfolgreich fortfahren. Obwohl dieses Beispiel sinnvoll ist, würden wir auch hier zur expliziten Vorab-Prüfung raten, wie in Listing 11.11 gezeigt. Dort wird vor dem dynamischen Aufruf zunächst geprüft, ob das Plug-in überhaupt relevant ist.

```
METHOD call_plugin.
  IF plugin_is_relevant( ).
    CALL METHOD (class_name)=>(method_name).
  ENDIF.
ENDMETHOD.
```

Listing 11.11 Überprüfung statt Auslösung einer Ausnahme

Die Ausnahmen des Systems nutzen ihrerseits dynamische Ausnahmen, um eine effiziente Verwendung der Sprache ABAP zu ermöglichen. Diese Ausnahmen können durchaus behandelt werden. Gleichzeitig werden diese Ausnahmen nur in kritischen

Situationen ausgelöst und sollten nicht Teil eines normalen Ablaufs sein. Es ist kein guter Ansatz, solche Ausnahmen immer durch eine Behandlung der Oberklasse CX_DYNAMIC_CHECK abzufangen. Kritische Fehler könnten so verschleiert werden, und Fehlersituationen sollten auch als solche behandelt werden.

11.4 Ausnahmen auslösen und behandeln

Die Strukturierung und Definition einer Ausnahme ist nur ein Aspekt bei der Verwendung von klassenbasierten Ausnahmen. Zwei weitere wichtige Aspekte sind das Auslösen und Behandeln dieser Ausnahmen. Eine Ausnahme wird immer dann ausgelöst, wenn eine Situation erkannt wird, bei der es nicht möglich ist, mit der gewöhnlichen Verarbeitung fortzufahren. Mit der ausgelösten Ausnahme muss der Aufrufer umgehen können. Dazu kann die Ausnahme entweder abgefangen und die Situation behandelt werden, oder die Ausnahme kann wiederrum an den jeweiligen Aufrufer weitergegeben werden.

Dieser Abschnitt beschreibt tiefergehend, wie Sie Ausnahmen auslösen und behandeln können. Eine ideale Ausnahme wird in die Signatur der auslösenden Methode aufgenommen und im Call-Stack an die oberen Ebenen weitergeleitet, ohne dass jede einzelne Ebene diese Ausnahme erneut in ihre Signatur aufnehmen muss.

11.4.1 Ausnahmen-Oberklassen auswählen

Die zentrale Entscheidung bei der Definition einer Ausnahme ist die Auswahl der richtigen Oberklasse. Wie im vorhergehenden Abschnitt beschrieben, ist das grundlegende Verhalten von dieser Wahl abhängig. Das Ziel ist es eine geeignete Fehlerbehandlung zu ermöglichen, ohne unnötigen Aufwand für die aufrufenden Programme zu erzeugen. Nicht alle Ausnahmen sind in jedem Kontext relevant.

Gleichzeitig ist die Definition der Ausnahmen nicht der einzige Aspekt beim Schreiben von hochwertigem Code. In allem Code sollte die eigentliche Funktionalität im Fokus stehen; die Fehlerbehandlung sollte keinen größeren Raum als dieser eigentliche Code einnehmen. Robert C. Martin empfiehlt in seinem Buch auf dieser Basis für Java, vorrangig ungeprüfte Ausnahmen zu verwenden, wenn zwischen dem Auslösen und der Behandlung mehrere Ebenen liegen, um möglichst wenig Abhängigkeiten zu erzeugen.

Mittlerweile ist es auch in ABAP möglich, ungeprüfte Ausnahmen in die Signatur aufzunehmen. Wird eine der anderen beiden Ausnahmetypen in die Signatur aufgenommen, kann eine Syntaxwarnung erzeugt werden. Diese Warnung kann ignoriert werden. Kommt es während der Laufzeit aber zu einer Ausnahme, die definiert und gleichzeitig ignoriert wurde, wird die Ausnahme entweder in eine Ausnahme des

Typs CX_SY_NO_HANDLER umgewandelt oder die Verarbeitung abgebrochen. Wird eine statisch geprüfte Ausnahme ausgelöst, kommt es direkt zum Abbruch. Dynamische Ausnahmen umgehen damit nur die Syntaxwarnung, nicht den Programmabbruch.

Welche Art der Ausnahme verwendet werden soll, hängt auch von der zur Verfügung stehenden ABAP-Version ab. Wenn diese Version niedriger ist als SAP NetWeaver AS for ABAP 7.78/7.55, ist für ungeprüfte Ausnahmenfolgende Einschränkung zu beachten: Es ist noch nicht möglich, diese Art der Ausnahmen in die Methodensignatur aufzunehmen. Dieses Feature ist aber sehr wichtig, um der aufrufenden Methode die Möglichkeit mitzuteilen, dass eine Ausnahme auftritt. Fehlt diese Information, wird eine korrekte Behandlung einer auftretenden Ausnahme unwahrscheinlich.

Ist die benötigte ABAP-Version erreicht oder überschritten, empfehlen wir die Nutzung der Oberklasse CX_NO_CHECK. Dabei ist die Einführung einer komponentenspezifischen Unterklasse wichtig, die Sie in die Methodensignatur aufnehmen sollten. Dadurch wird auf die Möglichkeit des Auftretens der Ausnahme hingewiesen, ohne eine direkte Behandlung zu fordern. Sobald die Ausnahme in die Signatur aufgenommen ist, bieten die ADT einen Quick-Fix an, um diesen Aufruf automatisch in einen passenden TRY ... CATCH ...-Block einzubetten oder alternativ in die eigene Signatur aufzunehmen.

Anders als bei den anderen Arten wird bei dieser Art von Ausnahme aber keine direkte Behandlung vorausgesetzt. Die Ausnahme kann jeweils an den Aufrufer weitergereicht werden, bis die oberste Ebene erreicht ist. Gibt es keine weitere Ebene, wird die Verarbeitung abgebrochen. Um diesen Abbruch zu verhindern, muss eine ungeprüfte Ausnahme auf irgendeiner Ebene behandelt werden. Dadurch kann Programmieraufwand eingespart werden. Es ist jedoch essenziell, sicherzustellen, dass an einer geeigneten Stelle auf die Ausnahmen reagiert und eine passende Fehlerbehandlung vorgenommen wird.

Auch dynamische Ausnahmen haben ihren Anwendungsbereich, wenn es um vermeidbare Fehler geht. In diesem Zusammenhang bedeutet vermeidbar, dass die aufrufende Methode selbst die Kontrolle über das Auslösen der Ausnahme, und damit die Notwendigkeit der Behandlung, hat. Diese Situation kommt allerdings eher in der Theorie vor. Diese Art von Ausnahmen wird aus diesem Grund auch nur selten verwendet.

Innerhalb eines Projekts oder einer Komponente ist es sinnvoll, eigene abstrakte Ausnahmenklassen zu definieren, die von CX_STATIC_CHECK oder CX_NO_CHECK erben, statt diese allgemeinen Oberklassen direkt zu verwenden. Dadurch können Sie allen Ausnahmen Ihres Projekts zusätzliche projektspezifische Funktionen und wiederverwendbare Methoden zur Verfügung stellen.

Im Idealfall bleiben diese eigenen Oberklassen abstrakt, um sie nicht direkt auslösen zu können. Dadurch stellen Sie sicher, dass Projektmitglieder trotzdem spezielle Ausnahmen für Fehlerfälle anlegen. Gleichzeitig können Sie diese selbst gestalteten abstrakten Oberklassen nutzen, um verschiedene Fehlersituationen zu behandeln, ohne alle möglichen Ausnahmen individuell aufführen zu müssen.

11.4.2 Ausnahmen auslösen

Ausnahmen auszulösen ist ein wichtiger Teil der Softwareentwicklung da diese Ausnahmen bzw. die Situationen, in denen diese ausgelöst werden, einen Teil des Verhaltens der Software und die Reaktion darauf definieren. Daher wird die Art der Ausnahme und der Nachricht so ausgewählt, dass das aufrufende Programm bestmöglich damit umgehen kann.

Klassenbasierte Ausnahmen werden mit dem Schüsselwort `RAISE EXCEPTION` ausgelöst. Die kürze Variante `RAISE` ist den klassischen Ausnahmen vorbehalten. Listing 11.12 zeigt die bevorzugte Variante, eine Ausnahme mit dem Zusatz `NEW` auszulösen. Die Alternative mit dem Zusatz `CREATE OBJECT` ist länger und weniger an die Objektorientierung angelehnt.

```
METHOD save.
  IF status = inconsistent.
    RAISE EXCEPTION NEW cx_business_error(
      reason = co_inconsistent ).
  ENDIF.
ENDMETHOD.
```

Listing 11.12 Verwendung von RAISE EXCEPTION NEW

Zu einer Situation, in der eine Ausnahme ausgelöst wird, gehört meist auch eine passende Nachricht. Diese T100-Nachricht kann mit dem Zusatz `MESSAGE` direkt beim Auslösen der Ausnahme zugeordnet werden. Um diesen Zusatz verwenden zu können, muss die Ausnahme das Interface `IF_T100_DYN_MESSAGE` implementieren, da der Zusatz die Felder dieses Interface füllt. Listing 11.13 zeigt ein Beispiel, bei dem eine Ausnahme ausgelöst und direkt eine Nachricht hinzugefügt wird. Nachrichten, die auf diese Art mit Ausnahmen verwendet werden, werden auch vom Verwendungsnachweis angezeigt. Diese Erweiterung kann sehr nützlich im Zusammenhang mit klassischen Ausnahmen genutzt werden. Wird eine solche Ausnahme von einem Funktionsbaustein ausgelöst, werden vom Funktionsbaustein üblicherweise die nachrichtenrelevanten Felder in der `SY`-Struktur gefüllt. Diese Werte können bei der Konvertierung der klassischen in klassenbasierte Ausnahme verwendet werden.

```
METHOD save.
  IF status = inconsistent.
    RAISE EXCEPTION TYPE cx_business_error
      MESSAGE ID 'MSGID'
```

```
            NUMBER 123
            TYPE 'E'
            WITH inconsistent.
  ENDIF.
ENDMETHOD.
```

Listing 11.13 RAISE EXCEPTION mit Nachricht

Eine zusätzliche Variante, eine Ausnahme auszulösen, steht in Verbindung mit den konditionalen Ausdrücken COND und SWITCH. Sollte es bei der Ausführung der Ausdrücke zu einem Fehler kommen, kann mittels des Zusatzes THROW inline eine Ausnahme ausgelöst werden. Auch der MESSAGE-Zusatz kann hier verwendet werden. Wie in Abschnitt 8.4.2, »CASE oder SWITCH«, und allgemeiner auch in Abschnitt 8.3.3, »Komplexe Bedingungen«, erläutert, werden solche Anweisungen und Bedingungen jedoch sehr schnell groß und unverständlich, sodass Sie diese Anweisungen nicht noch durch zusätzliche Einschübe verkomplizieren sollten. Sehen Sie die Notwendigkeit, eine Ausnahme in einem solchen Ausdruck zu verwenden, schlagen wir daher eher ein Refactoring vor, bei dem die Anweisung aufgeteilt wird.

Ein weiterer Zusatz für das Auslösen von Ausnahmen ist RESUMABLE. Dieser Zusatz signalisiert, dass das Programm nach Behandlung der Ausnahme weiter ausgeführt werden kann. Diese Eigenschaft bezieht sich jeweils auf eine einzelne Instanz der Ausnahmenklasse und nicht auf die Ausnahmeklasse an sich. Dieselbe Ausnahmenklasse kann also sowohl mit als auch ohne den Zusatz RESUMABLE ausgelöst werden. Die Eigenschaft muss daher bei jedem erneuten Auslösen oder Weiterleiten der Ausnahmeninstanz erneut angegeben werden.

Es gibt nur wenige Einsatzbereiche für diesen Zusatz, da nur wenige Situationen ein Fortsetzen nach einem Fehlerfall erfordern bzw. ermöglichen. Ein sinnvolles Beispiel ist das Einspielen von Daten in einem Migrationsszenario. Bevor die Daten ins System eingespielt werden, müssen sie überprüft werden. Falls die angegebenen Daten nicht konsistent sind, kann eine Ausnahme mit dem Zusatz RESUMABLE ausgelöst werden. Der Fehler kann in einem Log erfasst werden, und anschließend kann die Prüfung fortgesetzt werden. Dadurch können zunächst alle Informationen zu Inkonsistenzen gesammelt werden, um diese dann gemeinsam zu korrigieren. Andernfalls würde nach jedem Fehler die Verarbeitung unterbrochen, und jeder Fehler müsste einzeln korrigiert werden. Durch das Sammeln aller Fehler können diese gemeinsam behoben werden.

Nachdem alle Prüfungen vorgenommen wurden, muss sichergestellt sein, dass die Daten nicht ins System übernommen werden, falls es zu irgendeiner Ausnahme gekommen ist. Dadurch wird verhindert, dass inkonsistente Daten verarbeitet werden, und gleichzeitig kann der Benutzer oder die Benutzerin alle Fehler gleichzeitig behandeln. Werden viele Ausnahmen mit dem Zusatz RESUMABLE ausgelöst, kann der

Gesamtablauf sehr kompliziert werden und die Wartbarkeit negativ beeinflussen. Daher gilt auch für diese Möglichkeit der Hinweis, dass sie nur bei Bedarf gezielt eingesetzt werden sollte.

11.4.3 Ausnahmen behandeln

Wie in den vorangegangenen Abschnitten beschrieben, ist es der Sinn von Ausnahmen, die Aufrufer geordnet über eine Fehlersituation zu informieren. In vielen Fällen können die Aufrufer am besten entscheiden, wie mit dieser Situation umzugehen ist.

In diesem Abschnitt geht es darum, als mögliche Reaktion Ausnahmen abzufangen (engl. *to catch*). Listing 11.14 zeigt den grundsätzlichen Aufbau dieser Reaktion. Mit der Anweisung `TRY` wird ein Abschnitt eingeleitet, für den Ausnahmen erwartet werden. Die Anweisung `CATCH` beendet diesen Teil und eröffnet den Abschnitt der Fehlerbehandlung. Auf das Schlüsselwort folgen eine oder mehrere Ausnahmen, für die der folgende Block relevant ist.

```
TRY.
  calculate_income( order ).
CATCH cx_currency_conversion INTO DATA(currency_exception).
  send_exception_to_ui( currency_exception ).
ENDTRY.
```

Listing 11.14 Eine einzelne Ausnahme behandeln

Es können mehrere `CATCH`-Blöcke definiert werden, um verschiedene Ausnahmen jeweils adäquat behandeln zu können. Wenn mehrere Blöcke verwendet werden, spielt die Reihenfolge eine Rolle: Es sollte mit der spezifischsten Ausnahme begonnen werden. Zur Laufzeit wird der erste passende Block zur Behandlung herangezogen. Gibt es keinen passenden Block, wird die Ausnahme weitergeleitet oder es wird eine `CX_SY_NO_HANDLER`-Ausnahme ausgelöst.

Generell kann in einem `CATCH`-Block die gesamte Fehlerbehandlung untergebracht sein. Ein Prinzip von Clean Code ist es jedoch, dass eine Methode nur eine Aufgabe haben sollte. Fehlerbehandlung ist meist bereits für sich genommen eine solche Aufgabe. Die Behandlung einer Ausnahme gehört damit in eine eigene Methode. Robert C. Martin berichtet von Code, der so viel Fehlerbehandlung enthält, dass die eigene Funktionalität fast verborgen bleibt.

Eine eigene Methode für die Fehlerbehandlung hat den größten Einfluss, wenn die Ausnahmen dieselbe Superklasse teilen. Dadurch müssen alle Methoden nur eine Klasse in die eigene Signatur aufnehmen. In der Methode für die Fehlerbehandlung kann die generische Typisierung wieder rückgängig gemacht und in die Originaltyp umgewandelt werden. Um hierbei neue Casting-Fehler zu verhindern, kann mittels der Anweisung `IS INSTANCE OF` der Typ vorab geprüft werden, wie in Listing 11.15 gezeigt.

```
TRY.
  method_call( ).
CATCH cx_root INTO data(exception).
  IF cx_root IS INSTANCE OF cx_specific_exception.
    handle_specific_exceptions( exception ).
  ELSE.
    RAISE EXCEPTION exception.
ENDTRY.
```

Listing 11.15 Verwendung von IS INSTANCE OF in der Fehlerbehandlung

Der Code bekommt von Beginn an eine gute Struktur, wenn die Implementierung mit einem leeren TRY ... CATCH ...-Block beginnt. Dadurch ist sehr schnell ersichtlich, dass eine Methode mehr als eine Funktion übernimmt, und der Ablauf der Methode ist sehr intuitiv. Mit diesem Ansatz wird die testgetriebene Entwicklung (Test-Driven Development, kurz TDD) unterstützt, da der Fokus sehr früh auf den Fehlerfall gelegt wird und dieser direkt getestet werden kann. Ein nachträgliches Einbauen der Fehlerbehandlung kann zusätzlichen Aufwand für die Tests erzeugen.

Gut geschriebener Code reduziert Abhängigkeiten, soweit dies möglich ist. Gleichzeit ergibt es keinen Sinn, alle Funktionalitäten selbst zu entwickeln. Deshalb wird fremder Code aufgerufen, womit Abhängigkeiten eingeführt werden. Diese Abhängigkeiten umfassen zumeist nicht nur die eigentliche Funktionalität, sondern auch die dadurch ausgelösten Ausnahmen. Kann die Ausnahme nicht direkt beim Aufruf behandelt werden, führt die Ausnahme durch die Weiterleitung zu neuen Abhängigkeiten in weiteren Methoden.

Solche Abhängigkeiten können durch eine direkte Behandlung der externen Ausnahme umgangen werden. Auch wenn der Aufruf nicht die korrekte Stelle für eine adäquate Fehlerbehandlung ist, sollte an dieser Stelle die Abhängigkeit aufgelöst werden. In Listing 11.16 wird die Ausnahme direkt im CATCH-Block behandelt und eine neue Ausnahme eines eigenen Typs ausgelöst. Diese Ausnahme sollte von einer eigenen Superklasse abgeleitet sein, sodass das bisherige Konzept, dass jeweils nur die übergeordnete Ausnahme in die Signaturen aufgenommen werden muss, weiterhin angewendet werden kann. Die ursprüngliche Ausnahme wird dabei im Attribut previous der Ausnahme beibehalten, sodass an geeigneter Stelle auch auf die Details der eigentlichen Ausnahme zugegriffen werden kann.

```
METHOD calculate_tax.
  DATA(calculation_enginge) = tax_factory=>get_enginge( ).
  TRY.
    tax = calculation_enginge->calculate(
            amount  = amount
            country = country ).
```

```
  CATCH cx_tax_enngine_exception INTO DATA(foreign_exception)
    RAISE EXCEPTION NEW own_exception_type(
      previous = foreign_exception ).
  ENDTRY.
ENDMETHOD.
```

Listing 11.16 Umwandlung fremder Ausnahmen

Der übliche TRY ... CATCH ...-Block kann um einen CLEANUP-Bereich erweitert werden. Das Beispiel in Listing 11.17 zeigt, dass die Methode do_something die Ausnahmen exception_a und exception_b auslösen kann, die eine unterschiedliche Behandlung benötigen. Die zwei benötigten Behandlungen sind in zwei Blöcke geschachtelt, wobei exception_a direkt im inneren Block behandelt wird und exception_b an den äußeren weitergeleitet wird. Bevor der äußere Block die Ausnahme behandelt, wird jedoch das CLEANUP des inneren Bereichs ausgeführt. Es ist nur dann relevant, wenn die ausgelöste Ausnahme nicht in einem CATCH-Block behandelt wird. Die Methode error_handling wird also nach der Methode first_do_this ausgeführt, wenn die Ausnahme exception_b ausgelöst wird.

```
TRY.
  TRY.
    do_something( ).
  CATCH exception_a.
    do_something_else( ).
  CLEANUP INTO DATA(exception).
    first_do_this( exception ).
  ENDTRY.
CATCH exception_b INTO DATA(exception_b).
  error_handling( exception_b ).
ENDTRY.
```

Listing 11.17 CLEANUP-Bereich bei Ausnahmen

Unser Beispiel nutzt zur Illustration zwei ineinander geschachtelte TRY-Anweisungen. Ein solches Konstrukt zeigt, wie schnell eine Methode mehrere Dinge übernehmen kann, und das auch bei der Fehlerbehandlung darauf geachtet werden muss, dass die Behandlung selbst nicht zu komplex und damit unverständlich wird.

11.4.4 Wann sollte ein Dump ausgelöst werden?

Das letzte Mittel der Fehlerbehandlung besteht in einem Laufzeitfehler, der dem Konsumenten keine Möglichkeit der Behandlung erlaubt. Eine ungeprüfte Ausnahme auszulösen, reicht in diesem Fall nicht aus, da diese bewusst oder unbewusst abgefangen werden könnte. Gibt es auf der aufrufenden Seite keine ausreichende Fehlerbehandlung, können ungewünschte Seiteneffekte entstehen. Ein *Dump* in ABAP bricht die Verarbeitung hingegen immer ab und kann nicht verhindert werden.

[!]

Dumps nur in Ausnahmefällen verwenden

Für Endanwender und Endanwenderinnen ist ein Programmabbruch per Dump immer schlechtes Verhalten: Alle nicht bereits gespeicherten Daten gehen verloren, und es gibt keine anwenderfreundliche Fehlermeldung. Ein Dump muss daher eine wohl überlegte Entscheidung sein.

Nur wenige Situationen erfordern wirklich einen Abbruch. Ein Beispiel hierfür wäre das zu späte Erkennen einer Inkonsistenz während der Verbuchung. Im üblichen Ablauf einer Transaktion gibt es einen Punkt, nachdem das Zurückkehren in eine Interaktionsphase nicht mehr möglich ist, z. B. wenn die Verbuchung bereits angestoßen wurde. Nach diesem Punkt kann ein Dump in Betracht gezogen werden.

Wird ein Dump erzeugt, sollte es möglichst einfach sein, diesen zu analysieren. Ein häufiges Mittel, um einen Dump auszulösen, ist die Anweisung `ASSERT`. Trifft die darin angegebene Bedingung nicht zu, wird das Programm abgebrochen. In den meisten Fällen fehlen aber Kontextinformationen, um das Problem analysieren zu können. Werden bei einem Dump jedoch genug Informationen zur Verfügung gestellt, ist die Fehleranalyse weniger aufwendig. Ist ein Dump also unvermeidbar, sollten zumindest noch alle Informationen gesammelt werden, die möglicherweise zu dieser Situation beigetragen haben.

Ein weiterer Grund für einen Abbruch kann ein Programmierfehler sein. Diese Art von Abbrüchen sollte nur in Entwicklungsumgebungen vorkommen. Auch in solchen Situationen sollten dem Entwickler oder der Entwicklerin genügend Informationen zur Verfügung gestellt werden, um das Problem zu beheben.

Die Anweisung `RAISE SHORTDUMP` steht seit SAP NetWeaver 7.53 zur Verfügung und kann auch in Verbindung mit einer Ausnahmenklasse verwendet werden:

```
RAISE SHORTDUMP TYPE cx_sy_sequence_violation.
```

In niedrigeren Versionen wird üblicherweise eine Nachricht mit dem Typ `x` ausgelöst.

11.5 Zusammenfassung

Fehlerbehandlung in ABAP hatte schon immer einen Schwerpunkt auf übersetzbaren Nachrichten, was Sie an der Vielzahl systemseitiger Funktionen dafür erkennen können. Diese Nachrichten sind nach wie vor wichtige Bestandteile fast jeden ABAP-Programms, selbst wenn Sie auf moderne klassenbasierte Ausnahmen setzen.

In diesem Kapitel haben wir die folgenden Empfehlungen und Richtlinien für die Fehlerbehandlung beschrieben:

- Verwenden Sie die `MESSAGE`-Anweisung, um Nachrichten einfach auffindbar zu machen.
- Vermeiden Sie Rückgabewerte als Indikator für einen Fehlerfall.
- Verwenden Sie klassenbasierte Ausnahmen.
- Verschalen Sie die Aufrufe von Funktionsbausteinen, und überführen Sie die klassischen in klassenbasierte Ausnahmen.
- Ausnahmen sind für den Fehlerfall gedacht, nicht für den normalen Ablauf.
- Definieren Sie eine eigene Ausnahmen-Superklasse.
- Lösen Sie `CX_NO_CHECK`-Ausnahmen innerhalb der Komponente aus.
- Lösen Sie für externe Schnittstellen `CX_STGATIC_CHECK`-Ausnahmen aus.
- Verwenden Sie die Anweisung `RAISE EXCEPTION NEW` anstelle von `RAISE EXCEPTION TYPE`.
- Verhindern Sie Abhängigkeiten zu fremden Ausnahmen, indem Sie diese in eigene Ausnahmen konvertieren.

Der Umgang mit Fehlersituationen wird oft erst betrachtet, wenn die eigentliche Funktionalität bereits entwickelt ist. Sie sollten die Fehlerbehandlung jedoch mit derselben Sorgfalt behandeln wie die eigentliche Funktion. Aus der Entwicklungsperspektive führt eine nachträglich eingeführte Fehlerbehandlung zu unsauberem und unstrukturiertem Code. Unstrukturierter Code wiederum erschwert das automatisierte Testen und das Analysieren von Fehlern. Tests sind aber essenziell für eine fortlaufende Entwicklung und das Sicherstellen der Funktionalität. Darüber hinaus ermöglichen Tests ein nachträgliches Refactoring. Auf das Testen als wesentlichen Teil der Entwicklung gehen wir daher im nächsten Kapitel umfassender ein.

Kapitel 12
Unit Tests

ABAP-Code kann erst dann als wirklich sauberer Code bezeichnet werden, wenn er getestet wurde. In diesem Kapitel beschäftigen wir uns mit grundlegenden Testprinzipien und damit, wie man Unit Tests am besten designt und umsetzt.

Es ist heutzutage keine Übertreibung mehr zu behaupten, dass Software die Welt antreibt. Von grundlegender Infrastruktur über die Unterhaltungselektronik bis zur Internationalen Raumstation und jenseits davon ist Software überall. Es ist daher keine Überraschung, dass Softwarefehler von kleinen Unannehmlichkeiten bis zu Katastrophen alle Arten von Auswirkungen haben können.

Professionelle Softwareentwicklung hat eine lange Reise hinter sich. Nicht nur unsere Programmiersprachen, Konzepte und Werkzeuge haben sich im Laufe der letzten Jahrzehnte verändert, sondern auch unser Verständnis von Design, Anbindung und Ausführung von Softwareartefakten. Ein Bereich, in dem wir ein enormes Wachstum in den letzten Jahren beobachteten, ist das *automatisierte Testen*. Software wird heute automatisch auf verschiedenen Stufen getestet, um die Korrektheit, Effizienz und andere wichtige Charakteristika zu beurteilen. Zwar wird es auch immer noch manuelle Tests geben, aber automatische Tests spielen heute eine wichtige Rolle im Lebenszyklus unserer Software. Automatische Tests erlauben es, Software mit hoher Verlässlichkeit auszuliefern, zu warten und weiterzuentwickeln. Dank solcher Tests können wir uns nicht nur darauf verlassen, dass die Software tut, was sie soll, sondern auch darauf, dass unsere letzten Änderungen weder neue Fehler einführen noch alte wiedererwecken.

In diesem Kapitel beschäftigen wir uns mit *Unit Tests*. Unit Tests sind automatische Tests auf der untersten Ebene der Software, nämlich der kleinsten Einheiten (englisch *units*). In ABAP bildet für gewöhnlich eine einzelne Klasse eine solche Einheit. Unit Tests können aber auch noch kleinere oder größere Einheiten abdecken, z. B. eine einzelne Methode oder die Interaktion mehrerer Klassen. In ABAP schreiben Sie Unit Tests mit *ABAP Unit*, einem Werkzeug, das Konzepte und Hilfsmittel für das Testen bereitstellt.

In diesem Kapitel beschäftigen wir uns in Abschnitt 12.1, »Testklassen«, zunächst mit Testklassen und in Abschnitt 12.2, »Testmethoden«, mit Testmethoden. In Abschnitt 12.3, »Die getestete Klasse«, schauen wir uns die zu testende Klasse an. In

Abschnitt 12.4, »Namen von Testklassen und -methoden«, finden Sie einige ergänzende Überlegungen zur Namensgebung für die Testobjekte. Mit den *Assertions*, d. h. den Funktionen, die bewerten, ob ein Test erfolgreich ist, beschäftigen wir uns in Abschnitt 12.5, »Assertions«. Abschnitt 12.6, »Test-Doubles«, untersucht mit den *Test-Doubles* und der *Dependency Injection*, wie man irrelevante Teile der Software während der Tests ausblenden kann. Abschnitt 12.7, »Test-Seams«, untersucht mit *Test-Seams* ein spezielles Konstrukt, um Abhängigkeiten zu reduzieren. Wir schließen dieses Kapitel in Abschnitt 12.8, »Konzepte zum Umgang mit Unit Tests«, mit der Erläuterung einiger allgemeiner Prinzipien von Unit Tests und dem automatisierten Testen ab.

12.1 Testklassen

Die Definition einer Testklasse in ABAP erkennen Sie an dem Zusatz `FOR TESTING`. Dieser Zusatz macht die Klasse zu einer ABAP-Unit-Testklasse. Testklassen können automatische Tests enthalten. Sie können auch beliebige andere Entwicklungsobjekte nutzen, insbesondere andere Testklassen. Produktive Klassen hingegen, also Klassen, die ohne den Zusatz `FOR TESTING` definiert werden, können Testklassen weder sehen noch verwenden.

Testklassen sind typischerweise lokale Klassen innerhalb einer produktiven, globalen Klasse. In den ABAP Development Tools (ADT) definieren Sie lokale Testklassen auf der Registerkarte **Test Classes** der globalen Klasse. Sie finden diese Registerkarte unten im Quellcode-Editor (siehe Abbildung 12.1).

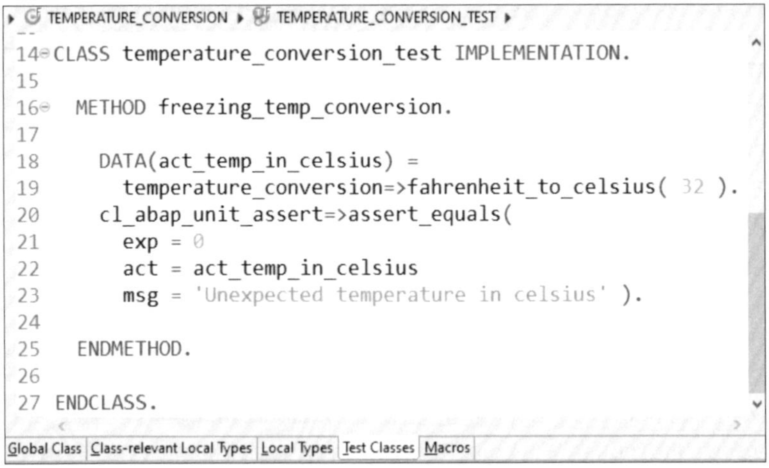

Abbildung 12.1 Die Registerkarte »Test Classes«

In den folgenden Abschnitten behandeln wir zunächst die grundlegenden Eigenschaften von Testklassen und deren Gültigkeitsbereiche, bevor wir uns mit Testhelferklassen auseinandersetzen und Ihnen zeigen, wie man Unit Tests in den ADT ausführt.

12.1.1 Eigenschaften von Testklassen

In Abschnitt 4.1.1, »Statische Methoden und Instanzmethoden«, haben wir als Beispiel eine Klasse `temperature_conversion` verwendet, deren Methode `fahrenheit_to_celsius` Temperaturwerte von der Maßeinheit Fahrenheit in die Maßeinheit Celsius umwandelt. Für diese Klasse legen wir in Listing 12.1 eine lokale Testklasse an. Wir nennen diese lokale Klasse `temperature_conversion_test` und definieren sie mit dem Zusatz `FOR TESTING`, sodass sie zu einer ABAP-Unit-Testklasse wird.

```
CLASS temperature_conversion_test DEFINITION
  FINAL
  FOR TESTING
  DURATION SHORT
  RISK LEVEL HARMLESS.

PRIVATE SECTION.

  METHODS:
    freezing_temp_conversion FOR TESTING.

ENDCLASS.

CLASS temperature_conversion_test IMPLEMENTATION.

  METHOD freezing_temp_conversion.

    DATA(act_temp_in_celsius) =
      temperature_conversion=>fahrenheit_to_celsius( 32 ).
    cl_abap_unit_assert=>assert_equals(
      exp = 0
      act = act_temp_in_celsius
      msg = 'Unexpected temperature in celsius' ).

  ENDMETHOD.

ENDCLASS.
```

Listing 12.1 Lokale ABAP-Unit-Testklasse

Die Klasse enthält bereits eine erste *Testmethode* `freezing_temp_conversion`. Diese Testmethode stellt sicher, dass die getestete Methode 32 °F – die Gefriertemperatur von Wasser – korrekt in 0 °C umrechnet. Testmethoden sind parameterlose Methoden mit dem Zusatz FOR TESTING. Wenn Sie die Testklasse ausführen, werden alle mit diesem Zusatz definierten Methoden ausgeführt. Testmethoden implementieren die eigentlichen Testszenarien. Wir schauen uns in Abschnitt 12.2 genauer an, wie Sie Testmethoden lesbar aufbauen können.

Testmethoden stellen die korrekte Funktionsweise des getesteten Codes mithilfe von *Assertions* sicher. Grundlegende Assertions finden Sie in der Hilfsklasse cl_abap_unit_assert, die Teil des ABAP-Unit-Frameworks ist. In Abschnitt 12.5 beschäftigen uns ausführlicher mit den Assertions.

Neben dem Zusatz FOR TESTING haben wir der Testklasse in Listing 12.1 die Zusätze DURATION und RISK LEVEL hinzugefügt, die uns helfen, die Ausführung der Tests zu verwalten:

- Der Zusatz DURATION beschreibt, wie lange die Ausführung der Tests in der Testklasse dauern darf. Braucht ein Test länger, bricht ABAP Unit ihn ab und wertet ihn als fehlerhaft.
- Der Zusatz RISK LEVEL beschreibt die Gefährlichkeit der Tests für das umliegende System. Automatische Tests, die Datenbankeinträge erzeugen oder gar Systemeinstellungen ändern, können die Stabilität des umliegenden Systems beeinträchtigen.

[+]

System- und mandantenweite Einstellungen für ABAP Unit

Administratoren und Qualitätsmanagerinnen können die Transaktion SAUNIT_CLIENT_SETUP nutzen, um die Werte für die DURATION und das erlaubte RISK LEVEL pro System und Mandant festzulegen. Sie können die Testausführung auch komplett verbieten, was der Standardeinstellung für Produktivsysteme und Demomandanten entspricht.

Die Eigenschaft DURATION kann die in Tabelle 12.1 aufgeführten möglichen Werte und Standard-Timeouts annehmen. Die Timeout-Werte beziehen sich jeweils auf die gesamte Testklasse, d. h., alle Testmethoden müssen innerhalb dieses Zeitfensters zum Abschluss kommen. Die Auswertung der Werte des Zusatzes DURATION übernimmt ABAP Unit automatisch.

Wert	Übersetzung	Standard-Timeout
SHORT	kurz	1 Minute
MEDIUM	mittel	5 Minuten
LONG	lang	1 Stunde

Tabelle 12.1 Mögliche Werte für den Zusatz DURATION

Die Eigenschaft RISK LEVEL kann die in Tabelle 12.2 aufgeführten Werte annehmen.

Wert	Übersetzung	Beschreibung
HARMLESS	harmlos	Die Tests haben keine Auswirkungen auf persistierte Anwendungsdaten, Customizing und Systemeinstellungen.
DANGEROUS	gefährlich	Die Tests haben Auswirkungen auf persistierte Anwendungsdaten.
CRITICAL	kritisch	Die Tests haben Auswirkungen auf persistierte Anwendungsdaten, Customizing, und/oder Systemeinstellungen.

Tabelle 12.2 Mögliche Werte für den Zusatz RISK LEVEL

[!]

Wählen Sie passende Werte für DURATION und RISK LEVEL

Klassifizieren Sie Ihre Testklassen richtig, sodass Sie später keine unliebsamen Überraschungen erleben, wenn Sie Ihre Tests in andere Systeme transportieren.

Nach dem Ausführen einer Testklasse führt ABAP Unit automatisch ein ROLLBACK WORK aus. Dadurch werden Datenbankänderungen der Tests, die nicht per Commit bestätigt wurden, zurückgenommen. Wenn Ihre Testklasse persistierte Daten ändert und das auch bestätigt, wählen Sie die passende Risikostufe DANGEROUS oder CRITICAL. Es gehört zum guten Testdesign, etwaige Änderungen nach Abschluss der Tests zurückzunehmen. Selbst wenn Sie das im Blick haben, müssen Sie damit rechnen, dass Ihr Code Fehler enthält oder die Tests vorzeitig von außen abgebrochen werden, sodass die Aufräumarbeiten nicht abgeschlossen werden und das System in einem inkonsistenten Zustand zurückbleibt.

[+]

Bevorzugen Sie Testklassen mit den Werten SHORT und HARMLESS

In den folgenden Abschnitten werden Sie Gründe dafür finden, warum Testklassen kurz und unabhängig voneinander laufen sollten. Jede Abhängigkeit nach außen – und dazu gehören auch Abhängigkeiten zu Datenbanktabellen, Customizing und Systemeinstellungen – sollte mithilfe von Test-Doubles vermieden werden. Sie sollten deshalb stets versuchen, Ihre Unit Tests mit den Einstellungen DURATION SHORT und RISK LEVEL HARMLESS umzusetzen. Nur wenn das nicht möglich ist, z. B. weil Sie länger dauernde Performancetests durchführen oder Sie eine kritische Datenbankinteraktion integrativ testen wollen, sollten Sie von diesen Richtwerten abweichen. Bei der großen Mehrheit Ihrer Unit Tests sollte es sich jedoch um niedrigschwellige funktionale Tests handeln.

12.1.2 Gültigkeitsbereich von Testklassen

ABAP-Unit-Testklassen können globale oder lokale Klassen sein. In diesem Abschnitt vergleichen wir diese beiden Varianten miteinander.

Unit Tests

Lokale Unit-Testklassen eignen sich am besten, um das Verhalten einer einzelnen Klasse zu beurteilen.

[+]

Nutzen Sie lokale Testklassen für Unit Tests

Indem Sie die Unit Tests für eine globale Klasse in deren lokalen Testklassen ablegen, stellen Sie sicher, dass Sie diese Tests später einfach wiederfinden und ausführen können. Auch die Unit Tests für andere lokale Klassen der globalen Klasse sollten Sie als lokale Testklassen anlegen.

Sie können das Testdesign um globale Testklassen ergänzen, die die lokalen Testklassen mit allgemeiner Funktionalität versorgen. Denken Sie in diesem Fall daran, die Klassen von vornherein so anzulegen, dass eine Vererbung möglich ist (siehe Abschnitt 3.1.2, »Klassen und Objekte«).

Auch diese globalen Testklassen sollten Sie mit dem Zusatz `FOR TESTING` auszeichnen. Sie sollten außerdem `ABSTRACT` sein. Diese Klassen können Hilfsfunktionen bereitstellen oder sogar wiederverwendbare Tests enthalten. Falls die Klassen Tests enthalten, ist die Eigenschaft `ABSTRACT` besonders wichtig, damit die Tests nicht ausgeführt werden können – ohne konkrete Unterklasse ergäbe das keinen Sinn und führte lediglich zu unnötigen Warnungen der Entwicklungsumgebung. Führen Sie eine lokale Testklasse aus, die Tests von ihrer Oberklasse erbt, werden diese Tests mit ausgeführt.

Übergeordnete Tests

Bringen Sie übergeordnete Tests, beispielsweise Komponenten-, Integrations- oder Systemtests, nicht willkürlich in einer der beteiligten globalen Klassen unter. Ziel dieser Tests ist es ja gerade, das Zusammenspiel mehrerer globaler Klassen zu testen; sie einfach irgendwo mit unterzubringen, würde dazu führen, dass Sie sie später nicht wiederfinden.

[+]

Nutzen Sie eigenständige globale Klassen als Container für übergeordnete Tests

Legen Sie eine separate globale Klasse an, in der Sie übergeordnete Tests als lokale Testklassen ablegen können. Die globale Klasse dient dabei als bloßer Container für die Tests. Sie sollten diese Klasse mit den Zusätzen `FOR TESTING`, `ABSTRACT` und `FINAL` definieren. Die Klasse selbst benötigt keine Methoden oder Attribute. Sie sollte auch weder von produktivem Code noch von anderem Test-Code referenziert werden.

Um das übergeordnete Konzept und die Funktionen der Geräte, die wir in Kapitel 3, »Klassen und Interfaces«, mit der Klasse `device` entwickelt haben, zu testen, können Sie eine globale Containerklasse wie in Listing 12.2 verwenden.

```
CLASS devices_integration_tests DEFINITION
  PUBLIC
  FOR TESTING
  ABSTRACT
  FINAL.
ENDCLASS.

CLASS devices_integration_tests IMPLEMENTATION.
ENDCLASS.
```


Listing 12.2 Globale Containerklasse für lokale Integrationstests

In den lokalen Testklassen können Sie dann *Testrelationen* benutzen, um zu dokumentieren, was Sie damit testen. Testrelationen sind eine spezielle Form von ABAP-Doc-Kommentaren (siehe Abschnitt 9.5, »Spezielle Kommentare: ABAP Doc, Pragmas und Pseudokommentare«). Als Ergänzung zur Klassendefinition geben sie an, welche Entwicklungsobjekte die Testklasse testet.

In der globalen Klasse aus Listing 12.2 könnten Sie beispielsweise die in Listing 12.3 gezeigte Definition einer lokalen Testklasse unterbringen. Diese verweist über Testrelationen auf die beiden getesteten Klassen.

```
"! @testing fan
"! @testing thermal_switch
CLASS thermal_switched_fan DEFINITION
  FINAL
  FOR TESTING
  DURATION SHORT
  RISK LEVEL HARMLESS.
```

Listing 12.3 Definition einer lokalen Testklasse für Integrationstests

[+]

Nennen Sie getestete externe Entwicklungsobjekte in den Testrelationen

Mit Testrelationen können Sie sich auf andere Entwicklungsobjekte in Form von Klassen oder CDS-Views (Core Data Services) beziehen. Alle Tests eines Entwicklungsobjekts, die nicht direkt in diesem Objekt untergebracht sind, nennen wir *externe Tests*. In Abschnitt 12.1.4 erklären wir, wie Sie diese externen Tests über die ADT ausführen können.

Für lokale Testklassen, die die umgebenden globalen Klasse testen, sollten Sie keine Testrelationen angeben, denn diese beiden Entwicklungsobjekte sind ja bereits implizit miteinander verbunden. Nur wenn Produktiv-Code und Test-Code separat voneinander liegen, ist eine zusätzliche Dokumentation über Testrelationen sinnvoll.

In unserem Beispiel in Listing 12.3 dokumentieren die Testrelationen, dass die Testklasse `thermal_switched_fan` die Klassen `fan` und `thermal_switch` testet. Achten Sie auf die Formatierung des ABAP-Doc-Kommentars insbesondere auf die Leerzeichen. Das Muster lautet:

```
"! @testing <getestete Klasse oder getesteter CDS-View>
```

Führen Sie später die externen Tests einer der beiden Klassen `fan` oder `thermal_switch` aus, werden dabei auch die in der Klasse `thermal_switched_fan` definierten Tests ausgeführt.

12.1.3 Testhelferklassen

Wenn mehrere Unit Tests die gleiche Funktionalität benötigen, können Sie, wie im vorangehenden Abschnitt bereits angesprochen, eine gemeinsame Oberklasse bilden. Solche Oberklassen sind besonders nützlich, wenn die Unterklassen Testmethoden erben sollen. Führen Sie die Tests der Unterklassen aus, werden dabei auch die der Oberklasse mit ausgeführt.

Wenn Sie keine Testmethoden vererben wollen, ist es geschickter, die gemeinsame Funktionalität stattdessen in einer *Testhelferklasse* bereitzustellen. Eine solche Hilfsklasse stellt den Testklassen Services zur Verfügung, die diese einfach per Methodenaufruf nutzen. Sie können Testhelferklassen als instanziierbare Klassen entwerfen, unkomplizierter sind jedoch Utility-Klassen, weshalb sie häufiger genutzt werden. Mehr über das Entwurfsmuster Komposition und Utility-Klassen erfahren Sie in Abschnitt 3.1.2, »Klassen und Objekte«.

Ein typisches Beispiel für Testhelferklassen sind globale Klassen, die spezielle Assertions in Form von Hilfsmethoden bereitstellen. In diesen Hilfsmethoden können Sie Fachwissen über Ihre Domäne unterbringen, sodass diese Assertions deutlich einfacher und präziser zu nutzen sind als die systemeigenen. Listing 12.4 zeigt ein Beispiel, wie eine solche Testhelferklasse aussehen könnte.

```
CLASS money_assert DEFINITION
  PUBLIC
  ABSTRACT
```

```
  FINAL
  FOR TESTING.

PUBLIC SECTION.

  CLASS-METHODS assert_equals
    IMPORTING
      money1 TYPE REF TO money_object
      money2 TYPE REF TO money_object.

  ...

ENDCLASS.
```

Listing 12.4 Utility-Testhelferklasse

Achten Sie auch bei solchen Hilfsklassen unbedingt auf die Richtlinien für gutes Design, die wir in Kapitel 3, »Klassen und Interfaces«, beschrieben haben.

[!]

Alle Klassen, die fürs Testen da sind, mit FOR TESTING definieren

Alle Klassen, die Sie ausschließlich im Kontext von ABAP Unit fürs Testen verwenden wollen, sollten Sie mit `FOR TESTING` markieren. Das bezieht sich sowohl auf lokale Testklassen mit Unit Tests als auch auf deren Oberklassen sowie auf Containerklassen für übergeordnete Tests, Testhelferklassen und Test-Doubles. Auf diese kommen wir in Abschnitt 12.6 zurück. Durch diese Markierung verhindern Sie, dass diese Klassen aus Versehen in produktiven Code eingebunden oder auch nur kompiliert werden. In Produktiv- oder Demosystemen ist ABAP Unit standardmäßig deaktiviert.

Die Zusätze `DURATION` und `RISK LEVEL` hingegen benötigen Sie nur in Klassen, die Testmethoden enthalten.

12.1.4 Tests ausführen

Die ADT bieten Ihnen verschiedene Möglichkeiten, um Unit Tests auszuführen. Im Project Explorer können Sie beispielsweise mit der rechten Maustaste auf eine Klasse oder ein Paket klicken, um das Kontextmenü zu öffnen, und darin **Run As • ABAP Unit Test** auswählen. Damit führen Sie alle Tests des ausgewählten Objekts aus. Wählen Sie stattdessen **Coverage As • ABAP Unit Test**, wird gleichzeitig mit dem Ausführen der Tests auch die Testabdeckung gemessen.

Nach der Ausführung eines Tests zeigt Ihnen die Entwicklungsumgebung die Ergebnisse auf der Registerkarte **ABAP Unit** an, wie in Abbildung 12.2 zu sehen.

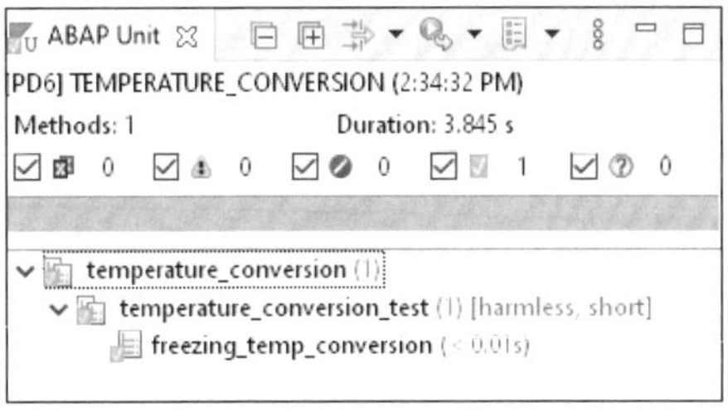

Abbildung 12.2 Ergebnis-View von ABAP Unit

Wählen Sie **Run As • ABAP Unit Test With...**, zeigt Ihnen die Entwicklungsumgebung das Dialogfenster aus Abbildung 12.3 an, in dem Sie weitergehende Einstellungen vornehmen können. Sie können dort beispielsweise Dauer und Risikostufe auswählen, angeben, ob Sie die Testabdeckung messen wollen, oder gleichzeitig einen Trace anfertigen. Dort können Sie auch auswählen, ob Sie die lokalen Tests (Einstellung **Own Tests**) oder die externen Tests ausführen möchten (Einstellung **Foreign Tests**, siehe Abschnitt 12.1.2, »Gültigkeitsbereich von Testklassen«).

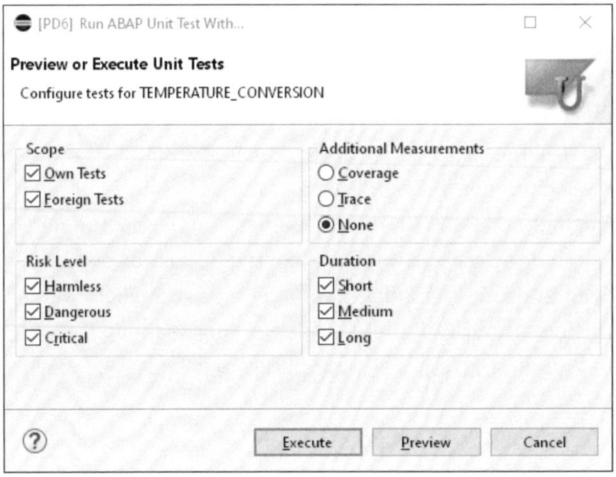

Abbildung 12.3 Das Diaglogfenster »Run ABAP Unit Test With...«

Sie können die Tests auch über Tastenkombinationen steuern:

- Mit Strg + ⇧ + F10 führen Sie alle Tests aus.
- Mit Strg + ⇧ + F11 führen Sie die Tests aus und messen die Testabdeckung.
- Mit Strg + ⇧ + F12 rufen Sie das Dialogfenster **Run ABAP Unit Test With...** mit weiteren Optionen auf.

Nutzen Sie einen Mac, nutzen Sie die Taste Cmd statt Strg.

Wenn Sie die Testabdeckung messen, zeigt Ihnen die Entwicklungsumgebung auf dem View **ABAP Coverage** die Messergebnisse an. Darin sehen Sie eine Liste der relevanten Klassen und Methoden nebst Prozentwerten, die die Testabdeckung widerspiegeln. Die verwendete Metrik können Sie auswählen, indem Sie auf das Menüsymbol [⁝] in der Toolbar dieses Views klicken. Sie haben die Wahl zwischen folgenden Einstellungen, wie in Abbildung 12.4 zu sehen:

- **statement coverage**: Anweisungsabdeckung (die Vorauswahl)
- **branch coverage**: Zweigabdeckung
- **procedure coverage**: Prozedurabdeckung

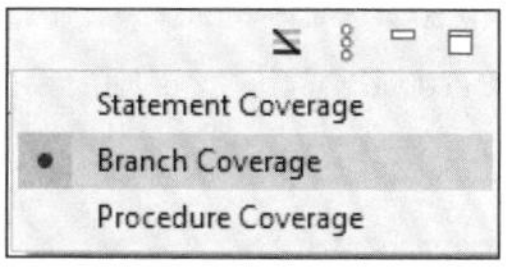

Abbildung 12.4 Menü des Views »ABAP Coverage«

Über die Schaltfläche **Hide Highlighting** ([Σ]) können Sie steuern, ob die Code-Zeilen entsprechend ihrer Abdeckung farblich hervorgehoben werden sollen. Abbildung 12.5 zeigt ein Beispiel für einen Abdeckungs-Report für die Klasse `temperature_conversion` im View **ABAP Coverage**. Anweisungen, die im Rahmen der Tests ausgeführt wurden, sind hier grün hervorgehoben.

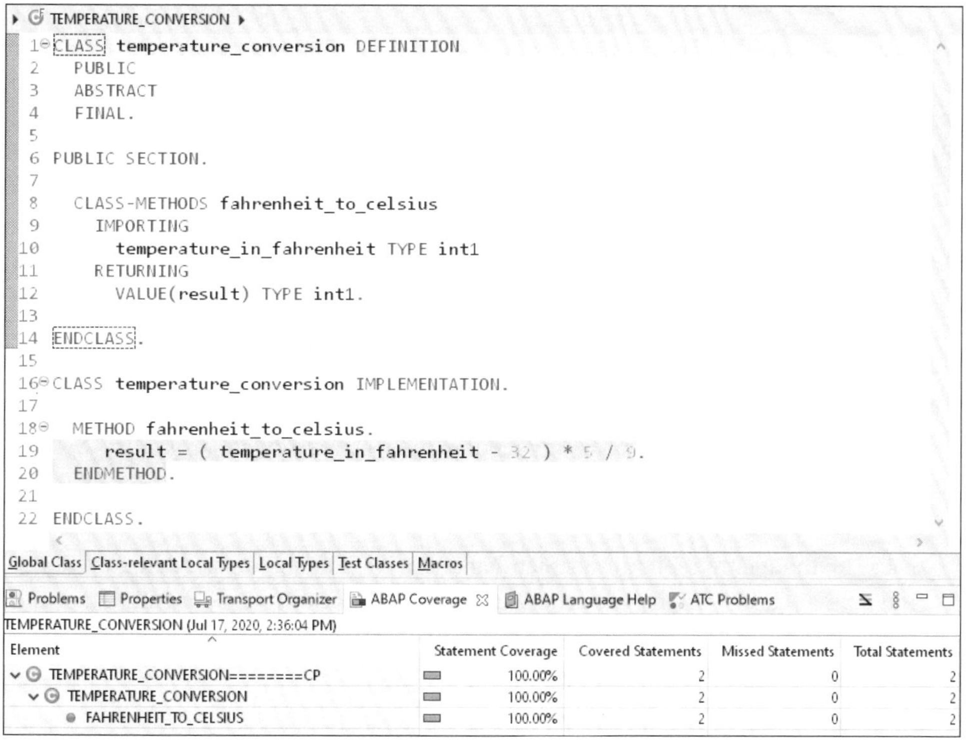

Abbildung 12.5 Beispiel für einen Abdeckungs-Report

Die Anweisungsabdeckung für diese Klasse beträgt 100 %, was in diesem Beispiel allerdings auch nicht schwer zu erreichen ist, da die Klasse nur eine Anweisung enthält.

In Abschnitt 12.8.3, »Testabdeckung«, gehen wir ausführlicher auf dieses Thema ein.

12.2 Testmethoden

Als *Testmethoden* werden die eigentlichen Tests bezeichnet, die das ABAP-Unit-Framework ausführt. Wenn Sie die Tests einer Klasse ausführen, wie in Abschnitt 12.1.4, »Tests ausführen«, beschrieben, wird ABAP Unit alle Testmethoden dieser Klasse ermitteln und nacheinander ausführen.

Eine Testmethode hat die folgenden Eigenschaften:

- Sie gehört zu einer Testklasse.
- Sie ist eine Instanzmethode.
- Sie ist mit `FOR TESTING` annotiert.
- Sie hat keine Parameter, höchstens einen `RAISING`-Zusatz.
- Sie ist typischerweise mit der Sichtbarkeit `private` definiert, wenn sie in einer lokalen Testklasse liegt, oder mit der Sichtbarkeit `protected`, wenn sie aus einer Oberklasse geerbt wurde.

Neben den eigentlichen Testmethoden sieht ABAP Unit spezielle Methoden zum Testaufbau vor, die helfen, den Test-Code besser zu organisieren. Im folgenden Abschnitt gehen wir genauer auf diese Methoden ein und erörtern, welchen Teil des Test-Codes Sie am besten wo unterbringen.

12.2.1 Methoden für den Testaufbau

Methoden für den Testaufbau können allgemeinen Code für die Vorbereitung und Nachbereitung der Testmethoden und der Testklasse enthalten. Die *Setup-Methoden* sind für den Aufbau zuständig, die *Teardown-Methoden* für den Abbau von Tests. Die Methoden treten jeweils paarweise auf: Die statischen Methoden `class_setup` und `class_teardown` laufen, bevor bzw. nachdem alle Testmethoden ausgeführt werden. Die Instanzmethoden `setup` und `teardown` laufen hingegen vor bzw. nach jeder einzelnen Testmethode.

Diese Methoden müssen mit der Sichtbarkeit `private` deklariert werden, funktionieren aber auch in Designs, die eine Vererbung vorsehen. In diesem Fall »umschließen« die Methoden der Oberklasse diejenigen der Unterklasse, d. h., sie werden in der folgenden festen Reihenfolge aufgerufen:

1. Setup der Oberklasse
2. Setup der Unterklasse

3. Teardown der Unterklasse
4. Teardown der Oberklasse

Es werden immer alle Setup- und Teardown-Methoden aufgerufen, selbst dann, wenn die dazwischen ausgeführten Testmethoden mit einer Assertion fehlschlagen oder eine Ausnahme auslösen.

Abbildung 12.6 zeigt die Reihenfolge, in der ABAP Unit die Methoden durchläuft, inklusive der optionalen Methoden für den Testaufbau:

1. Noch vor der ersten Testmethode ruft die Laufzeitumgebung die statische Methode `class_setup` der Testklasse auf.
2. Für jede Testmethode in der Testklasse führt die Laufzeitumgebung nun die folgenden Schritte aus:
   - Erzeugen einer neuen Instanz der Testklasse
   - Aufruf der `setup`-Methode der Instanz
   - Aufruf der aktuellen Testmethode
   - Aufruf der `teardown`-Methode der Instanz

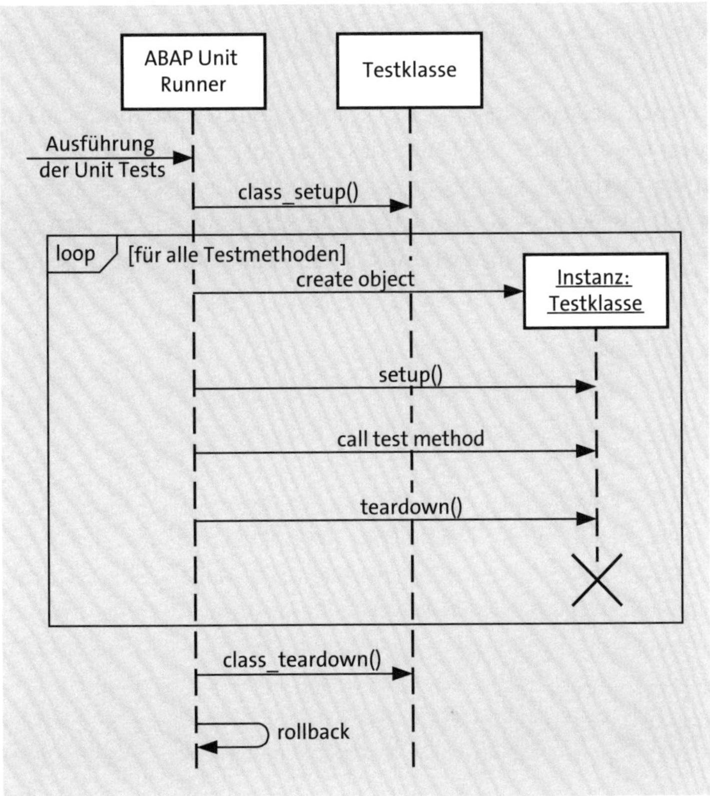

Abbildung 12.6 Ablauf der Ausführung einer ABAP-Unit-Testklasse

3. Nach dem Ausführen der letzten Testmethode ruft die Laufzeitumgebung schließlich die statische Methode `class_teardown` der Testklasse auf.
4. Schließlich führt die Laufzeitumgebung die Anweisung `ROLLBACK WORK` aus.

Jede Testmethode läuft also sozusagen in einer eigenen »Umgebung«, sprich einer frischen Instanz der Testklasse. Vorweg und anschließend laufen jedes Mal die individuellen Methoden `setup` und `teardown`. Ziel ist es, die Testmethoden voneinander zu isolieren, d. h. zu vermeiden, dass eine Testmethode unabsichtlich Auswirkungen auf eine andere Testmethode hat. Die Testmethoden sollten auch nicht darauf angewiesen sein, in einer bestimmten Reihenfolge zu laufen – das Test-Framework gibt dazu keinerlei Garantien.

[»]

Design der Klassen und Testklassen

Das Test-Framework kann trotz aller Hilfestellungen keine Wunder bewirken. Letztendlich entscheidet das Design Ihrer Klassen darüber, ob Ihr Code entkoppelt testbar ist. Gutes Design kann nicht nur die Wiederverwendbarkeit und Wartbarkeit verbessern, sondern trägt auch maßgeblich zur Testbarkeit bei. Gutes Design und Testbarkeit gehen Hand also in Hand, und wir können Ihnen in diesem Zusammenhang nur nochmals die Ratschläge aus Kapitel 3, »Klassen und Interfaces«, ans Herz legen.

Listing 12.5 zeigt die Beispielklasse `fan_toggle`. Diese lokale Testklasse prüft die Funktionalität der Methode `switchable~toggle` der Klasse `fan`, insbesondere, wie sich diese auf das Verhalten der Methode `switchable~is_on` auswirkt. Die Klasse `fan` haben wir bereits in Listing 3.11 als Beispiel verwendet und in Abschnitt 3.1.2, »Klassen und Objekte«, genauer besprochen. Das Interface `switchable` ist dort ebenfalls in Listing 3.14 zu finden.

```
CLASS fan_toggle DEFINITION
  FINAL
  FOR TESTING
  DURATION SHORT
  RISK LEVEL HARMLESS.

PRIVATE SECTION.

  METHODS:
    setup,
    off_by_default FOR TESTING,
    on_after_toggle FOR TESTING.

  DATA:
    fan_instance TYPE REF TO switchable.
```

```
ENDCLASS.

CLASS fan_toggle IMPLEMENTATION.

  METHOD setup.
    fan_instance = NEW fan( ).
  ENDMETHOD.

  METHOD off_by_default.
    cl_abap_unit_assert=>assert_false( fan_instance->is_on( ) ).
  ENDMETHOD.

  METHOD on_after_toggle.
    fan_instance->toggle( ).
    cl_abap_unit_assert=>assert_true( fan_instance->is_on( ) ).
  ENDMETHOD.

ENDCLASS.
```

Listing 12.5 Testklasse mit Setup-Methode

Die Testklasse `fan_toggle` hat zwei Testmethoden und eine Setup-Methode. Die Methode `setup` erzeugt eine Instanz der getesteten Klasse – `fan` – und legt sie im Instanzattribut `fan_instance` ab. Die Testmethoden nutzen dieses Instanzattribut. Da die Testklasse vor jeder Testmethode neu instanziiert wird, nutzt jede Testmethode eine eigene, separate Instanz und ist damit unabhängig von allen anderen Testmethoden.

Verwendung der Teardown-Methoden

Die Teardown-Methoden `teardown` und `class_teardown` benötigen Sie hauptsächlich in Integrationstests, um Datenbankeinträge oder andere externe Ressourcen in ihren Ursprungszustand zurückzuversetzen. Auch bestimmte Test-Doubles, z. B. die des ABAP SQL Test Double Framework oder des ABAP CDS Test Double Framework, setzt man am besten mit diesen Methoden zurück (mehr dazu in Abschnitt 12.6.3, »Weitere Testwerkzeuge«).

Im Umkehrschluss bedeutet das, dass Sie für Tests ohne solche Seiteneffekte – und damit vermutlich die Mehrzahl Ihrer Unit Tests – fast nie Teardown-Methoden benötigen. Die Testumgebung instanziiert die Testklasse vor jeder Testmethode neu. Jede Testmethode erhält dadurch automatisch einen neuen, sauberen Testaufbau. Instanzattribute wie die getestete Klasse oder Test-Doubles müssen Sie also am Ende nicht aufräumen.

12.2.2 Der Given-When-Then-Stil

Wenn Sie eine Testmethode implementieren, ist es hilfreich, sich den Testinhalt als klar untergliedertes Szenario vor Augen zu führen. Ein solches Testszenario schaut sich einen einzelnen Aspekt der getesteten Klasse an und durchläuft die folgenden Schritte:

1. **Given (dt. gegeben)**
   In diesem Block bereiten Sie die Instanzen, Doubles und Daten für den Test vor. Große Teile dieser Phase werden für gewöhnlich in der Methode `setup` implementiert, da diese Schritte für mehrere oder alle Testmethoden einer Testklasse durchlaufen werden.
2. **When (dt. wenn)**
   In diesem Block führen Sie die zu testende Operation aus. Achten Sie dabei auf einen klaren Fokus, um deutlich zu machen, was genau Sie testen. Optimalerweise wird an dieser Stelle exakt eine Methode der getesteten Klasse aufgerufen.
3. **Then (dt. dann)**
   In diesem Block verifizieren Sie, ob die Operation das gewünschte Resultat erzielt hat. Dazu gleichen Sie Rückgabewerte von Methoden ab, prüfen Objektzustände oder werten die Interaktion mit Test-Doubles aus. In diesem letzten Schritt nutzen Sie Assertions.

Die Methode `on_after_toggle` aus Listing 12.5 testet beispielsweise das folgende Szenario:

1. Gegeben sei ein neuer Ventilator.
2. Wenn ich den Schalter betätige, ...
3. ... dann sollte er *an* sein.

[+]

Wenden Sie den Given-When-Then-Stil an

Organisieren Sie Test-Code am besten nach dem Given-When-Then-Muster. Wenn die einzelnen Schritte, insbesondere Given und Then, zu lang werden, sollten Sie diese in Untermethoden auslagern. Das sollten Sie spätestens dann tun, wenn Sie die Blöcke Given, When und Then in Ihrer Testmethode visuell nicht mehr klar auseinander halten können. Sind Teile des Given-Blocks für alle Testmethoden identisch, implementieren Sie diese Schritte in der Methode `setup`.

Wenden Sie auch auf Testmethoden die Regeln für gutes Methodendesign an, die wir in Kapitel 4, »Methoden«, erläutert haben. Auch Testmethoden sollten sich z. B. auf einer einheitlichen Abstraktionsstufe bewegen, wie in Abschnitt 4.3.2, »Eine Abstraktionsstufe absteigen«, beschrieben.

12.3 Die getestete Klasse

Unter der getesteten Klasse oder *Class under Test* verstehen wir die Klasse, deren Funktionalität wir überprüfen wollen. Allgemeiner wird hier auch vom *Code unter Test*, dem getesteten Code, gesprochen. Typischerweise ist die getestete Klasse die globale Klasse, die die lokale Testklasse umgibt.

In Abschnitt 4.1.2, »Öffentliche Instanzmethoden«, haben wir dargelegt, dass es eine gute Idee ist, alle öffentlichen Instanzmethoden einer Klasse in einem Interface zu deklarieren. Folgen wir dieser Idee, wird jede Klasse zu einer Implementierung von einem oder mehreren Interfaces. Damit ist festgelegt, wie die Klasse von anderen Klassen benutzt werden soll: durch ihre Interfaces.

[«]

Tests sollten die getestete Klasse so konsumieren, wie vorgesehen

Unit Tests sind für gewöhnlich die ersten Konsumenten einer neuen getesteten Klasse. Wie alle anderen Konsumenten sollten auch sie die Klasse so verwenden, wie vorgesehen, also durch ihre Interfaces. Die Unit-Testklasse `fan_toggle` aus Listing 12.5 verdeutlicht, was gemeint ist. Die Methoden `toggle` und `is_on` sind beide Teil des Interface `switchable`. Um die Klasse `fan` zu testen, nutzen wir ein Instanzattribut `fan_instance`. Dieses ist aber nicht etwa über die Klasse `fan` typisiert, sondern hat den Typ `switchable`, also den des Interface.

Indem Sie Ihren Tests die zu testende Klasse als Interface bekanntgeben, simulieren Sie die beabsichtigte Verwendungsweise besser. Ihre Tests werden transparenter, und Sie verhindern, dass Sie aus Versehen Methoden aufrufen, die für andere Konsumenten überhaupt nicht sichtbar sind.

Auch wenn die getestete Klasse keine Interfaces hat, z. B. weil es sich um eine Utility-Klasse oder um eine andere wertbasierte Klasse handelt, sollten Ihre Tests die Klasse trotzdem so wirklichkeitsgetreu wie möglich verwenden. Hat die Klasse keine Interfaces, weil es sich um Legacy-Code handelt, ist das Implementieren der Unit Tests eine gute Gelegenheit, Interfaces einzuführen.

Sie können Unit-Testklassen zu *lokalen Freunden* der getesteten Klasse machen. Eine solche Freundschaftsbeziehung erlaubt es der Testklasse, private und geschützte Komponenten der Klasse zu sehen und zu nutzen.

Diese Beziehung kann bei einigen Entwurfsmustern zur Objektkonstruktion hilfreich sein. In manchen Mustern ist beispielsweise der Konstruktor der getesteten Klasse privat und die Instanziierung nur über eine andere Klasse – eine befreundete Factory – möglich. Unsere Testklasse möchte diesen Umweg aber vielleicht nicht gehen, z. B. um den Konstruktor selbst zu testen. In diesem Fall können Sie die Testklasse zu einem lokalen Freund der getesteten Klasse machen. Sie ist dann in der Lage, den ansonsten nicht sichtbaren privaten Konstruktor aufzurufen.

Lokale Freundschaft können Sie mit dem Zusatz `LOCAL FRIENDS` in der Klassendefinition definieren. Für eine lokale Testklasse `unit_test_class` kann das beispielsweise wie folgt aussehen:

```
CLASS unit_test_class DEFINITION DEFERRED.
CLASS class_under_test DEFINITION LOCAL FRIENDS unit_test_class.
```

Die Klasse `unit_test_class` hat nun Zugriff auf sämtliche Komponenten der `class_under_test` und kann alle Methoden und Attribute sehen und verwenden.

Durch eine Umstellung der Definitionsblöcke lässt sich die Anweisung `DEFINITION DEFERRED` auch vermeiden. Der wichtige Teil mit dem Zusatz `LOCAL FRIENDS` lässt sich dadurch aber unter Umständen schwerer finden. Entscheiden Sie daher gemeinsam mit Ihrem Team, welche Anordnung Sie am übersichtlichsten finden.

[!]

LOCAL FRIENDS nur für den Zugriff auf private Konstruktoren verwenden

Machen Sie Testklassen nur zu Freunden der getesteten Klasse, um private Konstruktoren sichtbar zu machen. Eine solche Freundschaftsbeziehung ist leicht deklariert und wirkt verhältnismäßig harmlos und praktisch. Tatsächlich erlaubt es eine solche Beziehung jedoch, auf eigentlich unerlaubte und dadurch auch unvorhersehbare Weisen mit dem getesteten Code zu interagieren. Tests, die auf diese Weise Daten oder Doubles einfügen, sind für gewöhnlich übermäßig zerbrechlich: Stellen Sie Komponenten und Code der getesteten Klasse um, funktionieren die Tests wahrscheinlich nicht mehr richtig, und Sie müssen sie mit viel Aufwand von Hand korrigieren. Diese Tests spiegeln auch nicht mehr die gewöhnliche Sicht von Konsumenten wider.

12.4 Namen von Testklassen und -methoden

Der Given-When-Then-Stil dient als Leitlinie für das Design von Testmethoden und -klassen. Sie können Testklassen an der Voraussetzung im Given-Block ausrichten, also alle Testmethoden zusammenpacken, die dieselben Setup-Schritte benötigen. Sie können Testklassen auch an der When-Bedingung ausrichten, also alle Testmethoden zusammenpacken, die dieselbe Operation testen. Egal, wofür Sie sich entscheiden: Stellen Sie sicher, dass die Namen der Testklassen und -methoden deren Inhalt verdeutlichen. Testklassen benennen wir demzufolge für gewöhnlich entweder nach dem Given- oder dem When-Schritt. Die Klasse `fan_toggle` aus Listing 12.5 ist beispielsweise nach dem When-Schritt des Tests benannt, denn wir testen darin die Methode `toggle` der Klasse `fan`.

Unser Beispiel enthält auch die Testmethode `off_by_default`. Diese ruft zwar nicht direkt die Methode `toggle` auf, gehört aber eng zu dieser Methode, da sie die Frage klärt, was der Zustand von `fan` sein soll, bevor die Methode `toggle` aufgerufen wird.

Wir hätten dieses Beispiel auch anders umsetzen und diesen Zustand etwa in der Setup-Methode prüfen können. Indem wir die Methode `off_by_default` als eigene Testmethode positionieren, machen wir aus unserer Prüfung ein vollwertiges Testszenario: *Gegeben* sei ein neuer Ventilator; *dann* sollte er *aus* sein.

[+]

Benennen Sie Testklassen nach ihrem Zweck

Testklassen sollten sich entweder um gemeinsame Given-Kriterien oder When-Fälle drehen und entsprechend benannt sein.

In manchen Fällen passt dieses Muster nicht oder führt zu überlangen Namen. In diesem Fall können Sie auch einen allgemeineren Namen wählen. In Listing 12.1 haben wir z. B. den Namen `temperature_conversion_test` für die Tests der Utility-Klasse `temperature_conversion` gewählt. Wenn Sie an der Ungarischen Notation festhalten wollen (siehe auch Abschnitt 5.1.9, »Ungarische Notation und andere Präfixe«) bietet sich als Präfix `ltc_` für »local test class« an. In unserem Beispiel hieße die entsprechende Testlasse also `ltc_temperature_conversion`.

[+]

Benennen Sie Testmethoden nach dem erwarteten Ergebnis

Der Name einer Testmethode sollte widerspiegeln, was sie tut und welche Werte sie erwartet. Das ergibt sich üblicherweise aus einer Kombination des When- und des Then-Teils des Testszenerios. Falls der Name der Testklasse bereits das When beschreibt, genügt für den Namen der Methode auch nur der Then-Part. In Verbindung mit dem Klassennamen sollten Leserinnen und Leser eine Idee entwickeln können, was diese Testmethode überprüft.

Ein guter Startpunkt für die Namen von Testmethoden ist der Then-Block des Testszenarios. Wenn der Methodenname damit noch nicht klar genug angegeben werden kann, nehmen Sie den When-Teil hinzu. Tabelle 12.3 gibt ein Paar Beispiele.

When und Then	Mögliche Methodennamen
Wenn ich den Ventilator anschalte, *dann* sollte er an sein.	▪ `on_after_toggle` ▪ `toggle_then_on`
Wenn ich einen ungültigen Schlüssel eingebe, *dann* sollte eine Ausnahme ausgelöst werden.	▪ `raises_on_invalid_key`
Wenn ich ungültige Zeichen eingebe, *dann* sollte die Eingabe abgelehnt werden.	▪ `rejects_invalid_input`

Tabelle 12.3 Beispiele für Namen von Testmethoden

When und Then	Mögliche Methodennamen
Wenn ich den Schalter des Ventilators zweimal betätige, *dann* sollte er am Ende *aus* sein.	▪ `off_after_toggle_2x` ▪ `toggle_2x_then_off`

Tabelle 12.3 Beispiele für Namen von Testmethoden (Forts.)

Testmethoden sind nicht dazu gedacht, von anderem Code aufgerufen zu werden. Sie werden nur von der ABAP-Unit-Umgebung aufgerufen. Es gibt daher keinen guten Grund zu versuchen, die Methodennamen kurz zu halten. Versuchen Sie stattdessen, alle zum Verständnis notwendigen Informationen in ihren Namen unterzubringen. In anderen Programmiersprachen wie Java können Sie diesen Umstand schamlos ausnutzen und extra lange Namen wählen. Das dritte Beispiel in Tabelle 12.3 könnte dort vielleicht mit einem Methodennamen wie `should_reject_when_entering_input_with_invalid_characters` umgesetzt werden. ABAP ist an dieser Stelle restriktiver, denn auch die Namen von Testmethoden können maximal 30 Zeichen lang sein. Das klingt erst einmal viel, kann bei komplexen Testaufbauten oder vielen ähnlichen Testmethoden aber schnell eng werden.

In solchen Fällen können Sie einen Kommentar ergänzen, der die Umstände des Tests genauer erläutert. ABAP Doc bietet sich dafür an (siehe Abschnitt 9.5, »Spezielle Kommentare: ABAP Doc, Pragmas und Pseudokommentare«). Sie können auch einen normalen Kommentar am Anfang der Methode einfügen oder vor den Given-, When- und Then-Abschnitten jeweils einen Kommentar einsetzen.

Zu viele zu lange Namen können jedoch auch ein Hinweis darauf sein, dass die Testklasse zu viele verschiedenartige Testaufbauten zusammenfasst. In diesem Fall kann es sinnvoll sein, die Testklasse in mehrere Testklassen zu zerlegen. Deren Namen können dann den jeweiligen Testaufbau genauer beschreiben, sodass die Namen der Methoden darin kürzer ausfallen können.

[+]

Wählen Sie einen aussagekräftigen Namen für die getestete Klasse

Die getestete Klasse halten Sie üblicherweise als Objekt in einem Attribut der Testklasse vor. Vielleicht haben Sie sogar mehrere Instanzen dieser Klasse, um verschiedene Zustände vergleichen zu können. Geben Sie diesen Attributen aussagekräftige Namen, die die Besonderheiten oder Rollen in den Tests widerspiegeln.

Als Attributname für die getestete Klasse können Sie etwas Generisches auswählen, wie z. B. `fan_instance` in Listing 12.5, oder sogar einfach nur `fan`. Wenn Sie mehrere Attribute mit verschiedenen Zuständen unterscheiden wollen, können Sie spezifischere Namen wählen, wie im folgenden Beispiel:

```
DATA empty_blog_post TYPE REF TO blog_post.
DATA simple_blog_post TYPE REF TO blog_post.
DATA very_long_blog_post TYPE REF TO blog_post.
```

Manche Testklassen haben eine Vielzahl an Attributen, die Doubles, Daten usw. enthalten; und nur eines oder einige wenige referenzieren die getestete Klasse. Um die getestete Klasse unter diesen Attributen hervorzuheben, können sie als Attributname das Akronym `cut` für »class/code under test« wählen oder dem Attributnamen `cut` als Präfix oder Suffix hinzufügen. Das bietet sich insbesondere bei Legacy-Code an, wenn der Code umständlich ist und große Testaufbauten erfordert, was wiederum die Testmethoden lang und schwer zu verstehen macht. Langfristig sollten Sie in solchen Fällen erwägen, die Testklasse und die getestete Klasse im Rahmen eines Refactorings übersichtlicher zu gestalten.

12.5 Assertions

Assertions sind die Prüfungen, die Testklassen durchführen, um das Verhalten des getesteten Codes zu validieren. Eine Assertion ist Teil des Then-Blocks im Given-Wenn-Then-Szenario. Sie drückt aus, welchen Zustand Sie gerne sehen würden, wenn alles funktioniert, wie gewünscht. Ohne Assertions können Tests nicht automatisch ermitteln, ob das beobachtete Verhalten korrekt ist. Assertions teilen der Testumgebung mit, ob die Testmethode erfolgreich durchlaufen wurde oder nicht. Die Testumgebung fasst die Ergebnisse der Assertions im Testergebnis zusammen. Eine einzelne fehlerhafte Assertion reicht dabei aus, um die getestete Klasse insgesamt als fehlerhaft zu bewerten.

Grundlegende, vielseitig einsetzbare Assertions finden Sie als statische Methoden in der Utility-Klasse `cl_abap_unit_assert`. Die Methode `assert_equals` untersucht beispielsweise ihre beiden Eingabeparameter auf Gleichheit – was komplexer ist, als es klingt. Die Methode `assert_true` prüft, ob der übergebene Eingabeparameter vom Typ `abap_bool` den Wert `abap_true` enthält.

Die Methoden erhalten typischerweise ein oder zwei Eingabeparameter. In allen übergibt der Parameter `act` (für »actual«) den tatsächlich beobachteten Wert. In Methoden wie `assert_true` oder `assert_initial` genügt das bereits. Andere Methoden, wie z. B. `assert_equals`, haben einen zweiten Eingabeparameter, der den Vergleichswert definiert und der üblicherweise `exp` (für »expected«) heißt.

Es gibt noch speziellere Methoden mit mehr oder anderen Eingabeparametern, z. B. `assert_table_contains`. Diese Methode prüft, ob die erwartete Zeile `line` in der tatsächlich beobachteten Tabelle `table` enthalten ist.

Mit weiteren optionalen Eingabeparametern können Sie festlegen, was passieren soll, wenn die Assertion fehlschlägt. Listing 12.4 führt die wichtigsten davon auf.

Parameter	Beschreibung
`act`	tatsächliches Ergebnis der getesteten Operation
`exp`	erwartetes Ergebnis der getesteten Operation
`msg`	Optional. Beschreibungstext, der angezeigt werden soll, wenn die Assertion fehlschlägt
`level`	Optional. Bestimmt, wie schwerwiegend wir ein Fehlschlagen der Assertion bewerten wollen. Nutzen Sie die Konstanten aus `if_aunit_constants=>severity`, um einen Schweregrad anzugeben. Dabei wird zwischen hoch, mittel (dem Vorgabewert) und niedrig unterschieden. Der Schweregrad niedrig führt beispielsweise dazu, dass die ADT nur eine Warnung anzeigen, statt den Test als fehlerhaft zu bewerten.
`quit`	Optional. Entscheidet, ob der Test nach dem Fehlschlagen der Assertion fortgeführt werden soll oder nicht. Vorgabewert ist die Konstante `if_aunit_constants=>quit-test`, wodurch die Testmethode sofort beendet wird. Sie können aber auch mit `if_aunit_constants=>quit-no` dafür sorgen, dass weitere Assertions ausgeführt werden.

Tabelle 12.4 Gebräuchliche Parameter von Assertions

Im Folgenden schauen wir uns an, wie Sie mit diesem Werkzeugkasten lesbare und präzise Assertions zusammensetzen können, und wie Sie mit Spezialfällen wie erwarteten Ausnahmen oder Seitenbedingungen umgehen.

12.5.1 Effiziente Assertions schreiben

Testmethoden prüfen den Erfolg der getesteten Operation mit Assertions. Diese Prüfungen beschreiben, welche Bedingungen zutreffen müssen, damit der getestete Code unseren Anforderungen genügt.

[!]

Assertions sparsam und fokussiert verwenden

Definieren Sie in Ihren Assertions exakt das, worum es in der Testmethode geht. Nutzen Sie dafür so wenig Assertions wie möglich. Zu viele Assertions in einer Testmethode sind ein Anzeichen dafür, dass die Testmethode kein klares Ziel hat. Solche schwammigen Testmethoden koppeln Produktiv- und Test-Code zu eng aneinander: Wenn Sie das produktive Feature später ändern, müssen Sie sehr viele Tests ändern, obwohl diese eigentlich gar nichts mit dem geänderten Feature zu tun haben.

Zu viele Assertions verwirren auch die Leser und Leserinnen Ihres Codes. Die entscheidende Prüfung verliert dann in der größeren Menge an Gewicht, und es ist nicht mehr so deutlich, worum es im Test eigentlich geht.

Falls Sie mehrere Assertions benötigen, um eine einzelne Bedingung zu beschreiben, erwägen Sie, die Abstraktionsstufe anzupassen, indem Sie eine eigene Assertion schreiben, die alle nötigen Prüfungen in einem Methodenaufruf kombiniert. Listing 12.4 zeigt ein einfaches Beispiel dafür, und wir schauen uns diesen Aspekt in Abschnitt 12.5.4, »Eigene Assertions«, noch einmal genauer an.

Listing 12.6 verdeutlicht, was wir meinen. Getestet wird eine Validierungsmethode, die Nachrichten in ein Objekt `message_container` einfügt. Um sicherzustellen, dass die Validierung einen ungültigen Länder-Code erkennt, prüfen wir in der Assertion, ob die dazu passende Nachricht im Container enthalten ist. Wir schauen uns jedoch nicht an, ob andere Nachrichten enthalten sind, oder vergleichen die exakte Zahl der Nachrichten. Unsere Assertion erstreckt sich ausschließlich auf die Bedingung, die für diese Testmethode relevant ist, und auf nichts anderes.


```
METHOD rejects_invalid_country.

  " Given I have a customer with an invalid country
  DATA(my_customer) = NEW customer(
    name = `Megadodo Corp.`
    country = invalid_country ).

  " When I validate the customer
  my_customer->validate( message_container ).

  " Then an error should be added for the invalid country
  DATA(messages) = message_container->get_messages( ).
  cl_abap_unit_assert=>assert_table_contains(
    table = messages
    line = invalid_country_error_message
    msg = `Expected error message not found` ).

ENDMETHOD.
```

Listing 12.6 Validierungsfehler per Assertion prüfen

[+]

Beurteilen Sie den Inhalt, nicht die Anzahl

Schauen Sie in Assertions nicht nur darauf, ob die Anzahl von etwas stimmt, wenn Sie präzisere Möglichkeiten haben, um das erwartete Ergebnis zu validieren. Wenn

Sie beispielsweise eine bestimmte Zeile in einer internen Tabelle erwarten, sollte Ihre Assertion nach genau dieser Zeile suchen und nicht nur die Gesamtzahl der Zeilen in der Tabelle mit einer magischen Zahl vergleichen.

Mengen und Anzahlen können sich ändern, ohne dass die Funktionalität darunter leiden würde. Die interne Tabelle in unserem Beispiel könnte z. B. nach einer funktionalen Erweiterung weitere Zeilen enthalten, die für diesen Test aber gar nichts zur Sache tun. Der Test scheitert dann unnötigerweise als falsch-negativ, und Sie müssen immer wieder unnötige Nacharbeiten durchführen, um den Test anzupassen.

Umgekehrt können Mengen und Anzahlen auch richtig aussehen, obwohl der Inhalt komplett falsch ist. Die interne Tabelle könnte z. B. wegen eines Programmierfehlers mit leeren Zeilen gefüllt sein, deren Anzahl aber zufälligerweise unseren Erwartungen entspricht. Der Test ist dann scheinbar erfolgreich, obwohl er scheitern müsste, er ist also ebenfalls falsch-positiv. Eine solche Situation ist schwer zu erkennen und birgt die Gefahr, dass sich dauerhaft Programmierfehler in scheinbar gut getestetem Code verstecken.

Passende Assertions machen den Test-Code leichter zu lesen und verdeutlichen die Absichten des Tests besser. In Listing 12.6 macht die Methode `assert_table_contains` beispielsweise offensichtlich, dass wir einen bestimmten Eintrag im Ergebnis erwarten. Würden wir hingegen etwas anderes testen, z. B. dass der Nachrichtencontainer exakt 42 Einträge aufweist, wäre nicht ersichtlich, um welchen dieser Einträge es uns eigentlich geht.

Methoden wie `assert_table_contains` und `assert_equals` tun oft mehr, als es den Anschein hat. Sie beinhalten mitunter ganze Serien von Prüfungen, z. B. um nicht nur Werte, sondern auch Datentypen abzugleichen. Manche dieser Methoden führen auch mehrere, immer feinere Vergleiche aus, um präzise Textnachrichten ausgeben zu können, wo genau die Unterschiede liegen.

Listing 12.5 aus Abschnitt 12.2.1. »Methoden für den Testaufbau«, könnten Sie verbessern, indem Sie über den Parameter `msg` bessere Fehlerbeschreibungen ergänzen. Listing 12.7 zeigt, wie das aussehen könnte.

```
METHOD off_by_default.
  cl_abap_unit_assert=>assert_false(
    act = fan_instance->is_on( )
    msg = `Fan should be off` ).
ENDMETHOD.

METHOD on_after_toggle.
  fan_instance->toggle( ).
  cl_abap_unit_assert=>assert_true(
    act = fan_instance->is_on( )
```

```
    msg = `Fan should be on` ).
ENDMETHOD.
```

Listing 12.7 Texte zu fehlschlagenden Assertions über den Parameter msg ergänzen

[+]

Ermitteln Sie, warum eine Assertion fehlschlägt

Wenn eine Assertion fehlschlägt, zeigt Ihnen die Registerkarte **ABAP Unit** eine Textnachricht dazu an. Deren Inhalt sollte möglichst genau beschreiben, welche Erwartungen nicht erfüllt wurden. Je präziser dieser Text formuliert ist, desto schneller und einfacher können Sie später das Problem erkennen und beheben. Die passende Assertion auszuwählen, ist schon ein erster wichtiger Schritt, um aussagekräftige Texte zu erhalten. Wo das nicht reicht, können Sie durch eigene Nachrichten im Parameter `msg` die Verständlichkeit verbessern.

Wenn Sie testgetrieben entwickeln, beginnen Sie jeden Entwicklungsschritt damit, einen fehlschlagenden Test zu schreiben. Diese Methodik konfrontiert Sie von Anfang an mit den Fehlernachrichten der Assertions. Es gibt Bücher zu diesem Thema, die genauer auf diese Vorgehensweise eingehen. So fügen z. B. Steve Freeman und Nat Pryce in ihrem Buch *Growing Object-Oriented Software, Guided by Tests* (Addison-Wesley, 2009) dem testgetriebenen Entwicklungszyklus direkt nach dem ersten Schritt »Schreiben Sie einen fehlschlagenden Test« einen weiteren Schritt hinzu: »Machen Sie die Diagnose leicht verständlich«. Auf das Thema testgetriebene Entwicklung gehen wir in Abschnitt 12.8.1 noch ausführlicher ein.

Manchmal sind wir gar nicht am konkreten Ergebnis interessiert, sondern an einer bestimmten Qualität dieses Ergebnisses. In Listing 4.43 in Abschnitt 4.4.1, »Eingabeparameter übergeben«, haben wir beispielsweise eine Methode `split_text_into_lines` verwendet, die eine Zeichenkette in mehrere Zeilen mit vorgegebener Maximallänge zerlegt. Wenn wir diese Methode testen, interessieren wir uns vielleicht gar nicht so genau dafür, *wo* die Zeichenkette zerlegt wird. Uns interessiert viel mehr, *dass* alle Ergebniszeilen die Maximallänge einhalten. Würde unsere Assertion auf exakte Übereinstimmung hin prüfen, lehnte unser Test auch Ergebnisse ab, die gemessen an diesem Kriterium völlig in Ordnung sind.

[+]

Beurteilen Sie die Qualität, nicht den Inhalt

Wenn Sie sich für die Qualität eines Ergebnisses interessieren, sollten Ihre Assertions das auch klar widerspiegeln. Selbstgeschriebene Assertions können die benötigten Prüfungen liefern, wie etwa im folgenden Beispiel:

```
assert_all_lines_shorter_than(
  actual_lines        = lines
  expected_max_length = 80 ).
```

In einem solchen Fall den Inhalt zu vergleichen, würde verschleiern, worum es uns in diesem Test eigentlich geht. Solche überpräzisen Tests wären außerdem zerbrechlich, denn wenn wir den getesteten Algorithmus optimieren, liefert er vielleicht sogar bessere Ergebnisse, die unsere Tests trotzdem als fehlerhaft bewerten würden.

12.5.2 Erwartete Ausnahmen prüfen

In manchen Tests wollen Sie sicherstellen, dass eine Methode unter bestimmten Bedingungen eine Ausnahme auslöst. Dazu müssen Sie die Ausnahmen innerhalb der Testmethode abfangen. Bei Bedarf können Sie dann deren Details überprüfen. In einem solchen Fall müssen Sie auch reagieren, wenn die Ausnahme *nicht* ausgelöst wird. Ansonsten würde die Testmethode einfach normal weiterlaufen, und Sie würden überhaupt nicht bemerken, dass etwas Unerwartetes passiert ist. In so einem Szenario können Sie die Testmethode bewusst durch den Aufruf der Methode `cl_abap_unit_assert=>fail` abbrechen.

In Listing 3.18 in Abschnitt 3.2.1, »Globaler und lokaler Geltungsbereich«, haben wir beispielsweise das Interface `message_iterator` verwendet. Die Idee dieses Interface ist es, die in einem Objekt des Typs `message_collection` abgelegten Nachrichten über den Aufruf der Methode `get_next` nacheinander durchzugehen. Enthält die Nachrichtensammlung keine weiteren Einträge und es wird trotzdem die Methode `get_next` aufgerufen, soll eine Ausnahme ausgelöst werden. Auch wenn die Methode `get_next` für eine leere Nachrichtensammlung aufgerufen wird, wollen wir eine Ausnahme sehen.

Testen wir die die Implementierung des Interface `message_iterator`, die wir lokal in der Klasse `message_list` in Listing 3.19 angelegt haben (siehe Abschnitt 3.2.1), könnten wir also folgendes Testszenario formulieren:

- *Gegeben* sei eine leere Nachrichtenliste.
- *Wenn* ich Einträge aus dieser Liste abfrage,
- *dann* soll eine Ausnahme ausgelöst werden.

Die zugehörige Testmethode könnte wie in Listing 12.8 aussehen.

```
METHOD raises_when_iterating_empty.

  " Given an empty message list
  DATA(message_collection) =
    CAST message_collection( NEW message_list( ) ).

  " When iterating over the list
  DATA(message_iterator) = message_collection->get_iterator( ).
```

```
  TRY.
    message_iterator->get_next( ).

    " Then an exception should be raised
    cl_abap_unit_assert=>fail(
      msg = `Expected exception was not raised` ).
  CATCH no_element_exception.
  ENDTRY.

ENDMETHOD.
```

Listing 12.8 Eine erwartete Ausnahme prüfen

Diese Variante prüft, ob die Ausnahme überhaupt ausgelöst wurde. Wollen Sie auch den Inhalt der Ausnahme überprüfen, können Sie diese Ausnahme in der CATCH-Klausel in einer Variablen abfangen und anschließend im CATCH-Block validieren. Der explizite Aufruf der Methode cl_abap_unit_assert=>fail stellt sicher, dass die Testmethode fehlschlägt, wenn die Ausnahme nicht ausgelöst wird. Wird statt der erwarteten eine andere Ausnahme ausgelöst, schlägt die Testmethode generell fehl – um diesen Fall müssen Sie sich nicht explizit kümmern.

12.5.3 Unerwartete statische Ausnahmen

Die ABAP-Unit-Umgebung meldet nicht nur fehlschlagende Assertions, sondern auch Ausnahmen, die nicht abgefangen werden. Als *statische Ausnahmen* werden Ausnahmen bezeichnet, die von der Ausnahmenklasse CX_STATIC_CHECK erben (siehe auch Abschnitt 11.3.3). Wenn eine Methode eine statische Ausnahme auslösen kann, muss die Methode dies in ihrer Signatur ausweisen. Wenn eine andere Methode eine solche Methode aufruft, muss die rufende Methode die Ausnahme entweder abfangen oder ebenso in ihrer eigenen Signatur ausweisen, um sie unbehandelt weiterreichen zu können. Das gilt auch für Testmethoden.

Zur Ablage von Kundenstammdaten könnte es beispielsweise eine Methode read geben, die eine Ausnahme no_such_customer_exception auslöst, wie in Listing 12.9 zu sehen.

```
METHODS read
  IMPORTING customer_key TYPE customer_key
  RETURNING VALUE(result) TYPE REF TO customer
  RAISING no_such_customer_exception.
```

Listing 12.9 Methode, die eine statische Ausnahme auslöst

Da die Ausnahme no_such_customer_exception statisch ist, müssen alle Methoden, die die Methode read aufrufen, diese Ausnahme auf eine der folgenden beiden Arten behandeln: Entweder umschließen sie den Aufruf von read in einem TRY ... CATCH ...-Block, oder sie leiten die Ausnahme unbehandelt weiter, indem sie sie in ihrer eigenen Signatur ausweisen.

Wenn eine getestete Methode eine statische Ausnahme auslösen kann, sich Ihre Testmethode aber gar nicht für diese interessiert, sollten Sie diese Ausnahme nicht abfangen. Das Abfangen und scheinbare Behandeln der Ausnahme lenken nur unnötig vom eigentlichen Inhalt des Tests ab. Ihr Test sollte sich stattdessen auf den Erfolgspfad konzentrieren.

Weisen Sie die statische Ausnahme daher besser in der Signatur der Testmethode aus. Die ABAP-Unit-Umgebung wird Ihre Testmethode trotzdem ganz normal aufrufen. Tritt darin eine unbehandelte Ausnahme auf – egal ob statisch oder nicht –, wird der Test als fehlerhaft gewertet und der Fehlertext der Ausnahme ausgegeben. Ihr Test-Code bleibt dadurch fokussiert und simpel, wie in Listing 12.10 zu erkennen.

```
METHOD reads_existing_customer.

  " When I read an existing customer
  DATA(customer) = customer_repository->read( 'MEGADODO' ).

  " Then the result should not be null
  cl_abap_unit_assert=>assert_bound(
    act = customer
    msg = `Customer is null` ).

ENDMETHOD.
```

Listing 12.10 Testmethode, die eine Methode ruft, die eine statische Ausnahme auslöst

Die Deklaration der Testmethode reads_existing_customer weist dann dieselbe statische Ausnahme aus wie die getestete Methode read:

```
METHODS:
  reads_existing_customer FOR TESTING
    RAISING no_such_customer_exception.
```

Umständlicher wird es, wenn die getestete Methode mehrere statische Ausnahmen auslösen kann oder die Testmethode für Testaufbau und Validierung andere Methoden nutzt, die ebenfalls statische Ausnahmen auslösen können. In diesem Fall würden wir unter gewöhnlichen Umständen alle auslösbaren Ausnahmen in der Deklaration der Testmethode angeben, wie in Listing 12.11 gezeigt.

```
METHODS:
  maintains_existing_customer FOR TESTING
```

```
  RAISING
    no_such_customer_exception
    validation_exception.
```

Listing 12.11 Testmethode, die es mit mehreren statischen Ausnahmen zu tun hat

[+]

Weisen Sie irrelevante statische Ausnahmen als cx_root

Wenn der Code einer Testmethode statische Ausnahmen auslösen könnte, die aber nicht Teil des Testszenarios sind, fügen Sie der Testmethode den Zusatz `RAISING cx_root` oder alternativ `RAISING cx_static_check` hinzu. Dadurch bleibt die Testmethode auf den Erfolgspfad fokussiert. Sie erkennt zwar an, dass statische Ausnahmen auftreten können, macht jedoch gleichzeitig klar, dass diese für den Test keine Rolle spielen.

Testmethoden für die Methode zur Ablage von Kundenstammdaten aus den vorherigen Beispielen sollten also wie in Listing 12.12 deklariert sein.

```
METHODS:
  reads_existing_customer FOR TESTING
    RAISING cx_root,
  maintains_existing_customer FOR TESTING
    RAISING cx_root.
```

Listing 12.12 Weiterleitung der Ausnahme cx_root

12.5.4 Eigene Assertions

Mit Ihren eigenen Assertions können Sie die Abstraktionsstufe des Test-Codes erhöhen und Ihren Code dadurch leichter lesbar und verständlich machen. In Listing 12.4 in Abschnitt 12.1.3, »Testhelferklassen«, haben Sie bereits ein Beispiel für eine Testhelferklasse gesehen, die eigene Assertions bereitstellt, die für bestimmte Objekte der Domäne maßgeschneidert sind. Abhängig davon, welche Wiederverwendbarkeit Sie anstreben, können Sie solche Assertions wahlweise in globalen oder lokalen Testhelferklassen, in der Oberklasse Ihrer Testklasse oder in der lokalen Testklasse selbst unterbringen.

Listing 12.13 zeigt ein detaillierteres Beispiel, in dem wir die Assertion aus Listing 12.6 in eine eigene Testhelferklasse `message_container_assert` extrahieren.

```
CLASS message_container_assert DEFINITION
  PUBLIC
  ABSTRACT
  FINAL
  FOR TESTING.
```

```
PUBLIC SECTION.

  CLASS-METHODS assert_contains_message
    IMPORTING
      act   TYPE REF TO message_container
      exp   TYPE message
      msg   TYPE string
        DEFAULT `Expected message not found`
      level TYPE int1
        DEFAULT if_Abap_Unit_Constant=>severity-medium
      quit  TYPE int1
        DEFAULT if_Abap_Unit_Constant=>quit-test.

ENDCLASS.

CLASS message_container_assert IMPLEMENTATION.

  METHOD assert_contains_message.
    DATA(messages) = act->get_messages( ).
    cl_abap_unit_assert=>assert_table_contains(
      table = messages
      line  = exp
      msg   = msg
      level = level
      quit  = quit ).
  ENDMETHOD.

ENDCLASS.
```

Listing 12.13 Testhelferklasse für eine selbstgeschriebene Assertion

Die Methode `assert_contains_message` deklariert neben den Hauptparametern `act` und `exp` auch die optionalen Parameter `msg`, `level` und `quit`. Dadurch stellt diese Assertion dieselben Parameter zur Verfügung wie die darin genutzte Basis-Assertion. Für den Parameter `msg` stellt sie einen passenderen Vorschlagswert zur Verfügung. Durch diese Signatur kann die Assertion leichter in anderen Szenarien wiederverwendet werden.

Die Testmethode aus Listing 12.7 können wir mit dieser eigenen Assertion so umschreiben, wie in Listing 12.14 gezeigt.

```
METHOD rejects_invalid_country.

  " Given I have a customer with an invalid country
  DATA(my_customer) = NEW customer(
```

```
    name = `Megadodo Corp.`
    country = invalid_country ).

  " When I validate the customer
  my_customer->validate( message_container ).

  " Then an error should be added for the invalid country
  message_container_assert=>assert_contains_message(
    act = message_container
    exp = invalid_country_error_message
    msg = `Expected error message not found` ).

ENDMETHOD.
```

Listing 12.14 Eigene Assertion-Methode verwenden

12.5.5 Constraints

Ein Problem eigener Assertions ist, dass Sie logisch ähnliche Varianten von Hand implementieren müssen. Haben Sie beispielsweise bereits eine Assertion »enthält eine Nachricht«, müssen Sie die logische Abwandlung »enthält keine Nachricht« trotzdem noch einmal extra implementieren. Haben Sie bereits die Assertions »enthält eine Nachricht« und »erfüllt eine andere Bedingung«, müssen Sie die logische Verknüpfung »enthält eine Nachricht und erfüllt eine andere Bedingung« ebenfalls extra implementieren.

Abhilfe können hier zusammensetzbare *Constraints* (Nebenbedingungen) schaffen. Dazu implementieren Sie das Interface `if_constraint` und verwenden die Methode `cl_abap_unit_assert=>assert_that`. Listing 12.15 zeigt ein Beispiel für eine Constraint-Klasse.

```
CLASS message_container_contains DEFINITION
  PUBLIC
  FINAL
  FOR TESTING.

PUBLIC SECTION.

  INTERFACES: if_constraint.

  METHODS:
    constructor
      IMPORTING
        message_container TYPE REF TO message_container.
```

```
PRIVATE SECTION.

  DATA:
    message_container TYPE REF TO message_container.

ENDCLASS.

CLASS message_container_contains IMPLEMENTATION.

  METHOD constructor.
    me->message_container = message_container.
  ENDMETHOD.

  METHOD if_constraint~is_valid.
    DATA(messages) = message_container->get_messages( ).
    READ TABLE messages
      WITH KEY table_line = data_object
      TRANSPORTING NO FIELDS.
    result = xsdbool( sy-subrc = 0 ).
  ENDMETHOD.

  METHOD if_constraint~get_description.
    result = VALUE #( ( `Expected message not found` ) ).
  ENDMETHOD.

ENDCLASS.
```

Listing 12.15 Constraint-Klasse

Diese Constraint-Klasse überprüft, dass ein Nachrichtencontainer eine bestimmte Nachricht enthält. Der Konstruktor der Klasse erhält einen Nachrichtencontainer und merkt sich diesen. Die Methode `if_constraint~is_valid` prüft, dass der Eingabeparameter `data_object` im gemerkten Nachrichtencontainer enthalten ist. Die Methode `if_constraint~get_description` liefert einen passenden Fehlertext, wenn die Prüfung mit einem negativen Ergebnis endet. Diese Constraint-Klasse können Sie nun mit der Methode `assert_that` verwenden, wie in Listing 12.16 gezeigt.

```
METHOD rejects_invalid_country.

  " Given I have a customer with an invalid country
  DATA(my_customer) = NEW customer(
    name = `Megadodo Corp.`
    country = invalid_country ).
```

```
  " When I validate the customer
  my_customer->validate( message_container ).

  " Then an error should be added for the invalid country
  DATA(is_contained) =
    NEW message_container_contains( message_container ).
  cl_abap_unit_assert=>assert_that(
    act = invalid_country_error_message
    exp = is_contained
    msg = `Expected error message not found` ).

ENDMETHOD.
```

Listing 12.16 Assertion mit Constraint

Die Besonderheit von Constraints ist, dass Sie sich zusammensetzen lassen. Sie können die Methoden der Utility-Klasse `cl_aunit_constraints` verwenden, um Ihre Assertion mit weiteren Bedingungen wie *{[nicht (Bedingung1 und Bedingung2)] oder Bedingung3}* zu kombinieren, wie in Listing 12.17 vorgeführt.


```
DATA(constraint) =
  cl_aunit_constraints=>or(
    c1 = cl_aunit_constraints=>not(
      cl_aunit_constraints=>and(
        c1 = constraint1
        c2 = constraint2 ) )
    c2 = constraint3 ).
```

Listing 12.17 Constraints zusammensetzen

Achten Sie auch bei Constraints auf die Lesbarkeit des Codes. Schachteln Sie beispielsweise nicht zu tief und denken Sie an aussagekräftige Fehlertexte, wenn Bedingungen nicht zutreffen.

12.6 Test-Doubles

Klassen können auf vielfältige Weise von anderen Klassen abhängen. Sie können z. B. Instanzen der anderen Klassen als Eingabeparameter einer Methode erhalten, Referenzen in Attributen vorhalten oder die anderen Klassen einfach so im Code aufrufen. Solche Abhängigkeiten sollten Sie vom eigentlichen Inhalt der Klasse getrennt halten, sodass Sie jede Klasse für sich genommen testen können.

In diesem Abschnitt stellen wir verschiedene Wege gegenüber, wie Sie die getestete Klasse von den Komponenten, von denen sie abhängt, isolieren können. Dazu werden wir Test-Doubles anlegen und einschleusen, die in Unit Tests den Platz dieser Komponenten einnehmen.

12.6.1 Dependency Inversion und Test-Doubles

Viele der Richtlinien, die wir in Kapitel 3, »Klassen und Interfaces«, und Kapitel 4, »Methoden«, formuliert haben, zielen auf saubere Designs ab, die sich nicht nur leicht konsumieren, sondern auch leicht testen lassen.

Das Dependency Inversion-Prinzip (das »D« in SOLID, siehe Abschnitt 3.1.1, »Interfaces«) ist hierbei besonders hilfreich: Eine Möglichkeit, eine Klasse testbar zu machen, ist es, ihr alle Abhängigkeiten als Referenzen im Konstruktor zu übergeben. Eine solche Klasse können wir in Unit Tests mit Varianten dieser Abhängigkeiten aufrufen, deren Verhalten der Test-Code nach Bedarf selbst bestimmen kann. Solche testspezifischen Implementierungen nennen wir *Test-Doubles*. Die Technik an sich nennen wir Dependency Injection, denn die Abhängigkeiten werden von außen in die Klasse eingeschleust, statt sie in ihrem Inneren selbst zu erzeugen.

[»]

Dependency Inversion mit Constructor Injection nutzen

Wenn Ihre Klasse eine andere Ressource benötigt, um ihre Aufgaben zu erledigen, sollten Sie Ihr diese Ressource als Eingabeparameter im Konstruktor übergeben. Diese Form der Dependency Injection nennen wir *Constructor Injection*:

- Daneben gibt es noch andere Formen der Dependency Injection. Bei der *Setter Injection* beispielsweise übergeben wir der Klasse ebenfalls eine externe Ressource, allerdings nicht im Konstruktor, sondern in eine Setter-Methode.
- Bei der *Friend Injection* führen wir eine Freundschaftsbeziehung zwischen der Testklasse und der produktiven Klasse ein, damit die Testklasse die Ressource von außen in ein privates Attribut einsetzen kann.

Diese anderen Formen haben allerdings alle mehr oder weniger schwerwiegende Nachteile, die einem sauberen Testdesign im Weg stehen. Schleusen wir die externe Ressource beispielsweise erst spät ein, wie im Falle der Setter Injection, hat die getestete Klasse vorher vielleicht bereits auf eigene Faust eine Instanz einer echten produktiven Ressource erzeugt und dadurch allerlei unerwünschte Seiteneffekte ausgelöst. Seiteneffekte führen dazu, dass der Test nicht mehr isoliert ist und dadurch unzuverlässig wird oder andere Tests oder gar die produktive Umgebung unzuverlässig werden lässt.

Listing 12.18 zeigt die `PUBLIC SECTION` der Klasse `thermal_switch`, die Sie bereits in Listing 3.15 in Abschnitt 3.1.2, »Klassen und Objekte«, kennengelernt und in Abschnitt 4.1.2, »Öffentliche Instanzmethoden« in Listing 4.7 einem Refactoring unterzogen haben.

```
CLASS thermal_switch DEFINITION
  FINAL
  PUBLIC.

PUBLIC SECTION.

  INTERFACES:
    switchable,
    thermal_protector.

  ALIASES:
    trip FOR thermal_protector~trip,
    reset FOR thermal_protector~reset.

  METHODS:
    constructor
      IMPORTING
        managed_device TYPE REF TO switchable
        sensor TYPE REF TO thermal_sensor.
  ...
```

Listing 12.18 Die PUBLIC SECTION der Klasse thermal_switch

Der Konstruktor der Klasse `thermal_switch` erhält zwei Abhängigkeiten als Eingabeparameter:

- `managed_device` (das Gerät, das von diesem Schalter gesteuert wird)
- `sensor` (der Temperatursensor, dessen Messungen die Klasse nutzt, um eine Überhitzung zu vermeiden)

Um zu testen, dass die Klasse `thermal_switch` das Gerät abschaltet, wenn eine kritische Temperatur erreicht wird, verwenden wir Test-Doubles für diese beiden Abhängigkeiten. Sie können dafür sogenannte *Stub-Klassen* anlegen. Ein *Stub* (engl. für Stummel) ist eine einfache Art von Test-Double, die nur die gerade vom Test wirklich benötigten Methoden mit Leben füllt und alle anderen einfach leer lässt. Die Stub-Klassen können Sie einfach neben den Testklassen mit den Unit Tests als lokale Klassen definieren.

Für die Abhängigkeit `switchable` genügt uns z. B. eine primitive Teilimplementierung, die im Zustand `on` startet und abgeschaltet werden kann. Listing 12.19 zeigt eine mögliche Implementierung einer solchen `device_stub`-Klasse.

```
CLASS device_stub DEFINITION
  FINAL
```

```
  FOR TESTING.

PUBLIC SECTION.

  INTERFACES:
    switchable PARTIALLY IMPLEMENTED.

PRIVATE SECTION.

  DATA:
    turned_on TYPE abap_bool VALUE abap_true.

ENDCLASS.

CLASS device_stub IMPLEMENTATION.

  METHOD switchable~is_on.
    result = turned_on.
  ENDMETHOD.

  METHOD switchable~toggle.
    turned_on = abap_false.
  ENDMETHOD.

ENDCLASS.
```

Listing 12.19 Stub-Klasse für ein Gerät als Test-Double

Unser Unit Test wird die Methode switchable~is_off gar nicht verwenden. Wir müssen sie deshalb im Test-Double auch nicht implementieren. In gewöhnlichen Klassen wären wir gezwungen, alle Pflichtmethoden des Interface switchable zu implementieren. In einer Testklasse können wir jedoch den Zusatz PARTIALLY IMPLEMENTED verwenden, um nicht benötigte Implementierungen einfach weglassen zu können. Sollte unser Test-Code später doch aus Versehen eine solche Methode aufrufen, erhalten wir allerdings einen Laufzeitfehler. Sie müssen also trotzdem darauf achten, alle aufgerufenen Methoden bereitzustellen.

Vielleicht benötigen wir später weitere oder andere Verhaltensweisen. Fürs Erste genügt jedoch diese simple Variante, die im Zustand »an« startet und beim Umlegen des Schalters in den Zustand »aus« wechselt.

Als zweites Test-Double benötigen wir eine Implementierung des Interface thermal_sensor, das wir in Listing 3.13 in Abschnitt 3.1.2, »Klassen und Objekte«, definiert hatten. Listing 12.20 zeigt mit der Klasse sensor_stub eine einfache Variante hierfür.

```
CLASS sensor_stub DEFINITION
  FINAL
  FOR TESTING.

PUBLIC SECTION.

  INTERFACES: thermal_sensor.

  METHODS: raise_event.

ENDCLASS.

CLASS sensor_stub IMPLEMENTATION.

  METHOD raise_event.

    RAISE EVENT
      thermal_sensor~critical_temperature_reached.

  ENDMETHOD.

ENDCLASS.
```

Listing 12.20 Eine Stub-Klasse für das Interface thermal_sensor

Stub-Klassen können weitere Methoden oder Attribute bereitstellen, die dem Test helfen, Bedingungen zu überprüfen oder Interaktionen auszulösen. Unsere Stub-Klasse stellt eine Methode `raise_event` zur Verfügung, die es unserem Unit Test ermöglicht, jederzeit nach Belieben ein Ereignis des Typs `thermal_sensor~critical_temperature_reached` auszulösen.

Mit diesen beiden Stub-Klassen kann die Unit-Testklasse `thermal_switch_trip` nun die Auslösefunktion der Klasse `thermal_switch` testen, wie in Listing 12.21 gezeigt.

```
CLASS thermal_switch_trip DEFINITION
  FINAL
  FOR TESTING
  DURATION SHORT
  RISK LEVEL HARMLESS.

PRIVATE SECTION.

  METHODS:
    setup,
```

```
    assert_device_off,
    turns_off_when_tripped FOR TESTING,
    turns_off_when_temp_critical FOR TESTING.

  DATA:
    thermal_switch TYPE REF TO thermal_protector,
    device TYPE REF TO switchable,
    sensor TYPE REF TO sensor_stub.

ENDCLASS.

CLASS thermal_switch_trip IMPLEMENTATION.

  METHOD setup.

    " Given that the managed device is on
    device = NEW device_stub( ).

    " device_stub starts as on, this is just a sanity check
    cl_abap_unit_assert=>assert_equals(
      exp = abap_true
      act = device->is_on( )
      msg = 'The device should be on' ).

    sensor = NEW #( ).
    thermal_switch = NEW thermal_switch(
      managed_device = device
      sensor         = sensor ).

  ENDMETHOD.

  METHOD turns_off_when_tripped.

    " When the thermal switch is tripped manually
    thermal_switch->trip( ).

    " Then the device is turned off
    assert_device_off( ).

  ENDMETHOD.

  METHOD turns_off_when_temp_critical.
```

```
    " When a critical temperature is reached
    sensor->raise_event( ).

    " Then the thermal switch trips and the device is turned off
    assert_device_off( ).

  ENDMETHOD.

  METHOD assert_device_off.
    cl_abap_unit_assert=>assert_equals(
      exp = abap_false
      act = device->is_on( )
      msg = 'The device should not be on' ).
  ENDMETHOD.

ENDCLASS.
```


Listing 12.21 Unit-Testklasse mit Stubs

Die beiden in Listing 12.21 umgesetzten Testszenarien könnten wir im Given-When-Then-Stil wie folgt beschreiben:

- *Gegeben* sei ein Gerät im Zustand »an«. *Wenn* der Temperaturschalter manuell ausgelöst wird, *dann* wird das Gerät abgeschaltet.
- *Gegeben* sei ein Gerät im Zustand »an«. *Wenn* eine kritische Temperatur erreicht wird, *dann* wird der Temperaturschalter ausgelöst und das Gerät wird ausgeschaltet.

Selbst implementierte Stub-Klassen können ein einfacher und effizienter Weg sein, um Abhängigkeiten durch Test-Doubles zu ersetzen. Das Selbstimplementieren kann jedoch aufwendig werden, besonders wenn die Objekte auf vielfältige oder komplizierte Weisen miteinander interagieren. Im nächsten Abschnitt schauen wir uns deshalb eine einfachere Methodik an, um Test-Doubles zu erzeugen.

12.6.2 ABAP Test Double Framework

Das *ABAP Object-Oriented Test Double Framework* (im Folgenden kurz *ABAP Test Double Framework* genannt) unterstützt Sie bei der Implementierung und Konfiguration von Test-Doubles. Mit der Klasse `cl_abap_testdouble` als Startpunkt können Sie automatische Implementierungen für globale Interfaces oder Klassen anlegen. Sie können konfigurieren, welche Rückgabewerte die Methoden für welche Eingabewerte liefern sollen und Ausnahmen und Ereignisse auslösen.

Das ABAP Test Double Framework kann Stubs liefern, wie Sie sie im vorherigen Abschnitt gesehen haben, aber auch *Mocks*. Unter einem Mock verstehen wir eine weitere bestimmte Art von Test-Double. Mocks werden mit bestimmten Erwartungen konfiguriert und prüfen, ob diese Erwartungen eingetroffen sind, z. B. ob eine bestimmte Methode eine bestimmte Anzahl von Malen oder mit bestimmten Eingabewerten aufgerufen wurde. Der Test-Code konfiguriert die Mocks und schleust sie in die getestete Klasse ein, die dann mit den Mocks interagiert. Später bittet der Test-Code die Mocks dann, die stattgefundenen Interaktionen gegen die Erwartungen abzugleichen. Unerwartete Interaktionen führen dann wie fehlschlagende Assertions zum Scheitern des Tests.

Als Beispiel wollen wir prüfen, ob die Klasse `thermal_switch` die Methode `toggle` des verwalteten Geräts aufruft, wenn der Temperatursensor Alarm schlägt. Außerdem wollen wir prüfen, ob dieser Aufruf unterbleibt, wenn es kein Temperaturereignis gibt. Wir konfigurieren dazu mithilfe des ABAP Test Double Framework ein Mock-Objekt für das Interface `switchable`. Dieses Mock-Objekt konfigurieren wir so, dass es im ersten Fall einen Aufruf der Methode `toggle` erwartet, im zweiten aber nicht. Wir legen auch wieder eine Stub-Klasse für das Interface `thermal_sensor` an, allerdings ohne weitergehende Konfigurationen und nur, weil der Code in der Klasse `thermal_switch` ohne das Test-Double für dieses Interface nicht funktioniert. Die Testklasse `thermal_switch_trip_toggle` in Listing 12.22 zeigt den Test-Code.

```
CLASS thermal_switch_trip_toggle DEFINITION
  FINAL
  FOR TESTING
  DURATION SHORT
  RISK LEVEL HARMLESS.

PRIVATE SECTION.

  METHODS:
    setup,
    toggles_on FOR TESTING,
    doesnt_toggle_off FOR TESTING.

  DATA:
    thermal_switch TYPE REF TO thermal_protector,
    device TYPE REF TO switchable,
    sensor TYPE REF TO thermal_sensor.

ENDCLASS.

CLASS thermal_switch_trip_toggle IMPLEMENTATION.
```

```
METHOD setup.

  device ?= cl_abap_testdouble=>create( 'switchable' ).
  sensor ?= cl_abap_testdouble=>create( 'thermal_sensor' ).
  thermal_switch = NEW thermal_switch(
    managed_device = device
    sensor         = sensor ).

ENDMETHOD.

METHOD toggles_on.

  " Given that the managed device is on
  cl_abap_testdouble=>configure_call(
    device )->returning( abap_true ).
  device->is_on( ).
  cl_abap_testdouble=>configure_call(
    device )->and_expect( )->is_called_once( ).
  device->toggle( ).

  " When the thermal switch is tripped manually
  thermal_switch->trip( ).

  " Then the device is toggled
  cl_abap_testdouble=>verify_expectations( device ).

ENDMETHOD.

METHOD doesnt_toggle_off.

  " Given that the managed device is off
  cl_abap_testdouble=>configure_call(
    device )->returning( abap_false ).
  device->is_on( ).
  cl_abap_testdouble=>configure_call(
    device )->and_expect( )->is_never_called( ).
  device->toggle( ).

  " When the thermal switch is tripped manually
  thermal_switch->trip( ).

  " Then the device is not toggled
  cl_abap_testdouble=>verify_expectations( device ).
```

```
  ENDMETHOD.

ENDCLASS.
```

Listing 12.22 Das ABAP Test Double Framework verwenden

Um mit dem ABAP Test Double Framework ein Test-Double zu erzeugen, benötigen wir eine Referenzvariable mit dem Typ des globalen Interface oder der globalen Klasse. (Lokale Interfaces und Klassen können hier nicht verwendet werden.) Die Referenz füllen wir dann mit der Methode `create` der Klasse `cl_abap_testdouble`, der wir den Namen des zu imitierenden Typs geben:

```
DATA device TYPE REF TO switchable.
device ?= cl_abap_testdouble=>create( 'switchable' ).
```

Nach Durchlaufen dieses Code-Abschnitts enthält die Variable `device` bereits eine vollwertige Implementierung des Interface `switchable`. Alle Methoden des Interface sind funktionsfähig und verhalten sich so, als wären die Methoden leer.

Die Testmethode `toggles_on` konfiguriert dieses Test-Double nun so, dass ein Aufruf der Methode `switchable~is_on` immer den festen Wert `abap_true` zurückgibt:

```
cl_abap_testdouble=>configure_call(
  device )->returning( abap_true ).
device->is_on( ).
```

Die Testmethode formuliert außerdem die Erwartung, dass die Methode `switchable~toggle` genau einmal aufgerufen wird:

```
cl_abap_testdouble=>configure_call(
  device )->and_expect( )->is_called_once( ).
device->toggle( ).
```

Wie hier zu sehen, sind folgende Schritte notwendig, um einen Methodenaufruf zu konfigurieren:

1. Zunächst rufen Sie die Methode `cl_abap_testdouble=>configure_call` auf und übergeben ihr das Test-Double. Das liefert ein Konfigurationsobjekt, mit dem Sie das gewünschte Verhalten festlegen. Sie können wie bei Stubs Rückgabewerte vom Typ `EXPORTING` und `RETURNING` festlegen und auszulösende Ausnahmen oder Ereignisse vorgeben. Für Mocks können Sie auch angeben, wie oft die konfigurierte Methode aufgerufen werden soll.
2. Nun haben Sie dem Framework mitgeteilt, wie sich die Methode verhalten soll, aber noch nicht, um welche Methode es eigentlich geht. Das tun Sie im zweiten Schritt, in dem Sie die gewünschte Methode aufrufen. Die Eingabewerte, die Sie dabei übergeben, merkt sich das Framework und verbindet sie mit der Konfigura-

tion im ersten Schritt: Nur wenn später exakt diese Werte erhalten werden, wird die Konfiguration ausgelöst. Manchmal sind nicht alle Eingabeparameter relevant; in diesem Fall können Sie ausgewählte oder alle Eingabeparameter im ersten Schritt vom Vergleich ausnehmen.

Die Testmethode ruft nun die getestete Methode `thermal_switch->trip( )` auf. Anschließend bittet sie das Mock-Objekt zu prüfen, ob all seine Erwartungen eingetreten sind:

```
cl_abap_testdouble=>verify_expectations( device ).
```

Das ABAP Test Double Framework hat viele weitere Fähigkeiten. Mehr darüber finden Sie im SAP Help Portal unter dem Link *http://s-prs.co/v519006* sowie in der Dokumentation der Klasse `cl_abap_testdouble`.

[+]

Nutzen Sie das ABAP Test Double Framework

Das ABAP Test Double Framework ist ein mächtiges Werkzeug. Stubs und Mocks lassen sich damit einfacher erzeugen, als wenn Sie die Test-Doubles von Hand anlegen, konfigurieren und auswerten. Mit dem ABAP Test Double Framework können Sie den Großteil aller Standard-Unit-Testszenarien abdecken. Nutzen Sie dieses Hilfsmittel daher am besten als Standardweg.

Von Hand implementierte Test-Doubles sollten Sie nur in den wenigen Fällen einsetzen, in denen das ABAP Test Double Framework an seine Grenzen stößt. Das Interface `thermal_sensor` ist ein solches Beispiel. Dieses Interface besteht nur aus einem Ereignis, hat aber keine Methoden. Um das ABAP Test Double Framework zu verwenden, bräuchten wir aber mindestens eine Methode, die wir als Auslöser des Ereignisses konfigurieren können. Hier bietet sich eine manuelle Implementierung, wie in der Klasse `sensor_stub` in Listing 12.20 zu sehen.

Sie müssen nicht für jede Abhängigkeit ein Mock oder Stub als Test-Double anlegen. Wird ein abhängiges Objekt in der aktuell getesteten Methode und ihren Untermethoden gar nicht gebraucht, benötigen Sie auch kein Test-Double dafür. Mit zu umfangreichen Testdaten blähen Sie Ihren Testaufbau nur unnötig auf und lenken die Aufmerksamkeit der Leser und der Leserinnnen vom eigentlichen Testinhalt ab. In manchen Fällen brauchen Sie auch gar keine Test-Doubles. Testen Sie z. B. Datenstrukturen oder Datencontainer wie ein `transient_log`, die ohne Seiteneffekte einfach Daten erhalten, ablegen und wieder ausgeben, können Sie den produktiven Code direkt testen.

12.6.3 Weitere Testwerkzeuge

Wenn Sie einen sauberen Programmierstil beherzigen, werden Sie die meisten Ihrer Unit Tests mit dem ABAP Test Double Framework implementieren können. Für manche speziellere Interaktionen kann es sich dennoch anbieten, die folgenden weiteren Testwerkzeuge einzusetzen:

- **ABAP SQL Test Double Framework**

  Mit diesem Hilfsmittel können Sie Open-SQL-Anweisungen testen, ohne sich von der Datenbank abhängig zu machen und ohne die in der Datenbank liegenden Daten für die Tests verändern zu müssen. Mehr dazu erfahren Sie im SAP Help Portal unter dem Link *http://s-prs.co/v519007*.

- **ABAP CDS Test Double Framework**

  Dieses Framework funktioniert wie das ABAP SQL Test Double Framework, nur eben für CDS-Views. CDS-Views können komplexe Logik enthalten, die Sie mit diesem Hilfsmittel genauer prüfen können. Da CDS-Views keine lokalen Testklassen enthalten können, bietet sich hier die Verwendung von Testrelationen an, um die Tests mit dem CDS-View zu verknüpfen (siehe Listing 12.3 in Abschnitt 12.1.2, »Gültigkeitsbereich von Testklassen«). Mehr zu diesem Framework erfahren Sie unter dem Link *http://s-prs.co/v519008*.

- **CL_OSQL_REPLACE**

  Mit der Systemklasse `CL_OSQL_REPLACE` können Sie Open-SQL-Anweisungen, die normalerweise auf Datenbanktabellen, Views oder CDS-Views zugreifen würden, stattdessen auf Testcontainer umlenken, die sie nach Belieben mit Testdaten füllen können. Mehr dazu erfahren Sie in der ABAP-Schlüsselwortdokumentation unter dem Link *http://s-prs.de/v865901*.

- **ABAP Authority Check Test Helper API**

  Mit diesem Werkzeug können Sie `AUTHORITY-CHECK`-Anweisungen überprüfen. Wo verfügbar, können Sie die Klasse `cl_aunit_authority_check` nutzen, um Berechtigungen zu simulieren und zu prüfen, ob der Code sie richtig prüft. Mehr erfahren Sie im SAP Help Portal unter dem Link *http://s-prs.co/v519010*.

In den Online-Dokumentationen dieser Werkzeuge finden Sie Beschreibungen der Features, Code-Beispiele und auch Informationen dazu, auf welchen Plattformen sie in welchen Versionen verfügbar sind.

[!]

Keine eigenen Test-Frameworks bauen

Unit Tests sollten einfach aufgebaut sein. Optimal folgen sie einfach dem Prinzip »Daten rein – Daten raus«. Die Testdaten sollten direkt in der Testmethode oder einer Untermethode sichtbar sein. Nutzen Sie dazu die vorhandenen Werkzeuge, und bauen Sie keine eigenen Test-Frameworks. Verzichten Sie z. B. auf Konstruktionen, die magische Zahlen in Form von Testfall-IDs erhalten und basierend darauf entscheiden, welche Testdaten geliefert werden sollen. Solche Umwege und magischen Zahlen machen den Test-Code langfristig schwer zu durchschauen und noch schwerer zu warten.

12.7 Test-Seams

Test-Seams (dt. *Test-Nahtstellen*), markieren Abschnitte im produktiven Code, die Sie während eines Tests durch anderen Code ersetzen können. Nehmen wir als Beispiel eine Klasse `sales_document` mit den privaten Attributen und den Methoden aus Listing 12.23.

```
DATA document_currency TYPE currency.
METHODS convert_to_document_currency
  IMPORTING source TYPE money
  RETURNING VALUE(result) TYPE money.
```

Listing 12.23 Private Bestandteile der Klasse sales_document

Die Instanzmethode `convert_to_document_currency` rechnet einen Betrag in beliebiger Währung in die Währung `document_currency` des Verkaufsbelegs um, wie in Listing 12.24 dargestellt.

12

```
METHOD convert_to_document_currency.
  TEST-SEAM currency_conversion_seam.
    CALL FUNCTION 'CONVERT_AMOUNT_TO_CURRENCY'
      EXPORTING
        date             = sy-datum
        foreign_currency = source-currency
        foreign_amount   = source-amount
        local_currency   = document_currency
      IMPORTING
        local_amount     = result-amount.
      result-currency = document_currency.
  END-TEST-SEAM.
ENDMETHOD.
```

Listing 12.24 Methode mit Test-Seam

Die Methode ruft einen Funktionsbaustein auf, um die Währungsumrechnung vorzunehmen. Das macht es schwierig, die Klasse `sales_document` zu testen, denn der Umrechnungskurs unterliegt Schwankungen und ist dadurch nichtdeterministisch. Der Funktionsbaustein kann außerdem nicht ohne Weiteres durch ein Test-Double ersetzt werden. Um den Rückgabewert dieser Methode in einem Test festzulegen, umschließen wir den Aufruf des Funktionsbausteins daher mit einem `TEST-SEAM`-Block. Im Test-Code können wir nun einen dazu passenden `TEST-INJECTION`-Block, in dem wir den Namen des Test-Seams nennen, aufrufen, wie in Listing 12.25 zu sehen. Der Code, den wir in diesem Block schreiben, ersetzt den Code im Test-Seam.

```
METHOD add_item_with_diff_currency.
  TEST-INJECTION currency_conversion_seam.
    result = VALUE #(
      amount   = 1000
      currency = document_currency ).
  END-TEST-INJECTION.
  ...
```

Listing 12.25 Test-Seam-Injection in einer Testmethode

Obwohl sie auf den ersten Blick mächtig und robust aussehen, sind Test-Seams in Wirklichkeit invasiv und zerbrechlich. Sie ersetzen private Abschnitte des Codes und machen dadurch den Test-Code sehr stark abhängig vom produktiven Code. Der injizierte Code in Listing 12.25 greift z. B. auf das private Attribut `document_currency` zu. Test-Seams laden auch dazu ein, das Design unsauber zu lassen, und machen den Code dadurch langfristig schwerer zu warten.

Beim Testen von Legacy-Code, wenn Abhängigkeiten nur unklar abgegrenzt sind und Interfaces quasi nicht existieren, können Test-Seams jedoch sehr nützlich sein. Sie können insbesondere die erste Hilfestellung darstellen, die nötig ist, um den Test durch kleinschrittige Änderungen überhaupt in ein testbares Design zu überführen, indem Sie die Abhängigkeiten klarer herausarbeiten. Die Test-Seams können Sie dann nach und nach durch ordentliche Interfaces ablösen.

Anstelle von Test-Seams können Sie noch auf zwei andere nennenswerte Alternativen zurückgreifen:

- **Test-Flags**

  Diese Alternative ist manchmal in älterem produktiven Code zu finden. Test-Flags schalten das Verhalten des Codes um, je nachdem, ob er produktiv oder im Rahmen eines Tests läuft. Im Folgenden sehen Sie ein Beispiel.

  ```
  IF me->in_test_mode = abap_true.
    ...
  ```

  Diese Vorgehensweise »verschmutzt« den produktiven Code jedoch mit Test-Code und ist nicht ratsam. Der Code wird dadurch unterbrochen und ist schwerer zu lesen und zu warten. Nutzen Sie besser Test-Seams, die als reine Markierungen weniger aggressiv in den produktiven Code eingreifen.

- **Testunterklassen**

  Eine andere Art, eine Klasse testbar zu machen ist es, Unterklassen anzulegen, die von der Klasse erben und die unerwünschten Teile durch Redefinition der Methoden mit Test-Code überschreiben. Dieses Vorgehen funktioniert, ist aber fehleranfällig: Wenn der Code umgestellt wird, müssen auch alle Tests mühsam angepasst werden. Die Nutzung von Testunterklassen erfordert darüber hinaus, dass die produktive Klasse für die Vererbung freigegeben wird, selbst wenn sie nicht dafür entwickelt wurde. Auch andere Konsumenten können dann Unterklassen anlegen, was eine unerwünschte Kopplung und fehlerhaftes Verhalten zur Folge haben kann. Abschnitt 3.1.2, »Klassen und Objekte«, geht genauer auf diese Problematik ein. Beachten Sie hier insbesondere den Infokasten »Sehen Sie Vererbung von Anfang an im Modell vor oder verbieten Sie sie«.

Auch im Vergleich zu Testunterklassen sind daher Test-Seams die bessere Wahl. Sie verändern das Verhalten der produktiven Klasse nicht, und Sie können Vererbung nach wie vor unterbinden.

[+]

Weiterführende Informationen

Weitere nützliche Hinweise zum Umgang mit Legacy-Code finden Sie auch in Büchern wie *Effektives Arbeiten mit Legacy Code* von Michael C. Feathers (mitp, 2010). Der Begriff Test-Seam wird dort allerdings anders ausgelegt, da das Buch nicht ABAP-spezifisch ist. Feathers bezeichnet jede Art von Code, die durch Test-Code ersetzt werden kann, als Test-Seam, also auch Code-Elemente, die durch Test-Doubles oder die Bildung von Testunterklassen geändert werden.

Das Buch *Agile ABAP-Entwicklung* von Winfried Schwarzmann (SAP PRESS, 2019) gibt ebenfalls nützliche Einsichten in den Umgang mit automatischen Tests in ABAP.

12.8 Konzepte zum Umgang mit Unit Tests

Bislang haben wir uns die grundlegende Mechanik von ABAP Unit Tests angeschaut und wichtige Konzepte und Richtlinien auf der Code-Ebene vermittelt. Im Folgenden betrachten wir einige übergeordnete Konzepte für den Umgang mit automatischen Tests im Allgemeinen und Unit Tests im Speziellen.

12.8.1 Testgetriebene Entwicklung

Test-Driven Development (TDD), zu Deutsch *testgetriebene Entwicklung*, ist eines der Kernkonzepte agiler Softwareentwicklung. Jede Entwicklerin und jeder Entwickler sollte mit diesem Konzept vertraut sein.

TDD beschreibt einen recht einfachen iterativen Prozess, um Tests und produktiven Code Stück für Stück gemeinsam zu erarbeiten. Dabei richten Sie sich nach dem folgenden Zyklus:

1. Schreiben Sie einen fehlschlagenden Unit Test.
2. Schreiben Sie gerade so viel produktiven Code, dass der Test positiv ausfällt.
3. Wiederholen Sie diese Schritte, bis die Software alle Anforderungen erfüllt.

Der überraschende Aspekt an diesem Verfahren ist, dass Sie den Test-Code *vor* dem produktiven Code schreiben. Diese ebenso einfache wie geniale Umkehrung führt nicht nur dazu, dass der produktive Code von vornherein vollständig mit Unit Tests abgedeckt ist. Sie führt auch dazu, dass Sie sich von Anfang an Gedanken dazu machen müssen, wie Sie den Code später konsumieren werden. Der Unit Test ist der erste Konsument des Codes, sogar bevor der Code selbst existiert. Er treibt das Design in klaren Bahnen voran. Die Testbarkeit des gesamten produktiven Codes ist dabei ein nützliches Nebenprodukt.

Der eben beschriebene Prozess wird oft um weitere wichtige Schritte ergänzt:

1. Schreiben Sie einen fehlschlagenden Unit Test.
2. Machen Sie die Fehlerursache verständlich.
3. Schreiben Sie gerade so viel produktiven Code, dass der Test positiv ausfällt.
4. Führen Sie ein Refactoring durch, um das Gesamtdesign zu verbessern.
5. Wiederholen Sie diese Schritte, bis die Software alle Anforderungen erfüllt.

TDD treibt Softwaredesign und Code gleichermaßen durch Tests voran und stellt zu jedem Zeitpunkt sicher, dass sowohl der produktive Code als auch der Test-Code sauber und qualitativ hochwertig sind.

[+]

Machen Sie Ihren Code testbar

Denken Sie darüber nach, testgetriebene Entwicklung zum Teil Ihrer täglichen Routine zu machen. TDD passt nicht immer, aber oft. Setzen Sie diese Methodik ein, wann immer sie möglich und sinnvoll ist. TDD funktioniert besonders gut, wenn Sie eine Klasse, ein Paket oder eine Komponente neu bauen. Schwieriger ist es bei Legacy-Code. Hier ist meist etwas Vorarbeit nötig, um das Design überhaupt erst einmal in den Griff zu bekommen. Aber auch in solchen Projekten können Sie Erweiterungen, Änderungen und Korrekturen testgetrieben umsetzen. Versuchen Sie dazu, die Änderungen zu isolieren. TDD führt nicht nur zu gut testbarem Code, sondern ganz nebenbei auch zu einer hohen Testabdeckung.

Wenn Sie Code schreiben, der von anderen Entwicklern und Entwicklerinnen oder Teams konsumiert werden soll, ermöglichen Sie es diesen Personen, ihren Code zu testen. Stellen Sie z. B. sicher, dass Ihre nach außen gerichteten Komponenten über Interfaces isoliert sind, sodass das andere Ihre Komponenten durch Test-Doubles ersetzen können. Stellen Sie Ihrerseits nützliche Test-Doubles bereit, die es erleichtern, Integrations-Tests zu schreiben. Nutzen Sie Dependency Inversion, um es den externen Entwicklerinnen und Entwicklern zu ermöglichen, zentrale Teile Ihres Codes durch eigene Test-Doubles zu ersetzen.

12.8.2 Eigenschaften sauberer Tests

Gute Tests weisen einige grundlegende Eigenschaften auf:

- **Test-Code sollte professionell sein.**

  Test-Code ist echter Code. Die hohen Qualitätsstandards und Richtlinien, die für produktiven Code gelten, sollten Sie daher auch auf Test-Code anwenden. Test-Code ist meist sehr viel einfacher strukturiert als produktiver Code. Trotzdem sollte er den Prinzipien guten Designs folgen, z. B. lose Kopplung, hohe Kohäsion usw.

- **Test-Code sollte automatisch laufen.**

  Automatische Tests sind Tests, die automatisch laufen. Sie sollten selbst beurteilen können, wann sie erfolgreich waren und wann nicht, ohne dass ein Mensch Ergebnisse nachbeurteilen oder interpretieren muss. Sie sollten eingeplant werden können und Sie automatisch über Fehlschläge unterrichten, z. B. per E-Mail.

  Verwenden Sie keine halbautomatischen Tests, die zwar automatisch ablaufen, aber dann erfordern, dass Sie das Ergebnis von Hand vergleichen, um zu erfahren, ob sie erfolgreich waren. Machen Sie den nächsten Schritt und wandeln Sie solche Tests in vollautomatische Tests um, indem Sie sie mit Assertions ausstatten, die den Ergebnisvergleich automatisieren.

- **Tests sollten isoliert sein.**

  Unit Tests sollten nicht voneinander abhängigen. Ihre ABAP-Unit-Testklassen und -Testmethoden sollten z. B. nicht in einer bestimmten Reihenfolge ablaufen müssen, um zu funktionieren. Die ABAP-Unit-Laufzeit garantiert Ihnen keine stabile Reihenfolge. Jede Testmethode sollte ein einzelnes Testszenario abbilden und für sich stehend ausgeführt werden können.

  Unit Tests sollen auch nicht von der Umgebung abhängen. Sie sollten beispielsweise auch dann noch laufen, wenn Sie sie in ein anderes System transportieren. Sie sollten dort auch inhaltlich genau so ablaufen wie in allen anderen Systemen. Nutzen Sie Konzepte wie Dependency Injection und Test-Doubles sowie die ABAP-Testwerkzeuge, um dieses Ziel zu erreichen.

- **Tests sollten schnell sein.**

  Tests sollten wenig Zeit in Anspruch nehmen. Nur so können Sie die Tests während der Entwicklung häufig laufen lassen. Optimalerweise führen Sie die Tests nach jeder kleinen Änderung aus. Die Tests voneinander zu isolieren, hilft Ihnen dabei. Nur schnelle Tests erlauben es Ihnen, mindestens einmal täglich alle Tests Ihrer Software auszuführen, wenn mit der Menge des produktiven Codes auch die Anzahl der Unit Tests wächst.

- **Tests sollten das öffentliche Interface testen.**

  Die öffentlichen Komponenten Ihrer Klassen und Interfaces sind diejenigen, die Ihre Konsumenten am Ende nutzen werden. Ihre Tests sollten das nachahmen:

Rufen Sie die Klassen und Interfaces so auf, wie sie gedacht sind, also durch ihre öffentlichen Interfaces.

Private oder geschützte Komponenten sind Implementierungsdetails Ihrer Klassen, die sich häufiger und schneller ändern können und für Konsumenten nicht relevant sind. Stören Sie die Kapselung und absichtlich gezogene Grenzen innerhalb Ihres Codes nicht, indem Sie in Tests auf solche internen Dinge zugreifen, auch nicht durch Methoden wie Freundschaft oder Vererbung.

Das Bedürfnis, interne Dinge testen zu wollen, kann ein wichtiges Signal sein, dass das Design Schwachstellen hat. Stellen Sie das Design dann mit den folgenden Fragen auf die Probe:

- Haben Sie in einer Klasse ein Konzept mit untergebracht, das besser in einer eigenen Klasse untergebracht werden sollte, mit einer eigenen Test-Suite?
- Ist die Logik der fachlichen Domäne mit technischer Logik vermischt? Wenn Sie Code in ein Framework einfügen wollen, müssen Ihre Klassen dazu beispielsweise oft bestimmte Interfaces implementieren oder von bestimmten Klassen erben. Die Klasse, die das tut, stellt sozusagen den »Klebstoff« dar, mit dem Sie Ihre Domänenlogik mit dem fremden Framework verbinden – wir sprechen deshalb auch von »Klebe-Code« (engl. *glue code*). In eine solche Klasse sollten Sie nicht direkt die Domänenlogik legen.
  Typische Beispiele in ABAP sind die Klassen, mit denen Sie Actions, Validations und Determinations an ein Business-Objekt des *Business Object Processing Framework* (BOPF) anfügen. Ein weiteres Beispiel sind die `_DPC_EXT`-Klassen, mit denen Sie Entitäten in einem OData-Service ausimplementieren. Bringen Sie die Domänenlogik in eigenständige Klassen unter, damit Sie sie separat testen und frei wiederverwenden können.
- Sind die Interfaces zu kompliziert und fragen zu viele Daten ab, die eigentlich nichts zur Sache tun? Solche Interfaces machen es extrem schwer, in Unit Tests funktionsfähige Test-Doubles bereitzustellen.

12.8.3 Testabdeckung

In Abschnitt 12.1.4, »Tests ausführen«, haben Sie bereits gesehen, wie Sie Unit Tests ausführen und dabei die Testabdeckung berechnen können. Der *ABAP Coverage Report* stellt Ihnen dabei die folgenden Metriken zur Verfügung:

- **Anweisungsabdeckung (Statement Coverage)**

  Der prozentuale Anteil der produktiven Anweisungen, die beim Ausführen der Unit Tests ausgeführt wurden

- **Zweigabdeckung (Branch Coverage)**

  Der prozentuale Anteil der möglichen produktiven Ausführungspfade, die im Rahmen der Unit Tests abgeschritten wurden

- **Prozedurabdeckung (Procedure Coverage)**

  Der prozentuale Anteil der Methoden und Funktionen, die im Rahmen der Unit Tests aufgerufen wurden

Vorgehensweisen wie TDD führen auf natürliche Weise zu hohen Abdeckungswerten. Trotzdem bleibt selbst hierbei das scheinbare Idealziel von 100 % Abdeckung für alle Metriken unerreichbar oder zumindest extrem alltagsuntauglich. Die Gründe dafür sind vielfältig, und wir wollen hier nicht näher darauf eingehen. An dieser Stelle soll es genügen festzustellen, dass an manchen Stellen der Aufwand für das Testen extrem hoch ist und in keinem sinnvollen Verhältnis zum erwarteten Nutzen steht.

[+]

Machen Sie sich nicht mit der Testabdeckung verrückt

Die Messung der Testabdeckung ist dazu da, Stellen zu finden, an denen die Tests vergessen wurden. Sie ist auch nützlich, um den Fortschritt zu kontrollieren, wenn Sie nach und nach Tests für Legacy Code einführen. Eine hohe Testabdeckung ist jedoch kein Selbstzweck, und Sie sollten Tests nicht nur anlegen, um irgendeine beliebig gewählte Kennzahl zu erreichen. Erfinden Sie insbesondere keine womöglich sogar sinnentleerten Tests, um die Abdeckungsrate hochzutreiben. Ihre Tests sollten die funktionalen Testszenarien und letztendlich die Features Ihrer Software widerspiegeln.

12.9 Zusammenfassung

In diesem Kapitel haben wir uns mit den Unit Tests einen Kernaspekt der agilen Softwareentwicklung angeschaut. Sie haben die ABAP-Unit-Testumgebung kennengelernt und sich mit Testklassen, Testmethoden und der getesteten Klasse beschäftigt. Im Einzelnen haben wir die folgenden Richtlinien besprochen:

- Wählen Sie passende Werte für `DURATION` und `RISK LEVEL`.
- Streben Sie Unit Tests an, die `SHORT` und `HARMLESS` sind.
- Bringen Sie Unit Tests in lokalen Testklassen unter.
- Nutzen Sie eigenständige globale Klassen als Behälter für übergeordnete Tests.
- Verbinden Sie Tests und getestete Objekte mit Testrelationen.
- Definieren Sie alle Klassen, die nur fürs Testen da sind, mit dem Zusatz `FOR TESTING`.
- Benutzen Sie Teardown-Methoden nur, wenn sie nötig sind.

- Formulieren Sie Testszenarien im Given-When-Then-Stil.
- Tests sollten die getestete Klasse so konsumieren wie beabsichtigt.
- Nutzen Sie `LOCAL FRIENDS` nur, um private Konstruktoren zu erreichen.
- Benennen Sie Testklassen nach ihrem Zweck, entweder nach dem Given- oder dem When-Teil eines Given-When-Then-Szenarios.
- Benennen Sie Testmethoden nach der Erwartungshaltung, also dem When oder Then.
- Geben Sie der getesteten Klasse einen sprechenden Namen.

Im weiteren Verlauf haben wir die folgenden Empfehlungen zur Verwendung von Assertions und Test-Doubles festgehalten:

- Nutzen Sie wenige, fokussierte Assertions.
- Beurteilen Sie wo immer möglich Inhalt, nicht Menge.
- Beurteilen Sie darüber hinaus sogar besser Qualität statt bloßen Inhalt.
- Machen Sie es leicht zu erkennen, warum eine Assertion fehlgeschlagen ist.
- Geben Sie irrelevante statische Ausnahmen als `cx_root` weiter.
- Nutzen Sie Dependency Inversion, am besten mit Constructor Injection.
- Verwenden Sie das ABAP Test Double Framework.
- Mocken Sie nur notwendige Teile.
- Bauen Sie keine eigenen Test-Frameworks.

Schließlich haben wir uns mit Test-Seams und grundlegenden Techniken und Prinzipien im Umgang mit Unit Tests beschäftigt und dazu folgende Regeln formuliert:

- Nutzen Sie testgetriebene Entwicklung, und machen Sie Ihren Code testbar.
- Test-Code sollte professionell sein.
- Test-Code sollte vollständig automatisch ausgeführt werden.
- Tests sollten isoliert sein.
- Tests sollten schnell sein.
- Testen Sie das öffentliche Interface.
- Machen Sie sich nicht mit der Testabdeckung verrückt.

Im nächsten Kapitel widmen wir uns ABAP-Komponenten auf der höchsten Abstraktionsebene: den Paketen.

Kapitel 13
Pakete

Pakete bieten eine einfache, aber leistungsfähige Möglichkeit, Softwareartefakte zu strukturieren. Richtig eingesetzt, sorgen Pakete für Modularität, Kohäsion, eine einfache Nutzung und ein einfaches Refactoring. Wenn Pakete zu Beginn eines Projekts weggelassen werden, öffnet das die Tür zu massiven technischen Schulden.

Allzu oft wird den Paketen zu Beginn eines Entwicklungsprojekts zu wenig Beachtung geschenkt, was zu technischen Schulden führt und die Verwaltung erheblich erschwert, wenn neue Objekte erstellt werden. Die bewusste Gestaltung einer Pakethierarchie, bei der die richtigen Objekte jeweils für externe Programme sichtbar oder unsichtbar sind, erfordert zu Beginn eines Projekts allerdings etwas mehr Zeit. Sie hat sich jedoch als äußerst nützlich für jedes Projekt erwiesen, unabhängig von seiner Größe oder Dauer.

In Abschnitt 13.1, »Allgemeine Paketkonzepte«, behandeln wir zunächst einige allgemeine Grundsätze zur Erstellung übergeordneter Strukturen für Ihren Code und die Erstellung von Paketen. Danach tauchen wir in Abschnitt 13.2, »Paketkonzept in ABAP«, tiefer in ABAP-spezifische Paketkonzepte ein, gefolgt von einem Blick auf Paketdesign, Paketschnittstellen, Verwendung und Pakethierarchien in Abschnitt 13.3, »Optionen für das Paketdesign«. In Abschnitt 13.4, »Paketprüfungen«, stellen wir Ihnen die Paketprüfungen und deren Verwendung vor. Wir schließen dieses Kapitel in Abschnitt 13.5, »Konsequenzen einer mangelhaften oder fehlenden Paketstrategie«, mit einer Erörterung der Bedeutung solider Paketstrategien.

13.1 Allgemeine Paketkonzepte

In der Softwareprogrammierung ermöglichen Pakete die Gruppierung und Strukturierung einer großen Anzahl von Entwicklungsobjekten in kleinere, besser handhabbare und organisierte Teilmengen von Objekten. Während innerhalb von Klassen eine hohe Kohäsion und eine lose Kopplung erreicht werden kann, ermöglichen es Pakete, die gleichen alten, aber immer noch gültigen Grundsätze der Kohäsion und Kopplung auf einer höheren Ebene anzuwenden. Vor mehreren Jahrzehnten beschrieb David Parnas seine Idee des *modularen Designs* mit dem Schwerpunkt auf hoher Kohäsion, d. h. einem hohen Grad der Zusammengehörigkeit der Elemente innerhalb einer bestimmten Menge, und loser Kopplung, d. h. einem geringen Grad der gegenseitigen Abhängigkeit der Elemente. In den folgenden Abschnitten betrachten wir verschiedene Anwendungsfälle für Pakete und einige Schlüsselkonzepte, wie Wiederverwendungsebenen und Kohäsion, näher.

13.1.1 Anwendungsfälle

Mithilfe von Paketen können Sie eine Reihe verschiedener Entwicklungsobjekte nach bestimmten Kriterien gruppieren. Sie müssen diese Kriterien sorgfältig durchdenken, bevor Sie mit der Implementierung beginnen, denn das Verschieben von Objekten nach ihrer Erstellung ist zeitaufwendig und führt in der Regel zu hohen technischen Schulden.

Sie können Objekte auf verschiedene Weise zu Paketen zusammenfassen, z. B. anhand folgender Kriterien:

- nach Schichten
- nach Anwendungen
- nach Frameworks
- nach Tests
- nach Wiederverwendungsebenen

In Abschnitt 13.3, »Optionen für das Paketdesign«, werden wir das an einigen konkreten Beispielen zeigen.

13.1.2 Wiederverwendungsebenen

Pakete helfen nicht nur dabei, semantisch verwandte Objekte zu gruppieren, sondern auch, die richtigen Objekte den richtigen Nutzern zugänglich zu machen. Diese Selektivität basiert auf *Wiederverwendungsebenen*, die im Grunde genommen ganz grundsätzlich angeben, wer was verwenden kann.

Im Folgenden führen wir die wichtigsten Wiederverwendungsebenen auf, von der eingeschränktesten bis zur offensten:

1. **Keine Wiederverwendung**
   Die in einem Paket enthaltenen Objekte existieren nur, um die interne Modularität der jeweiligen Objekte zu gewährleisten.
2. **Private Wiederverwendung**
   Objekte können innerhalb einer kleinen Menge von Objekten wiederverwendet werden, z. B. nur innerhalb einer bestimmten Anwendung.
3. **Interne Wiederverwendung**
   Mehrere verschiedene Anwendungen oder Schichten können die in einem Paket enthaltenen Objekte wiederverwenden, aber die Wiederverwendbarkeit dieser

Objekte wird immer noch als eingeschränkt betrachtet (z. B. intern für SAP, intern für Partner-Code).

4. **Öffentliche Wiederverwendung**
   Solche Pakete enthalten Objekte, die von allen verwendet oder konsumiert werden können, z. B. auch von Kunden und Partnern.

Indem für jedes Paket ein klarer Zweck angegeben wird, ist die beabsichtigte Wiederverwendung offensichtlich und weniger willkürlich. Allzu oft werden wiederverwendbare Objekte kopiert, weil nicht klar ist, ob sie zur Wiederverwendung bestimmt sind. Ebenso oft werden interne Objekte wiederverwendet, weil nicht klar ist, dass sie nicht zur Wiederverwendung bestimmt sind. Die explizite Angabe von Wiederverwendungsebenen hilft Ihnen, ein angemessenes Maß an Kohäsion aufrechtzuerhalten, worauf wir im nächsten Abschnitt eingehen werden.

13.1.3 Kohäsion

Im Kontext der Softwareentwicklung ist Kohäsion ein Qualitätsmerkmal oder ein Maß dafür, wie Elemente, die z. B. innerhalb eines bestimmten Pakets gruppiert sind, zueinander in Beziehung stehen. Ein Beispiel für geringe Kohäsion wäre eine Menge unzusammenhängender Elemente, wie z. B. Klassen, die nichts miteinander zu tun haben, aber alle demselben Paket zugeordnet wurden. Kohäsion kommt in verschiedenen Bereichen der Softwareentwicklung zum Einsatz, z. B. bei Methoden, die innerhalb einer Klasse oder einer Schnittstelle definiert sind. In diesem Abschnitt konzentrieren wir uns jedoch auf die Kohäsion der Entwicklungsobjekte, die in einem bestimmten Paket enthalten sind.

Eine hohe Kohäsion kann sichergestellt werden, solange Sie jedes Element sorgfältig an der richtigen Stelle platzieren. Wenn Sie Ihre Objekte nicht organisieren, kann das sehr schnell außer Kontrolle geraten, was zu technischen Schulden und zufälligen Architekturen führt.

Eine starke oder hohe Kohäsion bringt mehrere Vorteile mit sich, wie beispielsweise die folgenden:

- geringere Komplexität oder Verflechtung
- bessere Wartbarkeit
- verbesserte Wiederverwendbarkeit

13.2 Paketkonzept in ABAP

ABAP unterstützt Konzepte wie Sichtbarkeit, Kapselung und Deprecation. Um sie anzuwenden, müssen Sie sowohl die ABAP-spezifische Terminologie verstehen als auch wissen, wie Sie diese Konzepte auf ABAP-Pakete anwenden können. In den folgenden Abschnitten untersuchen wir zunächst die drei Hauptbestandteile des Paketkonzepts in ABAP, bevor wir uns mit Kapselung, Schnittstellen und Best Practices für Pakete beschäftigen.

13.2.1 Pakettypen

Drei Pakettypen sind in ABAP verfügbar:

- Strukturpakete
- Hauptpakete
- Entwicklungspakete

Wie in Abbildung 13.1 dargestellt, können zwischen diesen Paketen folgende Beziehungen bestehen:

- Ein *Strukturpaket* kann Strukturpakete, Hauptpakete und Entwicklungspakete enthalten. Sein Hauptzweck ist es, als Wurzelelement einer Anwendung oder eines gesamten Produkts zu dienen.
- Ein *Hauptpaket* kann Hauptpakete und Entwicklungspakete enthalten. Sein Hauptzweck ist die Strukturierung von Entwicklungsinhalten auf hoher Ebene, z. B. in Schichten, Komponenten usw.
- *Entwicklungspakete* sind die einzige Art von Paketen, die Entwicklungsobjekte enthalten kann. Tatsächlich kann ein Entwicklungspaket sowohl Entwicklungspakete als auch Entwicklungsobjekte enthalten; wir empfehlen jedoch, dass ein Entwicklungspaket entweder nur Entwicklungspakete oder nur Entwicklungsobjekte enthält, nicht beides gleichzeitig.

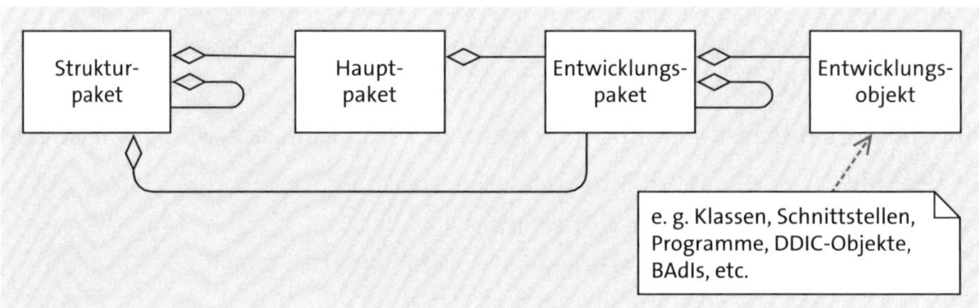

Abbildung 13.1 Pakettypen und ihr möglicher Inhalt

Jedes Paket kann darüber hinaus bis zu zwei Rollen gleichzeitig haben:

- **Serverpaket**

  Entwicklungsobjekte aus diesem Paket werden nach außen hin zur Nutzung freigegeben.

- **Verwenderpaket (Client-Paket)**
  Entwicklungsobjekte aus diesem Paket konsumieren Entwicklungsobjekte außerhalb dieses Pakets.

13.2.2 Gekapselte Pakete

Bei der Erstellung eines Pakets innerhalb der ABAP Development Tools (ADT) empfiehlt es sich, die Pakete als **Encapsulated** (gekapselt) zu definieren, wie in Abbildung 13.2 dargestellt.

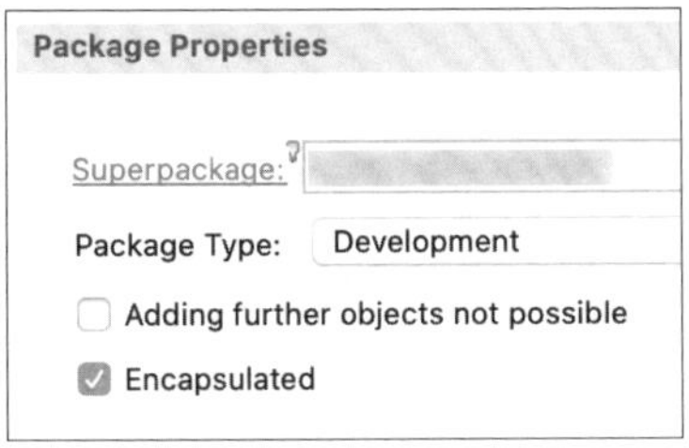

Abbildung 13.2 Ein gekapseltes Paket erstellen

Bei der Kapselung sind alle Entwicklungsobjekte des Pakets standardmäßig nicht sichtbar. Um ihre Verwendung außerhalb des Pakets zu ermöglichen, müssen diese Objekte durch eine Paketschnittstelle offengelegt werden, die wir in Abschnitt 13.2.3 beschreiben. Im Gegensatz dazu können alle Objekte eines nicht gekapselten Pakets von allen verwendet werden. In Java ist eine fehlende Kapselung gleichbedeutend mit der Definition aller Objekte als öffentlich, was schnell zu einer hohen Kopplung mit unbeabsichtigten Konsumenten führt.

Die Checkbox **Encapsulated** hat direkte Auswirkungen auf die Paketprüfungen, die wir in Abschnitt 13.4 erläutern.

13.2.3 Paketschnittstellen

Eine *Paketschnittstelle* ist ein Objekt, das die Bereitstellung von Entwicklungsobjekten außerhalb eines bestimmten Pakets für den externen Konsum ermöglicht. Paketschnittstellen können jedes beliebige ABAP-Entwicklungsobjekt bereitstellen, aber auch andere Paketschnittstellen.

Wie in Abbildung 13.3 zu erkennen, gibt es drei Arten von Paketschnittstellen:

- Standard-Paketschnittstelle (Default)
- virtuelle Standard-Paketschnittstelle
- Filter-Paketschnittstelle

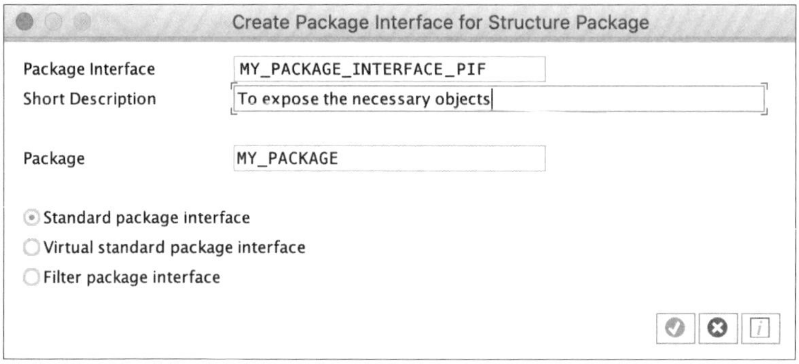

Abbildung 13.3 Typen von Paketschnittstellen

Die meisten Paketschnittstellen, die Sie erstellen werden, werden Standardschnittstellen sein, da die beiden anderen Optionen nur für Strukturpakete wählbar sind. Die virtuelle Standard-Paketschnittstelle ist ein Blankoscheck, der den Zugriff auf alle Objekte ermöglicht; dieser Zugriff kann jedoch über die Filter-Paketschnittstelle auf einen bestimmten Namensraum eingeschränkt werden. Wenn Ihnen die Optionen zur Auswahl des Typs nicht angezeigt werden, bedeutet dies, dass sie auf die Standard-Paketschnittstelle beschränkt sind.

Nachdem Sie nun wissen, dass die meisten Paketschnittstellen, die Sie erstellen werden, Standard-Paketschnittstellen sind, können wir uns der Definition des Anwendungsbereichs einer Paketschnittstelle widmen. Warum ist die Definition des Geltungsbereichs so wichtig? Von allen Objekten, die Sie außerhalb eines Pakets zur Verfügung stellen möchten, möchten Sie selten alle denselben Konsumenten zur Verfügung stellen. Wir empfehlen daher die Verwendung der folgenden drei Geltungsbereiche:

- öffentlich
- intern
- eingeschränkt

Von diesen drei Geltungsbereichen werden die ersten beiden am häufigsten verwendet. Es gibt zwar Prüfungen zur Verwendung von eingeschränkten Paketschnittstellen, aber keine eingebauten Prüfungen für die Verwendung anderer Schnittstellen. Daher müssen Sie sich auf eine Namenskonvention stützen, um den Zweck einer bestimmten Paketschnittstelle zu verdeutlichen.

In den folgenden Abschnitten erläutern wir die einzelnen Geltungsbereiche.

Öffentliche Paketschnittstellen

Wie in Tabelle 13.1 dargestellt, dient dieser Geltungsbereich dazu, den ausgewählten Paketinhalt zur Nutzung durch externe Pakete freizugeben. Es gibt keine Einschränkung für Client-Pakete, und Sie sollten immer davon ausgehen, dass Sie nicht alle möglichen Konsumenten kennen.

Namenskonvention	Typischer Inhalt
<PACKAGE_NAME>_PIF	▪ ABAP-Dictionary-Elemente (außer Datenbanktabellen) ▪ ABAP-Klassenschnittstellen

Tabelle 13.1 Richtlinie für öffentliche Paketschnittstellen

Interne Paketschnittstellen

Wie in Tabelle 13.2 dargestellt, dient dieser Geltungsbereich dazu, ausgewählte Paketinhalte zur Nutzung durch andere Entwicklungspakete der gleichen Anwendung freizugeben. Da es keine Einstellungen gibt, die unterbinden würden, dass auch anwendungsfremde Programme diese Paketschnittstellen nutzen, sollten Sie wenigstens über den Namen deutlich zu verstehen geben, dass sie intern und nicht öffentlich gedacht sind.

Namenskonvention	Typischer Inhalt
<PACKAGE_NAME>_IIF	ABAP-Klassen

Tabelle 13.2 Richtlinie für interne Paketschnittstellen

Eingeschränkte Paketschnittstellen

Mit diesem Geltungsbereich geben Sie ausgewählte Paketinhalte zur Nutzung durch bestimmte Entwicklungspakete innerhalb derselben Anwendung frei. Sie können auch in anderen Schichten oder Hauptpaketen desselben Produkts verwendet werden (siehe Tabelle 13.3).

Namenskonvention	Typischer Inhalt
<PACKAGE_NAME>_RIF	Datenbanktabelle

Tabelle 13.3 Richtlinie für eingeschränkte Paketschnittstellen

Während die Erstellung eines Pakets einfach ist, kann das Hinzufügen von Einschränkungen schwierig sein. Nehmen wir beispielsweise ein externes Paket `MY_EXTERNAL_PACK`, das zu Testzwecken auf Datenbanktabellen zugreifen oder darauf aufbauende CDS-Views (Core Data Services) erstellen müsste. Um diesen Zugriff zu erreichen, wären die folgenden Schritte in Transaktion SE21 erforderlich:

1. Erstellen Sie die Paketschnittstelle `MY_RESTRICTED_PACK_RIF`, um die erforderlichen Datenbanktabellen in einer eingeschränkten Paketschnittstelle bereitzustellen.

2. Markieren Sie die Checkbox **Einschränkung der Verwenderpakete ermöglichen**, wie in Abbildung 13.4 dargestellt.

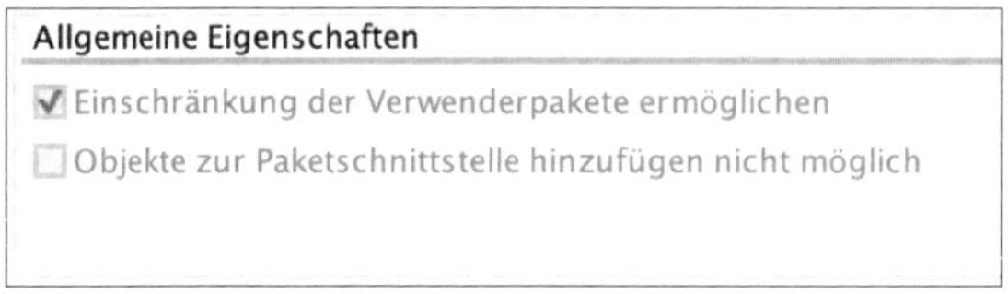

Abbildung 13.4 Einschränkung der Verwenderpakete ermöglichen

3. Fügen Sie das Paket `MY_EXTERNAL_PACK` auf der Registerkarte **Einschränkung der Verwenderpakete** hinzu, und markieren Sie die Option **Punkt-Zu-Punkt-Zugriff**, wie in Abbildung 13.5 dargestellt.

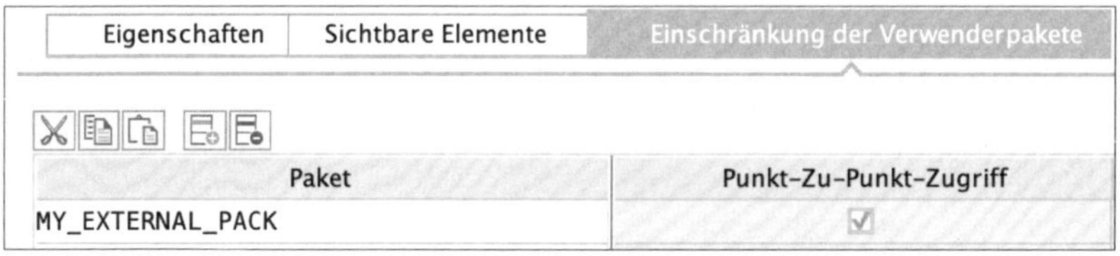

Abbildung 13.5 Punkt-zu-Punkt-Zugriff einschalten

4. Fügen Sie eine Verwendungserklärung für die Paketschnittstelle `MY_RESTRICTED_PACK_RIF` in den übergeordneten Paketen `MY_EXTERNAL_PACK` und `MY_EXTERNAL_PACK` hinzu, wie in Abbildung 13.6 dargestellt.

Abbildung 13.6 Erstellung einer Verwendungserklärung

Die Paketpflege und Verwendungserklärungen behandeln wir in Abschnitt 13.4.1, »Was sind Paketprüfungen?«, noch ausführlicher.

13.2.4 Best Practices

Die Definition des Umfangs einer Paketschnittstelle ist relativ einfach, sodass unsere Empfehlung vor allem lautet, nicht alles in einer einzigen Paketschnittstelle offenzulegen. Stattdessen möchten wir Ihnen die folgenden zwei Best Practices an die Hand geben:

- **Erstellen Sie mehrere Paketschnittstellen.**
  Selbst wenn ein bestimmtes Element in verschiedenen Schnittstellen verfügbar ist, sollten Sie Objekte in Schnittstellen bündeln und dabei potenzielle Konsumenten im Auge behalten.
- **Geben Sie den Elementen aussagekräftige Beschreibungen.**
  Dies erleichtert den potenziellen Konsumenten die Recherche und erklärt auf Anhieb den Zweck der einzelnen Objekte.

Diese Regeln sind zwar einfach, aber wenn sie nicht befolgt werden, wird es für die Konsumenten enorm schwierig zu entscheiden, was sie verwenden und was nicht. Die Herausforderung besteht nun darin, richtig auszuwählen, welches Element in welcher Schnittstelle abgebildet werden soll.

13.3 Optionen für das Paketdesign

Wie in Abbildung 13.7 dargestellt, kann man Software in mehrere kleinere Teile zerlegen. In diesem Beispiel haben wir uns auf zwei Dimensionen beschränkt, eine Unterteilung pro Schicht oder pro Anwendung. Dieses Beispiel kann jedoch noch komplexer werden und vielleicht zu einer hexagonalen Architektur führen, wenn wir andere Dimensionen in Betracht ziehen.

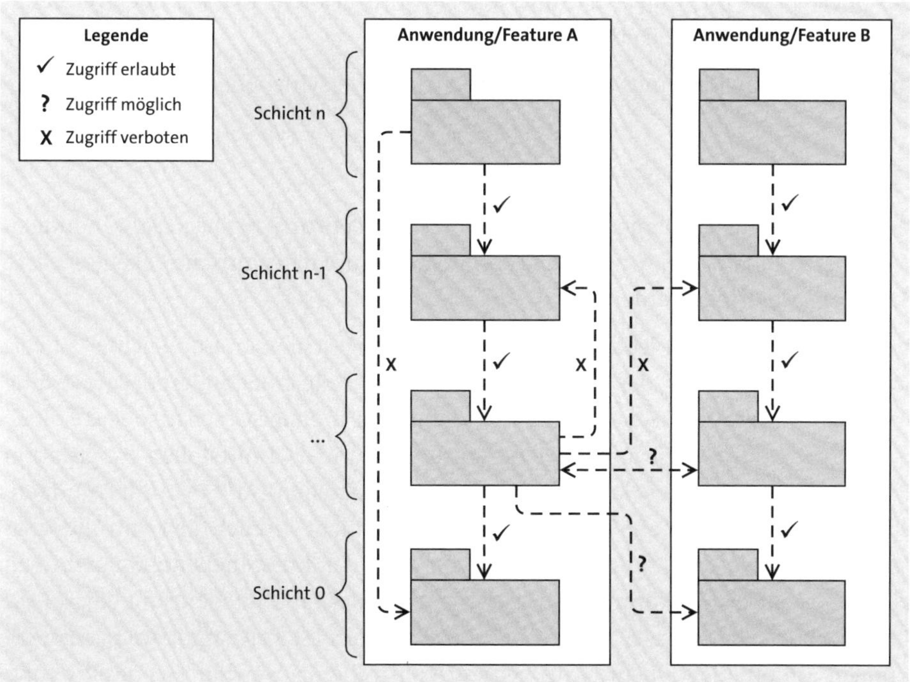

Abbildung 13.7 Beispiel für eine Software, die in mehrere Pakete aufgeteilt ist

Die Herausforderung besteht darin, diese kleineren Teile auf eine Hierarchie von Paketen abzubilden, die alle mit einer einfachen Eltern-Kind-Beziehung verbunden sind. Was uns dazu zwingt, entweder zuerst nach Schichten oder nach Features aufzuteilen, wie in Abbildung 13.8 dargestellt.

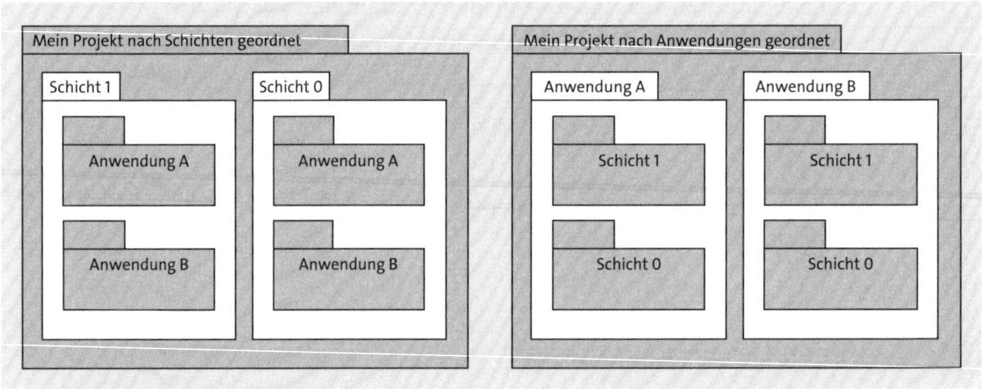

Abbildung 13.8 Vergleich einer nach Schichten und Anwendungen geordneten Paketstruktur

Jeder Ansatz hat seine Vor- und Nachteile, und keiner der beiden Ansätze ist für jedes Projekt perfekt. Daher müssen Sie sorgfältig abwägen, welche Auswirkungen das Paketdesign auf Ihr Projekt hat und was Sie ausdrücklich zulassen oder verbieten wollen, bevor Sie Ihre Pakethierarchie erstellen.

In den folgenden Abschnitten untersuchen wir die verschiedenen Ansätze genauer.

13.3.1 Anwendungsbasierte Hierarchie

Wie in Abbildung 13.9 dargestellt, können Sie Ihr Paket zunächst nach Anwendungen ordnen. Der Inhalt jeder Anwendung könnte wiederum in technische Pakete, wie z. B. Schichten, unterteilt werden.

In unserem Beispiel ist jede Anwendung in sich abgeschlossen und leichter zu verwalten; die Einrichtung des Zugriffs auf bestimmte Teile einer anderen Anwendung ist jedoch eine größere Herausforderung. Wenn Sie z. B. einige Geschäftsobjekte (Business Objects, kurz BOs) und Anwendungsprogrammierschnittstellen (Application Programming Interfaces, kurz Programmierschnittstellen (APIs) von der Kundenebene an die Produktebene weitergeben, haben Sie nicht wirklich die Kontrolle darüber, welche Teile der Produktebene welche Teile der Kundenebene konsumieren können. Zum Beispiel könnte das Geschäftsobjekt der Produktebene auf die API auf Kundenebene zugreifen. Wie in unserem Beispiel gezeigt, kann man, wenn man die Kunden-API offenlegt, nicht ohne weiteres kontrollieren, welcher Teil des Produkt-

Codes auf die Kunden-API zugreift, es sei denn, man weiß, wie die Produktpakete entworfen und zu einer eingeschränkten Paketschnittstelle kombiniert wurden.

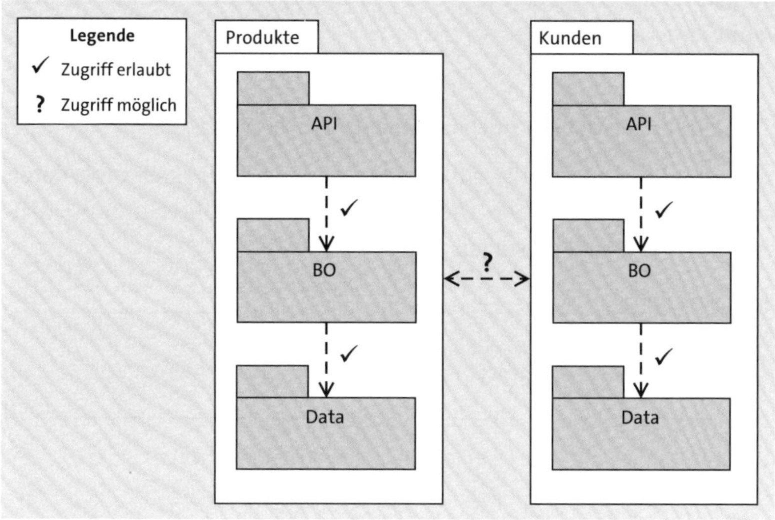

Abbildung 13.9 Beispiel einer Paketstruktur nach Anwendungen

13.3.2 Schichtenbasierte Hierarchie

Wie in Abbildung 13.10 dargestellt, ist eine weitere Untergliederung zunächst nach technischen Paketen, z. B. Schichten, und dann weiter nach Anwendungen möglich.

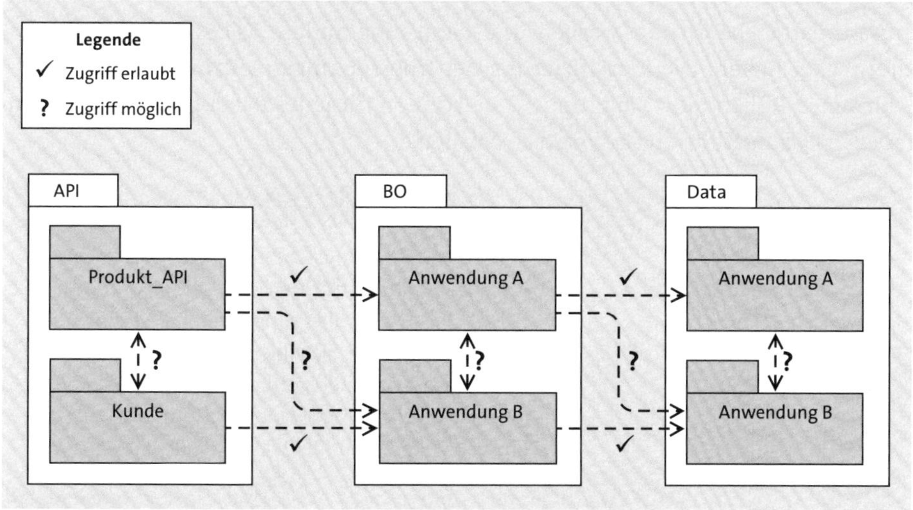

Abbildung 13.10 Beispiel für eine Paketstruktur nach Schichten

In diesem Beispiel ist jede Schicht in sich abgeschlossen und leichter zu verwalten, und Sie können einer Schicht leicht den Zugriff auf Objekte in einer anderen Schicht verbieten. Innerhalb einer Schicht ist es jedoch schwieriger, die internen Verwendung der Anwendung zu kontrollieren.

13.3.3 Aufteilung der Hierarchien nach Übersetzungsrelevanz

Es gibt keinen Standardwert für die Klassifizierung der Übersetzungsrelevanz, deren Einstellung Sie in Abbildung 13.11 sehen. Diese obligatorische Eigenschaft muss definiert werden, sobald Sie ein Paket erstellen.

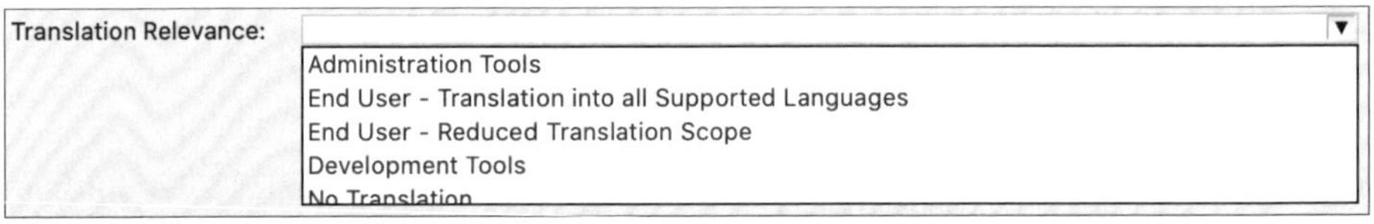

Abbildung 13.11 Mögliche Werte für die Übersetzungsrelevanz eines Pakets

Mit der Auswahl eines Werts für die Übersetzungsrelevanz entscheiden Sie direkt, ob und in welche Zielsprachen die im jeweiligen Paket hinterlegten Texte (z. B. UI-Texte, Nachrichtentexte oder Langtexte für die F1-Hilfe) übersetzt werden. Die Einstufung der Übersetzungsrelevanz bestimmt also den Aufwand in Folgeübersetzungssystemen für die Übersetzung der Repository-Objekte eines Pakets.

Die Übersetzungsrelevanz eines Pakets wird durch einen Indikator klassifiziert. Diese Klassifizierung wird nicht an Unterpakete vererbt. Jedes Paket und jedes Unterpaket muss separat klassifiziert werden und kann eine andere Klassifizierung als das Elternpaket haben. Die Klassifizierung der Übersetzungsrelevanz basiert auf verschiedenen Rollen oder Zielgruppen. Sie können für jedes Paket genau eine der in Tabelle 13.4 aufgeführten Optionen auswählen.

Übersetzungsoption	Zweck
Administration Tools (unterstützt die Übersetzung ins Englische, Deutsche, Französische und Japanische)	Die Pakete mit dieser Klassifizierung enthalten Texte, die für Systemadministratoren und -administratorinnen bestimmt sind. Dieser Zielgruppe werden Administrationswerkzeuge zur Verfügung gestellt, die in den vier Standardsprachversionen verfügbar sind. Ein Paket mit dieser Klassifizierung darf keine Texte enthalten, die für die Endanwenderinnen und Endanwender von Geschäftsanwendungen bestimmt sind.

Tabelle 13.4 Übersetzungsoptionen und ihr Zweck

Übersetzungsoption	Zweck
End User – Translation into all Supported Languages	Die Pakete mit dieser Klassifizierung enthalten Texte, die für Fachanwenderinnen und Fachanwender bestimmt sind. Die Texte in diesen Paketen werden in alle unterstützten Sprachen übersetzt. Projekte, die Pakete mit dieser Klassifizierung enthalten, verursachen daher die höchsten Übersetzungskosten.
End User – Reduced Translation Scope (projektspezifisch)	Die Pakete mit dieser Klassifizierung enthalten Texte, die sich ebenfalls an Fachanwenderinnnen und Fachanwender richten. Allerdings werden die übersetzungsrelevanten Texte in diesen Paketen in der Regel nach länderspezifischen Anforderungen übersetzt, wodurch sich die Anzahl der Übersetzungssprachen gegenüber der vorherigen Option reduziert. In diesem Fall sind die Zielsprachen nicht vordefiniert, und der Übersetzungsumfang muss mit dem zuständigen Übersetzungskoordinator oder der zuständigen Übersetzungskoordinatorin abgesprochen werden.
Development Tools (Übersetzung ins Englische und Deutsche)	Die Pakete mit dieser Klassifizierung enthalten Texte für Entwicklerinnen und Entwickler. Diese Pakete bestehen in der Regel aus Anwendungen der ABAP Workbench, wie z. B. Werkzeugen für Entwicklung, Test und Analyse, sowie zusätzlichen Unterstützungswerkzeugen und Methoden zur Modifikation oder Erweiterung von Code. Die Texte in den Paketen sind nur ins Englische und Deutsche übersetzt.
No Translation	Die Pakete mit dieser Klassifizierung sind nicht übersetzt.

Tabelle 13.4 Übersetzungsoptionen und ihr Zweck (Forts.)

Als Faustregel gilt, dass lokale Pakete, wie z. B. die temporären Pakete (`$TMP`), und die `HOME`-Pakete nie übersetzt werden.

Sie müssen sorgfältig über die Übersetzungsrelevanz eines Pakets entscheiden und sicherstellen, dass Sie Ihre Entwicklungsobjekte in die richtigen Pakete legen, da die Änderung der Übersetzungsrelevanz eines Pakets oder das Verschieben eines Entwicklungsobjekts von einem Paket in ein anderes mit anderer Übersetzungsrelevanz zu Problemen, z. B. zur Anzeige veralteter Texte oder fehlender Übersetzungen, führen kann.

In manchen Situationen kann es vorkommen, dass Sie Objekte haben, die übersetzt werden müssen (z. B. eine Nachrichtenklasse, ein Datenelement), während andere Objekte nicht übersetzt werden müssen (Klassen, Business-Objekte), obwohl diese

Objekte semantisch alle in dasselbe Paket gehören. Leider ist es nicht möglich, eine Teilmenge von Objekten für die Übersetzung auszuwählen; der Weg, diese Trennung zu erreichen, ist eine zusätzliche Paketaufteilung nach Übersetzungsrelevanz mit den folgenden Unterpaketen:

- `<my_package>_TRANSL` zur Speicherung übersetzungsrelevanter Objekte
- `<my_package>_NO_TRANSL` zur Speicherung von Objekten, die nicht übersetzt werden

Wie Sie in diesem Abschnitt gelernt haben, ist es von entscheidender Bedeutung, die Pakethierarchie im Voraus zu entwerfen, damit alle Beteiligten mit der gleichen Vision vor Augen arbeiten. Um diese Konsistenz zu erreichen, ist eine gute Namenskonvention für das Paket notwendig, aber nicht ausreichend. Namen allein können weder eine gute Struktur Ihres Pakets garantieren noch gewährleisten, dass sich jedes Objekt an der richtigen Stelle befindet. Geeignete Präfixe (z. B. `MYSOL_<xyz>`) oder Suffixe (z. B. `<xyz>_TRANSL`) können jedoch die Navigation erleichtern und die Mitglieder eines Entwicklungsteams leiten. Der zuverlässigste Weg, die Einhaltung Ihrer Paketstrategie zu gewährleisten, ist daher die Verwendung von Paketprüfungen.

13.4 Paketprüfungen

Wir empfehlen die Aktivierung von client- und serverseitigen Prüfungen für Ihr Paket. Beachten Sie jedoch, dass diese Prüfungen in SAP NetWeaver 7.31 oder höher automatisch aktiv sind. Dies hat zur Folge, dass nur Objekte, die Teil einer Paketschnittstelle sind, von Objekten in anderen Paketen verwendet werden können.

Bedauerlich ist, dass Paketprüfungsfehler ignoriert werden können, da es keine Kompilier- oder Laufzeitvalidierung gibt, die verhindert, dass ein Objekt von einem nicht autorisierten Objekt verwendet wird. Aus diesem Grund ist es von entscheidender Bedeutung, die Paketprüfungen im Auge zu behalten, um die Anhäufung technischer Schulden in Form von unerwünschter Kopplung oder zyklischen Abhängigkeiten zu vermeiden.

Unerwünschte Kopplung und zyklische Abhängigkeiten

Unerwünschte Kopplung liegt vor, wenn ein Objekt ungewollt von einem anderen Objekt verwendet wird. Wenn Sie z. B. eine Datenbanktabelle haben, von der Sie erwarten, dass eine bestimmte API auf sie zugreift, dann sollte kein anderes Objekt direkt aus dieser Tabelle lesen. Andernfalls macht es diese unerwünschte Kopplung unmöglich, Änderungen vorzunehmen, ohne dass alle unerwarteten Konsumenten angepasst werden müssen.

Die zyklische oder zirkuläre Abhängigkeit ist eine Form der Kopplung, welche noch mehr Komplikationen nach sich ziehen kann. Diese Art der Abhängigkeit kann bei zwei oder mehr Modulen auftreten. Nehmen wir z. B. an, dass Objekt A von Objekt B abhängt und Objekt B von Objekt A. Jede Art von Überarbeitung würde die Anpassung beider Objekte erfordern, was dem Prinzip der Modularität widerspricht.

Obwohl wir empfehlen, die Verwendungserklärung gezielt hinzuzufügen und sie nicht blind vom Verwendungsnachweis des übergeordneten Pakets zu erben, betrachten wir die in Tabelle 13.5 aufgeführten Paketschnittstellen im Allgemeinen als Teil der Standardverwendungserklärung für die meisten Anwendungen.

Paketschnittstelle	Paket
BS_ANALYTICS_INFRASTRUCTURE_P	BS_REUSE
BS_BUSINESS_OBJECT_FRAMEWORK	BS_REUSE
BS_FUNCTIONS_FOR_BOPF_ENV	BS_REUSE
_ABA_DEFAULT	ABA
_ABA_VIRTUAL_DEFAULT	ABA
_AKB_INITIAL	BASIS
_BASIS_DEFAULT	BASIS
_BASIS_VIRTUAL_DEFAULT	BASIS

Tabelle 13.5 Beispiele für notwendigen Use Access auf Paketschnittstellen

In den folgenden Abschnitten befassen wir uns näher mit den Paketprüfungen: Was sind Paketprüfungen? Wie führt man sie aus? Wie behebt man Fehler und wie geht man am besten bei der Behebung der Fehler vor?

13.4.1 Was sind Paketprüfungen?

Paketprüfungen stellen sicher, dass auf jedes Objekt nur von den erlaubten Objekten zugegriffen werden kann. Während jedes Objekt im Paket A auf alle Objekte des Pakets A zugreifen kann, können Objekte des Pakets A nur auf Objekte des Pakets B zugreifen, wenn die folgenden Bedingungen erfüllt sind:

1. Diese Objekte sind in einer Paketschnittstelle deklariert.
2. Diese Paketschnittstelle ist für die Verwendung durch Paket A bestimmt.

3. Paket A hat eine definierte Verwendungserklärung auf die Paketschnittstelle von Paket B.

Die Festlegung einer angemessenen Paketstrategie und die sorgfältige Beachtung der Paketprüfungen sind in jedem Entwicklungsprojekt der Schlüssel zur Sicherstellung einer angemessenen Kohäsion und zur Verringerung einer ungewünschten Kopplung.

[»]

Fehler in der Verwendungserklärung

Wenn Sie jemals auf das Problem stoßen, dass Sie keine Zugriffsverwendung zu einem Paket hinzufügen können und die Meldung »Paketschnittstelle ABC verweist auf ein Paket, das zu tief verschachtelt ist« erhalten, liegt das daran, dass ein Paket nur auf Objekte zugreifen kann, die auf seiner Ebene zur Verfügung gestellt werden. Daher wäre alles, was unter dieser Ebene liegt (z. B. innerhalb einer parallelen Hierarchie), »zu tief verschachtelt«. Um dieses Problem zu lösen, muss das Objekt, auf das Sie zugreifen wollen, auf derselben Ebene des Pakets verfügbar gemacht werden, auf der Sie es benötigen, d. h. in seinem Geschwisterpaket.

Das Paketkonzept in ABAP ist (im Vergleich zu anderen Sprachen) zwar etwas komplexer als nötig, dafür aber ein mächtiges Werkzeug, das auf folgende Weise genutzt werden kann:

- Vermeidung von Schichtenverletzungen, zum Beispiel, dass die unten liegende Schicht der Geschäftsobjekte nicht auf die darüber liegende Schicht der OData-Schnittstelle zugreift.
- Vermeidung von Schichtenumgehungen, zum Beispiel, dass eine OData-Schnittstelle nicht direkt auf die Datenbank durchgreift, sondern über die dazwischen liegende Applikationsschicht geht.
- Verhinderung der Verwendung von illegalen Objekten, die im Falle von Änderungen auch Ihren eigenen Code beschädigen können
- einfaches und kostengünstiges Refactoring
- geringere Kopplung
- einfaches Unit Testing

Wenn ein Projekt oder eine Anwendung Hunderte oder sogar Tausende von Paketprüfungsfehler umfasst, lässt sich das Pareto-Prinzip leicht anwenden: In der Regel braucht man 20 % des Gesamtaufwands, um 80 % der Fehler zu beheben. Danach werden komplexere Probleme leichter zu bewältigen sein.

13.4.2 Manuelle Durchführung von Paketprüfungen

Sie können Paketprüfungen auf verschiedene Weise manuell ausführen, sowohl im SAP GUI als auch in den ADT. Die beiden wichtigsten Stellen, an denen Sie die Prüfungen ausführen können, sind jedoch folgende:

- in einem Paket selbst, wodurch Sie alle Probleme für alle Objekte im Paket behandeln können
- direkt auf Ebene eines einzelnen Objekts, wodurch Sie alle Zugriffsprobleme dieses Objekts finden

Klicken Sie dazu im Project Explorer in den ADT mit der rechten Maustaste entweder auf ein Paket oder ein Objekt, und wählen Sie **Run As • ABAP Package Check**, um eine Paketprüfung auszuführen, siehe Abbildung 13.12.

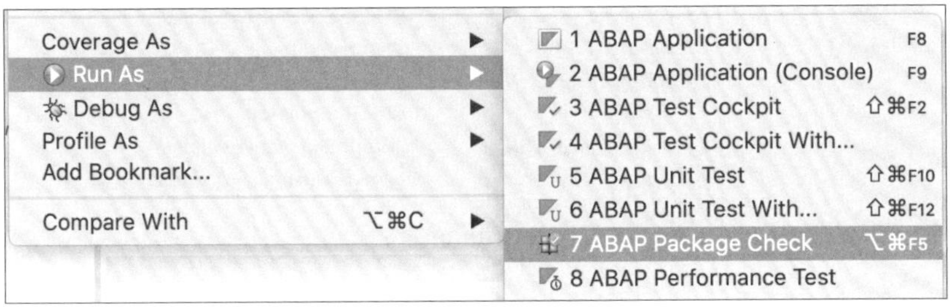

Abbildung 13.12 Paketprüfungen in den ADT ausführen

Die Ergebnisse werden Ihnen auf der Registerkarte **Problem** angezeigt, wie in Abbildung 13.13 dargestellt.

Abbildung 13.13 Registerkarte »Problem« zur Anzeige der Ergebnisse der Paketprüfungen

Um eine Paketprüfung in der ABAP Workbench im SAP GUI auszulösen, klicken Sie mit der rechten Maustaste entweder auf ein Paket oder ein Objekt im **Repository Browser** und wählen **Prüfen • Paketprüfung (Aktive Version)**, wie in Abbildung 13.14 dargestellt.

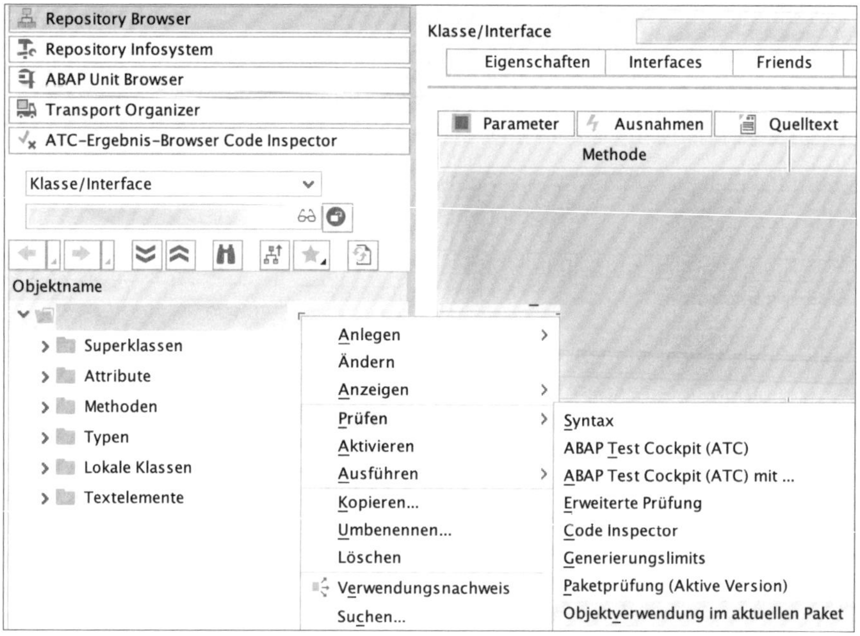

Abbildung 13.14 Paketprüfungen im SAP GUI ausführen

13.4.3 Automatisierte Ausführung von Paketprüfungen

Oftmals wird davon ausgegangen, dass mit den Paketprüfungen alles in Ordnung ist. Beachten Sie jedoch, dass die Ausführung von automatisierten Paketprüfungen mit unterschiedlichem Umfang konfiguriert werden kann. Beispielsweise ist die Ausführung von Paketprüfungen nur auf Ebene von ABAP-Dictionary-Objekten (was eine schnellere Ausführung ermöglicht, aber ein unvollständiges Bild ergibt) möglich, oder die Ausführung von Paketprüfungen auf Ebene aller ABAP-Objekte (was eine langsame Ausführung bewirkt, aber eine vollständige Sicht auf Ihre Probleme ermöglicht).

Sie können die automatisierte Ausführung nach Ihren Bedürfnissen definieren. Eine Möglichkeit, sowohl die Laufzeitperformance als auch die Vollständigkeit der Ergebnisse zu verbessern, ist die Durchführung von zwei automatisierten Läufen:

- ein täglicher Lauf für alle ABAP-Dictionary-Objekte
- ein wöchentlicher Lauf für alle Objekte

Wir gehen in diesem Buch nicht auf die Konfiguration von automatischen Paketprüfungsläufen ein, da diese normalerweise von der Systemadministration vorgenommen wird.

Um auf die Ergebnisse der automatischen Ausführungen zuzugreifen, führen Sie die folgenden Schritte aus, wie in Abbildung 13.15 dargestellt:

1. Rufen Sie die Transaktion SE80 auf.
2. Wählen Sie **ATC-ERGEBNIS-Browser (Checkman)**.
3. Wählen Sie den Ergebniseintrag, der dem von Ihnen gewünschten Ausführungslauf entspricht.
4. Visualisieren Sie die Ergebnisse im rechten Fensterbereich.

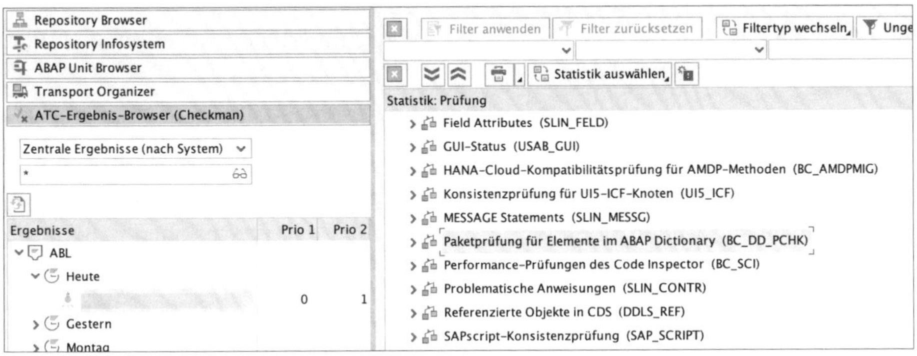

Abbildung 13.15 Zugriff auf die Ergebnisse der Paketprüfung im ABAP Dictionary

Wenn Sie die Ergebnisse für alle Objekte (nicht nur für ABAP-Dictionary-Objekte) ausgewählt haben, sehen Sie die Ergebnisstruktur wie in Abbildung 13.16, die Sie durchsuchen können.

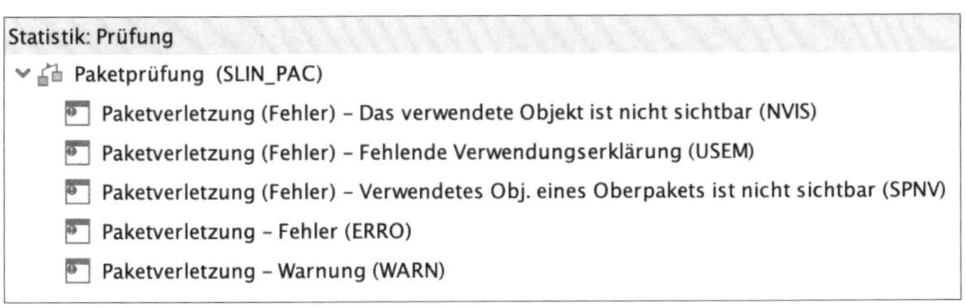

Abbildung 13.16 Paketprüfung: Verstöße bei Entwicklungsobjekten

13.4.4 Behebung von Paketprüfungsfehlern

Sobald Sie die Ergebnisse der automatischen oder manuellen Ausführung visualisiert und die Probleme verstanden haben, können Sie mit der Behebung der Fehler beginnen. Paketfehler können auf viele Arten behoben werden, aber Sie brauchen Zeit, um das Problem zu verstehen, bevor Sie eine Änderung vornehmen können. Ein häufiger Fehler ist z. B., dass man versucht ist, es sich leicht zu machen, indem man auf die Schaltfläche **Apply from Superpackage** klickt, um die Paketfehler loszuwerden. Vermeiden Sie diesen Ansatz, und fügen Sie stattdessen manuell die benötigten Verwendungserklärungen hinzu. Andernfalls riskieren Sie, unbeabsichtigt oder unnötigerweise Zugriff auf zu viele Objekte zu erhalten. Diese Funktion ist besonders kritisch, wenn es sich bei dem Superpaket um ein generisches Paket handelt, das Zugriff auf alles hat.

Um Paketfehler zu beheben, können Sie je nach Situation eine einzelne Aktion oder eine Kombination der folgenden Aktionen durchführen:

- Erstellen Sie eine Verwendungserklärung für die verwendeten Objekte. Das sollte Ihre erste Wahl sein.
- Stellen Sie das benötigte Objekt in einer Paketschnittstelle zur Verfügung. Auch das sollte zur ersten Wahl gehören.
- Ändern Sie den Entwurf. Diese Möglichkeit sollten Sie wählen, wenn die ersten beiden nicht zum Ziel führen.
- Fordern Sie eine Ausnahme an. Diese Möglichkeit sollte wortwörtlich die Ausnahme bleiben. Wählen Sie sie nur, wenn keine der oberen Optionen in Betracht kommt, z. B. weil Sie aufgrund unterschiedlicher Releasezyklen erst in Zukunft in der Lage sein werden, das Problem durch eine der oberen Optionen dauerhaft zu beheben.

Diese Optionen behandeln wir in den folgenden Abschnitten. Dabei verwenden wir einige Schlüsselbegriffe, die in Abbildung 13.17 dargestellt sind. Der Client und der Server sind beides Pakete, wobei das Objekt C der Client des Objekts S ist. Damit das Objekt C das Objekt S verwenden kann, muss das Client-Paket eine Verwendungserklärung für den Paket-Server mit der Paketschnittstelle I deklarieren.

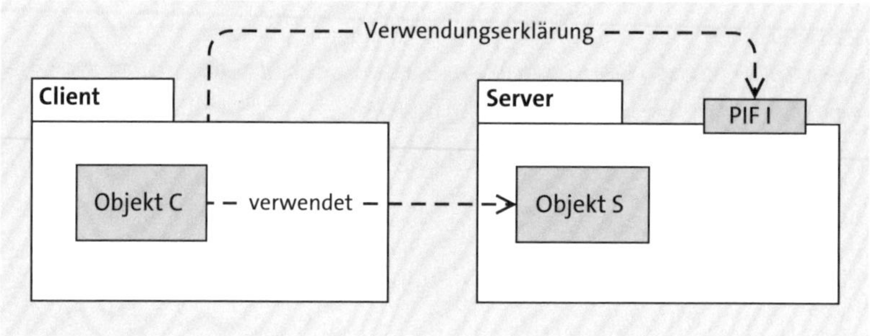

Abbildung 13.17 Terminologie für die folgende Erklärung der Optionen zur Behebung von Paketprüfungsfehlern

Eine Verwendungserklärung für die verwendeten Objekte

Diese Option zur Fehlerbehebung ist der einfachste Ansatz: Bei einem Objekt C, für das Sie das Objekt S verwenden müssen und das bereits in der Paketschnittstelle I enthalten ist, gehen Sie folgendermaßen vor:

1. Öffnen Sie Objekt S.
2. Führen Sie einen Verwendungsnachweis für das Objekt S durch, indem Sie Paketschnittstellen auswählen.

3. Wählen Sie die am besten passende Paketschnittstelle I.
4. Öffnen Sie das Paket, in dem sich das Objekt C befindet.
5. Erstellen Sie eine neue Verwendungserklärung für die gewählte Paketschnittstelle I.

Beachten Sie, dass Sie dieser Verwendungserklärung eventuell Zugriff auf weitere Pakete in der Hierarchie geben müssen. Beispielsweise muss das übergeordnete Paket Zugriff darauf haben, damit die untergeordneten Pakete auf diese Objekte zugreifen können.

Freigeben des gewünschten Objekts in einer Paketschnittstelle

Geben sie nur die Objekte frei, die Sie freigeben möchten, und stellen Sie sicher, dass Sie die richtige Paketschnittstelle verwenden (z. B. öffentlich, intern oder eingeschränkt). Wenn Sie sowohl das Objekt S, das Sie verwenden wollen, als auch das Objekt C besitzen, können Sie mit den folgenden Schritten leichter bestimmen, wo Sie es verwenden wollen:

1. Öffnen Sie Objekt S.
2. Öffnen Sie das Paket, das das Objekt S enthält.
3. Öffnen Sie die richtige Paketschnittstelle I, oder erstellen Sie eine neue, falls keine Ihren Bedürfnissen entspricht.
4. Sobald die richtige Paketschnittstelle I geöffnet ist, fügen Sie das Objekt, das Sie freigeben möchten, in die Liste der sichtbaren Elemente ein.
5. Wenn die Paketschnittstelle I noch nicht in der Liste der Verwendungserklärungen Ihres Client-Pakets enthalten ist, in dem sich das Objekt C befindet, führen Sie die im vorherigen Abschnitt beschriebenen Schritte aus, um diese Verwendungserklärung hinzuzufügen.

Wenn Sie jedoch nicht der Eigentümer oder die Eigentümerin des Objekts S sind, können Sie den Zugriff darauf anfordern, indem Sie den Eigentümer oder die Eigentümerin bitten, es in einer Paketschnittstelle aufzunehmen. Danach können Sie die Paketschnittstelle der Verwendungserlaubnis des Pakets, das das Objekt C enthält, hinzufügen.

Wenn Sie ein Objekt nicht in einer Paketschnittstelle veröffentlichen können oder dürfen, können Sie entweder eine Ausnahme für das ABAP Test Cockpit/Checkman beantragen (auch als *Verwendungsausnahme* bekannt) oder Ihr Design anpassen, wie wir im Folgenden beschreiben.

Designänderungen

Manchmal führt es zu einem besseren Design, wenn Sie Paketprüfungsfehler mit Ihren Kolleginnen und Kollegen besprechen. Zum Beispiel kann es sinnvoll sein, Ihr eigenes Client-Objekt einfach zu verschieben, weil es vielleicht doch nicht dem richtigen Paket zugeordnet ist. Eine solche Änderung vermeidet gleichzeitig unnötige Aktionen auf der Paketseite (z. B. sind kein neuer Verwendungszugriff und kein neues freizugebendes Objekt nötig).

Beantragung einer Ausnahme

Eine Ausnahme kann aufgrund von Legacy-Objekten erforderlich sein oder weil ein legales Objekt versehentlich in einer Paketschnittstelle ausgelassen wurde (z. B. ein Objekt in einer generischen Wiederverwendungsschicht). Stellen Sie sicher, dass Sie die Ausnahme mit dem kleinsten Gültigkeitszeitraum anfordern. Wenn der Eigentümer oder die Eigentümerin der generischen Wiederverwendungsschicht z. B. verspricht, diese im Folgerelease freizugeben, könnten Sie die Ausnahme für eine bestimmte Release-Nummer oder ein festes Datum beantragen.

13.4.5 Best Practices

Im Folgenden beschreiben wir einige Best Practices für Paketprüfungen:

- Erstellen Sie eine öffentliche Paketschnittstelle, um Ihre API und die zugehörigen ABAP-Dictionary-Objekte, die in der API-Schnittstelle verwendet werden, freizugeben.
- Wenn Sie Schnittstellen oder Factory-Klassen freigeben wollen, legen Sie diese in die am wenigsten exponierte Schnittstelle (z. B. eine interne Paketschnittstelle, wenn dies ausreicht).
- Wenn Sie Datenbanktabellen außerhalb eines Pakets exponieren müssen, bevorzugen Sie eine eingeschränkte Paketschnittstelle.
- Entwerfen Sie Pakete so, dass sie die höchste Kohäsion und die geringste Kopplung aufweisen. Auch wenn dies anfangs mehr Aufwand bedeutet, zahlt es sich am Ende immer aus.

Die folgenden Praktiken sollten Sie bei der Erstellung und Arbeit mit Paketen vermeiden:

- Stellen Sie keine Datenbanktabellen in öffentlichen Paketschnittstellen zur Verfügung.
- Verwenden Sie keine internen Paketschnittstellen anderer Anwendungsbereiche. Diese Regel muss sorgfältig beachtet werden, da die ABAP-Paketprüfung nicht unterscheidet, ob eine öffentliche oder eine interne Schnittstelle verwendet wird und nicht wissen kann, ob eine Schnittstelle eine zu vermeidende interne Schnittstelle ist.

- Vermeiden Sie doppelte oder zirkuläre Abhängigkeiten zwischen TRANSL- und NO_TRANSL-Geschwisterpaketen. Im Allgemeinen kann ein nicht übersetztes Paket von einem übersetzten Paket abhängen, aber nicht andersherum.

Ausnahmen sind zwar möglich, aber die Nichtbeachtung dieser strengen Regeln macht die Wartung von Paketen und Paketschnittstellen komplexer und kostspieliger und erschwert auch jegliches Refactoring oder die Verlagerung von Objekten.

13.5 Konsequenzen einer mangelhaften oder fehlenden Paketstrategie

Wie zu Beginn dieses Kapitels erwähnt, sind Pakete oft schlecht entworfen, was das Ergebnis einer schlechten oder fehlenden Definition der Paketstrategie zu Beginn eines Projekts ist und sauberen Code noch schwieriger macht. Je mehr Leute an einem Projekt arbeiten, desto eher wird man in Schwierigkeiten geraten. Eine häufige negative Folge ist eine zufällige Architektur. Aber was ist eine zufällige Architektur überhaupt? Diese Architektur entsteht aus einer Vielzahl von Entwurfsentscheidungen, die oft unabhängig voneinander getroffen werden und das Gesamtbild übersehen.

13

Mit anderen Worten, eine ungewollte Architektur ist eine riesige Ansammlung verschiedener technischer Schulden, manchmal mit geringfügigen negativen Auswirkungen, aber oft mit kritischen Auswirkungen. Diese Auswirkungen gefährden ein Projekt gefährden oder können es – noch schlimmer – zum Scheitern bringen, wenn die technischen Schulden unüberschaubar werden und mehr Aufwand dafür betrieben wird, Ihre Programme am Laufen zu halten, als dafür, neue Funktionen zu entwickeln.

Einige Beispiele für technische Schulden, die durch das Fehlen einer geeigneten Paketstrategie entstehen können, sind die folgenden:

- zyklische Abhängigkeiten zwischen Objekten
- durchlässige Schichtenarchitektur oder Layer Bridging
- externe Konsumenten, die von Objekten abhängen, die nicht wiederverwendet werden sollen
- schwieriges oder sogar unmögliches Refactoring von internen Objekten
- schlechte Isolierung und damit Schwierigkeiten beim Testen von Teilen der Software
- Direkter Lesezugriff auf interne APIs oder sogar Datenbanktabellen

Die frühzeitige Festlegung einer angemessenen Paketstrategie kann zwar nicht garantieren, dass Ihre Software frei von diesen Problemen ist, aber sie kann deren Auftreten erheblich reduzieren.

13.6 Zusammenfassung

Wir hoffen, dass Sie aus diesem Kapitel mitnehmen, dass es nicht das eine Erfolgsrezept für das Paketdesign gibt, da viele Faktoren, wie die Größe des Projekts, die Anzahl der Schichten und Technologien, Entwicklungstechniken, die äußere Infrastruktur und die Gesamtarchitektur berücksichtigt werden müssen. Wir raten von Paketen mit zu vielen Objekten ab, können aber keine bestimmte Größe empfehlen. Am wichtigsten ist, was außerhalb der einzelnen Pakete freigegeben wird.

Sie müssen beim Paketdesign stets Ihr Gesamtziel im Auge behalten und Ihren Code so strukturieren, dass er sowohl den funktionalen als auch den architektonischen Zielen Ihres Projekts dient. Gleichzeitig sollten Sie die richtigen Stellen zur Ablage der Entwicklungsobjekte für alle Mitglieder Ihres Entwicklungsteams vorgeben. Indem Sie von Anfang an strengere Regeln aufstellen und die Ausführung von Paketen automatisieren, können Sie Abweichungen proaktiv erkennen. Diese konkreten Beispiele können sie dann nutzen, um allen Mitgliedern Ihres Teams die ursprüngliche Vision noch besser nahezubringen. Wenn Sie die richtigen Pakete für die richtigen Zwecke entwerfen, wird die Softwareentwicklung einfacher und angenehmer.

Lassen Sie uns noch einmal die wichtigsten Empfehlungen aus diesem Kapitel durchgehen:

- Teilen Sie Ihre Pakete entsprechend den spezifischen Anwendungsfällen auf.
- Machen Sie die Wiederverwendungsebenen explizit.
- Denken Sie an die Kohäsion, wenn Sie ein neues Objekt einem Paket zuordnen.
- Erstellen Sie neue Pakete als gekapselte Pakete.
- Definieren Sie zielgerichtete Paketschnittstellen mit der richtigen Sichtbarkeit, anstatt eine einzige Schnittstelle anzubieten, die alle Objekte enthält.
- Berücksichtigen Sie sorgfältig die Auswirkungen Ihres Paketdesigns.
- Wählen Sie die notwendige Einstellung für die Übersetzungsrelevanz und berücksichtigen Sie dabei die zusätzlichen Kosten.
- Seien Sie proaktiv, indem Sie sich frühzeitig mit Paketprüfungen befassen.
- Schneiden Sie Ihre Pakete entsprechend den spezifischen Anwendungsfällen zu.

Die Festlegung einer klaren Paketstrategie ist zwar notwendig, um eine solide Architektur zu erhalten– und zwar genau die beabsichtigte –, aber eine gute Strategie allein reicht in der Regel nicht aus. Bei den meisten Rezepten macht die Kombination aller Zutaten im richtigen Verhältnis den Unterschied zwischen Erfolg und Misserfolg aus. Die nächste Zutat für den Erfolg ist die Einführung von Methodiken für die saubere ABAP-Programmierung in den Entwicklungsteams. Darauf gehen wir im folgenden Kapitel ein.

Kapitel 14
Wie Sie Clean ABAP umsetzen

Die Kenntnis der Clean-ABAP-Empfehlungen ist nur ein Teil der Reise. In diesem letzten Kapitel geht es um die Umsetzung von Clean-ABAP-Prinzipien als Individuum, als Team und als Organisation.

Bei Clean Code geht es um leicht verständlichen Code, der einfach angepasst werden kann. Die Produktivität eines Teams sowie die Qualität und Anpassungsfähigkeit eines Produkts hängen stark von der Lesbarkeit, Wartbarkeit und Testbarkeit des Codes ab. Unleserlicher Legacy-Code kann die Arbeit jedes Teams auf ein Schneckentempo verlangsamen und zu vielen Fehlern führen.

Wir, und Sie sicher ebenfalls, lesen ständig alten Code als Teil unserer Bemühungen, Code zu ändern. Im Allgemeinen werden Sie mehr Zeit damit verbringen, Code zu lesen, als neuen Code zu schreiben. Aber die Lesbarkeit von Code im Speziellen ist nicht dasselbe wie die Wartbarkeit im Allgemeinen. Die Wartbarkeit beschreibt, wie viel Aufwand nötig ist, um einen Fehler im bestehenden Code zu korrigieren oder alten Code an veränderte Anforderungen anzupassen. Jeden Aspekt von Clean Code zu lernen und zu verinnerlichen, ist ein langer Weg. In diesem Kapitel geben wir Ihnen einen Überblick über verschiedene Techniken zum Erlernen von Clean Code, die von Einzelpersonen, Teams oder Organisationen angewendet werden können.

Wir werden in Abschnitt 14.1, »Gemeinsames Verständnis der Teammitglieder«, Möglichkeiten zur Schaffung eines gemeinsamen Verständnisses von Clean Code unter den Teammitgliedern untersuchen. In diesem Abschnitt werden wir auch das Thema der *kollektiven Code-Ownership* und die Initiative *Clean Code Developer* näher betrachten. In Abschnitt 14.2, »Den Broken-Window-Effekt angehen«, werden wir dann den Broken-Window-Effekt und Möglichkeiten zu seiner Bekämpfung diskutieren. Beginnend mit Abschnitt 14.3, »Code-Reviews und Lernen«, der sich auf das Lernen aus Code-Reviews konzentriert, werden wir in den darauf folgenden Abschnitten die vielen Möglichkeiten erkunden, wie Sie Ihre Fähigkeiten in Bezug auf Clean ABAP Code verbessern können. Das ist z. B. mit dem Clean Code Advisor möglich, dem Thema von Abschnitt 14.4. In Abschnitt 14.5, »Lerntechniken«, werden wir zahlreiche Lerntechniken genauer unter die Lupe nehmen, bevor wir dieses Kapitel mit einem Blick auf kontinuierliches Lernen für funktionsübergreifende Teams in Abschnitt 14.6, »Continuous Learning in funktionsübergreifenden Teams«, abschließen.

14.1 Gemeinsames Verständnis der Teammitglieder

Die in diesem Abschnitt beschriebenen Techniken sollen Ihnen helfen, in Ihrem Team und teamübergreifend ein gemeinsames Verständnis von Clean-Code-Prinzipien zu entwickeln. Nicht alle Regeln in diesem Buch werden auf alle Ihre Projekte passen. Sie werden einige Diskussionen im Team führen müssen. Um eine faktenbasierte Diskussion zu fördern, empfehlen wir Ihnen, dass alle Beteiligten die für sie relevanten Kapitel vorher lesen. Obwohl wir empfehlen, sich an das Clean-ABAP-GitHub-Repository zu halten, ist es manchmal auch akzeptabel, von diesem Leitfaden abzuweichen, wenn Ihr Team nicht mit allen Regeln einverstanden ist. Sie könnten einen Fork des Repositorys erstellen und ein paar der Regeln anpassen, bei denen Ihr Team eine andere Meinung vertritt. Am Ende sollten Sie alle Regeln schriftlich festhalten, sodass alle Teammitglieder einen Überblick haben und die Regeln lernen und anwenden können. Diese Kodifizierung ist auch nützlich, wenn dem Team neue Mitglieder beitreten.

14.1.1 Kollektive Code Ownership

Im Gegensatz zur individuellen Code Ownership ist bei der *kollektiven Code Ownership* das gesamte Team Eigentümer des Codes, fühlt sich für den Code verantwortlich und kann Änderungen am Code vornehmen. Die kollektive Code Ownership hat mehrere Vor- und Nachteile, und in diesem Abschnitt werden wir uns darauf konzentrieren, wie sich die kollektive Code Ownership auf das Lernen auswirkt. Wenn das Team kollektiv für den Code verantwortlich ist, lernen alle etwas und es gibt keinen einzelnen Wissensengpass. Wenn also ein Teammitglied krank ist oder die Firma verlässt, kann das Team den Verlust schnell auffangen. Die kollektive Code Ownership hilft auch dabei, das gemeinsame Ziel für wartbaren, lesbaren und testbaren Code umzusetzen. Alle haben einen Anreiz, sich um den Code zu kümmern und fühlen sich dafür verantwortlich, gutes Feedback in Code-Reviews zu geben. Die Code-Reviews werden mit der Zeit auch effizienter, da alle Teammitglieder mit dem Code vertraut sind. Bei individueller Code Ownership bleiben die Beteiligten lange Zeit in ihren Wissenssilos, was dazu führt, dass die Teammitglieder in Bezug auf die Entwicklung ihrer Fähigkeiten stagnieren, wenn sie immer wieder die gleichen Arbeiten durchführen. Im Gegensatz dazu führt die kollektive Code Ownership zu ständigen Interaktionen zwischen den Teammitgliedern, sodass die Entwicklerinnen und Entwickler kontinuierlich von den anderen lernen können.

Sie müssen selbst einschätzen, wie gut die kollektive Code Ownership in Ihrem Team funktioniert. Wenn alle verantwortlich sind, fühlt sich manchmal niemand verantwortlich. In disziplinierten und hoch motivierten Teams funktioniert die kollektive Code Ownership meist sehr gut. Für andere Teams müssen Sie das richtige Gleichgewicht finden, aber vermeiden Sie die rein individuelle Code Ownership.

Die individuelle Code Ownership birgt zu viele Risiken wie Wissensengpässe, Barrieren für Refactoring, verzögerte Änderungen und die Unfähigkeit, mit hohem Änderungsbedarf in einem bestimmten Bereich umzugehen. Allerdings ist kollektive Code Ownership nichts, das leicht erreicht werden kann. Bevor Sie die kollektive Code Ownership anstreben, empfehlen wir Ihnen daher, zunächst einige Zwischenschritte zu implementieren, wie z. B. die folgenden:

- **Beginnen sie mit einem kleinen Kollektiv.**
  In diesem Szenario ist nicht das gesamte Team Eigentümer des Codes. Stattdessen sind für jedes Code-Stück mindestens zwei Personen die Eigentümer, damit kein Engpass für dieses Code-Stück auftreten kann. Von der individuellen Code Ownership können Sie zur kollektiven Code Ownership übergehen, indem Sie *Pair Programming* (siehe Abschnitt 14.5.5) oder Code-Reviews durchführen. Am Anfang können diese Techniken die Arbeit der einzelnen Entwicklerinnen und Entwickler zwar verlangsamen, aber der Gewinn für das Team wird erheblich sein.
- **Überprüfen Sie den Einsatz der schwachen Code Ownership.**
  Im Gegensatz zu individueller Code Ownership dürfen in diesem Szenario auch andere den Code ändern, sollten aber vorher die Eigentümer fragen. Außerdem sollten die Eigentümer alle Änderungen überprüfen und schließlich die Verantwortung für die Wartung der Änderungen übernehmen.
- **Etablieren Sie ein gemeinsames Verständnis von Clean Code.**
  Eine Einigung auf ein gemeinsames Verständnis von Clean Code kann wesentlich dazu beitragen, dass die gemeinsame Arbeit am Code produktiver wird. Sie sollten klare Regeln für die Formatierung und statische Code-Prüfungen festlegen und einen Styleguide wählen.
- **Verbessern Sie die Engineering-Fähigkeit.**
  Kollektive Code Ownership erfordert eine hohe Disziplin im Team, insbesondere im Hinblick auf Unit Tests, Clean-Code-Prinzipien und Refactoring. Daher empfehlen wir Ihnen, diese Fähigkeiten auszubauen, bevor Sie die kollektive Code Ownership einführen.

Die kollektive Code Ownership ist jeweils auf ein Team beschränkt. Wenn jemand außerhalb des Teams den Code, der dem Team gehört, ändern möchte, sollte diese Person immer das Team bitten, die Änderung zu überprüfen.

Ein weiterer Begriff im Zusammenhang mit der kollektiven Code Ownership ist der *Code Steward*. Als Code Steward stellen Sie sicher, dass das gesamte Wissen in Bezug auf den Code, das sowohl domänenbezogen als auch technikbezogen sein kann, unter den Teammitgliedern verteilt wird und dass die erforderlichen Fähigkeiten aufgebaut werden. Die Zuweisung eines Code Stewards ist ein Zwischenschritt von einem Team mit hauptsächlich individueller Code Ownership zu einem Team, das mit kollektiver Code Ownership arbeitet. Das Ziel des Code Stewards sollte sein, andere Teammitglieder zu befähigen, Änderungen am Code vorzunehmen. Um zu diesem Punkt zu gelangen, wählt der Code Steward den am besten geeigneten Führungsstil in Abhängigkeit von den Motivationen und Fähigkeiten seiner Kolleginnen und Kollegen, damit die Teammitglieder Änderungen am Code vornehmen können. Das Modell von Kenneth H. Blanchard und Paul H. Hersey, das in ihrem Buch *Management of Organizational Behavior* von 1969 beschrieben ist, definiert vier verschiedene Quadranten für Führungsstile:

- **Anweisen**
  Wenn Kolleginnen oder Kollegen bestimmte Kenntnisse fehlen, gibt der Code Steward klare Anweisungen, was zu tun ist.
- **Unterstützen**
  Wenn es den Teammitgliedern an Motivation fehlt, die Arbeit zu erledigen, sollte der Code Steward sich die Zeit nehmen, zu überzeugen und zu motivieren.
- **Coachen**
  Wenn die Kolleginnen und Kollegen motiviert sind und die Arbeit zumindest bis zu einem gewissen Grad erledigen können, könnten sie durch einen zu direkten Führungsstil demotiviert werden. Der Code Steward führt also, indem er zuhört und Fragen stellt.
- **Delegieren**
  Wenn die Teammitglieder motiviert sind und alle Fähigkeiten haben, um die Arbeit erledigen zu können, kann der Code Steward die Arbeit einfach delegieren und das Ergebnis überprüfen.

Durch die Anwendung der Prinzipien der Code Stewardship und verschiedener Führungsstile können Sie von individueller Code Ownership über *Code Gatekeeper* (ein Eigentümer überprüft alle Änderungen) bis hin zu mehreren Gatekeepern und schließlich zu kollektiver Code Ownership übergehen.

14.1.2 Clean Code Developer Initiative

Inspiriert durch das Buch *Clean Code* von Robert C. Martin haben Stefan Lieser und Ralph Westphal im Jahr 2009 die *Clean Code Developer Initiative* gegründet. Ziel der Initiative ist es, die Übernahme von Clean-Code-Prinzipien und die Wertschätzung von interner Qualität unter Softwareentwicklerinnen und -entwicklern zu fördern. Stefan und Ralph haben die riesige Anzahl von Themen in sieben Stufen unterteilt, sodass Entwicklerinnen und Entwickler einen klaren Weg vor Augen haben. Die Clean Code Developer Initiative unterteilt das Buch von Robert C. Martin in verdauliche Häppchen. Viele Entwicklerinnen, Entwickler und Teams sind überlastet. Die Grade ermöglichen es ihnen, sich die nötige Zeit zu nehmen, um Gewohnheiten oder Einstellungen zu ändern, was zu einer höheren Code-Qualität führt. Einzelpersonen und Teams werden durch die folgenden Grade geführt:

- **Schwarzer Grad**
  Der schwarze Grad ist der erste Grad. Clean-Code-Entwicklerinnen und -Entwickler verpflichten sich hiermit, die Lernreise anzutreten.
- **Roter Grad**
  Der rote Grad beinhaltet die ersten Übungen zu den wesentlichen Elementen von Clean Code und die grundlegende positive Einstellung.
- **Orangener Grad**
  Die orangefarbene Klasse führt in wesentliche Software-Engineering-Grundlagen ein und legt den Schwerpunkt auf die Automatisierung von Tätigkeiten.
- **Gelber Grad**
  Der gelbe Grad konzentriert sich auf automatisierte Tests. Im Vergleich zum orangenen Grad geht es bei diesem Grad nicht um Systemtests, sondern eher um die Tests auf unterer Ebene, bei denen Sie den Code testbar schreiben müssen. Daher sind objektorientierte Prinzipien ein wesentlicher Bestandteil dieses Grades.
- **Grüner Grad**
  Der grüne Grad setzt die Automatisierung fort, wobei der Schwerpunkt auf der Überführung von Code in die Produktion liegt. Zusätzlich fokussiert sich dieser Grad auf Modularisierung.
- **Blauer Grad**
  Der blaue Grad berücksichtigt die Automatisierung im Kontext des Deployments, verschiedener Architekturthemen und eines iterativen Entwicklungsprozesses.
- **Weißer Grad**
  Im weißen Grad kommen alle Prinzipien, Regeln und Praktiken zusammen. Entwicklerinnen und Entwickler im weißen Grad berücksichtigen immer alle Aspekte der vorherigen Grade. Nur Personen oder Teams mit großer Erfahrung und Disziplin können diesen Grad erreichen. Wenn einige Themen noch nicht angewendet werden können, geben sich die Clean-Code-Entwicklerinnen und -Entwickler Mühe, die Lücke zu schließen.

Jeder dieser Grade konzentriert sich auf einen bestimmten Aspekt der Entwicklung und kombiniert daher bekannte Prinzipien und Richtlinien mit einigen geeigneten Praktiken. Jeder Grad baut auf dem vorangegangenen Pfad auf.

Weitere Ressourcen

Weitere Details zu den verschiedenen Graden finden Sie auf der Website der Clean Code Developer Initiative unter *https://clean-code-developer.de/*.

Die ersten Schritte können Sie selbständig durchführen. Sie sollten niemanden um die Zustimmung bitten müssen. Da Softwareentwicklung ab einem bestimmten Stadium eine Teamaktivität ist, wird das gesamte Team benötigt. Daher sollten Sie sich vornehmen, als Team die Grade durchzuarbeiten und diese Lernreise gemeinsam zu reflektieren. Ziel ist es, unter den Teammitgliedern eine gemeinsame Basis von allgemein akzeptierten Prinzipien und Praktiken zu schaffen.

Betrachten wir die Anwendung dieser Methode sowohl auf individuelles Lernen als auch auf Lernen im Team:

- **Individuelles Lernen**
  Diese Methode kann von Einzelpersonen angewendet werden. Sie beginnen mit einem bestimmten Grad und bewerten selbst, inwiefern Sie die Prinzipien des Clean Codes einhalten. Zusätzlich könnten Sie erfahrene Kolleginnen und Kollegen bitten, Ihren Code zu überprüfen. Nach drei bis vier Wochen können Sie zur nächsten Stufe übergehen. Beginnen Sie nicht mit dem nächsten Grad, wenn Sie die Prinzipien Ihres aktuellen Grades nicht einhalten.
- **Als Team lernen**
  Ihr Team sollte sich verpflichten, gemeinsam zu lernen und das Gelernte im Code anzuwenden. Deshalb werden sie die Materialien einzeln durchgehen und gemeinsame Diskussionen führen. Zusätzlich können sie Änderungen überprüfen, um zu sehen, ob die gelernten Prinzipien tatsächlich gelebt werden. Nach drei bis vier Wochen könnte das Team zur nächsten Stufe übergehen. Suchen Sie sich für Code-Reviews jemanden, der mehr Erfahrung in der Anwendung von Clean-Code-Prinzipien hat. Ihr Team sollte nur in die nächste Stufe aufsteigen, wenn die Prinzipien gelebt werden. Dieser Ansatz kann auch dazu beitragen, ein gemeinsames Verständnis von wartbarem und lesbarem Code zu etablieren.

[»]

Weitere Ressourcen

Wir empfehlen Ihnen dringend, das Buch *Clean Code* von Robert C. Martin zu lesen und das iterative Lernen mit Ihrem Team zu diskutieren, z. B. über die Clean Code Developer Initiative. Das Ergebnis der Diskussion sollten Sie zusammenfassen, sodass Sie bei zukünftigen Code-Reviews oder beim Onboarding neuer Teammitglieder auf diese Verpflichtung verweisen können.

14.2 Den Broken-Window-Effekt angehen

Der *Broken-Window-Theorie* zufolge schaffen sichtbare Anzeichen von Unordnung ein Umfeld für mehr Unordnung. Betrachten Sie z. B. ein Gebäude mit ein paar zerbrochenen Fenstern. Wenn die Fenster nicht zeitnah repariert werden, ist es wahrscheinlicher, dass es zu weiteren eingeschlagenen Fensterscheiben kommen wird, da offensichtlich niemand am Zustand des Gebäudes interessiert ist. Schließlich wird vielleicht sogar in das Gebäude eingebrochen, wenn es unbewohnt ist, und die Wahrscheinlichkeit steigt, dass das Gebäude besetzt oder weiter zerstört wird.

Was bedeutet das für die Softwareentwicklung?

Bei der Softwareentwicklung dreht sich alles um Details, und wenn Sie nicht auf jede noch so kleine Abweichung im Design reagieren, werden Sie wahrscheinlich mit einem sehr komplexen Projekt enden. Ein entscheidender Faktor, der Software verwildern lässt, ist die Art und Weise, wie das Wachstum der Code-Menge in Bezug auf Komplexität und Qualität gehandhabt wird.

Wir neigen oft aufgrund von Zeitdruck dazu, die Qualität des Codes zu vernachlässigen, um unser Projekt pünktlich abzuliefern, was dazu führt, dass die Komplexität aufgrund der erzwungenen Bemühungen, die Zeitvorgaben einzuhalten, schleichend zunimmt. »Schnelle und schmutzige« Reparaturen mit Klebeband führen zu schlechter Qualität, und das System wird schwer zu warten. Wenn die Komplexität (zu) hoch ist, wird möglicherweise sogar ein komplettes Neuschreiben oder ein größeres Refactoring in Betracht gezogen, was oft zu Frustration führt, weil diese Art der Überholung viel Zeit und Energie kostet.

[«]

Technische Schulden

Die *technische Schuld* ist eine Metapher, um die Schulden zu beschreiben, die Sie beim Erstellen eines Softwaresystems aufbauen. Wenn Sie sich nicht um Ihre technische Schuld kümmern, werden Sie mehr Zeit damit verbringen, sich mit den Folgen dieser Schuld zu beschäftigen. Ward Cunningham, der Erfinder der Metapher, rät dazu:

Unreifer Code mag zwar gut funktionieren und für den Kunden völlig akzeptabel sein, aber zu viel davon macht ein Programm unbeherrschbar, was zu einer extremen Spezialisierung der Entwicklerinnen und Entwickler und schließlich zu einem unflexiblen Produkt führt. Das Ausliefern von Code ist wie Schulden machen. Ein wenig Schuld beschleunigt die Entwicklung, solange sie zeitnah mit einem Überarbeiten zurückgezahlt wird ... Die Gefahr entsteht, wenn die Schulden nicht zurückgezahlt werden. Jede Minute, die mit nicht schlecht wartbarem Code verbracht wird, zählt als Zinsen für diese Schuld. Ganze Entwicklungsorganisationen können durch diese Schuldenlast zum Stillstand gebracht werden.

Beispiele für Broken Windows in der Sofwareentwicklung sind unter anderem die folgenden:

- Wenn Sie eine hohe Anzahl von statischen Code-Prüfungsfehler in Ihrer Code-Basis haben, erkennen Sie möglicherweise nicht, wenn eine Änderung neue Fehler hinzufügt.
- Wenn Sie eine niedrige Code-Abdeckung haben, ist das Hinzufügen neuer Tests in der Abdeckung des Gesamt-Codes fast unsichtbar. Daher fügen Ihre Kolleginnen und Kollegen möglicherweise keinen Unit Test hinzu, was die Situation weiter verschlechtert.

- Bei fehlerhaften Tests denken Sie vielleicht, dass jeder fehlgeschlagene Test falsch-positiv ist.

Wie können Sie diese Situation vermeiden? Sie sollten null Toleranz in Bezug auf Probleme bei der statischen Code-Prüfung haben. Zum Beispiel sollte niemand einen Transport freigeben dürfen, wenn es Probleme mit dem ABAP Test Cockpit gibt. Aus unserer Erfahrung wissen wir, dass »später« sehr oft »nie« bedeutet. Eine automatisch überprüfbare Richtlinie kann als Auslöser für eine Änderung der Gewohnheiten dienen und dazu beitragen, die Produktivität Ihres Teams zu erhalten. Ohne eine solche Richtlinie können sich z. B. Probleme bei der statischen Code-Prüfung häufen, und manchmal werden wichtige Probleme übersehen, weil bereits zu viele (eventuell unwichtigere) Probleme vorhanden sind. Sie sollten auch die folgenden Überlegungen im Hinterkopf behalten:

- *Flaky Tests* sind Tests, die manchmal rot und manchmal grün laufen. Diese anfälligen Tests sollten sofort stabil gemacht werden oder unter Quarantäne gestellt werden (den Test aus der Test-Suite entfernen und ein Ticket erstellen), damit der Entwickler oder die Entwicklerin den Flaky Test beheben kann.
- Code-Reviews und Pair Programming können sich dann vermehrt auf die Aspekte konzentrieren, die nicht automatisch getestet werden können, z. B. die Wartbarkeit Ihres Codes, die Qualität Ihrer Tests und die Einhaltung von Clean-Code-Prinzipien.

Was tun Sie, wenn die Fenster bereits kaputt sind?

- **Bei Problemen mit der statischen Code-Prüfung**
  Legen Sie einen Schwellenwert fest, der auf der aktuellen Anzahl der gefundenen statischen Code-Prüfungsfehler basiert. Dieser Schwellenwert stellt sicher, dass kein neuer Fehler eingeführt wird. Nach Refactoring und Bereinigungen passen Sie den Schwellenwert auf eine niedrigere Zahl an.
- **Code-Abdeckung**
  Es gibt Werkzeuge zur Überprüfung der Code-Abdeckung von neuem Code. Andere Tools können prüfen, ob es einen positiven Trend in Ihrer Code-Abdeckung gibt.

In den folgenden Abschnitten werden wir einen tieferen Einblick in die Anwendung von statischen Code-Prüfungen, Metriken und Code-Abdeckung nehmen.

14.2.1 Statische Code-Prüfung

Wenn in Ihrem Team ein gemeinsames Verständnis mit dem Ziel von wartbarem und lesbarem Code besteht, sollten Sie eine gemeinsame Definition für Werkzeuge zur statischen Code-Prüfung verwenden. Das Standardwerkzeug für statische Code-Prüfungen in ABAP ist das ABAP Test Cockpit. Sie können das ABAP Test Cockpit so konfigurieren, dass viele Clean-ABAP-Regeln automatisch geprüft werden. Wir empfehlen Ihnen, das System so zu konfigurieren, dass alle Fehler im ABAP Test Cockpit behoben werden müssen, bevor Sie einen Transportauftrag oder sogar eine Aufgabe freigeben können, um so den Broken-Window-Effekt zu verhindern.

14.2.2 Metriken

Metriken allein können nicht viel bewirken und decken nur einen kleinen Teil der Prinzipien ab. Dennoch können Metriken wertvoll sein, wenn sie sorgfältig eingesetzt werden, besonders in den Teilen Ihrer Code-Basis, wo eine tiefere Überprüfung erforderlich sein könnte. Die Metrik der zyklomatischen Komplexität (siehe Kasten) berechnet z. B. die Komplexität einer Methode. Ein höherer Wert bedeutet ein höheres Risiko, dass eine Änderung einen Fehler einführt. Daher sollten Sie untersuchen, ob eine hohe zyklomatische Komplexität gerechtfertigt ist und durch eine gut geschriebene Menge von Unit Tests abgedeckt wird. Zusätzlich empfehlen wir Ihnen, die Definition von oberen Schwellenwerten für diese Metriken in Betracht zu ziehen, die im ABAP Test Cockpit gepflegt werden können.

Wenn Metriken rein als Key Performance Indicators (KPIs) betrachtet werden, entsteht eine Gefahr. Bei extern definierten KPIs kann die Motivation für die KPI unklar sein. Diese Unklarheit kann zu ungewollten Optimierungen durch die Entwicklerinnen und Entwickler führen, z. B. zu einer hohen Unit-Code-Abdeckung, aber auch zu Tests, die eigentlich gar nichts testen. Daher müssen alle, die am Entwicklungsprozess teilnehmen, den Zweck der Metrik verstehen. Eine Metrik sollte nicht als KPI gesehen werden, sondern eher als eine Lernmetrik, um sich als Team kontinuierlich zu verbessern.

[«]

Zyklomatische Komplexität

Die *zyklomatische Komplexität* ist eine Softwaremetrik, die die Komplexität eines Programms angibt. Dieses quantitative Maß beinhaltet die Anzahl der linearen, unabhängigen Pfade durch den Quell-Code eines Programms. Eine hohe Zahl deutet auf schwer zu wartenden Code hin und ist ein Indikator dafür, dass Sie tiefer in den Code schauen sollten, um ihn wartbarer zu machen.

14.2.3 Code-Abdeckung

Wenn die Anweisungs- oder Zweigabdeckung unzureichend ist, dann ist der Code noch nicht bereit für ein Code-Review. Um eine gute Unit Tests zu schreiben, müssen Sie den Code auf testbare Art entwickeln. Daher ist es sinnvoll, im ABAP Test Cockpit Abdeckungsziele zu definieren, sodass Transporte ohne ausreichende Code-Abdeckung nicht freigegeben werden können.

[»]

Code-Abdeckung

Anweisungsabdeckung und *Zweigabdeckung* sind Maße, die beschreiben, inwieweit der Quell-Code eines Programms bei der Ausführung einer bestimmten Test-Suite ausgeführt wird. Die Anweisungsabdeckung misst, wie viele Zeilen der gesamten Code-Basis ausgeführt wurden. Die Zweigabdeckung misst, wie viele Zweigen von Kontrollstrukturen (z. B. `IF`- oder `CASE`-Anweisungen) ausgeführt wurden.

14.3 Code-Reviews und Lernen

Das Hauptziel von Code-Reviews ist es, die Qualität des Codes zu verbessern, aber Code-Reviews können auch hilfreich sein, um zu lernen und zu lehren, wie man lesbaren und wartbaren Code schreibt. Der Austausch von Wissen ist für die Verbesserung der Code-Qualität unerlässlich. Daher sollten Sie Code-Reviews zum Lehren und Lernen nutzen, indem Sie sie als Gelegenheit begreifen, Kommentare zum Code zu geben und zu erhalten, mit der Absicht, etwas dazu zu lernen.

In den folgenden Abschnitten geben wir Ihnen daher einen tieferen Einblick in verschiedene Aspekte von Code-Reviews.

14.3.1 Code-Review-Präfix

Sie können darüber nachdenken, ein Präfix einzuführen, wenn der Kommentar rein lehrreich sein soll. Bei Google wurde das Präfix `Nit:` eingeführt, um anzugeben, dass der Kommentar nicht kritisch ist, um die Qualitätsstandards oder den Styleguide zu erfüllen. Das Präfix zeigt an, dass es für den Autor oder die Autorin nicht zwingend erforderlich ist, das angemerkte Problem in dieser Änderung zu beheben.

14.3.2 Styleguide

Um eine klare Anleitung für alle Teammitglieder zu kodifizieren, empfehlen wir dringend, dass Sie sich als Team auf einen Styleguide einigen. Wir empfehlen die Verwendung des bestehenden Open-Source-Styleguides Clean ABAP (*http://s-prs.co/v519011*). Der Styleguide sollte als absolute Autorität dienen, um sinnlose Diskussionen bei Code-Reviews zu vermeiden.

Jedes stilbezogene Thema, das nicht im Styleguide enthalten ist, sollte als eine Frage der persönlichen Präferenz betrachtet werden. Neue Ergänzungen zu bestehendem Code sollten sich an den etablierten Styleguide und an den Stil der bestehenden Code-Basis halten.

Ursprung des Clean ABAP Guide

Der Open-Source-Leitfaden Clean ABAP entstand auch aus den Diskussionen über das gemeinsame Verständnis von Clean Code einiger Teams in der SAP-Abteilung *Governance, Risk, and Compliance*, wie bereits in Kapitel 1, »Einführung«, erläutert. Florian Hoffmann und Klaus Häuptle stellten diese Inhalte später in einem Inner-Source-Projekt auf GitHub zur Verfügung und präsentierten diese Arbeit in einem internen Graswurzel-Netzwerk. Danach öffneten viele Entwicklerinnen und Entwickler aus dem gesamten SAP-Umfeld Issues oder erstellten Pull Requests. Nachdem der Inhalt in eine gute Form gebracht war, beschlossen Florian und Klaus, ihn für Kunden und Partner als Open-Source-Projekt zur Verfügung zu stellen. Auch hier trugen wieder viele Entwicklerinnen und Entwickler innerhalb und außerhalb von SAP zur Verbesserung des Leitfadens bei.

14.3.3 Sichtbar machen

Eine weitere empfohlene Technik, die alle Beteiligten befolgen sollten, ist das Sichtbarmachen von Clean-Code-Praktiken, damit sich alle Personen bei Programmier- oder Designdiskussionen an die Regeln erinnern. Sie können z. B. ein Schaubild ausdrucken und im Teamraum aufhängen. Um ein höheres Engagement zu fördern, können Sie die Teammitglieder auch bitten, das Schaubild zu unterschreiben. Um sich selbst an weitere Details zu erinnern, könnten Sie einen Spickzettel für Ihren Schreibtisch ausdrucken. Die Clean Code Developer Initiative schlägt noch mehr Artefakte vor, um das Engagement für Clean Code sichtbar zu machen: Armbänder, Stempel, Flaggen, Desktophintergründe, Postkarten und Mousepads!

Weitere Ressourcen

Ein ausdruckbarer Spickzettel für Clean ABAP findet sich auf der Clean-ABAP-GitHub-Seite im Ordner **cheat-sheet**: *http://s-prs.co/v519012*

14.3.4 Feedback-Kultur

In der Vergangenheit haben wir einige Teams gesehen, bei denen Code-Review nicht funktioniert haben. Die Teamkultur, insbesondere, wie Entwicklerinnen und Entwickler Feedback geben und annehmen, ist oft der Hauptgrund für dieses Scheitern. Dieser Abschnitt beschreibt die Herausforderungen, die ehrliches Feedback mit sich bringt, und wie das Team sich im Geben und Empfangen von Feedback verbessern kann. Nur mit einer guten Feedback-Kultur können Code-Reviews ein effizientes Lernwerkzeug sein.

Vermutlich haben Sie die Erfahrung schon selbst gemacht: Manchmal fühlen Sie sich persönlich angegriffen, obwohl die Absicht eines Reviews eigentlich darin besteht, den Code zu verbessern. So kann es auch Ihren Teammitgliedern gehen. Ein Grund für diese Abwehrhaltung kann sein, dass das Feedback am eigenen Code mit den persönlichen Fähigkeiten in Verbindung gebracht wird: Sie haben das Gefühl, dass nicht *Ihr Code*, sondern *Ihre Programmierfähigkeiten* kritisiert wurden. Ein anderer Grund kann sein, dass das Feedback wirklich die Person direkt kritisiert. Um effiziente Code-Reviews und eine gute Teamkultur zu ermöglichen, müssen Sie sich um diese persönlichen Aspekte kümmern.

Eine starke Feedback-Kultur zu ermöglichen, ist keine leichte Aufgabe, aber die Mühe lohnt sich. Feedback zu geben und annehmen zu können, erfordert Übung, Lernen, Vertrauen und Reflektion – sowohl als Team als auch als Einzelperson. Der Kommunikationsstil des Reviewers hat einen starken Einfluss auf die Produktivität eines Reviews. Als Reviewer sollten Sie die folgenden Punkte zum Kommunikationsstil beachten:

- Sie sollten klar kommunizieren, was verbessert werden kann, und die Gründe für Ihren Kommentar erläutern. Sie müssen keine Lösungen anbieten; Sie können einfach auf das Problem hinweisen. Den Entwickler bzw. die Entwicklerin die Lösung finden zu lassen, hilft dieser Person, direkt etwas zu lernen. Daher sollten Sie abwägen, wie viel Anleitung Sie in Ihren Kommentaren geben.
- Ihr Kommunikationsstil sollte freundlich, respektvoll und unterstützend sein. Besonders wichtig ist es, dass Sie sich auf den Code und nicht auf die Person beziehen. Wir empfehlen z. B. einen indirekten Stil wie »Der Kommentar könnte im Code ausgedrückt werden.« anstelle von »Du hast einen Kommentar hinzugefügt, der im Code ausgedrückt werden könnte.«
- Sie sollten Kommentare in einer konstruktiven Art und Weise schreiben, sodass sie nicht persönlich aufgefasst werden können. Die angesprochene Person sollte sich nicht persönlich durch ein Review angegriffen fühlen.
- Das Ziel sollte sein, die Lesbarkeit und Wartbarkeit des Codes zu verbessern. Ermutigen Sie daher den Autor bzw. die Autorin des Codes, den Code zu verbessern oder einen Kommentar hinzuzufügen. Das Hinzufügen eines Kommentars sollte allerdings eine Ausnahme sein (siehe Kapitel 9, »Kommentare«).
- Wenn Sie als Reviewer Code sehen, der schwer zu verstehen ist, fragen Sie einfach nach einer Erklärung und geben Sie konstruktive Hinweise, wie die Lesbarkeit verbessert werden könnte. Diese Art von Kommentar ist vielleicht der hilfreichste Kommentar von allen. Oft ist der Code zu kompliziert, daher ist es wichtig, um eine Klärung zu bitten, bevor Sie zu viel Zeit darauf verwenden, ihn zu verstehen. Das Lesen von gut geschriebenem und lesbarem Code sollte so einfach wie das Lesen eines Buches sein. Eine bessere Lesbarkeit ermöglicht es allen Beteiligten, Probleme leichter zu erkennen.

Entwicklerinnen und Entwickler sind in der Regel sehr beschäftigt und haben kaum Zeit für Code-Reviews. Betrachten Sie die Zeit der Reviewer als eine wertvolle Ressource. Sie können viel dazu beitragen, die Effektivität von Reviews zu verbessern und eine gute Feedback-Kultur aufzubauen, indem Sie die folgenden Regeln beachten:

- Sich mit einem Stück Code vertraut zu machen, kann den Reviewer eine Menge Zeit kosten. Wenn Sie die Person sind, die ein Review von einem Kollegen oder einer Kollegin möchte, sollten Sie mit der Einstellung in den Prozess gehen, die Zeit der anderen Person weise zu nutzen. Sie sollten die Zeit eines Reviewers wertschätzen und sein Feedback als ein Geschenk ansehen, das Ihnen hilft, zu wachsen und die Qualität der Code-Basis zu verbessern.
- Halten Sie sich an den vereinbarten Styleguide, sorgen Sie für eine solide Testabdeckung und beheben Sie alle Probleme der statischen Code-Prüfung, bevor Sie eine Änderung zur Code-Überprüfung einreichen. Ansonsten verschwenden Sie die Zeit des Reviewers, der sich nach Ihnen mit dem Code beschäftigen muss.
- Nehmen Sie das Feedback nicht persönlich. Der Reviewer gibt Feedback zu Ihrem Code, nicht zu Ihren Fähigkeiten.
- Manchmal sind Reviewer aus Gründen frustriert, die nichts mit Ihrem Code zu tun haben. Diese Frustration kann sich in seinem oder ihrem Kommunikationsstil zeigen. Sie sollten nicht zuzulassen, dass Frustration ein Review dominiert und dem Reviewer diesbezüglich Ihrerseits freundliches Feedback geben. Bevor Sie dieses Feedback geben, sollten Sie jedoch darüber nachdenken, ob der Kommentar auch etwas Konstruktives enthält.
- Um den Aufwand zu minimieren, der nötig ist, um sich in ein Stück Code einzuarbeiten, sollte die zu überprüfende Änderung klein sein, was das Code-Review fokussierter und produktiver macht. Eine große Änderung kostet deutlich mehr Zeit, verursacht mehr Verwirrung und bleibt viel länger offen.
- Wenn der Reviewer Ihren Code nicht versteht, werden höchstwahrscheinlich auch die anderen Personen Ihren Code nicht verstehen. Erklären Sie daher den Code nicht direkt im Code-Review-Tool. Sie sollten zunächst versuchen, den Code verständlicher zu machen oder, wenn es unbedingt notwendig ist, einen Kommentar in den Code einfügen, um das Problem zu erklären.

Managerinnen und Manager sollten sich über die Vorteile von Code-Reviews informieren, genügend Zeit zur Verfügung stellen, bei den Beteiligten für Code-Reviews werben und ihr Engagement gegenüber dem Team kommunizieren. Teammanagerinnen und -Manager sollte dem Team auch helfen, eine solche starke Feedback-Kultur aufzubauen und aktive Reviewer, die sich an Reviews beteiligen, sowie Teammitglieder, die nützliche Beiträge leisten, belohnen. Zusätzlich sollten sie helfen, Teammitglieder darin zu coachen, durchdachtes Feedback zu geben. Managerinnen und Manager sollten zudem viel Zeit investieren, um eine psychologisch sichere

Umgebung zu schaffen und das Vertrauensniveau unter den Teammitgliedern zu verbessern.

Generell müssen Sie und Ihr Team selbst und vor allem gemeinsam danach streben, eine Lernkultur zu schaffen, in der Feedback ein wesentliches Medium ist, um sowohl als Individuum als auch als Team zu wachsen. Die Teammitglieder sollten versuchen, voneinander zu lernen und beim nächsten Mal einen besseren Job zu machen.

Eine weitere Herausforderung entsteht, wenn die Teammitglieder aus verschiedenen Kulturen kommen. Verschiedene Kulturen haben unterschiedliche Einstellungen zu Feedback. Einige Kulturen sind direkter, andere indirekter und vermeiden Konfrontationen. Wenn Sie sich in einer solchen multikulturellen Umgebung befinden, sollten Sie sich darüber informieren, wie Sie diese Kulturen dazu bringen können, effizient zusammenzuarbeiten, und was Sie tun können, damit Code-Reviews funktionieren.

14.4 Clean Code Advisor

Das Ziel ist es immer, einen Kreis von Clean-Code-Expertinnen und -Experten zu bilden, die gebeten werden können, an einem Review teilzunehmen. Der *Clean Code Advisor* muss kein Experte bzw. keine Expertin im relevanten Fachbereich sein, kann den Entwicklerinnen und Entwicklern aber Hinweise geben, wie sie die Lesbarkeit und Wartbarkeit des Codes verbessern können. Einige Unternehmen setzen das Prinzip des Clean Code Advisors noch strenger um: Bei Google beispielsweise kann keine Änderung ohne eine Überprüfung durch einen Kollegen oder eine Kollegin freigegeben werden, die zusätzlich ein Curriculum für Clean Code absolviert haben müssen. Bei SAP haben wir zwar noch kein formelles Programm, aber viele Teams haben bereits einen ähnlichen Prozess eingerichtet.

14.5 Lerntechniken

Um Ihre Fähigkeiten zu verbessern, reicht es meist nicht aus, nur Bücher und Anleitungen zu lesen. Die beste Möglichkeit, Ihre Programmierkenntnisse zu verbessern, ist es schlicht zu üben. Es gibt verschiedene Lerntechniken, die auf intensiven, aber kurzen praktischen Übungen basieren, wie z. B. die folgenden:

- **Kata**
  Eine Kata ist eine kleine Übung, die Ihnen hilft, Ihre Fähigkeiten durch Übung und Wiederholung zu verbessern. Sie machen diese Übungen selbstständig.
- **Dojo**
  Der Hauptunterschied zwischen einem Dojo und einer Kata ist, dass in einem Dojo eine Gruppe von Entwicklerinnen und Entwicklern gemeinsam übt. Die

Übungen, die in einer Code-Kata verwendet werden, können Sie auch für ein Dojo verwendet.

- **Code-Retreat**
  Bei einem Code-Retreat kommt eine Gruppe von Personen zusammen, meist für einen Tag, manchmal auch länger. Die Absicht ist, ihre Fähigkeiten zu üben und ihr Lernen gemeinsam zu reflektieren.
- **Pair Programming**
  Beim Pair Programming arbeiten jeweils zwei Personen gemeinsam an einer Programmieraufgabe.
- **Mob Programming**
  Beim Mob Programming arbeiten mehrere Personen gemeinsam an einer Programmieraufgabe.
- **Gewohnheiten**
  Gewohnheiten umfassen z. B. das Implementieren von automatischen Prüfungen in Ihrer IDE, in der Build- oder Continuous-Delivery-Pipeline, mit dem Ziel, Sie daran zu erinnern, Ihr Verhalten zu verbessern.

In den folgenden Abschnitten werden wir uns verschiedene Lerntechniken genauer ansehen.

14.5.1 Kata

Im Karate ist eine *Kata* eine genau definierte Bewegungsabfolge und eine typische Übung. Ziel ist es, eine Bewegungsabfolge im Muskelgedächtnis abzuspeichern, um eine blitzschnelle Ausführung im Kampf zu ermöglichen. Das Training ohne Gegner hilft, sich auf die korrekte Ausführung der Bewegungen zu konzentrieren.

Basierend auf einer ähnlichen Idee ist eine *Code-Kata* eine klar definierte Programmierübung, in der Sie bestimmte Programmierpraktiken üben, z. B. das Entwickeln ohne Maus oder das Anwenden von testgetriebener Entwicklung (Test-Driven Development, kurz TDD).

Eine Code-Kata ist eine kurze Programmierübung, bei der Sie in der Regel mehrere Zyklen mit unterschiedlichen Lernzielen absolvieren. Bei der ersten Übung, die auf einer bestimmten Code-Kata basiert, besteht die Hauptaufgabe z. B. darin, ein Problem zu verstehen und eine Lösung zu finden. Im nächsten Zyklus der Kata geht es darum, eine qualitative Lösung mit hoher Testabdeckung zu erstellen. Danach können Sie sich darauf konzentrieren, wie Sie zu der Lösung gekommen sind. Der folgende Zyklus könnte sich z. B. darauf konzentrieren, reines TDD anzuwenden oder die Lösung nur mit Tastatur und Shortcuts zu entwickeln, ohne eine Maus zu verwenden.

Eine weitere häufige Variante einer Code-Kata ist auch das Refactoring eines bestehenden Code-Stücks. Bei der sogenannten *Gilded Rose Kata* schaffen Sie zunächst eine ausreichende Code-Abdeckung und verbessern anschließend die Lesbarkeit des Codes.

[»]

Weitere Ressourcen

Weitere Details zur Organisation der Kata *Gilded Rose* finden Sie unter: *http://s-prs.co/v519013*

14.5.2 Dojo

In einem *Code-Dojo* kommen mehrere Teammitglieder zusammen, um als Gruppe zu üben. Die Übung kann eine Kata sein, oder Sie können sich auf verschiedene Formen von Gruppenaktivitäten wie Pair Programming oder Mob Programming konzentrieren. Am Ende eines Code-Dojos sollten die Teammitglieder reflektieren und mit den anderen darüber sprechen, was ausprobiert und was gelernt wurde.

Ein Code-Dojo wird mit einer kurzen Diskussion über die Aufgabe begonnen, an der die Gruppe arbeiten wird. Danach beginnt ein Paar mit der Arbeit an der Programmieraufgabe, wobei es jeweils einen Fahrer (die Person, die die Tastatur bedient) und einen Beifahrer gibt, der navigiert. Nach einem definierten Intervall (z. B. fünf Minuten) findet ein Wechsel statt: Der Beifahrer wird zum Fahrer. Der vorhergehende Fahrer wird Teil des Publikums, und jemand aus dem Publikum wird zum neuen Beifahrer. Nachdem jede Person einmal in der Fahrerrolle gewesen ist, sollte die Gruppe eine Retrospektive darüber durchführen, was gelernt wurde.

14.5.3 Code-Retreat

Ein *Code-Retreat* ist eine intensive, meist eintägige Praxisveranstaltung, die sich auf die Grundlagen der Softwareentwicklung und des Designs konzentriert. Die Idee ist es, einen Rückzugsort zu schaffen, an dem sich alle darauf konzentrieren können, mehr über Entwicklung und Design zu lernen und sich für eine festgelegte Zeit dem täglichen Druck, Dinge erledigen zu müssen, entziehen zu können. Ein Code-Retreat erlaubt es einer Gruppe von Entwicklerinnen und Entwicklern, sich auf Clean Code, TDD und andere Themen zu konzentrieren.

Während eines gewöhnlichen Arbeitstags steht nicht genug Zeit zur Verfügung, um die Coding-Fähigkeiten zu verbessern. Es sind zu viele Meetings angesetzt, und das nächste Release steht an. Unter Zeitdruck fallen Sie immer wieder in alte, schlechte Gewohnheiten zurück, obwohl Sie wissen, dass es bessere Techniken und Methoden gibt. Ein Code-Retreat schafft einen Raum, in dem Sie Ihre Coding-Skills ohne den üblichen Alltagsdruck verbessern können.

Sie könnten versuchen, paarweise eine Aufgabe mit TDD zu implementieren. Das Ziel ist nicht die Lösung der Aufgabe, sondern das Ausprobieren verschiedener Ansätze und Programmiertechniken. Nach 45 Minuten wird der entwickelte Code gelöscht. Ein paar Minuten später besprechen Sie als Gruppe, was Sie gelernt haben. Dann fangen Sie wieder von vorne an. Da Sie die Aufgabe sowieso nicht in 45 Minuten erledigen können, ist es nicht sinnvoll, Abkürzungen zu verwenden, und Sie können sich stattdessen darauf konzentrieren zu lernen, wie man Clean Code schreibt. Die Paare werden regelmäßig getauscht, um den Wissensaustausch zwischen den Teilnehmern zu fördern.

Weitere Ressource

Weitere Details über die Organisation eines Code-Retreats finden Sie unter: *https://www.coderetreat.org*

14.5.4 Fellowship

Eine weitere Möglichkeit ist es, für ein halbes Jahr ein *Fellowship* in einem anderen Team zu machen. Während dieser Monate sind Sie komplett einer anderen Organisation zugeordnet und Teil eines anderen Teams. Das Ziel ist es, Ihren Horizont zu erweitern und Ihnen neue Fähigkeiten beizubringen. Nach dem Ende des Fellowships kehren Sie in Ihr ursprüngliches Team zurück. Eine der besten Möglichkeiten, Ihre technischen Fähigkeiten zu verbessern, ist die Arbeit in einem erfahrenen Team, mit Kolleginnen und Kollegen, die gerne als Mentoren bzw. Mentorinnen fungieren, die etwas über Clean Code oder andere technische Themen lernen wollen.

14.5.5 Pair Programming

Beim *Pair Programming* arbeiten zwei Personen gemeinsam an einer Programmieraufgabe, aufgeteilt in zwei Rollen:

- Der Fahrer benutzt die Maus und die Tastatur, um den Code zu erstellen.
- Der Beifahrer hat eine eher konzeptionelle Sicht auf die aktuelle Aufgabe und bewertet, ob konzeptionelle Fehler vorliegen.

Anstehende Probleme werden direkt im Gespräch zwischen den Pairing-Partnern gelöst. Die Rollen sollten häufig getauscht werden. Mit Pair Programming lassen sich viele Vorteile erzielen, wie z. B. höhere Codequalität und Wartbarkeit, weniger Fehler und bessere Endergebnisse. In diesem Kapitel konzentrieren wir uns auf das Lernen und den Wissenstransfer, der zwischen den Pairing-Partnern stattfindet. Sie können von Ihrem Pairing-Partner z. B. Strategien zur Lösungsfindung, Tricks bei der Verwendung der IDE oder neue Sprachkonstrukte lernen. Außerdem kann das Pairing zu einem besseren Verständnis der Problemdomäne führen. Eine große Herausforderung ist oft Legacy-Code, und eine konstruktive Diskussion im Pairing kann den Lernprozess über einen Teil des Legacy-Codes beschleunigen. Im Hinblick auf Clean Code hilft Pair Programming, ein gemeinsames Verständnis aufzubauen und fördert eine Umgebung, in der kontinuierlich Clean Code gelernt und gelehrt wird. Pair Programming ermöglicht es neuen Teammitgliedern, viel schneller zu lernen und etwas Wertvolles beizutragen.

Durch das Kombinieren von verschiedenen Rollen können Sie noch weitere Vorteile erzielen: Wenn z. B. ein Entwickler und eine Testerin zusammen als Paar entwickeln, können beide viel von ihren unterschiedlichen Perspektiven lernen. Die Testerin hat meist ganz andere Testfälle im Kopf als der Entwickler. Diese Vielfalt hilft, das Testwissen des Entwicklers zu verbessern. Die Testerin wiederum kann von dem Pairing profitieren, da sie einen produktiveren Umgang mit Werkzeugen zum Testen des Produkts lernt oder die Details der Implementierungen besser versteht. Zudem kann Sie sich neue Arten von Tests ausdenken. Hatte die Testerin bisher keine Programmierkenntnisse, sollte sie aus unserer Sicht zumindest einige Grundlagen erlernen. Die Teilnahme am Pair Programming mit einem Entwickler kann eine gute Möglichkeit für die Testerin sein, Programmierkenntnisse zu erlernen – zumindest für das Schreiben von Systemtests.

14.5.6 Mob Programming

Beim *Mob Programming* arbeiten mehrere Entwicklerinnen und Entwickler gemeinsam an einer Programmieraufgabe. Im Gegensatz zu einem Dojo ist die Aufgabe eine echte Programmieraufgabe aus dem Projekt und kann auch viel länger, z. B. mehrere Tage, dauern. Ein Teammitglied ist der Fahrer, die anderen sind die Beifahrer; die Rollen werden in kurzen Abständen getauscht. Mob Programming wird in der Regel für komplexe Probleme oder zur Einarbeitung neuer Teammitglieder eingesetzt und ist eine gute Möglichkeit, innerhalb eines Teams ein gemeinsames Verständnis für Clean Code zu schaffen. Um effektiv zu arbeiten, sollte ein hohes Maß an Vertrauen innerhalb des Teams bestehen. Niemand sollte Angst haben, Unsicherheiten zu offenbaren. Alle müssen sich sicher damit fühlen, vor der Gruppe Fehler zu machen.

14.5.7 Gewohnheiten

Motivation ist eine wesentliche Grundlage für Veränderung und Lernen, reicht aber oft nicht aus. Um einen nachhaltigen Einfluss auf Ihre *Gewohnheiten* zu haben, müssen Sie dauerhafte Trigger für Veränderung etablieren. Wenn z. B. ein Code-Abdeckungsschwellenwert von 80 % nicht dazu beiträgt, qualitativ hochwertige Tests zu gewährleisten, sollten Sie nicht in alte Gewohnheiten zurückfallen und keine Tests mit dem neuen Feature schreiben. Für die Qualität der automatisierten Tests könnten Sie z. B. einen Mutationstest-Score verwenden.

[«]

Mutations-Testing

Beim *Mutationstest* werden Änderungen am Code vorgenommen, und anschließend wird die Test-Suite ausgeführt, um zu prüfen, ob die Test-Suite diese Änderungen, auch *Mutationen* genannt, erkennen kann. Wenn die Test-Suite eine hohe Anzahl von Mutationen entdeckt, erhält die Test-Suite einen hohen Mutationstest-Score. Mutationstests sind eine sehr gute Metrik, um die Anzahl von Fehlern im System zu reduzieren.

Beachten Sie jedoch, dass Metriken und Prüfungen nicht ein komplettes System abdecken. Sie können z. B. die Qualität oder die Wartbarkeit Ihrer Tests nicht vollständig messen. Sie werden also viel Pair Programming, Code-Reviews und Coaching brauchen, um sicherzustellen, dass diese Themen gelernt und entsprechend angewendet werden. Zusätzlich zum Coaching können Sie darüber nachdenken, einige der Auslöser für Änderungen als Schwellenwerte zu implementieren, z. B. bei der Freigabe eines Transports. Leider sind noch nicht alle der folgenden Komponenten als Standardwerkzeuge für ABAP verfügbar:

- Code-Abdeckungsschwellenwert (Anweisungs- und Zweigabdeckung)
- Schwellwert für den Mutationstest-Score
- keine fragilen Tests
- maximale Dauer für die Testausführung
- Scores für Code-Lesbarkeit und Code-Komplexität
- keine Fehler bei statischen Code-Prüfungen

In Bezug auf Trends, insbesondere bei Legacy-Projekten, ist es oft nicht möglich, mit dem gewünschten Schwellenwert zu beginnen. In diesem Fall können Sie prüfen, ob der Trend positiv ist, z. B. dass die Code-Abdeckung mit einem neuen Pull Request nicht abnimmt oder dass keine neuen statischen Code-Prüfungsprobleme eingeführt wurden.

Bevor Sie diese Trigger für Veränderung implementieren, müssen Sie die Gründe und Vorteile für die Einführung dieser Gewohnheiten erklären. Kolleginnen und Kollegen sollten unterstützen können, wenn Fragen zur Umsetzung auftauchen.

14.6 Continuous Learning in funktionsübergreifenden Teams

Ein agiler Ansatz baut auf funktionsübergreifende Teams, in denen die einzelnen Teammitglieder die Fähigkeiten der anderen ergänzen. Mit dem Übergang zur cloudbasierten Entwicklung müssen die Teams oft mit zunehmender Komplexität umgehen und schnell lernen. Beide Aspekte bringen neue Herausforderungen mit sich, wenn es darum geht, die notwendigen Fähigkeiten im Team aufzubauen. Dieser Abschnitt stellt einige Probleme vor, die entstehen, wenn Sie Ihre Teams dazu befähigen wollen, Mehrwert für den Kunden zu liefern und gleichzeitig eine wartbare und testbare Code-Basis zu erhalten.

14.6.1 Profil eines Teammitglieds

In diesem Abschnitt erläutern wir die verschiedenen Typen von Teammitgliedern in Bezug auf Kompetenzprofile. Diese Kategorien sind eher theoretisch, können Ihnen aber dabei helfen, die in Teams auftretenden Herausforderungen zu erklären:

- Teammitglieder mit einem T-förmigen Qualifikationsprofil haben tiefe Kenntnisse bzw. Fähigkeiten in einem oder mehreren Bereichen sowie eine breite Basis an allgemeinen unterstützenden Kenntnissen bzw. Fähigkeiten. Wenn dieses Teammitglied mehr als ein tiefes Fachgebiet hat, könnte man diese Teammitglieder auch M- oder E-förmig nennen.
- Generalisten haben breite Fähigkeiten bzw. Kenntnisse, aber keine tiefe Expertise in einem für das Team wichtigen Thema.
- I-förmige Teammitglieder haben nur Fachwissen in einem Bereich und verfügen nicht über die Breite der Fähigkeiten, die für die Zusammenarbeit mit dem Rest des Teams erforderlich sind.

Die verschiedenen Typen sind in Abbildung 14.1 dargestellt. Die Tiefe der Fertigkeiten wird durch den vertikalen Balken dargestellt, während der horizontale Balken die Breite der Fertigkeiten und die Fähigkeit darstellt, Wissen in anderen Fachgebieten als dem eigenen anzuwenden und fachübergreifend mit Expertinnen und Experten anderer Bereiche zusammenzuarbeiten.

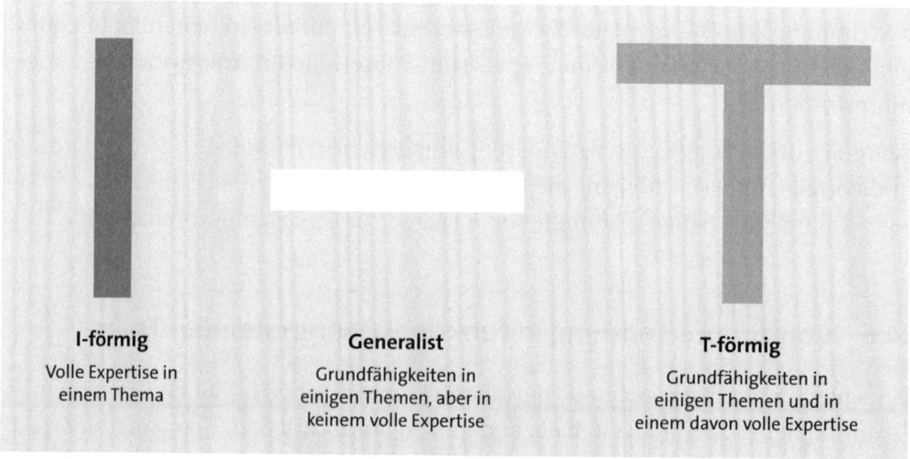

Abbildung 14.1 Unterschiedliche Profile eines Teammitglieds

Um dies zu erreichen, müssen die Teammitglieder nicht nur über technische Fähigkeiten verfügen, sondern auch über Fachwissen und Soft Skills wie Einfühlungsvermögen, Kommunikationsfähigkeit und die Fähigkeit, im Team zusammenzuarbeiten.

14.6.2 Funktionsübergreifende Teams

Funktionsübergreifende Teams bestehen aus mehreren Personen mit T-förmigen Profilen, wie in Abbildung 14.2 dargestellt. Die Breite ermöglicht es den T-förmigen Teammitgliedern, effektiv mit anderen Teammitgliedern zusammenzuarbeiten oder Arbeiten außerhalb ihres Fachgebiets zu erledigen. I-förmige Teammitglieder neigen zu mangelnder Flexibilität und haben Schwierigkeiten zu verstehen, wie sich ihre Arbeit auf andere auswirkt.

Das Problem einer »das ist nicht meine Aufgabe«-Haltung innerhalb des Teams kann entstehen, wenn die Entwicklerinnen und Entwickler keine Verantwortung für etwas anderes als ihre eigene Arbeit übernehmen. Ein Team, das aus Teammitgliedern mit T-förmigen Fähigkeiten besteht, fördert die Teamverantwortung für das gesamte Produkt oder die Lösung und nicht nur für einzelne Teile.

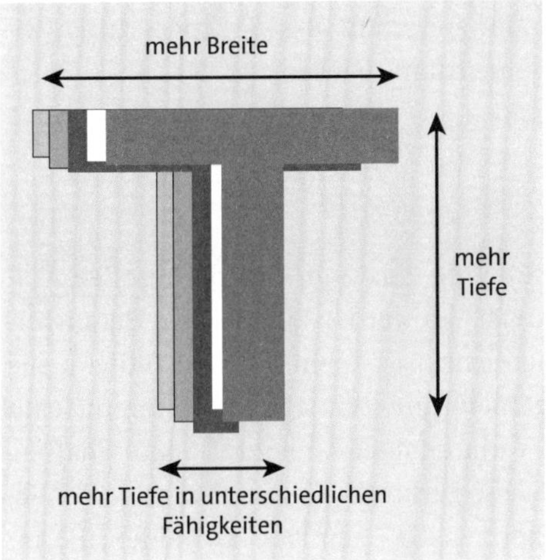

Abbildung 14.2 Funktionsübergreifendes Team mit mehreren T-förmigen Teammitgliedern

14.6.3 Multiplikatoren im Team

Nicht jedes Teammitglied bringt eine tiefe Expertise auf jedem Gebiet mit und kann auch nicht mit allen anderen Expertinnen und Experten im Unternehmen verbunden sein. In Bezug auf technische Praktiken sollte beispielsweise jedes Teammitglied ein gutes Verständnis von Clean Code, Pair Programming, Continuous Integration und Testautomatisierung haben. Es ist also ein grundlegendes Kompetenzniveau für jedes Teammitglied erforderlich, und das Ziel sollte es sein, die Kompetenzreife kontinuierlich zu steigern. Nicht alle müssen oder können sich in allen diesen Themen gut auskennen. Der *Multiplikator* ist ein Experte in einem Bereich und kann daran arbeiten, die Fähigkeiten der anderen Teammitglieder zu erweitern, andere motivieren, mit neuen Ideen inspirieren und anstehende Herausforderungen in seinem Bereich lösen.

14.6.4 Community of Practice

Die Arbeit in einem funktionsübergreifenden Team, in dem jedes Teammitglied unterschiedliche Stärken hat, kann manchmal bedeuten, dass die Erweiterung der Wissenstiefe eine größere Herausforderung darstellt als in einer funktional ausgerichteten Organisation. *Communitys of Practice* können Teammitglieder mit ähnlichen Stärken und Fachkenntnissen miteinander verbinden. Wenn Sie z. B. die einzige Person in einem funktionsübergreifenden Team mit Clean-Code-Erfahrung oder technischen Praktiken sind, haben Sie keinen Zugang zu Kolleginnen oder Kollegen, die Ihnen helfen könnten, sich in diesem Bereich weiter zu verbessern. Communitys of Practice können dazu beitragen, dass ansonsten isolierte Personen mit ähnlichen Stärken zusammenkommen, um voneinander zu lernen, Best Practices zu entwickeln und auszutauschen sowie Probleme gemeinsam zu lösen.

14.7 Zusammenfassung

Das Erlernen und Implementieren von Clean-Code-Praktiken erfordert großen Aufwand und Disziplin. Auf dem Weg zur Meisterschaft werden Sie auf viele Herausforderungen stoßen. Um Clean Code zu beherrschen, ist mehr als eine individuelle Anstrengung erforderlich; Sie müssen ein gemeinsames Verständnis in Ihrem Team und möglicherweise teamübergreifend oder mit anderen Organisationen schaffen. In diesem Kapitel haben wir viele verschiedene Lerntechniken für Einzelpersonen, Teams und Organisationen vorgestellt. Sie können die Techniken auswählen, die am besten zu Ihren aktuellen Fähigkeiten und den spezifischen Herausforderungen in Ihrem Team oder Ihrer Umgebung passen. Wenn Sie sich sowohl als Einzelperson als auch als Team engagieren, kann sich das immens auszahlen.

Das Autorenteam

Klaus Häuptle ist Entwickler, Trainer und Product Owner für Themen der Softwareentwicklung. In seiner Karriere bei SAP hat er als Entwickler an mehreren Produkten und mit verschiedenen Technologien gearbeitet. Darüber hinaus setzt er sich für Communitys innerhalb von SAP ein, mit dem Ziel, Wissen zu verbreiten und Methoden und Werkzeuge zu verbessern. Er hat diverse Erweiterungen an Testwerkzeugen in ABAP, bei SAP HANA und bei SAPUI5 begleitet. Zusammen mit Florian Hoffmann hat er den internen Clean-ABAP-Leitfaden geschrieben, der später als Open-Source-Projekt veröffentlicht wurde und die Grundlage dieses Buches bildet.

Florian Hoffmann ist Softwarearchitekt für Lösungen im Bereich Governance, Risk, and Compliance bei SAP. Als Agile Driver sucht er beständig nach Wegen, das Code-Schreiben effizienter zu gestalten. Zusammen mit Klaus Häuptle hat er den Open-Source-Leitfaden zu Clean ABAP erstellt, den dieses Buch ergänzt.

Rodrigo Jordão ist Development Architect bei SAP und arbeitet derzeit am Integrated Business Planning (IBP) mit einem Fokus auf dem SAP Supply Chain Control Tower. In seiner Karriere bei SAP hat er an verschiedenen SAP-Produkten mitgearbeitet, von industriespezifischen Lösungen wie SAP Intellectual Property Management bis hin zu grundlegenden Produkten im Bereich Verkauf und Logistik. Bevor er zu SAP wechselte, arbeitete er als Webentwickler mit Perl und Java und als Berater mit Microsoft-Technologien.

Michel Martin ist Development Architect bei SAP. Er hat verschiedene Rollen in seiner SAP-Karriere besetzt, darunter als Trainer, Projektmanager und Teamcoach für Themen wie Agile Software Engineering, Lean und Scrum. Er hat einen starken technischen Hintergrund und ist immer auf der Suche, die Effizienz und den Qualitätsfokus von Teams zu verbessern, sei es durch die Einbindung neuer Technologien und Werkzeugen oder das Einführen agiler Methoden.

Anagha Ravinarayan ist Entwicklerin bei SAP und arbeitet mit ABAP, SAP HANA und SAPUI5 an Anwendungen zur Kapazitätsplanung und bedarfsgetriebener Lagerauffüllung in SAP S/4HANA Cloud und On-Premise. Ihre Karriere hat sie als Full-Stack-Entwicklerin für SAP-S/4HANA-Anwendungen im Bereich Procurement begonnen. Sie beschäftigt sich auch leidenschaftlich mit Webentwicklung mit TypeScript, Node.js, React.js, MySQL und MongoDB und ist eine Verfechterin der Open-Source-Idee.

Kai Westerholz arbeitet als Senior Developer im Bereich Quote-to-Cash von SAP S/4HANA. In dieser Rolle beschäftigt er sich hauptsächlich damit, APIs zu entwickeln, z. B. zur Sales Order Simulation oder fürs Sales Order Bulk Processing, aber auch damit, die Sales Order mit Machine-Learning-Funktionalität auszustatten. Daneben setzt er sich für Clean Code und testgetriebene Entwicklung in seinem Team ein. Früher hat er als Berater für SAP Cloud for Customer gearbeitet und sich besonders mit der Verbindung von SAP- und Nicht-SAP-Systemen über verschiedene Technologien beschäftigt.

Index

D

E

F

G

H

I

K

L

R

S

T